Helfen Sie uns, die Arbeit des Contao-Projekts zu unterstützen

Wie bei fast allen Open Source-Projekten hängt auch die erfolgreiche Weiterentwicklung des Web Content Management-Systems Contao von der finanziellen Unterstützung durch Dritte ab. Daher führen wir vom Erlös des offiziellen Contao-Buchs € 1,- an das Contao-Projekt ab. Indem Sie als Käufer dieses Buches diese Spende online bestätigen, leisten Sie einen wichtigen Beitrag zu Bestand und Weiterentwicklung der Software.

Um die Spende zu bestätigen, wählen Sie unter *http://www.addison-wesley.de/oslib* aus der Liste der angezeigten Bücher per Mausklick *Das offizielle Contao-Buch* aus. Im dann erscheinenden Formularfeld geben Sie bitte den nachfolgenden Code ein und klicken dann auf den »Spenden«-Button, um die Spende abzuschließen. Am erhöhten Zähler-stand können Sie ablesen, dass Ihre Spende registriert worden ist.

PDLF-6FKH-8E3X

W0074048

Ab einem bestimmten Spendenstand werden wir den Gesamtbetrag an das Contao-Projekt überweisen und dies unter *http://blog.addison-wesley.de* mit einer kurzen Meldung dokumentieren. Schauen Sie einfach öfter herein, um zu sehen, was sich tut!

Ihr Addison-Wesley-Team

Das offizielle Contao-Buch

Leo Feyer

Das offizielle Contao-Buch

Der Leitfaden für Anwender,
Administratoren und Entwickler

 ADDISON-WESLEY

An imprint of Pearson Education

München • Boston • San Francisco • Harlow, England
Don Mills, Ontario • Sydney • Mexico City
Madrid • Amsterdam

Bibliografische Information der Deutschen Nationalbibliothek
Die Deutsche Nationalbibliothek verzeichnet diese Publikation in der Deutschen Nationalbibliografie;
detaillierte bibliografische Daten sind im Internet über http://dnb.d-nb.de abrufbar.

10 9 8 7 6 5 4 3 2 1

12 11

ISBN 978-3-8273-3014-7

© 2011 by Addison-Wesley Verlag,
ein Imprint der Pearson Education Deutschland GmbH
Martin-Kollar-Straße 10–12, D-81829 München/Germany
Alle Rechte vorbehalten
Einbandgestaltung: Marco Lindenbeck, webwo GmbH (mlindenbeck@webwo.de)
Lektorat: Boris Karnikowski, bkarnikowski@pearson.de
Korrektorat: Friederike Daenecke, Zülpich
Herstellung: Monika Weiher, mweiher@pearson.de
Satz: Reemers Publishing Services GmbH, Krefeld (www.reemers.de)
Druck: Bercker Graph. Betrieb, Kevelaer
Printed in Germany

Inhaltsübersicht

Inhaltsverzeichnis

Teil II   Contao für Administratoren

14   Installation **231**

Aus dem Video-Training »Contao« von Harry Boldt (ISBN 978-3-8273-6335-0) finden Sie auf der Buch-CD die folgenden Auszüge:

1. Einleitung

Herzlich willkommen und Glückwunsch zu Ihrer Entscheidung für Contao.

Obwohl der Markt für Content Management Systeme angeblich übersättigt ist, konnte sich Contao innerhalb weniger Monate etablieren und ist seit der ersten Veröffentlichung im Jahre 2006 entgegen aller Prognosen stetig gewachsen. Schon nach drei Jahren war das CMS über 180.000-mal heruntergeladen worden.

Inzwischen arbeiten mehr als 240 Entwickler und Übersetzer an dem Projekt und haben (Stand Sommer 2010) über 30 Übersetzungen und über 450 Erweiterungen geschaffen, die den Contao-Core um weitere Funktionalität ergänzen.

Bereits im Jahre 2008 wurden mit der Schaffung eines einheitlichen Logos, der Bildung des Contao-Teams und der Einführung der jährlichen Usertreffen wichtige Grundsteine gelegt, um diesem Wachstum und dem steigenden Interesse an dem Projekt Rechnung zu tragen. Im Frühjahr 2010 fiel dann die Entscheidung, das Projekt, das ursprünglich unter dem Namen »TYPOlight« veröffentlicht wurde, in Contao umzubenennen.

Der alte Name hatte immer wieder zu Missverständnissen und falschen Annahmen bezüglich der Leistungsfähigkeit und des Umfangs des Systems geführt, und es bedarf bis heute einiges an Argumentationsaufwand, um das Projekt in den Köpfen der Anwender aus diesen Schubladen wieder herauszuholen.

Das »light« wurde häufig missverstanden und als »abgespecktes System«, »wenig leistungsfähiges Programm« und »CMS für Einsteiger« interpretiert. Teilweise war sogar von »bis maximal 20 Seiten« die Rede, was natürlich vollkommen aus der Luft gegriffen ist und in der Praxis längst widerlegt wurde. Contao ist ein modernes, umfangreiches und leistungsfähiges CMS, das sich sowohl für kleine als auch für große Webseiten eignet. Es spricht absolut nichts dagegen, das System auch im Enterprise-Bereich einzusetzen, was mehrere Unternehmen bereits erfolgreich getan haben.

1.1 Entstehungsgeschichte

Contao ist nicht an einem Stück entstanden, sondern ist vielmehr die Essenz verschiedener Teilprojekte, an denen ich zuvor gearbeitet hatte. Die ersten Gehversuche in Richtung Content Management System unternahm ich 2002, als es für meine damalige Band ein System zur Pflege der Webseite zu entwickeln galt. Es bestand prinzipiell nur aus einem Rich Text Editor mit entsprechender Prüfung der Zugriffsberechtigungen.

Dieser Ansatz stellte sich jedoch relativ schnell als zu kompliziert heraus, weil der vom Rich Text Editor produzierte Quellcode so unübersichtlich und fehlerhaft war, dass man jede größere Änderung manuell nachbearbeiten musste. Und damit war das Prinzip »Jeder kann seine eigene Seite selbst ändern« gescheitert, denn von HTML-Code hatten meine Mitmusiker natürlich keine Ahnung. Damals waren die Rich Text Editoren noch lange nicht so weit entwickelt wie heute.

2003 kam mir die Idee, einzelne Inhaltselemente für jeden Inhaltstyp anzubieten und auf diese Weise weitestgehend unabhängig von einem Rich Text Editor zu werden. Dieses Konzept werden Sie übrigens auch in Contao wiederfinden. Das damals neu erstellte System trug den Namen »Content Coach« und enthielt eine Frontend Editing Engine, eine Benutzerverwaltung und einen Dateimanager.

In der zweiten Hälfte des Jahres 2004 gründete ich meine heutige Firma iNet Robots[1], die neben Webhosting und Schnittstellen für E-Commerce-Systeme auch die Verwaltung von Webseiten mit dem CMS »Content Coach« anbot. Da ich zu dieser Zeit nur nebenberuflich in dem Bereich Hosting und Programmierung tätig war und deshalb nicht viele Kunden hatte, gab es lediglich knapp zehn Webseiten, die jemals mit »Content Coach« betrieben wurden. Die Kunden sind mir übrigens bis heute treu geblieben, die Webseiten laufen aber inzwischen alle mit Contao.

Ende 2004 gewannen MVC-Frameworks verstärkt an Popularität, und Projekte wie Ruby on Rails[2] oder CakePHP[3] waren auf einmal in aller Munde. Das MVC-Konzept war genau wie die Ajax-Technologie[4] eigentlich nichts Neues, trotzdem entwickelte sich ein richtiger Hype darum, der auch an mir nicht spurlos vorüberging. Ich beschloss also, ein eigenes MVC-Framework zu schreiben, das auf PHP 5 und Ajax basieren und als eigenes Open Source-Projekt veröffentlicht werden sollte.

Gesundheitliche Gründe zwangen mich zu dieser Zeit, mein Leben und meine berufliche Zukunft neu zu ordnen, und so festigte sich Mitte 2005 der Entschluss, meine nebenerwerbliche Tätigkeit weiter auszubauen. Weil »Content Coach« zu dieser Zeit mit seinem einfachen Frontend-Editing-Konzept nicht mehr wirklich konkurrenzfähig war, habe ich mich sehr

---

1   http://www.inetrobots.com
2   http://rubyonrails.com
3   http://www.cakephp.org
4   http://bit.ly/Ajax-Technologie

ausführlich mit allen möglichen Open Source CMS befasst, um eine geeignete Applikation für meine bestehenden und zukünftigen Kunden zu finden.

Ich landete schließlich bei TYPO3[5], was mich aufgrund seiner Leistungsfähigkeit und der Tatsache, dass »mein« Konzept der Inhaltselemente enthalten war, sofort begeisterte. Wild entschlossen kaufte ich mir zwei Bücher als Urlaubslektüre, um mich mit dem System vertraut zu machen. Je mehr ich aber über das System las und je länger ich mich danach mit ihm beschäftigte, desto weniger konnte ich mir vorstellen, dass meine Geschäftspartner jemals damit zurechtkämen, da sie als reine Webdesigner keine Ahnung vom Programmieren hatten. Von den Kunden ganz zu schweigen, die bisher die wirklich einfache Bedienung von »Content Coach« gewohnt waren.

Es kristallisierte sich also immer mehr heraus, dass es das richtige Content Management System für meine Bedürfnisse nicht gab. Was es aber gab, war ein fast vollendetes MVC-Framework, ein einfaches, aber bewährtes Frontend Editing CMS sowie eine Menge guter Ideen. Und es gab noch etwas anderes, das so gut wie alle am Markt vorhandenen Systeme – wenn überhaupt – nur stiefmütterlich behandelten: die Anforderungen der Barrierefreiheit. Ich sah in der Entwicklung eines barrierefreien CMS eine Marktlücke und beschloss, diese Nische mit einem eigenen System zu besetzen.

Nachdem ich alle vorhandenen Systeme und Ideen in einen Topf geworfen und ein paar Mal kräftig umgerührt hatte, erblickte Contao am 28. Februar 2006 das Licht der Welt, damals noch unter dem Namen »TYPOlight«. Die Resonanz war schon im ersten Jahr überwältigend, und obwohl ich eigentlich gedacht hatte, dass das System hauptsächlich wegen der Barrierefreiheit nachgefragt würde, waren es überwiegend Nutzer von phpwcms[6] und Joomla![7], die in Contao die Features fanden, die sie bisher vermisst hatten.

Um den Anforderungen dieser neuen Zielgruppe gerecht zu werden, habe ich Contao noch einmal grundlegend überarbeitet und an die diversen Wünsche angepasst, bis schließlich am 24. November 2006, neun Monate nach der Erstveröffentlichung, die bis heute aktuelle Version 2 auf den Markt kam.

1.2 Über mich

Mein Name ist Leo Feyer, ich bin 33 Jahre alt und wohne in München.

Ich bin Inhaber der Firma *iNet Robots Ltd. & Co. KG*, die inzwischen neben Webhosting und Programmierung auch etliche Contao-Zusatzdienste wie z. B. Themes bzw. Frontend-Templates oder den Live Update-Service anbietet. Obwohl Contao von mir als Privatperson initiiert war und eigentlich nichts mit der Firma zu tun hatte, macht es inzwischen auch einen festen Teil meiner geschäftlichen Tätigkeit aus.

---

5   http://typo3.org
6   http://www.phpwcms.de
7   http://www.joomla.org

Ich beschäftige mich seit über zehn Jahren mit Webseiten und Webtechnologien und bin seit Oktober 2006 hauptberuflich im Bereich Webhosting und Softwareentwicklung tätig. Im Rahmen meines BWL-Studiums mit Schwerpunkt »Informatik und neue Medien« habe ich das Programmieren mit Java gelernt und war von dessen Möglichkeiten begeistert.

Bis dato hatte ich hauptsächlich mit PHP 4 gearbeitet, das das objektorientierte Programmieren nur sehr rudimentär unterstützte. Aus diesem Grund war für mich klar, dass Contao in PHP 5 geschrieben werden musste. PHP 5 kann zwar auch noch lange nicht alles das, was mit Java möglich ist, aber es ist ein großer Schritt in die richtige Richtung. Und mit der Release von PHP 5.3 hat sich dieser Abstand weiter verkleinert.

Meine Freizeit verbringe ich gerne mit Musik, die ich sowohl höre als auch selbst mache. Vor allem während des Studiums war ich in diversen Bands als Sänger und Gitarrist aktiv und hatte bereits die Ehre, mit Showgrößen wie Peter Kraus oder den Original Bill Haley's Comets gemeinsam auf der Bühne stehen zu dürfen. Durch Contao und die Selbstständigkeit hat sich mein Kontingent an freier Zeit aber leider erheblich vermindert, daher liegen meine öffentlichen musikalischen Aktivitäten momentan auf Eis.

Wer ein Open Source-Projekt übernimmt, der hat eben immer etwas zu tun.

1.3 Zielgruppe

Contao ist ein Programm für Webmaster, die damit interaktive Webseiten erstellen und verwalten möchten. Contao ist aber auch ein Tool für Entwickler, die eigene Module auf der Basis eines durchdachten Systems erstellen möchten. Und Contao ist genauso eine Software für Redakteure und Anwender, die die Inhalte ihrer Internetpräsenz selbstständig erstellen und verwalten möchten.

Contao ist also im Prinzip ein Tool für jedermann, obgleich nicht jedermann in der Lage sein wird, es umfassend zu nutzen. Dazu ein kleines Beispiel:

Wenn Sie ein Anwender sind und nur eine vage Vorstellung von HTML und CSS haben, können Sie Contao dazu verwenden, Ihre Webseite zu strukturieren und mit Inhalten zu befüllen. Es dürfte Ihnen aber schwerfallen, ein eigenes Seitenlayout zu entwickeln, da das in Contao nur mittels CSS möglich ist. Sie müssen also wahrscheinlich ein fertiges Template kaufen oder jemanden mit der Erstellung eines individuellen Templates beauftragen. Dasselbe gilt für den Fall, dass Sie Contao erweitern möchten.

Wenn Sie hingegen ein Webmaster sind und sich mit HTML und CSS auskennen, können Sie eigene Seitenlayouts mit Contao realisieren und sind daher nicht auf fertige Templates angewiesen. Je nach Ihrem individuellen Kenntnisstand können Sie eventuell auch kleinere Anpassungen selbst vornehmen und müssen nur dann auf externe Hilfe zurückgreifen, wenn Sie individuelle Module benötigen.

Wenn Sie ein (Web-)Entwickler sind und sich mit HTML und CSS genauso auskennen wie mit PHP und JavaScript, stehen Ihnen alle Möglichkeiten von Contao offen. Sie können sowohl eigene Seitenlayouts erstellen als auch eigene Erweiterungen programmieren und so alle Stärken des Systems ausnutzen.

Sie sehen also, dass Contao jede Anwendergruppe bei ihren individuellen Aufgaben optimal unterstützen kann. Allerdings kann es einen Anwender nicht zu einem Webmaster machen und einen Designer nicht zu einem Programmierer.

1.4 Aufbau dieses Buchs

Das Buch ist in drei Kategorien unterteilt:

» Contao für Anwender

» Contao für Administratoren

» Contao für Entwickler

Da die Abgrenzung dieser Kategorien in der Praxis wohl recht uneinheitlich ausfällt, weil beispielsweise die Bearbeitung eines Stylesheets für den einen in die Zuständigkeit eines Anwenders, für den anderen aber ganz klar in die Zuständigkeit des Administrators fällt, lassen Sie mich kurz erklären, wie ich diese Kategorien definiere.

Ein *Anwender* bzw. *Redakteur* ist jemand, der innerhalb eines Teams an einer Webseite arbeitet. Er hat eine bestimmte Aufgabe (wie z. B. das Schreiben von Artikeln) zugewiesen bekommen und kann diese mit Contao erledigen. Charakteristisch für einen Anwender ist, dass er keinen Vollzugriff auf das System hat.

Ein *Administrator* kann im Gegensatz zu einem Anwender auf alle Systembereiche zugreifen und z. B. neue Benutzer einrichten. Klassischerweise hat er das System installiert und verfügt daher auch über die Zugangsdaten zum FTP-Server und zur Datenbank. Kleinere Anpassungen gehören ebenfalls zu seinem Aufgabenbereich.

Ein *Entwickler* ist ein Programmierer, der Contao an seine Bedürfnisse anpassen kann und eventuell eigene Erweiterungen schreiben möchte. Er administriert das System nicht nur, sondern ändert bei Bedarf dessen Quellcode oder fügt mittels eigener Backend- oder Frontend-Module neue Funktionalität hinzu.

Wenn Sie ein Contao-Einsteiger sind, empfehle ich Ihnen, die einzelnen Kapitel der Reihe nach zu lesen, da sie aufeinander aufbauen und eine steigende Lernkurve abbilden.

1.4.1 Contao für Anwender

In *Kapitel 2* erhalten Sie einen Überblick über das Contao-Projekt und das Contao-Netzwerk. Außerdem lernen Sie alle wichtigen Grundprinzipien von Contao im Schnelldurchlauf kennen, was das Verständnis der folgenden Kapitel vereinfacht.

Kapitel 3 macht Sie mit dem Administrationsbereich vertraut, dem sogenannten Backend. Sie lernen, wie Sie Datensätze auflisten und bearbeiten und wie Sie den Überblick über verschiedene Versionen behalten. Außerdem stelle ich Ihnen das Task-Center vor, mit dem Sie Arbeitsabläufe organisieren können.

Kapitel 4 beschäftigt sich mit der Seitenstruktur, dem Kernstück von Contao. Sie erfahren, wie Seiten als zentrale Elemente konfiguriert und strukturiert werden und wie daraus schließlich eine fertige Webseite zusammengesetzt wird. Auch fortgeschrittene Themen wie der Multidomain-Betrieb oder mehrsprachige Webseiten werden behandelt.

In *Kapitel 5* geht es um das Design der Webseite. Designs werden in Contao als »Themes« bezeichnet und mit dem Theme-Manager verwaltet. Zu den designrelevanten Elementen zählen Frontend-Module, Stylesheets und Seitenlayouts.

In *Kapitel 6* lernen Sie die verschiedenen Frontend-Module des Core kennen, die Sie auf Ihren Seiten einbinden können, um eine bestimmte Funktionalität bereitzustellen. Dazu gehören z. B. Navigationsmenüs oder Formulare zur Benutzerregistrierung.

Kapitel 7 macht Sie mit der Artikelverwaltung und den verschiedenen Inhaltselementen vertraut, aus denen jeder Artikel besteht. Neben einer Übersicht über alle Inhaltselemente erhalten Sie auch einen Überblick über die verschiedenen Inserttags.

Die *Kapitel 8 bis 11* behandeln die vier Core-Erweiterungen, die standardmäßig mit jeder Contao-Installation ausgeliefert werden: die News/Blog-Erweiterung, die Kalender/Events-Erweiterung, die FAQ-Erweiterung sowie das Newsletter-Modul.

Kapitel 12 macht Sie mit dem Formulargenerator vertraut, mit dem Sie Formulare erstellen und deren Daten beispielsweise per E-Mail verschicken können. Auch das Übertragen von Dateien mithilfe eines Formulars ist möglich.

In *Kapitel 13* stelle ich Ihnen den Dateimanager vor, mit dem Sie eigene Dateien von Ihrem lokalen Rechner auf den Server übertragen und dort in hierarchischen Ordnerstrukturen verwalten können. Außerdem zeige ich Ihnen, wie Sie sogenannte Meta-Informationen zu bestimmten Dateien speichern und im Frontend ausgeben können.

1.4.2 Contao für Administratoren

In *Kapitel 14* erfahren Sie, wie Contao installiert und aktualisiert wird. Sie lernen unter anderem, wie Sie den Open Source-Webserver XAMPP unter Windows und unter Mac OS X einrichten, wie Sie eine lokale Installation auf den Live-Server übertragen oder warum es auf manchen Servern Probleme mit dem Dateizugriff gibt.

Kapitel 15 behandelt die Organisation von Benutzern und Benutzergruppen sowie die Wartung des Systems. Sie lernen, wie Benutzerrechte zugewiesen und der Zugriff auf bestimmte Seiten und Ressourcen eingeschränkt werden kann.

In *Kapitel 16* geht es um die sogenannten Third-Party-Erweiterungen, die von dritten Programmierern geschrieben und im Contao Extension Repository veröffentlicht werden. Zu dem Zeitpunkt, als dieses Kapitel entstand, gab es über 400 optionale Module, mit denen Sie Contao um fast jede Funktionalität erweitern können.

In *Kapitel 17* erfahren Sie, wie Sie eigene Seitenlayouts erstellen. Von der Anpassung der Templates über die Erweiterung des CSS-Frameworks bis hin zur Einbindung externer Layouts werden alle wichtigen Themen behandelt.

1.4.3 Contao für Entwickler

Kapitel 18 widmet sich ganz dem Thema »Contao anpassen«. Sie lernen nicht nur das Prinzip der Data Container Arrays kennen, in denen Meta-Informationen für Tabellen definiert werden, sondern Sie erfahren auch, wie Sie Contao an Ihre eigenen Bedürfnisse anpassen und Änderungen dauerhaft speichern können.

In *Kapitel 19* erfahren Sie, wie Sie eigene Erweiterungen schnell und effektiv mithilfe des Extension Creators erstellen und sie nach der Fertigstellung im Contao Extension Repository veröffentlichen. Eine ausführliche Anleitung führt Sie Schritt für Schritt durch das Entwickler-Interface des Extension Repository auf contao.org.

Kapitel 20 bietet Ihnen abschließend einen Einblick in das Innere von Contao. Sie lernen das Contao PHP-Framework kennen und erfahren unter anderem, wie Sie damit auf Dateien zugreifen, Datenbankabfragen tätigen oder Formular-Widgets nutzen können, und Sie erfahren auch, welche Sicherheitsmechanismen darin enthalten sind.

1.5 Support

Sollten Sie während oder nach der Lektüre dieses Buchs Fragen haben, sind Sie herzlich dazu eingeladen, diese im Contao-Forum[8] zu stellen. Die Community ist sehr aktiv und nach den Kommentaren der Mitglieder zu urteilen auch überdurchschnittlich freundlich. Damit das auch in Zukunft so bleibt, beachten Sie bitte beim Erstellen von Beiträgen die Forumsregeln und die Regeln der Netikette[9].

---

8   http://www.contao-community.de
9   http://bit.ly/Netikette

Teil I

Contao für Anwender

2. Contao im Überblick

Willkommen zu *Teil I, Contao für Anwender*. Hier lernen Sie alles, was Sie zum Arbeiten mit Contao wissen müssen. Dazu gehören der Aufbau des Systems, die grundsätzlichen Zusammenhänge der Komponenten, die Bedienung des Administrationsbereichs, die verschiedenen Inhaltselemente und Module sowie die Handhabung von Erweiterungen. Falls Sie aus alter Gewohnheit Details zur Installation in Kapitel 2 erwartet haben, darf ich Sie an dieser Stelle auf Kapitel 14 in *Teil II, Contao für Administratoren*, verweisen.

2.1 Contao Open Source CMS

»Contao Open Source CMS« ist der offizielle, vollständige Name des Projekts, und er sagt alles aus, was man beim Erstkontakt mit dem System wissen muss. Es handelt sich um ein CMS, also ein Content Management System, das unter einer Open Source-Lizenz steht und Contao heißt. Klar so weit? Dann können Sie die nächsten beiden Abschnitte überspringen. Ansonsten ...

2.1.1 Content Management System

Ein Content Management System ist per Definition ein Programm zur Verwaltung (engl. »Management«) von Inhalten (engl. »Content«). Innerhalb dieser sehr allgemein gehaltenen Kategorie gibt es unzählige Untergruppen, wie z. B.

» Document Management Systeme zur Verwaltung von Dokumenten,

» Customer Relation Management Systeme zur Verwaltung von Kunden oder

» Web Content Management Systeme zur Verwaltung von Webseiten.

Contao gehört zur Gruppe der Web Content Management Systeme, weil es im Gegensatz zu klassischen Redaktionssystemen, die beispielsweise auch Hörfunk und Printmedien bedienen, auf die Verwaltung von Online-Inhalten ausgelegt ist.

Charakteristisch für ein Content Management System ist unter anderem, dass mehrere Benutzer kollaborativ, also gemeinschaftlich, an einem Projekt arbeiten können. Änderungen lassen sich dabei in der Versionsverwaltung jederzeit nachvollziehen und bei Bedarf auch wieder rückgängig machen. Vorab kann der Administrator in der Rechteverwaltung genau festlegen, auf welche Bereiche und Inhalte die Benutzer überhaupt zugreifen dürfen.

Zudem sollte ein CMS Arbeitsabläufe, auch »Workflows« genannt, unterstützen. Sie können in Contao beispielsweise einem Redakteur das Erstellen von Inhalten erlauben, die Veröffentlichung derselben aber dem Chefredakteur vorbehalten. Dieser einfache Workflow garantiert Ihnen, dass kein Artikel auf der Webseite erscheint, den der Chefredakteur nicht vorher geprüft hat.

Und selbst dann, wenn Sie Ihre Webseite ganz allein pflegen und weder die Rechteverwaltung noch Arbeitsabläufe benötigen, macht es trotzdem Sinn, ein CMS zu verwenden. Denn es erleichtert einem das Leben ungemein, indem es z. B. Aufgaben wie das Erstellen und Prüfen eines Formulars oder das Einbinden einer Google Map abstrahiert – was bedeutet, »Sie müssen nicht wissen, wie es technisch gemacht wird«. Um Contao zu nutzen, müssen Sie nicht einmal HTML können, obwohl das die Programmiersprache ist, auf der das Internet basiert.

Und weil Contao auf einem Webserver installiert wird, haben Sie rund um die Uhr und von überall auf der Welt (wo es Internetanschluss gibt) Zugriff auf Ihre Daten. Sie können also theoretisch auch von einem Strand in Ibiza aus an Ihrer Webseite arbeiten – wobei das während des Familienurlaubs regelmäßig zu Problemen führt, die allerdings nicht technischer Natur sind.

2.1.2 Open Source

Open Source-Software ist vor allem dadurch gekennzeichnet, dass die umfassende »freie« Nutzung des Programms gestattet ist und keine Beschränkung der Lizenznehmer oder Verwendungsgebiete erfolgt. Der offen zugängliche Quellcode und die Lizenzgebührenfreiheit sind dabei wesentliche Voraussetzungen für die freie Nutzbarkeit.

Für Sie als Anwender heißt das im Klartext, dass Sie das Programm beliebig nutzen dürfen – auch für gewerbliche Projekte. Es ist ein verbreiteter Irrglaube, dass Open Source-Software nur für nicht-kommerzielle Projekte eingesetzt werden darf. Eine solche »Beschränkung der Lizenznehmer« ist ja gerade nicht erlaubt!

Von allen Open Source-Lizenzen dürfte die *General Public License*, kurz GPL, wohl die bekannteste und am häufigsten verwendete sein. Sie garantiert dem Lizenznehmer das Recht, ein Programm

» zu nutzen,

» beliebig zu verändern,

» zu vervielfältigen,

» zu verbreiten und

» öffentlich zugänglich zu machen.

Neben diesen Rechten entstehen dem Lizenznehmer durch die GPL aber auch Pflichten. So dürfen Sie z. B. keine bestehenden Copyright-Hinweise entfernen oder das Programm unter einer anderen Lizenz weitergeben.

Weitere Einzelheiten und Antworten auf häufige Fragen zu Open Source-Lizenzen in deutscher Sprache (die Lizenz selbst ist auf Englisch) finden Sie auf der Seite des ifrOSS[1], des *Institut für Rechtsfragen der Freien und Open Source Software*.

Contao stand anfänglich ebenfalls unter der GPL, wird inzwischen jedoch unter der *Lesser General Public License*, kurz LGPL, lizenziert, die juristisch gesehen eine Erweiterung der GPL ist. Der für uns wesentliche Unterschied ist, dass dritte Entwickler, die nichteigenständige Erweiterungen für Contao programmieren, diese nicht zwangsläufig unter eine Open Source-Lizenz stellen müssen, wie es bei der GPL der Fall wäre. Allerdings hat diese Lösung nicht nur Vorteile, sodass es nicht ausgeschlossen ist, dass das Projekt mit der nächsten Major-Version (Contao 3) wieder zurück zur GPL wechselt und die Frage der Lizenzierung kommerzieller Erweiterungen auf anderem Wege löst.

2.2 Das Contao-Netzwerk

Über die Jahre sind etliche Webseiten und Artikel zu Contao entstanden, teilweise in Absprache mit dem Contao-Team, teilweise vollkommen autark. Manche Seiten enthalten die Übersetzung der Dokumentation, andere sind Anlaufstellen lokaler Communities oder bieten Tutorials zu speziellen Themen. Eine Übersicht aller uns bekannten Ressourcen finden Sie auf der Contao-Netzwerkseite[2]. Die vier offiziellen stelle ich Ihnen hier kurz vor.

2.2.1 Die Projektwebseite

Die offizielle Projektwebseite www.contao.org ist die zentrale Anlaufstelle für Contao im Web. Das Menü der Webseite ist den einzelnen Schritten nachempfunden, die ein Benutzer beim Erlernen von Contao in der Regel geht.

Am Anfang steht der Punkt Entdecken. Die Suche nach dem richtigen CMS ist ja bisweilen recht mühselig, daher kann man davon ausgehen, dass ein Besucher schon etliche CMS-Webseiten gesehen hat, bevor er bei Contao gelandet ist. Dementsprechend niedrig ist die Wahrscheinlichkeit, dass er sich jetzt noch durch Dutzende Unterseiten klicken möchte, um das System kennenzulernen. Aus diesem Grund sind alle wichtigen Informationen an einer zentralen Stelle gesammelt, vom Einführungsvideo über die Funktionsübersicht bis hin zur Online-Demo, den Usertreffen und dem Contao-Team.

---

1   http://bit.ly/ifross
2   http://www.contao.org/netzwerk.html

Abbildung 2.1: **Die Contao-Projektwebseite**

Nachdem der Benutzer vom System überzeugt ist, wird er es in aller Regel herunterladen und selbst installieren wollen. Folglich ist HERUNTERLADEN die nächste Kategorie. Neben den Programm-Downloads finden Sie hier auch eine umfassende Änderungsliste, eine Liste aller am Projekt beteiligten Entwickler und Übersetzer (zum Zeitpunkt der Entstehung dieses Kapitels waren es 238) sowie die Möglichkeit, das Contao-Logo und das Fanpage-Logo herunterzuladen.

Sind die Dateien erst einmal auf dem eigenen Rechner, muss man sich »nur« noch in das System einarbeiten. In der Kategorie VERSTEHEN finden sich deswegen das Online-Benutzerhandbuch, eine Liste von Büchern und Videos zu Contao, der Pressespiegel und das Online-Entwicklerhandbuch. Speziell die deutschsprachige Dokumentation ist in diesem Jahr dank mehrerer gedruckter Bücher und Video-DVDs sowie der Einführung des Contao-Wiki[3] als Plattform für Anleitungen und Tutorials stark gewachsen, sodass für jeden Lerntyp ein geeignetes Medium verfügbar sein sollte.

Hat man das System verstanden, kann man ungefähr abschätzen, welche Funktionen es bietet und welche einem zur Umsetzung der eigenen Webseite eventuell noch fehlen. In diesem Fall kann ein Blick in die Kategorie ERWEITERN nicht schaden, in der sich unter anderem

---

3   http://bit.ly/contaowiki

das Contao Extension Repository, das zentrale Verzeichnis aller Contao-Erweiterungen, befindet. Zurzeit umfasst es ca. 450 Erweiterungen, die das System um die verschiedensten Features ergänzen.

Den Abschluss macht die Kategorie NACHFRAGEN, die aber natürlich nicht erst relevant wird, nachdem man das System verstanden und erweitert hat. Sie enthält unter anderem die offiziellen Ankündigungen neuer Funktionen und wichtiger Sicherheitsupdates, die Sie sich auf jeden Fall als RSS-Feed[4] abonnieren sollten. Weiterhin finden Sie dort Antworten auf die am häufigsten gestellten Fragen, eine Übersicht aller Support-Möglichkeiten sowie die Liste der Contao-Partner, die Ihnen bei der Umsetzung Ihres Contao-Projekts behilflich sein können.

2.2.2 Die Entwicklungsseite

Von all den vielen Aufgaben und Tätigkeiten, die bei einem Open Source-Projekt anfallen, ist die Weiterentwicklung der Software natürlich die wichtigste. Schließlich hat sich das gesamte Netzwerk um das Produkt herum aufgebaut. Und weil die Entwicklung so wichtig ist, wurde dafür eine eigene Webseite unter dev.contao.org eingerichtet.

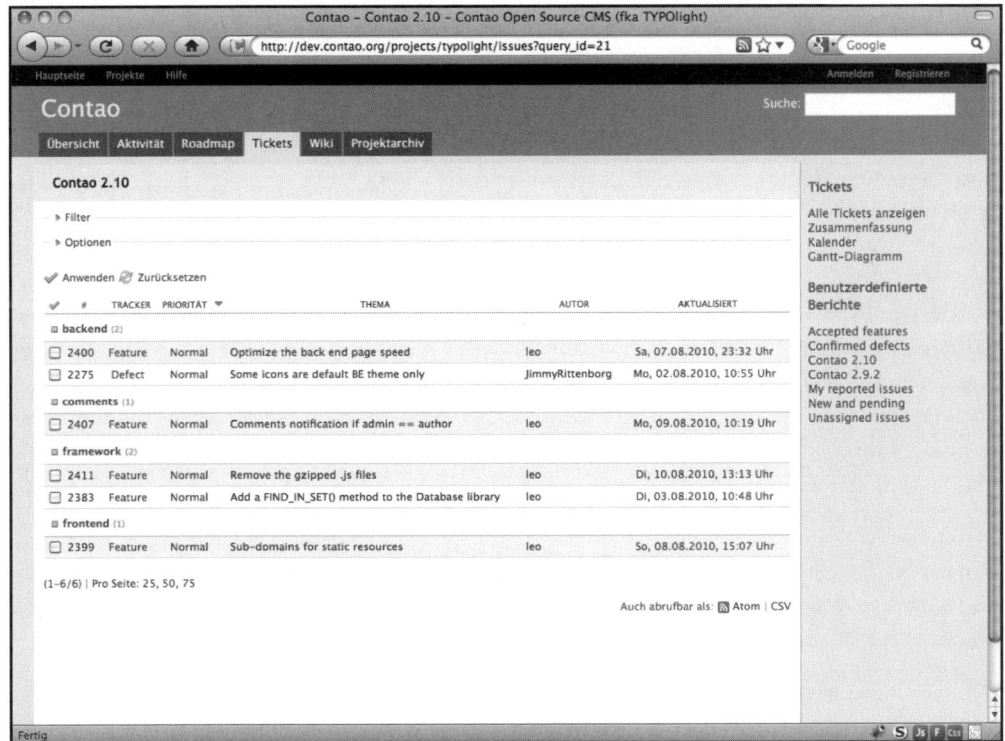

Abbildung 2.2: **Die Contao-Entwicklungsseite**

---

4   http://www.contao.org/neuigkeiten.xml

Auf der Seite Aktivität werden alle Vorgänge auf der Entwicklungsseite protokolliert. Sie können dort nachlesen, was an einem bestimmten Tag passiert ist, also z. B. welche Tickets beantwortet wurden oder ob eine neue Revision verfügbar ist. Der Begriff »Revision« stammt übrigens aus der zugrunde liegenden Versionsverwaltung *Apache Subversion*[5], kurz SVN, und bezeichnet eine Änderung am Contao-Quellcode.

Die Seite Roadmap zeigt dagegen nicht das, was bereits erledigt wurde, sondern das, was für die Zukunft geplant ist. »Roadmap« bedeutet so viel wie »Fahrplan«, und dieser ist in einzelne Teilabschnitte, sogenannte Meilensteine, unterteilt. Jeder Meilenstein entspricht einer Contao-Version und enthält diverse Tickets, die zur Erreichung des Meilensteins bearbeitet werden müssen. Ist ein Meilenstein vollständig, sind also alle Tickets abgearbeitet, kann eine neue Contao-Version veröffentlicht werden.

Eine Übersicht aller Tickets finden Sie übrigens auf der gleichnamigen Seite Tickets. Es gibt bei Contao zwei Kategorien, nämlich »Defect« (Fehler-Report) und »Feature« (Feature-Wunsch). Wenn Sie also einmal einen Fehler finden oder eine neue Funktion vorschlagen möchten, können Sie das auf der Seite Neues Ticket tun. Allerdings sollten Sie vorher unbedingt die Ticket-Hilfe[6] lesen, denn ungültige Tickets oder Duplikate bereits vorhandener Tickets heben nicht unbedingt die Laune der Bearbeiter und werden meistens genauso schnell wieder geschlossen, wie sie erstellt wurden. Bei über 1500 Anfragen pro Jahr ist das nicht ganz unverständlich.

Auf der Seite Projektarchiv finden Sie schlussendlich das Herzstück der Software, nämlich den Quellcode. Sie können dort die bereits oben erwähnten Revisionen einsehen und jede noch so kleine Modifikation einer Datei mit früheren Versionen vergleichen. Dadurch sind alle Code-Änderungen stets für jeden transparent nachvollziehbar.

2.2.3 Contao im Social Web

Selbstverständlich ist Contao auch im sogenannten »Social Web« vertreten, das derzeit vor allem durch Facebook und Twitter geprägt wird. Die offizielle Contao-Fanpage auf Facebook finden Sie unter `www.facebook.com/contao`. Sie wird regelmäßig von Mitgliedern des Contao-Teams aktualisiert und enthält neben den offiziellen Ankündigungen auch kleine Status-Updates zu gerade aktuellen Themen. Falls Sie noch kein Fan sind, sollten Sie es auf jeden Fall jetzt werden.

Bei Twitter finden Sie Contao unter dem Namen »contaocms«, da der Name »contao« leider schon vergeben war. Der Twitter-Account wird hauptsächlich von Ben Robinson und Clemens Hackl aus dem Contao-Team genutzt und bedient daher primär die internationale, englischsprachige Community. Die Aktualisierung erfolgt eher unregelmäßig.

---

5 http://bit.ly/Apache-SVN
6 http://bit.ly/ticket-hilfe

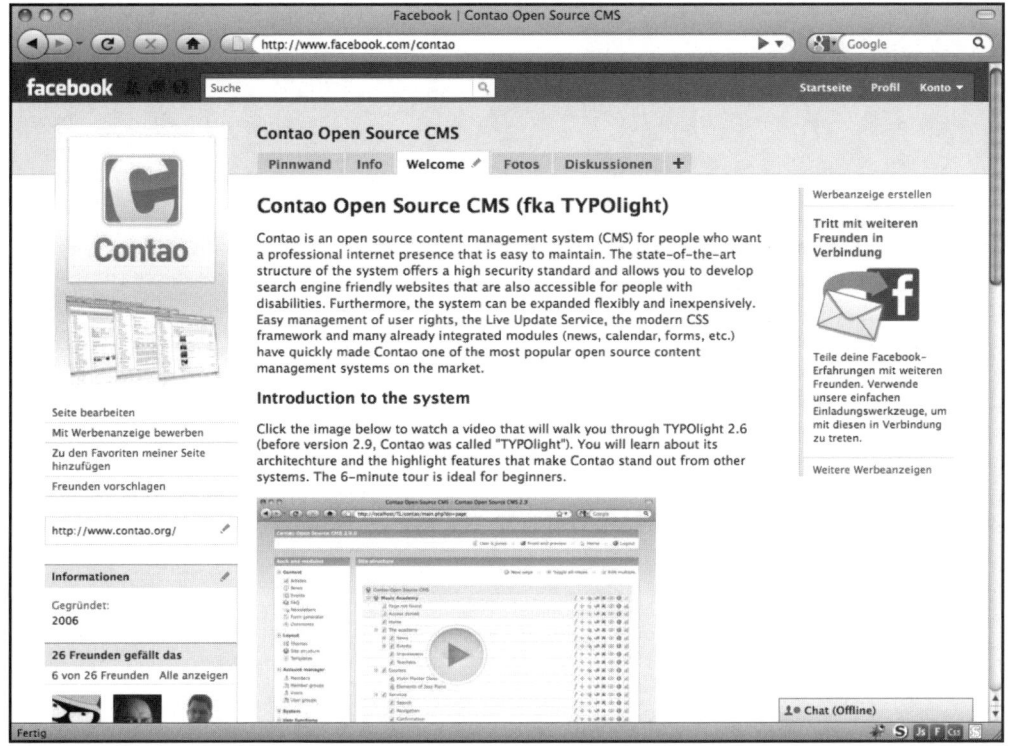

Abbildung 2.3: **Die Contao-Fanpage auf Facebook**

Und auch bei YouTube ist Contao vertreten. Unter www.youtube.com/feyerworks finden Sie alle Contao-Videos, die auch auf der Projektwebseite eingebunden sind. Mittlerweile haben auch etliche andere YouTube-Nutzer Videos zu Contao eingestellt, sodass sich eine generelle Suche nach »Contao« bzw. in diesem Fall auch »TYPOlight« ebenfalls lohnt.

2.2.4 Die deutschsprachige Community

Die deutschsprachige Community ist derzeit die größte aller Contao-Communities und hat eine eigene Plattform, die Sie unter www.contao-community.de finden. Dort können Sie mit anderen Contao-Begeisterten in Kontakt treten und alle Themen rund um das CMS, das Internet und das Leben als Webworker diskutieren. Selbstverständlich werden dort auch Ihre Fragen zur Benutzung von Contao beantwortet.

Wenn Sie die Menschen, die Sie in dieser virtuellen Welt kennenlernen, einmal in der realen Welt treffen möchten, können Sie das auf den jährlichen Usertreffen oder bei den regelmäßigen Stammtischen tun. Informationen dazu erhalten Sie ebenfalls im Forum.

Die internationale Community trifft sich übrigens unter www.contao-community.org.

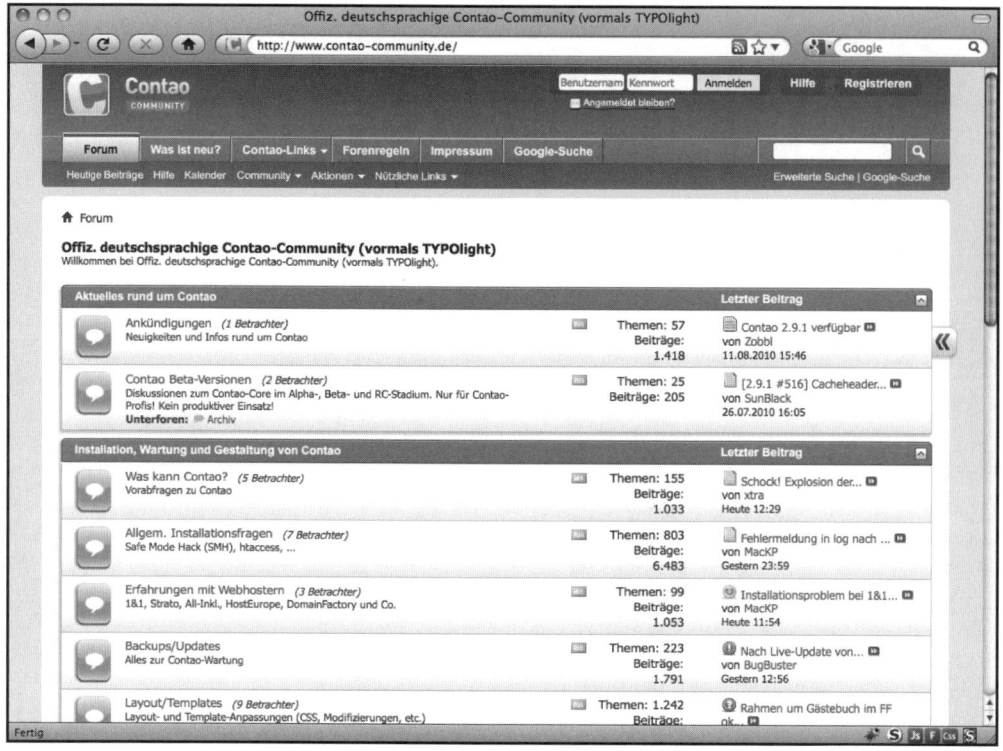

Abbildung 2.4: **Die deutschsprachige Contao-Community**

2.3 Contao im Schnelldurchlauf

In diesem Abschnitt stelle ich Ihnen die grundsätzlichen Zusammenhänge und Funktions-weisen von Contao in komprimierter Form vor. Sie brauchen sich als CMS-Einsteiger nichts dabei denken, wenn Sie den einen oder anderen Begriff noch nie gehört haben. Es wird alles in den nachfolgenden Kapiteln noch einmal ausführlich erklärt.

2.3.1 Backend und Frontend

Contao ist in zwei Bereiche unterteilt. Das »Backend« ist der Administrationsbereich, in dem die ganze Arbeit wie z. B. das Schreiben von Artikeln erfolgt. Das »Frontend« ist die eigentliche Webseite, auf der die geschriebenen Artikel anschließend von Besuchern gele-sen werden können.

Der Zugriff auf das Backend, also den Administrationsbereich, ist grundsätzlich nur regis-trierten Benutzern möglich, die sich mit Ihrem Benutzernamen und Passwort anmelden müssen, bevor sie Änderungen an der Webseite vornehmen können. Das Frontend, also die eigentliche Webseite, ist hingegen standardmäßig öffentlich erreichbar.

Das Backend rufen Sie auf, indem Sie /contao an die URL Ihrer Webseite anfügen.

2.3.2 Benutzer und Mitglieder

Die Trennung zwischen Backend und Frontend setzt sich auch in der Benutzerverwaltung fort. In Contao unterscheidet man zwischen »Benutzern«, die Zugriff auf das Backend haben, und »Mitgliedern«, die Zugriff auf das Frontend haben. Da die Webseite wie schon gesagt standardmäßig öffentlich erreichbar ist, ist das Anlegen von Mitgliedern optional und nur dann notwendig, wenn Sie beispielsweise einen geschützten, nichtöffentlichen Bereich einrichten möchten. In der Minimalkonfiguration kommen Sie mit einem einzigen Benutzer, nämlich dem Administrator, und ganz ohne Mitglieder aus.

2.3.3 Alles dreht sich um die Seitenstruktur

Contao ist ein seitenbasiertes Content Management System, das heißt, die Seitenstruktur ist das zentrale Element Ihrer Webseite. Ein Besucher kann immer nur eine bestimmte Seite in seinem Browser aufrufen und nicht z. B. einen einzelnen Beitrag, wie es in anderen Systemen der Fall ist. Dieser Ansatz ist sehr flexibel, weil eine Seite beliebig viele Inhalte haben kann und Sie nicht auf einen einzigen Beitrag beschränkt sind.

Die Seitenstruktur ist hierarchisch organisiert, Sie können die einzelnen Seiten also ineinander verschachteln und so beliebig verzweigte Unterseiten erstellen. Contao erstellt im Frontend automatisch aus der hierarchischen Struktur die entsprechenden Navigationsmenüs mit allen Haupt- und Unterseiten. Wenn Sie eine neue Seite im Backend hinzufügen oder die Reihenfolge der Seiten anpassen, wird diese Änderung sofort auf der Webseite sichtbar.

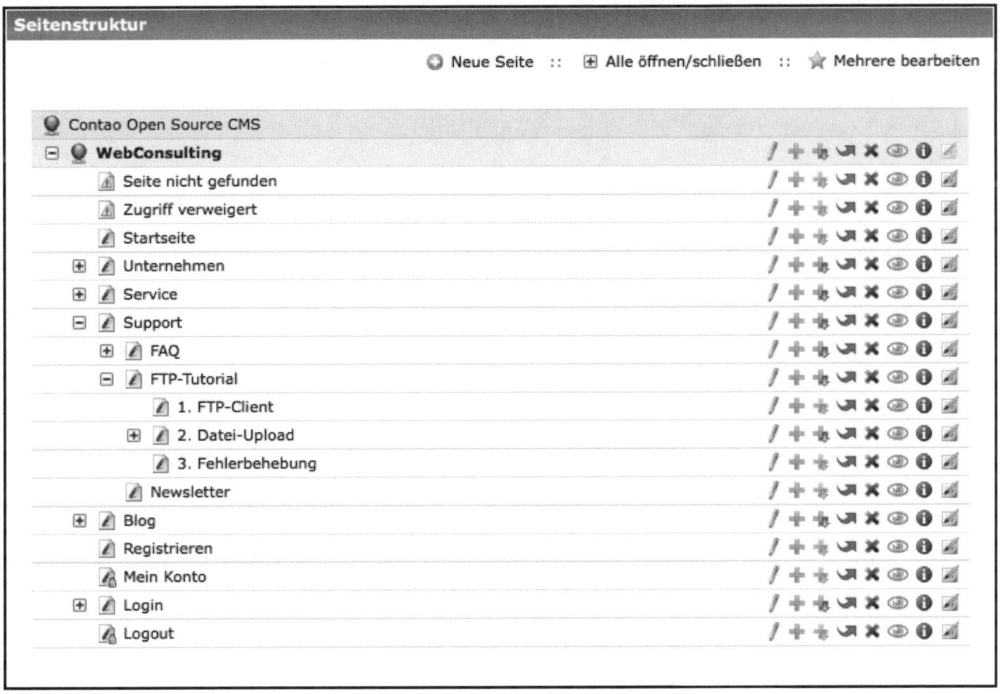

Abbildung 2.5: **Die Seitenstruktur der Beispielwebseite**

2.3.4 Jede Seite hat ein Seitenlayout

Jede Seite ist mit einem Seitenlayout verknüpft, das ihren Aufbau festlegt und sie in sogenannte Layoutbereiche unterteilt. Der Seitenaufbau wird in Contao nämlich nicht durch statische Template-Dateien bestimmt, sondern durch beliebig per Mausklick zusammenstellbare Seitenlayouts, die dank des integrierten CSS-Frameworks dynamisch zur Laufzeit zu einem »virtuellen Template« zusammengesetzt werden. Solange Sie also nicht mindestens ein Seitenlayout angelegt haben, weiß Contao nicht, wie es die Inhalte Ihrer Webseite ausgeben soll, und quittiert den Dienst daher mit einem kurzen »No layout specified«.

Standardmäßig haben Sie die Auswahl aus folgenden Layoutbereichen:

» Kopfzeile

» linke Spalte

» Hauptspalte

» rechte Spalte

» Fußzeile

Darüber hinaus unterstützt Contao das Hinzufügen beliebiger eigener Layoutbereiche zur Umsetzung komplexerer Aufbauten und bei Bedarf sogar die Einbindung eines externen Layouts oder die Verwendung eines komplett anderen CSS-Frameworks.

2.3.5 Jedes Seitenlayout besteht aus Modulen

Innerhalb der in einem Seitenlayout aktivierten Layoutbereiche können Sie beliebige Frontend-Module platzieren, die beim Aufruf einer Seite der Reihenfolge nach ausgeführt werden und den HTML-Code für das Frontend erzeugen (Abbildung 2.6).

Genau wie Seitenlayouts können auch Frontend-Module per Mausklick angelegt und konfiguriert werden. Contao enthält bereits ab Werk etliche Modultypen, z. B. zur Erstellung von Navigationsmenüs, zur Verwaltung von Benutzern, zum Einfügen von Formularen oder zur Einbindung von Flash-Filmen. Darüber hinaus können Sie über Erweiterungen beliebige weitere Frontend-Module hinzufügen.

2.3.6 Die Formatierung erfolgt mittels CSS

Sämtliche Formatierungen, egal ob es sich um Frontend-Module, Inhaltselemente oder den Seitenaufbau handelt, erfolgen in Contao mithilfe von *Cascading Stylesheets*, kurz CSS. Contao versteht sich selbst als »Tool für Webmaster« und grenzt sich von einem reinen Homepage-Baukasten vor allem dadurch ab, dass der eigentliche Design-Prozess ausdrücklich nicht abstrahiert werden soll. Im Klartext heißt das, dass Sie über CSS-Kenntnisse verfügen sollten und nicht erwarten können, dass Contao diesen Teil für Sie übernimmt.

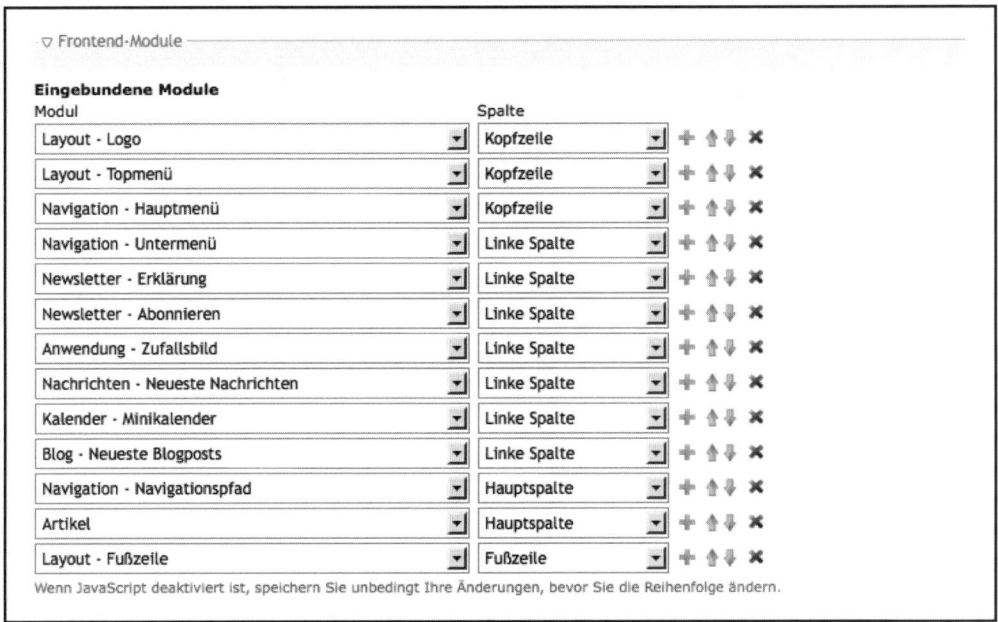

Abbildung 2.6: **Die Frontend-Module der Beispielwebseite**

Das Contao-Team hat Anfang des Jahres in einem Blog-Beitrag[7] sogar genau definiert, was Sie als Webmaster optimalerweise mitbringen sollten:

> [...] gute Kenntnisse in HTML und CSS sowie Basiswissen zum Thema Webseiten (Hosting, Domains, FTP, Dateirechte etc.). Optionale Kenntnisse in Objekt-orientierter PHP-Programmierung sind hilfreich, um den technischen Hintergrund zu verstehen und das System gegebenenfalls anzupassen bzw. zu erweitern.

Nun werden Sie sicherlich anmerken, dass ich ein paar Seiten vorher gerade noch gesagt habe, dass Sie genau genommen nicht einmal HTML können müssen, um Contao zu nutzen. Diese Aussage steht klar im Widerspruch zu dem Zitat des Blog-Beitrags. Oder doch nicht?

Tatsächlich können Sie Contao einsetzen, ohne HTML und CSS zu beherrschen. Wenn Sie z. B. als Redakteur Artikel für eine Webseite schreiben, muss das Thema CSS Sie nicht interessieren. Gleiches gilt, wenn Sie ein Theme von einem dritten Designer installiert haben und nur die Seitenstruktur und die Inhalte selbst erstellen. In beiden Fällen können Sie das vorgefertigte Design problemlos verwenden – solange Sie keine Änderungen daran vornehmen wollen. Die Definition des Contao-Teams gilt also wirklich nur für Webmaster, die alle Bereiche der Webseite selbst bearbeiten, und nicht für Redakteure.

---

7   http://bit.ly/tool-fuer-webmaster

2.3.7 Das Design kann als Theme exportiert werden

Wenn Ihr Design fertig ist, können Sie alle designrelevanten Elemente als sogenanntes Theme exportieren. Dazu gehören Stylesheets, Frontend-Module, Seitenlayouts, Dateien und eventuell angepasste Templates. Das Theme lässt sich dann auf einer anderen Contao-Installation wieder importieren, sodass Sie Ihr Design problemlos wiederverwenden oder weitergeben können. Selbstverständlich können Sie auf diesem Weg auch Themes anderer Designer importieren und für Ihre Webseite verwenden.

2.3.8 Inhalte werden als Artikel gespeichert

Die eigentlichen Inhalte – bisher ging es ja nur um den Seitenaufbau und das Design – werden in Contao als Artikel gespeichert. Jeder Artikel besteht wiederum aus Inhaltsele-menten, die für jeden Inhaltstyp wie z. B. Texte, Bilder oder Tabellen eine entsprechende Ein- und Ausgabefunktion bereitstellen.

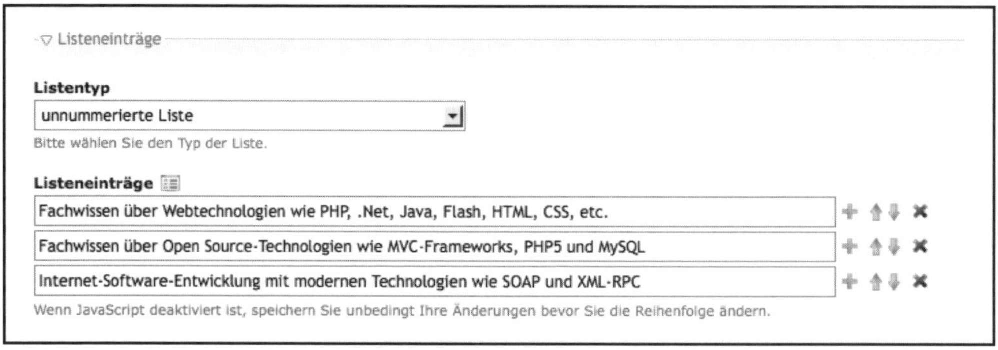

Abbildung 2.7: **Das Inhaltselement »Auflistung« im Backend**

Das Konzept der Inhaltselemente hat viele Vorteile. Zum Beispiel reduziert sich das Risiko von redundantem oder sogar invalidem HTML-Code gegenüber der Verwendung eines Rich Text Editors, weil jedes Element separat generiert wird. Darüber hinaus ist es ein Leichtes, einzelne Elemente zwischen verschiedenen Artikeln zu verschieben oder die Reihenfolge der Elemente zu verändern. Letzteres geht dank Ajax sogar per Drag&Drop.

2.3.9 Jeder Artikel ist einer Seite zugeordnet

Jeder Artikel ist fest mit einer bestimmten Seite verknüpft. Pro Seite können beliebig viele Artikel angelegt und verschiedenen Layoutbereichen zugewiesen werden. Sie sind in Con-tao also nicht auf einen Artikel in der Hauptspalte beschränkt, sondern können beispiels-weise fünf Artikel in der Hauptspalte und einen weiteren in der Seitenspalte anlegen. Der Besucher ruft ja letztendlich die Seite auf und nicht einen bestimmten Artikel (vgl. Abschnitt 2.3.3, *Alles dreht sich um die Seitenstruktur*).

Eine Ausnahme von diesem Konzept der statischen Artikel sind dynamische Beiträge wie z. B. Nachrichten oder Events. Diese werden in separaten Backend-Modulen verwaltet und mit speziellen Frontend-Modulen wie z. B. einer Nachrichtenliste oder einem Kalender ausgegeben. Ich erwähne das an dieser Stelle, weil Sie sich eventuell schon gefragt haben, ob Sie tatsächlich für jeden Blog-Beitrag eine eigene Seite plus einen Artikel anlegen müssen. Dies ist aber natürlich nicht der Fall und wäre bei einem aktiven Blog oder einem Kalender mit vielen Einträgen auch sicherlich nicht praktikabel.

2.4 Zusammenfassung

Contao ist ein Web Content Management System, das unter einer Open Source-Lizenz, nämlich der *Lesser General Public License*, veröffentlicht wurde. Die Lizenz regelt die Rechte und Pflichten des Lizenznehmers und erlaubt unter anderem die freie Nutzung der Software, was ausdrücklich auch kommerzielle Projekte beinhaltet.

Contao zählt zu den seitenbasierten Content Management Systemen, das heißt, die hierarchisch organisierte Seitenstruktur ist das zentrale Element der Webseite. Jede Seite ist mit einem Seitenlayout verknüpft, das deren Aufbau und die eingebundenen Frontend-Module festlegt. Die Formatierung aller Elemente und Module erfolgt über Stylesheets.

Statische Inhalte werden in Contao als Artikel erfasst, die fest mit einer bestimmten Seite verknüpft sind und wiederum aus Inhaltselementen bestehen. Pro Seite können beliebig viele Artikel in verschiedenen Layoutbereichen angelegt werden. Dynamische Inhalte werden in separaten Backend-Modulen verwaltet und mit speziellen Frontend-Modulen auf der Webseite ausgegeben.

3. Der Administrationsbereich

Contao ist in zwei Bereiche aufgeteilt. Im Administrationsbereich, dem sogenannten Backend, können Sie alle Arbeiten im Zusammenhang mit der Verwaltung Ihrer Webseite erledigen. Typische Backend-Aufgaben sind beispielsweise das Schreiben von Artikeln oder das Anlegen von Nachrichtenbeiträgen. Auf der eigentlichen Webseite, dem sogenannten Frontend, können die Besucher diese Artikel bzw. Nachrichtenbeiträge dann lesen.

3.1 Aufruf des Backends

Sie erreichen das Backend Ihrer Contao-Installation, indem Sie /contao an die URL Ihrer Webseite anhängen. Die vollständige Adresse sieht vermutlich so aus:

» `http://www.domain.de/contao/`

» `http://www.domain.de/contao-2.9.1/contao/`

» `http://www.domain.de/cms/contao/`

Geben Sie Ihren Benutzernamen und Ihr Passwort ein, und wählen Sie die Sprache, in der Sie das Contao-Backend sehen möchten. Standardmäßig wird die Sprache ausgewählt, die Sie in Ihrem Internetbrowser voreingestellt haben. Bestätigen Sie Ihre Eingaben mit einem Klick auf die Schaltfläche ANMELDEN.

Die Backend-Anmeldung ist mit einem Zeitverzögerungsmechanismus gegen Brute-Force-Attacken[1] geschützt. Wenn Sie mehr als dreimal hintereinander ein falsches Passwort eingeben, wird Ihr Benutzerkonto automatisch für 5 Minuten gesperrt. Auf diese Weise wird verhindert, dass ein Hacker eine große Anzahl Passwörter nacheinander ausprobiert, bis er das richtige Passwort gefunden hat.

---

1   http://bit.ly/brute-force

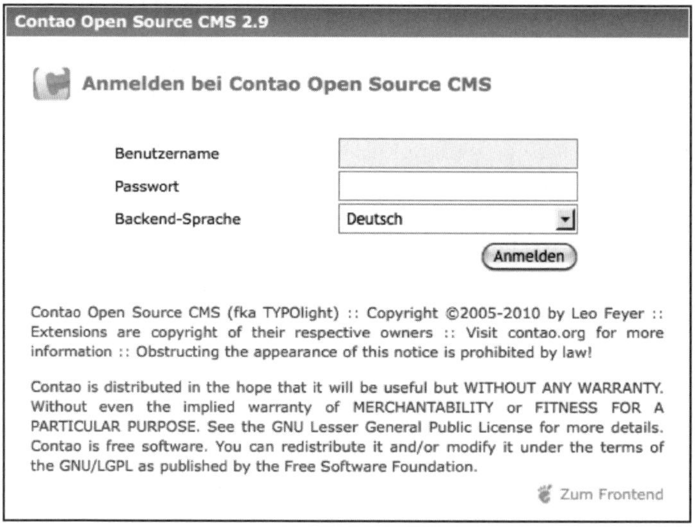

Abbildung 3.1: **Anmeldung am Contao-Backend**

3.2 Aufbau des Backends

Das Backend ist in drei Bereiche unterteilt. Oben befindet sich der Infobereich, auf der linken Seite die Navigation und auf der rechten der Arbeitsbereich (Abbildung 3.2).

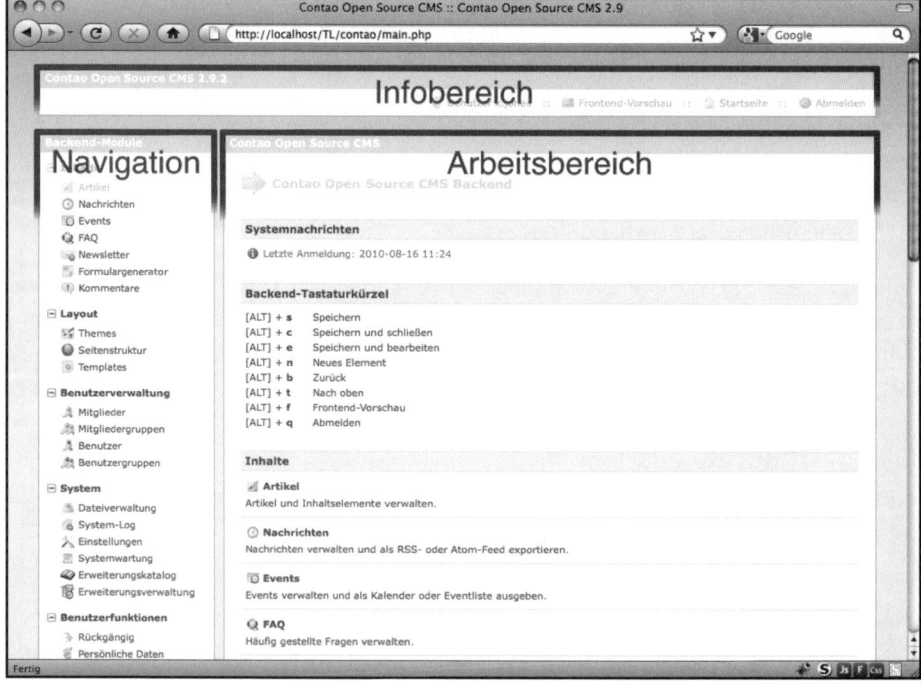

Abbildung 3.2: **Aufteilung des Administrationsbereichs**

3.2.1 Der Infobereich

Der Infobereich zeigt Ihnen die Minor-Release-Version Ihrer Installation sowie vier wichtige Links an, die Sie beim Arbeiten mit Contao immer wieder benötigen werden.

Benutzer: Dieser Link führt zu den persönlichen Einstellungen Ihres Benutzerkontos. Sie können dort z. B. Ihr Passwort ändern oder die Sprache wechseln.

Frontend-Vorschau: Dieser Link ruft das Frontend, also die eigentliche Webseite, in einem neuen Fenster auf. Wenn Sie eine bestimmte Seite oder einen Artikel im Backend bearbeiten, werden Sie automatisch auf die entsprechende Seite im Frontend weitergeleitet.

Startseite: Dieser Link führt Sie zur Startseite des Backends zurück.

Abmelden: Über diesen Link können Sie sich vom Backend abmelden.

3.2.2 Der Navigationsbereich

Der Navigationsbereich enthält Links zu den verschiedenen Backend-Modulen, von denen jedes eine bestimmte Aufgabe erfüllt. Zur besseren Übersicht sind die Module in Gruppen zusammengefasst, die Sie je nach Bedarf ein- und ausklappen können.

Inhalte: In dieser Gruppe befinden sich alle Module, die irgendeine Art von Inhalt verwalten. Zu den Inhalten zählen in Contao nicht nur Artikel, sondern z. B. auch Nachrichtenbeiträge, Termine, Kommentare oder Formulare.

Layout: In dieser Gruppe befinden sich alle designrelevanten Module, mit denen Sie das Aussehen und die Struktur Ihrer Webseite festlegen können.

Benutzerverwaltung: In dieser Gruppe befinden sich alle Module, die mit der Verwaltung von Benutzern und Benutzergruppen zu tun haben. In Contao unterscheidet man zwischen »Benutzern« (Backend-Benutzer) und »Mitgliedern« (Frontend-Benutzer).

System: In dieser Gruppe befinden sich verschiedene Module zur Konfiguration und Wartung Ihrer Contao-Installation. Auch die Dateiverwaltung ist hier eingeordnet.

Benutzerfunktionen: In dieser Gruppe befinden sich hilfreiche Module für den angemeldeten Benutzer. Sie können hier z. B. gelöschte Datensätze wiederherstellen oder Ihr Passwort für das Contao-Backend ändern.

3.2.3 Der Arbeitsbereich

Im Arbeitsbereich führen Sie alle Arbeiten innerhalb von Contao durch. Je nach Modul stehen Ihnen dabei unterschiedliche Funktionen zur Verfügung.

Direkt nach der Anmeldung wird Ihnen auf der Startseite des Backends das Datum Ihrer letzten Anmeldung, eine Übersicht der Backend-Tastaturkürzel sowie die Erklärung aller installierten Module präsentiert. Außerdem prüft Contao bei der Anmeldung automatisch, ob Ihre Installation aktuell ist, und empfiehlt Ihnen gegebenenfalls eine Aktualisierung.

3.2.4 Backend-Tastaturkürzel

Um den Workflow bei der Arbeit mit Contao zu beschleunigen, gibt es im Backend etliche Tastaturkürzel, mit denen sich bestimmte Befehle direkt aufrufen lassen. Zum Beispiel befindet sich die Schaltfläche SPEICHERN grundsätzlich am Ende eines Eingabeformulars, sodass sie erst mit der Maus angeklickt werden kann, wenn die Seite ganz nach unten gescrollt wurde.

Normalerweise ist das kein Problem, denn während des Ausfüllens eines Formulars arbeitet man sich ja sowieso von oben nach unten durch die Seite. Will man aber später nur einen einzelnen Wert am Anfang des Formulars ändern, ist die Schaltfläche nicht ohne Scrollaufwand erreichbar. In diesem Fall gelangt der geübte Contao-Benutzer mit dem Tastaturkürzel `Alt`+`S` auch ohne zu scrollen ans Ziel.

Folgende Tastaturkürzel stehen in Contao 2.9 zur Verfügung:

TASTATURKÜRZEL	SCHALTFLÄCHE	ERKLÄRUNG
`Alt`+`h`	STARTSEITE	Führt zur Startseite des Backends (**H**ome).
`Alt`+`q`	ABMELDEN	Beendet die aktuelle Backend-Sitzung (**Q**uit).
`Alt`+`t`	NACH OBEN	Springt zum Anfang der Seite (**T**op).
`Alt`+`b`	ZURÜCK	Zurück zur vorherigen Seite (**B**ack).
`Alt`+`n`	NEUER DATENSATZ	Legt einen neuen Datensatz an (**N**ew).
`Alt`+`e`	MEHRERE BEARBEITEN	Wechselt in den »Mehrere bearbeiten«-Modus (**E**dit multiple).
`Alt`+`f`	FRONTEND-VORSCHAU	Öffnet die Frontend-Vorschau in einem neuen Fenster (**F**ront end preview).

Tabelle 3.1: **Backend-Tastaturkürzel**

Im Bearbeitungsmodus stehen zusätzlich folgende Kürzel zur Verfügung:

TASTATURKÜRZEL	SCHALTFLÄCHE	ERKLÄRUNG
`Alt`+`s`	SPEICHERN	Speichert das aktuelle Eingabeformular (**S**ave).
`Alt`+`c`	SPEICHERN UND SCHLIESSEN	Speichert und schließt das aktuelle Eingabeformular (Save and **c**lose). Sie gelangen zurück zur vorherigen Seite.

Tabelle 3.2: **Tastaturkürzel im Bearbeitungsmodus**

TASTATURKÜRZEL	SCHALTFLÄCHE	ERKLÄRUNG
`Alt`+`g`	SPEICHERN UND ZURÜCK	Speichert und schließt das aktuelle Eingabeformular (Save and **g**o back). Sie gelangen zurück zur übergeordneten Seite, z. B. von einem Inhaltselement direkt zur Artikelübersicht.
`Alt`+`e`	SPEICHERN UND BEARBEITEN	Speichert das aktuelle Eingabeformular (Save and **e**dit) und wechselt zur Ansicht der Kind-Datensätze, z. B. beim Anlegen von Stylesheets.
`Alt`+`n`	SPEICHERN UND NEU	Speichert das aktuelle Eingabeformular und legt einen neuen Datensatz an (Save and **n**ew).

Tabelle 3.2: **Tastaturkürzel im Bearbeitungsmodus (Forts.)**

Im Modus »Mehrere bearbeiten« kommen weitere Kürzel hinzu:

TASTATURKÜRZEL	SCHALTFLÄCHE	ERKLÄRUNG
`Alt`+`d`	MEHRERE LÖSCHEN	Löscht alle ausgewählten Datensätze im Modus »Mehrere bearbeiten« (**D**elete).
`Alt`+`x`	MEHRERE VERSCHIEBEN	Verschiebt alle ausgewählten Datensätze im Modus »Mehrere bearbeiten« (Cut).
`Alt`+`c`	MEHRERE KOPIEREN	Kopiert alle ausgewählten Datensätze im Modus »Mehrere bearbeiten« (**C**opy).
`Alt`+`v`	MEHRERE ÜBER-SCHREIBEN	Überschreibt alle ausgewählten Datensätze im Modus »Mehrere bearbeiten« (Paste).

Tabelle 3.3: **Tastaturkürzel im Modus »Mehrere bearbeiten«**

Tastaturkürzel unter Windows und Mac

Die auf der Startseite des Backends beschriebenen Tastaturkürzel funktionieren in dieser Form nur unter Windows. Mac-Nutzer müssen statt der `Alt`-Taste die `Ctrl`-Taste in Verbindung mit dem jeweiligen Kürzel verwenden.

Zudem weichen Firefox, Chrome und Safari hier leider vom gewohnten Standard ab. In Safari und Chrome müssen Sie `Ctrl`+`Alt` und das jeweilige Kürzel drücken, in Firefox ist es `Alt`+`⇧` in Verbindung mit dem gewünschten Kürzel. Zumindest in Firefox lässt sich dieses »Fehlverhalten« jedoch korrigieren. Geben Sie in die Adresszeile des Browsers `about:config` ein, und suchen Sie die Einstellungen `ui.key.chromeAccess` und `ui.key.contentAccess`. Vertauschen Sie dann einfach deren Werte 4 und 5.

3.3 Datensätze auflisten

Contao speichert alle Informationen rund um Ihre Webseite in der Datenbank. Dazu zählen sowohl Backend-Daten wie Benutzer, Module, Seiten oder Artikel als auch Frontend-Daten wie Gästebucheinträge oder Kommentare. Alle diese Daten werden in verschiedenen Tabellen gesammelt und können dann im Backend aufgelistet, durchsucht, kopiert, verschoben, gelöscht oder bearbeitet werden.

3.3.1 Die verschiedenen Ansichten

Die drei häufigsten Formen von Auflistungen, die ich nachfolgend *Ansichten* nennen werde, sind die einfache Liste (»List View«), die nach der übergeordneten Tabelle gruppierte Liste (»Parent View«) sowie die Baumansicht (»Tree View«).

List View

Hierbei handelt es sich um Datensätze einer einzelnen Tabelle, die in einer bestimmten Reihenfolge aufgelistet werden. Die Sortierung ist meistens alphabetisch, und die einzelnen Zeilen sind nach Anfangsbuchstaben gruppiert (Abbildung 3.3).

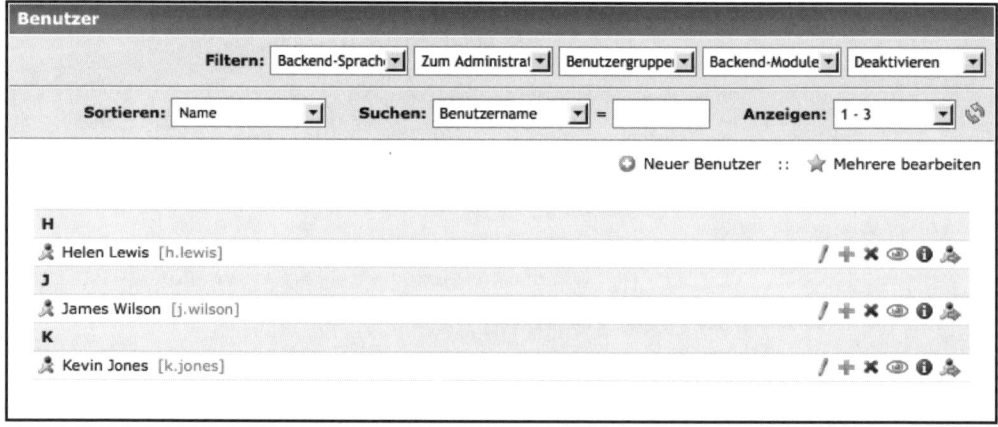

Abbildung 3.3: **Der List View**

Parent View

Hierbei handelt es sich um Datensätze, die mit den Datensätzen einer zweiten Tabelle in einer Eltern-Kind-Beziehung stehen. Stellen Sie sich zwei Warenkörbe und die darin enthaltenen Produkte vor. In jedem Warenkorb, also Elternelement, können beliebig viele Produkte, also Kindelemente, liegen.

In Contao kommen solche Eltern-Kind-Beziehungen sehr häufig vor, z. B. bei

» Artikeln und Inhaltselementen,

» Archiven und Nachrichtenbeiträgen oder

» Stylesheets und Formatdefinitionen.

Wenn Sie nun den Inhalt eines Warenkorbs auflisten, wollen Sie natürlich nur die Produkte dieses einen Warenkorbs sehen und nicht die Produkte des zweiten. Daher zeigt Contao Ihnen im Parent View auch nur die Kindelemente des jeweils ausgewählten Elternelements an (Abbildung 3.4).

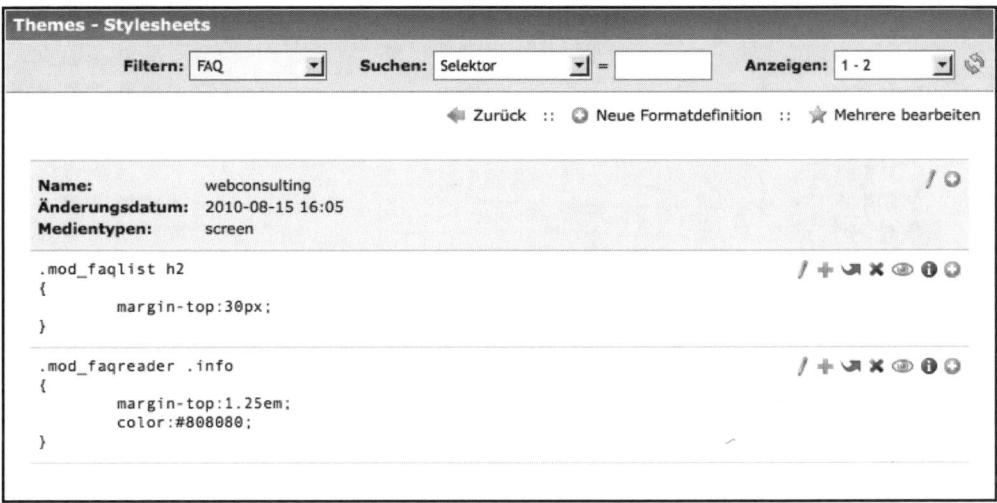

Abbildung 3.4: **Der Parent View**

Tree View

Hierbei handelt es sich um Datensätze, die in einer hierarchischen Abhängigkeit zueinander stehen und daher in einer Baumstruktur dargestellt werden. Typischerweise ist das bei einem Dateisystem der Fall, in dem es Verzeichnisse und Unterverzeichnisse gibt, deshalb nutzt der Contao-Dateimanager auch diese Ansicht. Hierarchische Strukturen können aber auch innerhalb einer Tabelle abgebildet werden, wie es z. B. bei der Seitenstruktur Ihrer Webseite der Fall ist (Abbildung 3.5).

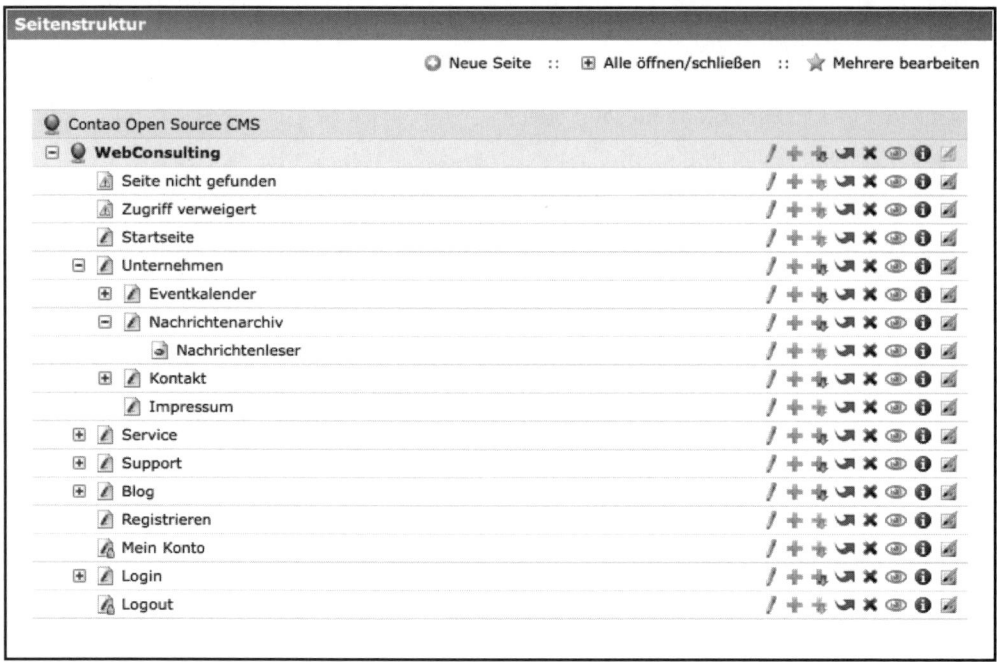

Abbildung 3.5: **Der Tree View**

3.3.2 Datensätze sortieren und filtern

Damit Sie auch bei Tabellen mit sehr vielen Datensätzen immer den Überblick behalten, bietet Contao Ihnen verschiedene Möglichkeiten, Auflistungen zu sortieren und durch Filter einzuschränken. Die meisten Auflistungen lassen sich durch gezieltes Filtern so einschränken, dass Ihnen nur die Datensätze angezeigt werden, die Sie auch wirklich für eine bestimmte Aktion benötigen (Abbildung 3.6).

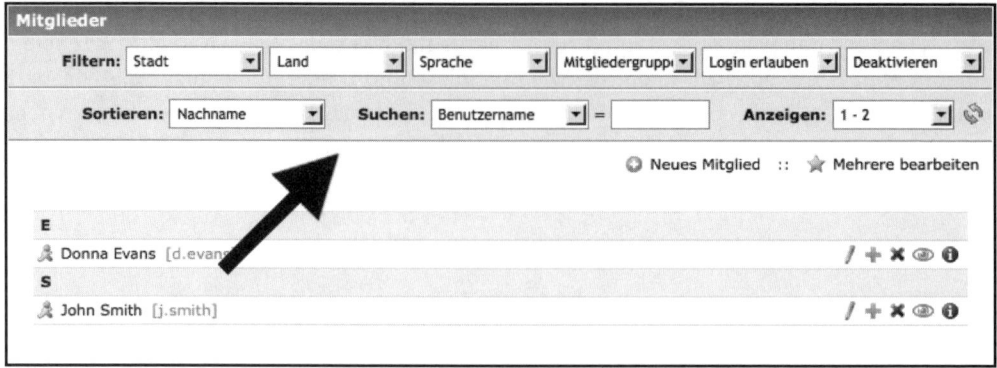

Abbildung 3.6: **Datensätze sortieren und filtern**

FILTERN: Hier können Sie einen oder mehrere Filter setzen und sich so z. B. nur die Mitglieder anzeigen lassen, die männlich sind und Deutsch sprechen.

SORTIEREN: Hier legen Sie fest, nach welchem Feld die Auflistung sortiert wird.

SUCHEN: Hier können Sie ein Feld nach einem bestimmten Wert durchsuchen, sodass nur die Datensätze angezeigt werden, die den gesuchten Begriff enthalten. Die Abfrage unterstützt sogenannte reguläre Ausdrücke[2], das heißt Sie können z. B. mit `^a` alle Datensätze abrufen, die mit dem Buchstaben A beginnen, oder analog mit `a$` alle diejenigen, die mit dem Buchstaben A enden. Äußerst hilfreich ist auch die Suche nach `meier|schmidt`, die sowohl den Account von Herrn Meier als auch den von Herrn Schmidt findet.

ANZEIGEN: Hier können Sie die Anzahl der Datensätze pro Seite begrenzen. Dieser Filter ist standardmäßig immer aktiv und auf 30 Datensätze eingestellt, da das Auflisten von mehreren Hundert Datensätzen eine ganze Zeit lang dauern kann.

Alle Filter können beliebig miteinander kombiniert werden. Aktive Filter werden gelb hinterlegt, sodass Sie auf einen Blick erkennen können, welche Filter Sie gesetzt haben. Um einen Filter zu deaktivieren, wählen Sie einfach den obersten Eintrag aus dem Drop-Down-Menü bzw. löschen den Suchbegriff aus dem Suchfeld.

3.3.3 Die Navigationssymbole

Bestimmt sind Ihnen schon die bunten Icons aufgefallen, die sich in jeder Ansicht rechts neben den einzelnen Datensätzen befinden. Mit diesen Navigationssymbolen können Sie einzelne Datensätze bearbeiten, kopieren, verschieben oder löschen. Je nach Modul kommen unter Umständen noch weitere Funktionen hinzu.

Standard-Icons

Die Navigationssymbole aus Abbildung 3.7 kommen in fast allen Ansichten vor. Aus Gründen der Übersichtlichkeit sind sie nicht zusätzlich mit einem Text versehen. Wenn Sie aber den Zeiger Ihrer Maus über einem Icon positionieren, wird Ihnen die entsprechende Beschreibung dazu angezeigt.

---

2   http://bit.ly/regexps

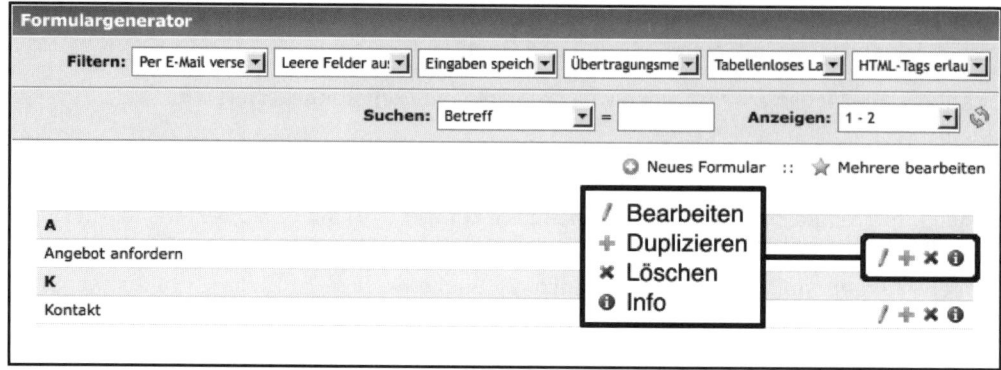

Abbildung 3.7: **Navigationssymbole im List View**

BEARBEITEN: ruft einen bestimmten Datensatz im Bearbeitungsmodus auf.

DUPLIZIEREN: erstellt eine Kopie eines vorhandenen Datensatzes.

LÖSCHEN: löscht einen Datensatz. (Dieser Vorgang kann widerrufen werden.)

INFO: zeigt Informationen zu einem Datensatz.

Icons im Parent View

Im Parent View, der Eltern-Kind-Ansicht, gibt es drei zusätzliche Icons, mit denen Sie die Reihenfolge der Datensätze festlegen können (Abbildung 3.8).

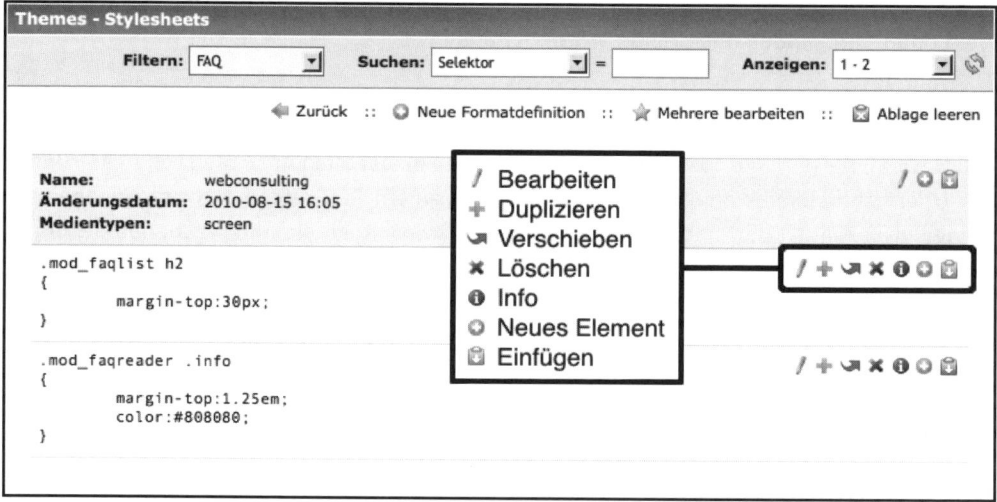

Abbildung 3.8: **Navigationssymbole im Parent View**

VERSCHIEBEN: verschiebt einen Datensatz an eine andere Position.

NEUES ELEMENT: erstellt einen neuen Datensatz nach dem aktuellen Datensatz.

EINFÜGEN: fügt einen Datensatz nach dem aktuellen Datensatz ein.

Icons im Tree View

Im Tree View, der Baumansicht, gibt es noch weitere Icons, die aufgrund der hierarchischen Beziehungen der Datensätze untereinander notwendig sind. Sie brauchen beispielsweise eine Möglichkeit, beim Verschieben oder Duplizieren von Datensätzen festzulegen, ob diese nach einem Datensatz in derselben Ebene oder unterhalb eines Datensatzes in einer neuen Ebene eingefügt werden sollen (Abbildung 3.9).

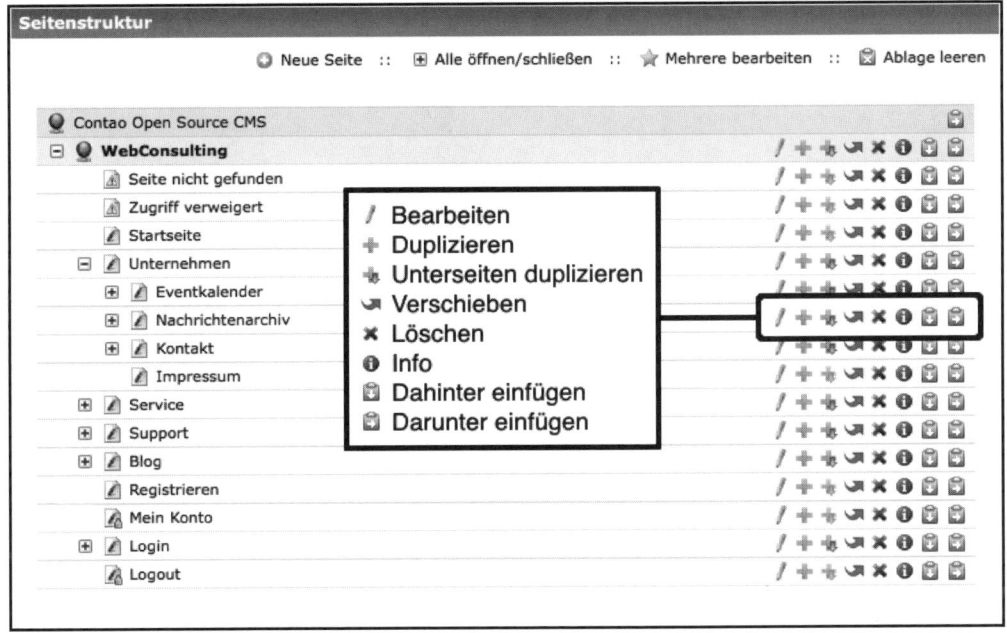

Abbildung 3.9: **Navigationssymbole im Tree View**

UNTERSEITEN DUPLIZIEREN: dupliziert eine Seite inklusive aller Unterseiten. (Beim normalen Duplizieren wird nur die einzelne Seite kopiert.)

DAHINTER EINFÜGEN: fügt eine Seite nach der aktuellen Seite ein.

DARUNTER EINFÜGEN: fügt eine Seite unterhalb der aktuellen Seite ein.

3.3.4 Das Klemmbrett

Das Klemmbrett ist keine eigene Anwendung, die Sie irgendwo aufrufen und anschauen können. Es ist automatisch im Hintergrund aktiv und merkt sich die Datensätze, die Sie duplizieren oder verschieben möchten. Auf diese Weise ist es möglich, Datensätze auch über die Grenzen eines Elternelements hinaus zu bewegen.

Sie können sich das Klemmbrett wie die Zwischenablage auf Ihrem Rechner vorstellen, in die Sie mit Ctrl+c bestimmte Daten kopieren und mit Ctrl+v an einer anderen Stelle wieder einfügen können. In Contao können Sie so z. B. Inhaltselemente von einem Artikel in einen anderen verschieben (Abbildung 3.10).

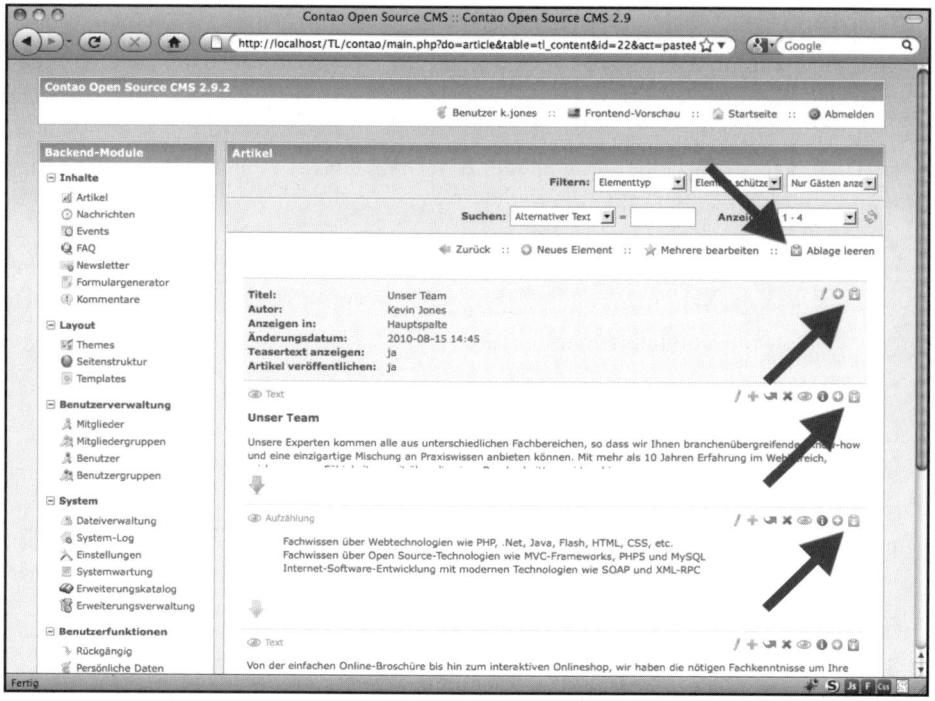

Abbildung 3.10: **Inhaltselemente mittels Klemmbrett verschieben**

3.3.5 Gelöschte Datensätze wiederherstellen

Wann immer Sie einen oder mehrere Datensätze löschen, werden diese nicht sofort aus der Datenbank entfernt, sondern in einen virtuellen Papierkorb verschoben. Aus diesem Papierkorb können Sie die Daten jederzeit wieder hervorholen und an der ursprünglichen Stelle wiederherstellen.

Sie finden den Papierkorb im Navigationsbereich in der Gruppe Benutzerfunktionen unter dem Punkt Rückgängig. Dort sehen Sie eine Liste aller gelöschten Datensätze, die Sie entweder nach dem Datum der Löschung oder dem Ursprung des Datensatzes sortieren können. Mit einem Klick auf das entsprechende Navigationssymbol können Sie einen Löschvorgang rückgängig machen (Abbildung 3.11).

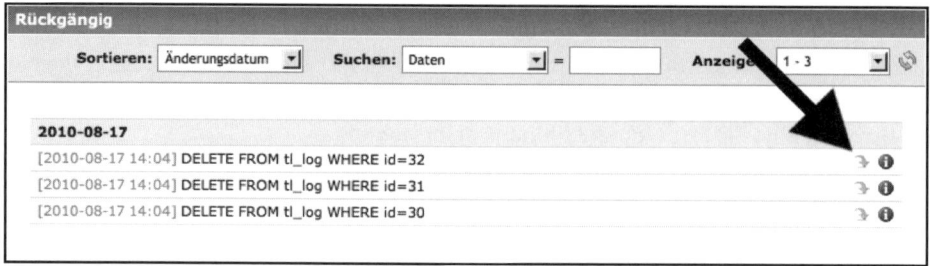

Abbildung 3.11: **Einen Löschvorgang rückgängig machen**

3.4 Datensätze bearbeiten

Das komfortable Bearbeiten von Daten zu ermöglichen, ist eine der Hauptaufgaben eines CMS – zumindest sollte es so sein. Wer aber schon mal vor dem Problem stand, 25 Datensätze auf einmal ändern zu müssen, der weiß, dass viele Systeme in dieser Disziplin nicht so gut abschneiden. Oft bleibt einem nichts anderes übrig, als jeden Datensatz einzeln aufzurufen und zu ändern. Das kostet Zeit und Nerven.

Natürlich würde ich Ihnen das nicht erzählen, wenn Contao hier nicht mit einer gut durchdachten Lösung glänzen könnte. In den folgenden Abschnitten zeige ich Ihnen, wie Contao Sie beim Bearbeiten von Datensätzen unterstützt.

3.4.1 Dynamische Eingabemasken

Alle Eingabemasken in Contao sind dynamisch und werden in Abhängigkeit von bestimmten Parametern generiert. Die Eingabemaske für ein Textelement sieht beispielsweise anders aus als die Eingabemaske für ein Bildelement, obwohl beide Elemente in derselben Tabelle gespeichert werden. Es werden Ihnen aber immer nur die Felder angezeigt, die Sie auch tatsächlich für die Bearbeitung benötigen.

Aus diesem Grund kann es passieren, dass Contao automatisch nach dem Ändern einer Auswahl in einem Drop-Down-Menü oder nach dem Anwählen einer Checkbox die Seite oder Teile der Seite neu lädt, damit Ihnen die richtige Eingabemaske angezeigt wird. Dank der Verwendung der Ajax-Technologie sind diese Ladevorgänge so kurz, dass Sie Ihren Arbeitsfluss nicht unterbrechen (Abbildung 3.12).

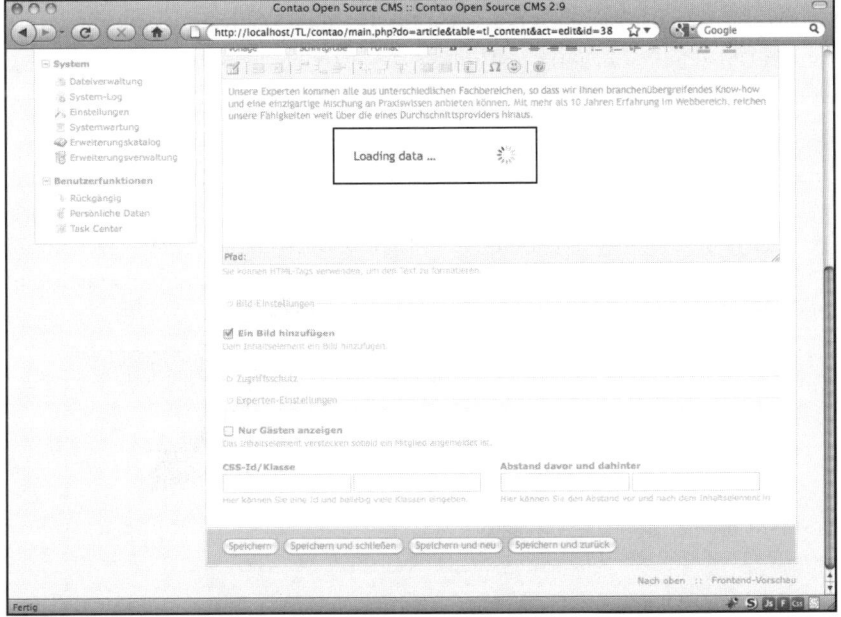

Abbildung 3.12: **Dynamisches Nachladen der Bild-Eingabefelder**

3.4.2 Optionen beim Speichern

Contao bietet Ihnen immer mehrere Schaltflächen zum Speichern Ihrer Eingaben an. Jede Schaltfläche bringt Sie nach dem Speichern an einen anderen Ort, je nachdem, was Sie als Nächstes erledigen möchten.

SPEICHERN: Beim Klick auf diese Schaltfläche werden Ihre Eingaben gespeichert, und die Eingabemaske wird neu geladen. Sie können den Datensatz weiter bearbeiten.

SPEICHERN UND SCHLIESSEN: Beim Klick auf diese Schaltfläche werden Ihre Eingaben gespeichert und das Formular geschlossen. Sie gelangen zurück zur vorherigen Seite.

SPEICHERN UND NEU: Beim Klick auf diese Schaltfläche werden Ihre Eingaben gespeichert, und ein neues Element wird nach dem gerade bearbeiteten Element erstellt. Sie gelangen direkt zur Bearbeitungsmaske des neuen Datensatzes.

SPEICHERN UND ZURÜCK: Beim Klick auf diese Schaltfläche werden Ihre Eingaben gespeichert, und das Formular wird geschlossen. Sie werden auf die übergeordnete Seite weitergeleitet, also z. B. von einem Inhaltselement direkt zur Artikelübersicht.

SPEICHERN UND BEARBEITEN: Diese Schaltfläche steht Ihnen nur beim Erstellen neuer Elemente zur Verfügung. Beim Anklicken werden Ihre Eingaben gespeichert, und Sie gelangen direkt zur Bearbeitungsansicht der Kind-Datensätze (Parent View).

3.4.3 Mehrere Datensätze auf einmal bearbeiten

In Contao können Sie sehr komfortabel mehrere Datensätze auf einmal bearbeiten, anstatt jeden Datensatz einzeln aufrufen und ändern zu müssen. Klicken Sie dazu auf den Link MEHRERE BEARBEITEN (Tastaturkürzel [Alt]+[e]). Wie Sie sehen, werden die Navigationssymbole automatisch durch Checkboxen ersetzt, mit denen Sie die zu bearbeitenden Datensätze auswählen können (Abbildung 3.13).

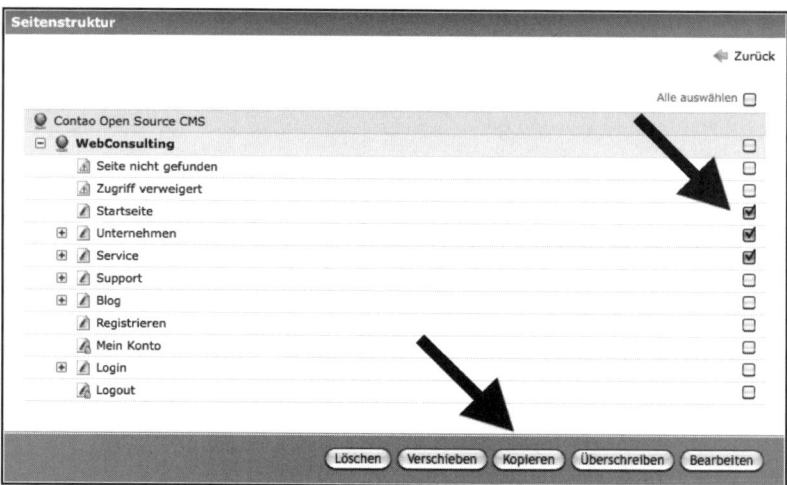

Abbildung 3.13: **Mehrere Datensätze bearbeiten**

LÖSCHEN: Die ausgewählten Datensätze werden gelöscht.

VERSCHIEBEN: Die ausgewählten Datensätze werden mithilfe des Klemmbretts verschoben.

KOPIEREN: Die ausgewählten Datensätze werden mithilfe des Klemmbretts dupliziert.

ÜBERSCHREIBEN: Die ausgewählten Datensätze können überschrieben werden.

BEARBEITEN: Die ausgewählten Datensätze können bearbeitet werden.

Nutzen Sie die Überschreiben-Funktion mit Bedacht, denn hier werden tatsächlich alle bereits vorhandenen Werte der ausgewählten Datensätze durch den neuen Wert ersetzt!

Ein Klick auf ÜBERSCHREIBEN oder BEARBEITEN führt Sie zur Übersicht der Felder, die in der Tabelle vorhanden sind. Wählen Sie dort gezielt die Eingabefelder aus, die Sie bearbeiten möchten, und klicken Sie auf WEITER (Abbildung 3.14).

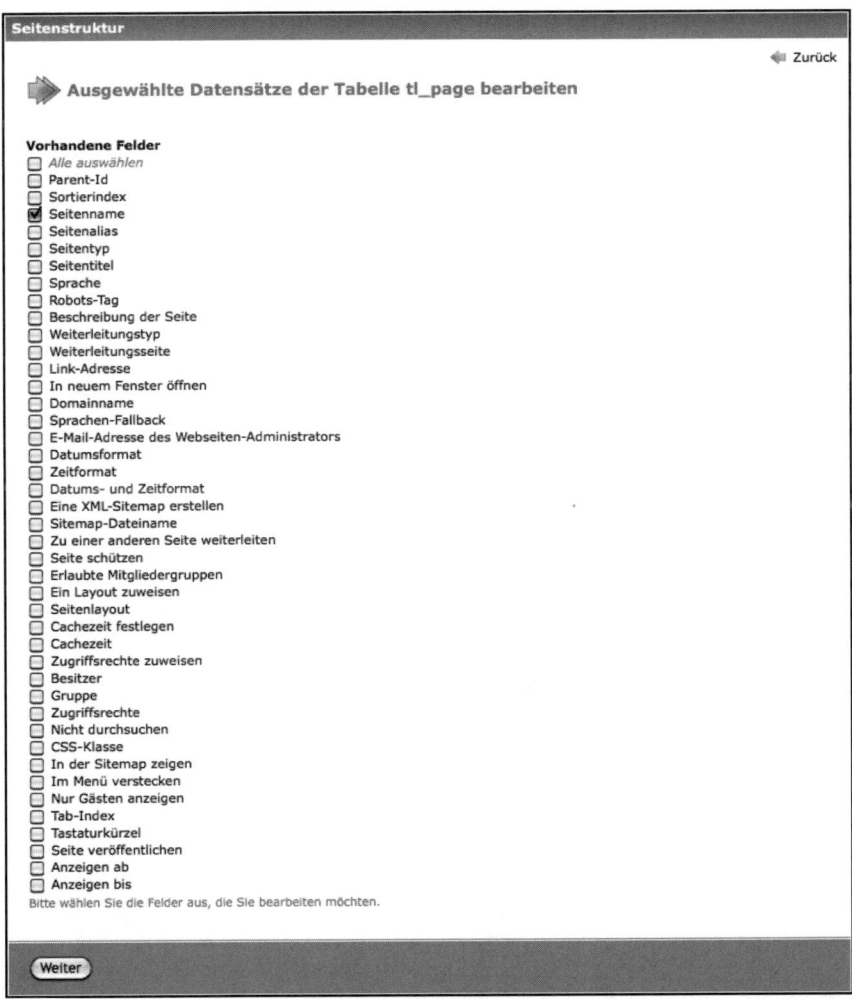

Abbildung 3.14: **Die zu bearbeitenden Eingabefelder auswählen**

Sie sehen jetzt die ausgewählten Eingabefelder der selektierten Datensätze und können diese bequem in einem einzigen Arbeitsschritt ändern. Auch bei der Bearbeitung mehrerer Datensätze werden Ihnen natürlich nur die Eingabefelder angezeigt, die Sie auch tatsächlich für Ihr Vorhaben benötigen (Abbildung 3.15).

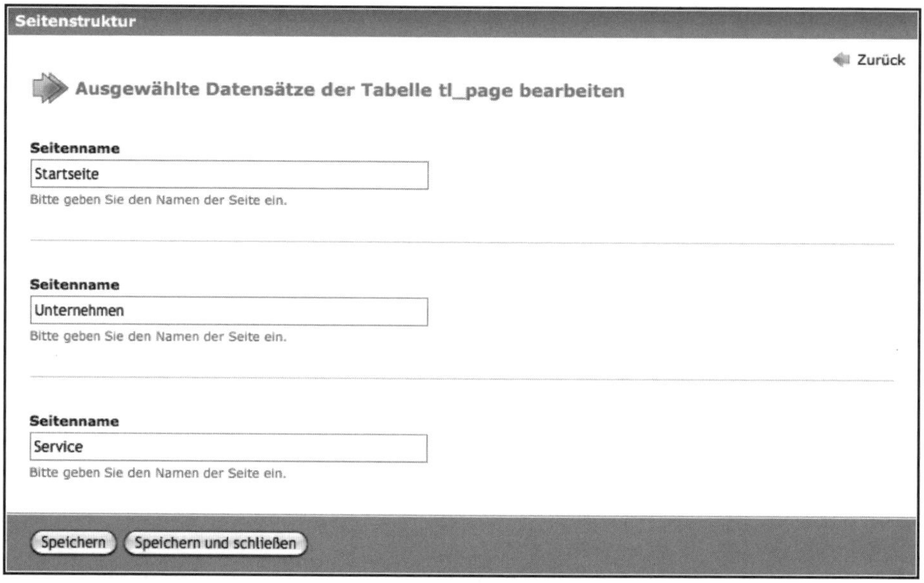

Seitenstruktur

◀ Zurück

➡ **Ausgewählte Datensätze der Tabelle tl_page bearbeiten**

Seitenname

Startseite

Bitte geben Sie den Namen der Seite ein.

Seitenname

Unternehmen

Bitte geben Sie den Namen der Seite ein.

Seitenname

Service

Bitte geben Sie den Namen der Seite ein.

(Speichern) (Speichern und schließen)

Abbildung 3.15: **Nur die ausgewählten Eingabefelder werden angezeigt.**

Analog zu diesem Beispiel hätten Sie mit der Funktion »Überschreiben« die Sprache aller Seiten in einem Rutsch mit einem neuen Wert überschreiben können. Und die Funktion kann noch mehr: Eventuell kommen Sie irgendwann in die Verlegenheit, dass Sie eine neue Mitgliedergruppe angelegt haben und diese nun bei den Zugriffsrechten mehrerer Seiten ergänzen möchten, ohne dabei die bestehende Zuordnung zu löschen. Auch das können Sie mit der »Überschreiben«-Funktion erledigen, indem Sie den passenden Update-Modus auswählen (Abbildung 3.16).

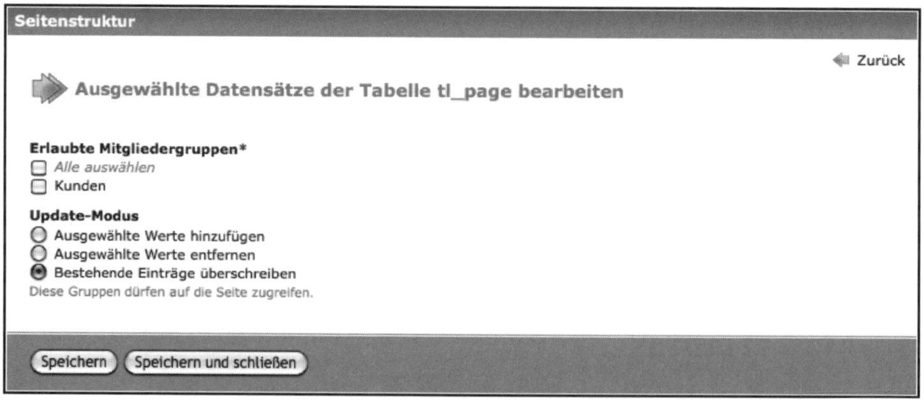

Seitenstruktur

◀ Zurück

➡ **Ausgewählte Datensätze der Tabelle tl_page bearbeiten**

Erlaubte Mitgliedergruppen*
☐ *Alle auswählen*
☐ Kunden

Update-Modus
○ Ausgewählte Werte hinzufügen
○ Ausgewählte Werte entfernen
◉ Bestehende Einträge überschreiben
Diese Gruppen dürfen auf die Seite zugreifen.

(Speichern) (Speichern und schließen)

Abbildung 3.16: **Auswahl des Update-Modus beim Überschreiben von Datensätzen**

AUSGEWÄHLTE WERTE HINZUFÜGEN: Die bestehenden Werte bleiben erhalten und werden durch die neu ausgewählten Werte ergänzt. Eine Seite, der bereits die Gruppe *Händler* zugewiesen ist, hätte also nach dem Speichern die Gruppen *Händler* und *Kunden*.

AUSGEWÄHLTE WERTE ENTFERNEN: Von den bestehenden Werten werden die neu ausgewählten Werte (soweit vorhanden) entfernt. Unsere Seite mit den Gruppen *Händler* und *Kunden* hätte also nach dem Speichern nur noch die Gruppe *Händler*.

BESTEHENDE EINTRÄGE ÜBERSCHREIBEN: Die bestehenden Werte werden gelöscht und durch die neu ausgewählten Werte ersetzt. Unsere Seite hätte also nach dem Speichern nur die Gruppe *Kunden*, egal welche Gruppen vorher zugewiesen waren.

3.4.4 Verschiedene Versionen eines Datensatzes

Contao legt bei jedem Speichervorgang automatisch eine neue Version des bearbeiteten Datensatzes an, sodass Sie Änderungen jederzeit rückgängig machen können. Sobald mehr als eine Version vorhanden ist, erscheint oberhalb der Eingabemaske ein Drop-Down-Menü, in dem die verschiedenen Versionen sowie deren Datum und Ersteller aufgelistet sind. Mit einem Klick auf WIEDERHERSTELLEN können Sie eine frühere Version wiederherstellen (Abbildung 3.17).

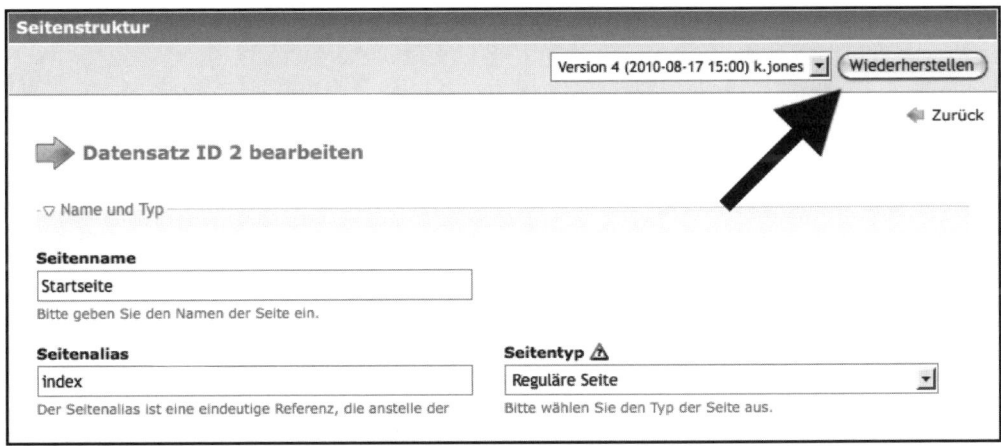

Abbildung 3.17: **Frühere Versionen eines Datensatzes wiederherstellen**

3.5 Das Task-Center

Im Task-Center können Sie Aufgaben erstellen und einem Benutzer zuweisen. Jede Aufgabe hat eine Deadline und einen Bearbeitungsstatus, sodass Sie immer verfolgen können, zu wie viel Prozent sie bereits erledigt ist und ob sie bis zum Tag der Fälligkeit abgeschlossen sein wird. Auf diese Weise werden Sie nicht nur an wichtige Termine erinnert, sondern Sie können auch Arbeitsabläufe (Workflows) organisieren.

Sie finden das Task-Center in der Backend-Navigation unter den Benutzerfunktionen. Mit einem Klick auf den Link Task Center gelangen Sie zu der noch leeren Übersichtsseite, auf der später alle von Ihnen erstellten oder Ihnen zugewiesenen Aufgaben gelistet und je nach Fälligkeit farblich hervorgehoben werden.

3.5.1 Aufgaben erstellen

Nehmen wir an, Sie möchten, dass der Benutzer *j.wilson* einen Nachrichtenbeitrag zu den neuen Hosting-Angeboten der Firma WebConsulting schreibt. Damit Sie den Status der Aufgabe jederzeit einsehen können, beschließen Sie, zu diesem Zweck einen neuen Task zu erstellen. Mit einem Klick auf den Link Neue Aufgabe gelangen Sie zur Eingabemaske für neue Aufgaben (Abbildung 3.18).

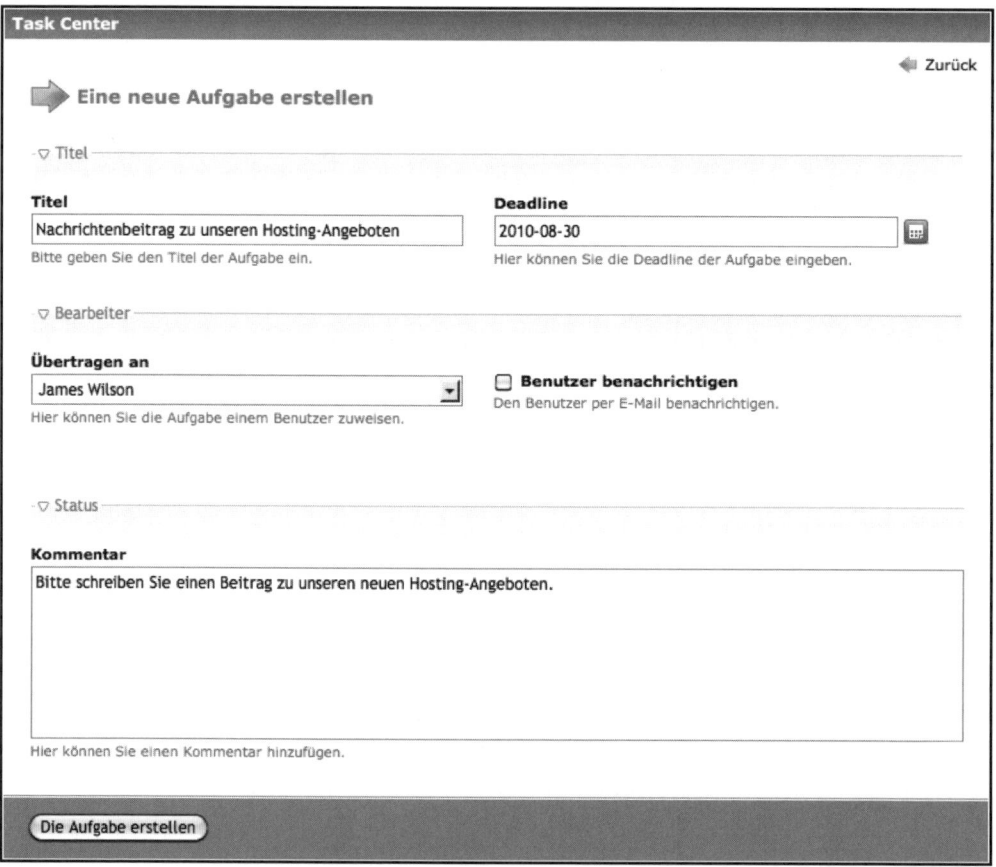

Abbildung 3.18: **Eine neue Aufgabe im Task-Center erstellen**

Titel: Der Titel einer Aufgabe wird in der Übersicht angezeigt.

Deadline: Geben Sie hier das Fälligkeitsdatum der Aufgabe ein.

Übertragen an: Hier können Sie die Aufgabe einem Benutzer zuweisen.

Benutzer benachrichtigen: Wenn Sie diese Option auswählen, wird der Benutzer über die Erstellung der neuen Aufgabe per E-Mail benachrichtigt.

Kommentar: Hier können Sie die Aufgabe näher beschreiben.

3.5.2 Aufgaben bearbeiten

Bei seiner nächsten Anmeldung im Backend erhält der Benutzer *j.wilson* automatisch einen Hinweis, dass eine neue Aufgabe für ihn vorliegt (Abbildung 3.19).

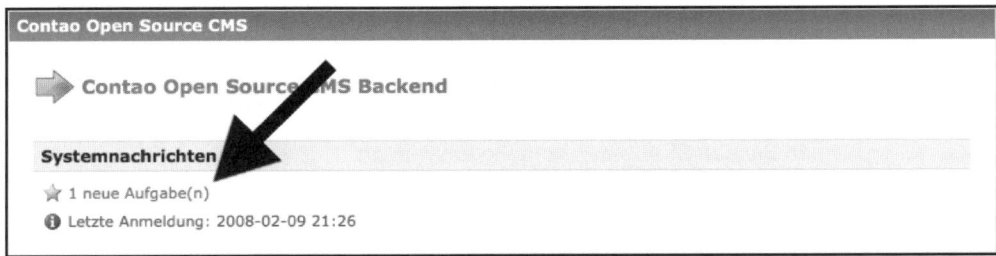

Abbildung 3.19: **Hinweis auf neue Aufgaben**

In der Aufgabenliste auf der Übersichtsseite des Task-Centers kann der Benutzer sehen, wer ihm die Aufgabe zugewiesen hat und bis wann sie zu erledigen ist. Mit einem Klick auf das entsprechende Navigationsicon kann die Aufgabe bearbeitet werden (Abbildung 3.20).

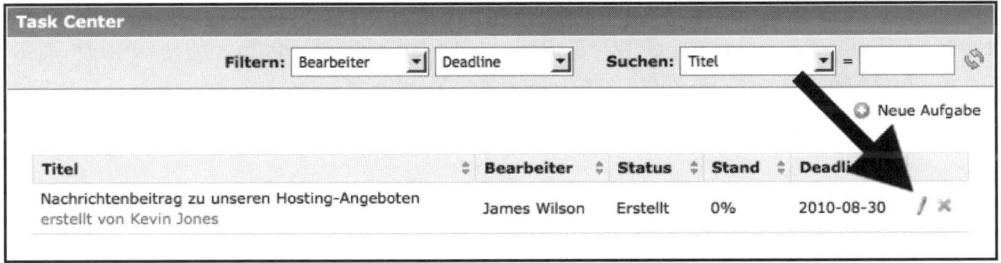

Abbildung 3.20: **Eine Aufgabe bearbeiten**

Bei der Zuweisung der Aufgabe habe ich – in diesem Fall natürlich absichtlich – übersehen, dass der Benutzer *j.wilson* gar nicht für das Nachrichtenarchiv zuständig ist. Demzufolge besteht sein einziger Arbeitsschritt darin, die Aufgabe mit einem entsprechenden Hinweis an den Ersteller zurückzugeben (Abbildung 3.21).

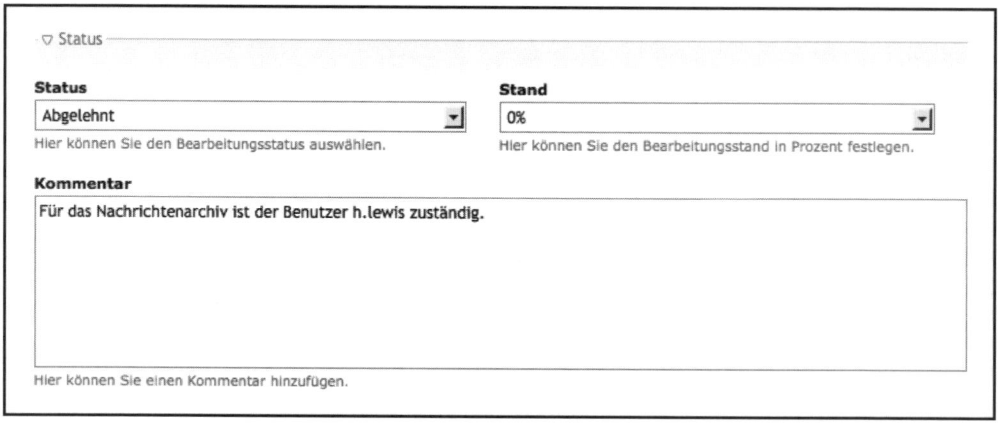

▽ Status

Status

| Abgelehnt | ▼ |

Hier können Sie den Bearbeitungsstatus auswählen.

Stand

| 0% | ▼ |

Hier können Sie den Bearbeitungsstand in Prozent festlegen.

Kommentar

| Für das Nachrichtenarchiv ist der Benutzer h.lewis zuständig. |

Hier können Sie einen Kommentar hinzufügen.

Abbildung 3.21: **Eine Aufgabe ablehnen**

STATUS: Hier können Sie den Status der Aufgabe auswählen.

STAND: Hier legen Sie den Bearbeitungsstand in Prozent fest.

KOMMENTAR: Hier können Sie Ihrer Bearbeitung einen Kommentar hinzufügen.

Gehörte *j.wilson* derselben Benutzergruppe wie *h.lewis* an, hätte er die Aufgabe übrigens auch direkt übertragen können, ohne den Umweg über den Ersteller *k.jones* gehen zu müssen. Innerhalb einer Benutzergruppe können Aufgaben an gleichberechtigte Benutzer weitergegeben werden, falls z. B. der Chefredakteur einmal nicht weiß, welcher seiner Redakteure genau zuständig ist. Da das hier aber nicht der Fall ist, muss *k.jones* die Aufgabe erneut zuweisen.

Nach korrekter Adressierung sieht der Benutzer *h.lewis* die Aufgabe nun in seinem Task-Center und kann sie schlussendlich fertigstellen (Abbildung 3.22).

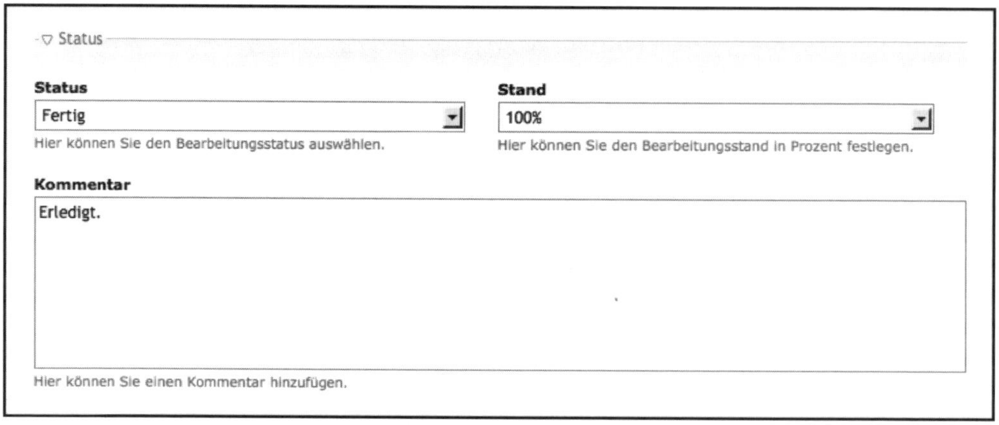

▽ Status

Status

| Fertig | ▼ |

Hier können Sie den Bearbeitungsstatus auswählen.

Stand

| 100% | ▼ |

Hier können Sie den Bearbeitungsstand in Prozent festlegen.

Kommentar

| Erledigt. |

Hier können Sie einen Kommentar hinzufügen.

Abbildung 3.22: **Eine Aufgabe fertigstellen**

Die verschiedenen Schritte auf dem Weg von der Erstellung bis zur Fertigstellung einer Aufgabe werden in Contao gespeichert und sind als Bearbeitungshistorie unterhalb der Bearbeitungsmaske einer Aufgabe verfügbar (Abbildung 3.23).

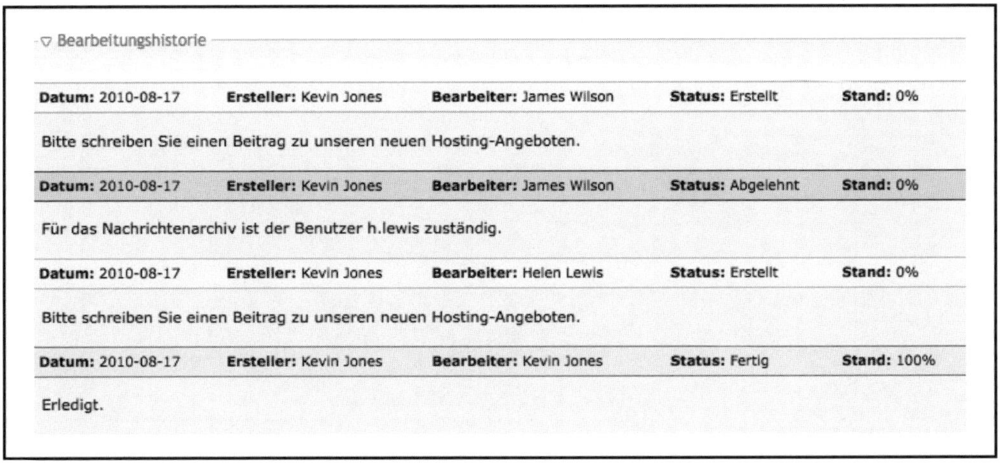

Abbildung 3.23: **Die Bearbeitungshistorie einer Aufgabe**

3.6 Zusammenfassung

In Contao gibt es drei verschiedene Arten, Datensätze aufzulisten: die einfache Liste (»List View«), die nach der übergeordneten Tabelle gruppierte Liste (»Parent View«) und die Baumansicht (»Tree View«). Verschiedene Filter sowie eine Such- und eine Sortierfunktion ermöglichen das gezielte Auffinden bestimmter Informationen. Die Bearbeitung eines Datensatzes erfolgt in allen drei Modi mithilfe von Navigationsicons, die sich rechts neben den einzelnen Datensätzen befinden. Falls ein Eintrag versehentlich gelöscht wird, kann er im Modul »Rückgängig« wiederhergestellt werden.

Alle Eingabemasken in Contao sind dynamisch und können sich während des Ausfüllens eines Formulars interaktiv verändern. Es stehen verschiedene Schaltflächen zum Speichern der Eingaben zur Verfügung, die jeweils zu einem anderen Punkt im System zurückführen. Zur Beschleunigung des Workflows sind diese Schaltflächen optional auch über Tastaturkürzel ansprechbar.

Contao bietet zudem umfangreiche Möglichkeiten, um mehrere Datensätze auf einmal zu bearbeiten oder mit einem bestimmten Wert zu überschreiben. Dank verschiedener Update-Modi können mithilfe der »Überschreiben«-Funktion auch bestehende Zuordnungen (z. B. Benutzer zu Benutzergruppen) erweitert oder eingeschränkt werden, ohne dass die vorhandenen Daten dabei komplett ersetzt werden.

Im Task-Center können Sie Aufgaben erstellen und deren Bearbeitung verfolgen. Jede Aufgabe kann einem bestimmten Benutzer zugewiesen werden und hat eine Deadline, bis zu der sie spätestens abgeschlossen sein muss. Auf der Startseite des Backends wird jeder Benutzer auf eventuell offene, ihm zugewiesene Aufgaben hingewiesen. Optional können auch Benachrichtigungen per E-Mail verschickt werden.

4. Die Seitenstruktur

Um Contao effektiv einsetzen zu können, ist es wichtig, dass Sie die Grundprinzipien und den Aufbau des Systems verstehen. Eine komprimierte Zusammenfassung dieser Informationen finden Sie in Abschnitt 2.3, *Contao im Schnelldurchlauf*. In den folgenden Kapiteln werde ich Ihnen die dort angerissenen Inhalte ausführlich erklären.

4.1 Seiten als zentrale Elemente

Contao gehört zur Gruppe der seitenbasierten Content Management Systeme, das heißt, die Seitenstruktur ist das zentrale Element Ihrer Webseite. Sie können die darin enthaltenen Seiten über deren ID bzw. Namen (Alias) im Frontend aufrufen und so die Inhalte ansehen, die sich auf der jeweiligen Seite befinden.

Stellen Sie sich eine Seite wie eine Sendung im Fernsehen vor, für die Redakteure verschiedene Beiträge (Inhalte) erstellen. Am Ende entscheidet ein Chefredakteur, welche dieser Beiträge auch tatsächlich im Rahmen der Sendung ausgestrahlt (veröffentlicht) werden. Die übrigen Beiträge wurden zwar erstellt, finden aber nie den Weg in Ihr Wohnzimmer.

Genauso funktioniert es auch in Contao. Sie können beliebig viele Inhalte im Backend erstellen, die aber niemals auf Ihrer Webseite erscheinen werden, wenn sie nicht mit einer Seite (Sendung) verknüpft werden.

4.1.1 Hierarchische Anordnung

Die Seitenstruktur ist hierarchisch organisiert. Sie können die einzelnen Seiten ineinander verschachteln und so beliebig verzweigte Unterseiten erstellen, aus denen Contao im Frontend automatisch die entsprechenden Navigationsmenüs mit allen Haupt- und Unterseiten erstellt. Benutzen Sie die grauen Icons mit dem Plus- bzw. Minuszeichen links neben den Seitennamen, um Unterseiten aus- oder einzuklappen (Abbildung 4.1).

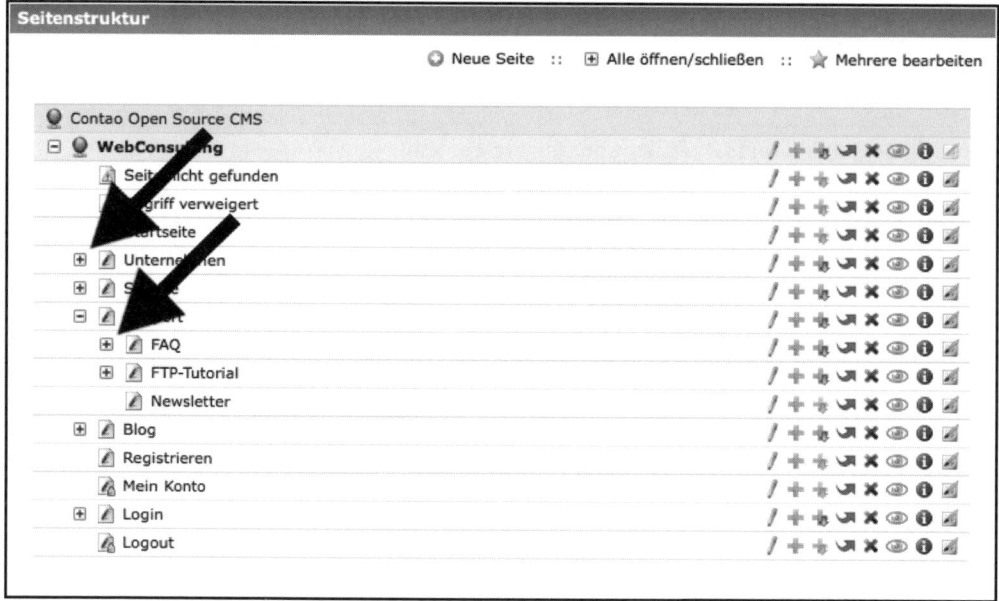

Abbildung 4.1: **Unterseiten aus- und einklappen**

Dank der hierarchischen Seitenstruktur ist es möglich, Eigenschaften einer übergeordneten Seite an ihre Unterseiten zu vererben. Für Ihre Arbeit bedeutet das, dass Sie ein bestimmtes Seitenlayout oder eine bestimmte Zugriffsberechtigung nur einmal festlegen müssen und diese Eigenschaften automatisch weitergegeben werden.

Ich nutze dieses Feature beispielsweise, um in der Wurzelseite (»Startpunkt einer Webseite«) eine globale Cachezeit von 60 Sekunden für alle Seiten vorzugeben. Auf Seiten mit dynamischen Elementen wie dem Suchmodul überschreibe ich den Wert dann mit 0 Sekunden. Auf diese Weise stelle ich nicht nur sicher, dass Seiten mit dynamischen Elementen nicht fälschlicherweise im Zwischenspeicher landen, sondern auch, dass ich nur eine einzige Seite bearbeiten muss, wenn ich die Cachezeit einmal ändern möchte.

4.1.2 Bestandteile einer Seite

Eine Seite als zentrales Element muss nicht nur wissen, welche Artikel mit ihr verknüpft sind. Sie muss beispielsweise auch wissen, welches Seitenlayout sie zur Darstellung im Frontend verwenden soll, ob sie im Cache zwischengespeichert werden kann oder welche Benutzer überhaupt auf sie zugreifen dürfen (Abbildung 4.2).

Wie Sie sehen, ist jede Seite mit einem Seitenlayout verknüpft, das deren Aufbau festlegt und sie in verschiedene Layoutbereiche unterteilt. Innerhalb dieser Layoutbereiche können Sie beliebige Frontend-Module platzieren, die beim Aufruf der Seite der Reihe nach ausgeführt werden und den HTML-Code der Webseite generieren. Dessen Formatierung erfolgt über Cascading Stylesheets, kurz CSS, die ebenfalls im Seitenlayout eingebunden werden. Weitere Informationen dazu finden Sie in Kapitel 5, *Der Theme-Manager*.

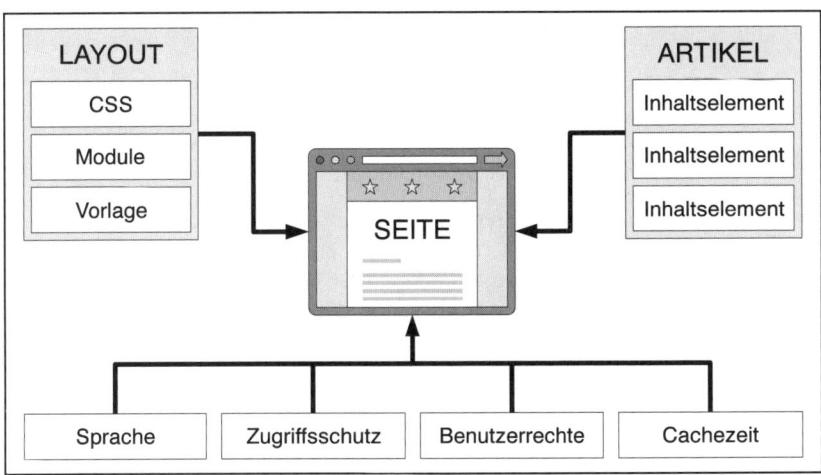

Abbildung 4.2: **Die Bestandteile einer Seite**

In der Seitenstruktur kommen außerdem die designrelevanten Elemente, die in einem Content Management System per Definition vom Inhalt getrennt sind, mit den eigentlichen Inhalten aus der Artikelverwaltung zusammen. Jeder Artikel besteht wiederum aus Inhaltselementen, die für jeden Inhaltstyp wie z. B. Texte, Bilder oder Tabellen eine entsprechende Ein- und Ausgabefunktion bereitstellen. Pro Seite können beliebig viele Artikel angelegt werden. Weitere Informationen dazu finden Sie in Kapitel 7, *Die Artikelverwaltung*.

In ihrer zentralen Rolle haben Seiten aber noch weit mehr Aufgaben, als nur das Design und die Inhalte zusammenzuführen. Auch die Zugriffsrechte für Backend-Benutzer auf Seiten und Artikel werden beispielsweise in der Seitenstruktur festgelegt. Schauen wir uns daher die verschiedenen Seitentypen und deren Funktionsweise genauer an.

4.1.3 Seitentypen

Nicht alle Seiten einer Webseite dienen ausschließlich der Ausgabe von Inhalten. Wenn sich z. B. URLs nach einem Relaunch ändern, benötigen Sie eine Möglichkeit, Besucher auf die neuen Seiten weiterzuleiten. Speziell wenn die alten URLs bereits im Google-Index gelistet sind, sollten Sie auf eine korrekte Weiterleitung mit entsprechendem Header achten, um den Page Rank Ihrer Webseite nicht zu gefährden.

Es gibt in Contao sechs verschiedene Seitentypen mit unterschiedlichen Funktionen, die jeweils für einen ganz bestimmten Einsatzzweck konzipiert wurden.

SEITENTYP	ERKLÄRUNG
Reguläre Seite	Reguläre Seiten sind Seiten, auf denen Inhalte ausgegeben werden. Eine reguläre Seite ist vergleichbar mit einer statischen HTML-Datei, die Sie auf Ihren Server laden und in Ihrem Browser aufrufen.
Interne Weiterleitung	Dieser Seitentyp leitet Besucher zu einer anderen Seite in der Seitenstruktur weiter. Die Zielseite muss unter derselben Domain erreichbar sein wie die Weiterleitungsseite, andernfalls muss eine externe Weiterleitung verwendet werden.
Externe Weiterleitung	Dieser Seitentyp leitet Besucher zu einer externen Seite weiter. Das kann sowohl eine Seite außerhalb Ihres Servers sein als auch eine Seite innerhalb der Contao-Seitenstruktur, die jedoch unter einer anderen Domain als die Weiterleitungsseite läuft.
Startpunkt einer Webseite	Dieser Seitentyp markiert den Startpunkt einer Webseite innerhalb der Seitenstruktur. Contao unterstützt die Verwaltung mehrerer Webseiten mit einer Installation. Diese Webseiten können sich z. B. durch verschiedene Sprachen unterscheiden oder auch völlig unabhängig voneinander unter verschiedenen Domains laufen (Multidomain-Betrieb).
403 Zugriff verweigert	Diese Seite wird aufgerufen, wenn ein Mitglied nicht genug Rechte hat, um auf eine geschützte Seite zuzugreifen. Sie können die Seite wahlweise als reguläre Seite nutzen und einen entsprechenden Hinweis ausgeben oder den Besucher automatisch z. B. auf die Anmeldeseite weiterleiten.
404 Seite nicht gefunden	Diese Seite wird aufgerufen, wenn ein Besucher eine nicht vorhandene Seite anfragt. Sie können die Seite wahlweise als reguläre Seite nutzen und dort z. B. eine Sitemap einbinden oder den Benutzer automatisch auf eine andere Seite weiterleiten.

Tabelle 4.1: **Übersicht der Seitentypen**

4.2 Seiten konfigurieren

Nachdem Sie die richtigen Seitentypen für Ihre Seiten ausgewählt haben, können Sie diese Ihren Anforderungen entsprechend konfigurieren. Die Einstellungsmöglichkeiten variieren dabei je nach Seitentyp.

4.2.1 Seitenaliase

Der Alias einer Seite ist eine eindeutige und aussagekräftige Referenz, über die Sie eine Seite in Ihrem Browser aufrufen können. Mit einem CMS erstellte Seiten werden in der Regel über eine ID aufgerufen, also z. B.:

» `index.php?id=2`

Der Alias ermöglicht es, stattdessen folgende URL zu verwenden:

» `index.php/index.html`

Wenn Sie zusätzlich dazu die Option URLs UMSCHREIBEN in den Backend-Einstellungen aktivieren, wird daraus eine suchmaschinenfreundliche URL:

» `index.html`

Damit diese URL funktioniert, benötigen Sie noch das Apache-Modul mod_rewrite[1] und ein paar Konfigurationsanweisungen für den Apache-Server. Letztere sind bereits in der Datei `.htaccess.default` im Wurzelverzeichnis Ihrer Contao-Installation vorbereitet. Sie müssen die Datei nur noch in `.htaccess` umbenennen und gegebenenfalls an Ihre Bedürfnisse anpassen.

SEITENALIAS: Hier legen Sie den Alias der Seite fest. Wenn Sie das Feld leer lassen, vergibt Contao den Alias automatisch. Jeder Alias muss innerhalb der verwendeten Domain eindeutig sein, darf also nur ein einziges Mal vorkommen.

4.2.2 Meta-Informationen

Die Meta-Informationen einer Seite beziehen sich größtenteils auf die entsprechenden Meta-Tags[2] im Kopfbereich der HTML-Seite. Sie können darüber unter anderem den Titel und die Sprache einer Seite definieren.

SEITENTITEL: Der Seitentitel wird im `<title>`-Tag der Webseite verwendet und taucht häufig auch in den Suchergebnissen von Google und Co. auf. Er sollte nicht mehr als 65 Zeichen enthalten, da viele Suchmaschinen längere Titel einfach abschneiden.

SPRACHE: Hier legen Sie die Sprache der Seite und somit auch die Sprache der in die Seite eingebundenen Frontend-Module fest. Die Sprache einer Seite wird nicht an ihre Unterseiten vererbt und muss daher auf jeder Seite explizit angegeben werden.

ROBOTS-TAG: Das Robots-Tag legt fest, wie Suchmaschinen eine Seite behandeln.

» *index*: die Seite in den Suchindex aufnehmen

» *follow*: den Links auf der Seite folgen

» *noindex*: die Seite nicht in den Suchindex aufnehmen

» *nofollow*: den Links auf der Seite nicht folgen

---

1   http://bit.ly/modrewrite
2   http://bit.ly/Meta-Tags

Der Standardfall ist *index,follow*, da wir ja wollen, dass Google unsere Seiten möglichst umfassend in den Suchindex aufnimmt. Bestimmte Seiten wie z. B. das Impressum oder die Registrierungsseite können jedoch mithilfe der Anweisung *noindex,follow* von der Indizierung ausgenommen werden.

BESCHREIBUNG DER SEITE: Die Beschreibung einer Seite wird genau wie der Seitentitel von allen gängigen Suchmaschinen indiziert und beispielsweise in den Suchergebnissen angezeigt, wenn keine Kontextinformation zum gesuchten Begriff verfügbar ist. Die empfohlene Länge einer Beschreibung liegt zwischen 150 und 300 Zeichen. Die Meta-Beschreibung einer Seite ist ein wichtiges Instrument zur Suchmaschinenoptimierung, daher sollten Sie sich die Zeit nehmen, jede Seite mit einer eindeutigen Beschreibung zu versehen.

Weitere Einstellungen bei Startpunkten

Bei Seiten vom Typ »Startpunkt einer Webseite« stehen weitere Eingabefelder zur Verfügung, mit denen Sie bestimmte globale Einstellungen pro Webseite überschreiben können.

E-MAIL-ADRESSE DES WEBSEITEN-ADMINISTRATORS: Hier können Sie die in den Backend-Einstellungen festgelegte E-Mail-Adresse des Systemadministrators für eine bestimmte Webseite überschreiben. An diese Adresse werden z. B. Benachrichtigungen über gesperrte Konten oder neu registrierte Benutzer geschickt. Wenn Sie mehrere Webseiten innerhalb der Seitenstruktur betreiben, kann es sinnvoll sein, für jede Webseite einen eigenen Administrator festzulegen, der dann nur die Meldungen seiner Webseite erhält.

DATUMSFORMAT: Hier können Sie das in den Backend-Einstellungen festgelegte Datumsformat überschreiben. Im Gegensatz zum Backend, das nur numerische Formate unterstützt, können Sie im Frontend auch Textformate verwenden.

ZEITFORMAT: Hier können Sie das in den Backend-Einstellungen festgelegte Zeitformat überschreiben. Im Frontend werden auch Textformate unterstützt.

DATUMS- UND ZEITFORMAT: Hier können Sie das in den Backend-Einstellungen festgelegte Datums- und Zeitformat überschreiben. Textformate werden unterstützt.

4.2.3 Layout-Einstellungen

Ein Seitenlayout ist Voraussetzung dafür, dass Contao eine Seite überhaupt im Frontend anzeigen kann. Ist kein Seitenlayout zugewiesen oder vererbt worden, wird stattdessen das Standardlayout geladen. Ist auch kein Standardlayout verfügbar, quittiert Contao mit einem kurzen »No layout specified« den Dienst.

EIN LAYOUT ZUWEISEN: Hier können Sie einer Seite ein Seitenlayout zuweisen. Die Zuweisung gilt automatisch auch für alle untergeordneten Seiten ohne eigenes Seitenlayout.

SEITENLAYOUT: Hier werden Ihnen alle verfügbaren Seitenlayouts nach Themes gruppiert angezeigt. Die Aktivierung eines Themes erfolgt durch Zuweisung eines Seitenlayouts.

4.2.4 Cache-Einstellungen

In den Cache-Einstellungen legen Sie fest, ob und wie lange eine Seite im Cache zwischengespeichert werden soll. Eine zwischengespeicherte Seite lädt deutlich schneller, da sie zum einen nicht erst von Contao generiert werden muss und zum anderen für ihre Auslieferung keine Verbindung zur Datenbank notwendig ist.

CACHEZEIT FESTLEGEN: Hier können Sie einer Seite eine Cachezeit zuweisen. Wenn Sie die Option nicht auswählen, wird die Cachezeit von einer übergeordneten Seite geerbt.

CACHEZEIT: Hier können Sie die Cachezeit festlegen. Ist die Verfallszeit überschritten, wird die Seite automatisch aus dem Cache entfernt und beim nächsten Frontend-Aufruf neu erstellt.

Beachten Sie, dass Seiten aus Sicherheitsgründen nur zwischengespeichert werden, wenn sie nicht geschützt sind und kein Benutzer im Backend angemeldet ist. Ansonsten bestünde die Gefahr, dass vertrauliche Daten in den Cache geschrieben und versehentlich im Frontend angezeigt würden. Wundern Sie sich also nicht, wenn Ihre passwortgeschützten Seiten trotz zugewiesener Verfallszeit nicht im Cache auftauchen.

4.2.5 Zugriffsrechte

In den Zugriffsrechten legen Sie fest, welche Benutzer im Backend (!) auf eine Seite zugreifen dürfen und was sie mit dieser Seite und den darin enthaltenen Artikeln machen können. Jede Seite gehört ähnlich dem Unix-Rechtesystem einem bestimmten Benutzer und einer bestimmten Benutzergruppe und unterscheidet drei Zugriffsebenen:

» Zugriff als Besitzer einer Seite

» Zugriff als Mitglied der Gruppe einer Seite

» Zugriff als sonstiger Backend-Benutzer

Die Seite »Unternehmen« ist beispielsweise mit Zugriffsrechten versehen und gehört dem Benutzer *h.lewis* sowie der Benutzergruppe *Nachrichten* (Abbildung 4.3). Sowohl der Benutzer als auch alle Mitglieder der Benutzergruppe dürfen auf dieser Seite Artikel bearbeiten, aber nur der Besitzer *h.lewis* – und Sie als Administrator natürlich – darf die Seite an sich bearbeiten und z. B. den Seitentitel ändern.

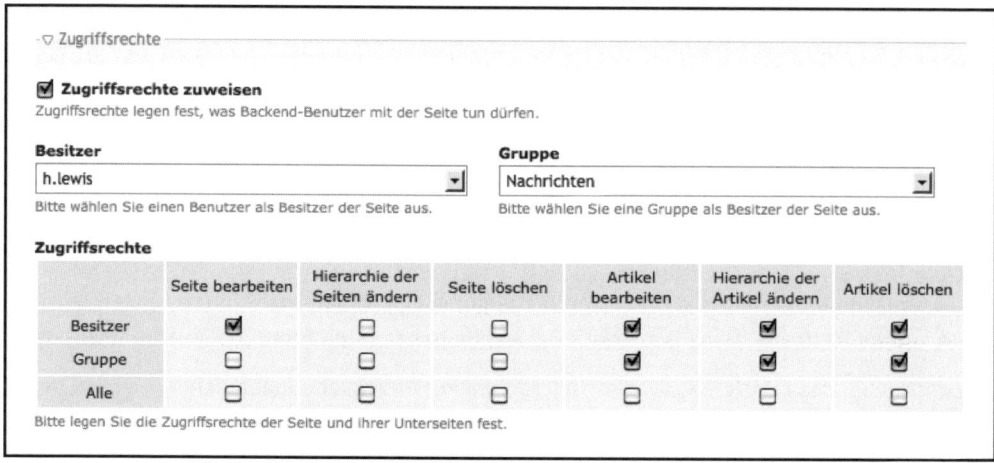

Abbildung 4.3: **Zugriffsrechte zuweisen**

Zugriffsrechte zuweisen: Hier können Sie einer Seite Zugriffsrechte zuweisen. Wenn Sie die Option nicht auswählen, werden die Zugriffsrechte von einer übergeordneten Seite geerbt.

Besitzer: Hier legen Sie den Besitzer der Seite fest.

Gruppe: Hier legen Sie die Gruppe der Seite fest.

Zugriffsrechte: Hier weisen Sie die Rechte den einzelnen Zugriffsebenen zu.

Weitere Informationen zum Rechtesystem und zur Konfiguration von Benutzern und Benutzergruppen erhalten Sie in Kapitel 15, *Systemverwaltung*.

4.2.6 Zugriffsschutz

Im Gegensatz zu den Zugriffsrechten, die die Rechte im Backend festlegen, bezieht sich der Zugriffsschutz auf den Schutz einer Seiten vor dem Zugriff im Frontend. Besucher müssen sich dann zuerst mit ihrem Benutzernamen und Passwort anmelden, bevor sie die Seite aufrufen können. Andernfalls sähen sie nur eine Fehlerseite.

Seite schützen: Hier können Sie den Zugriff auf eine Seite beschränken. Wenn Sie die Option nicht auswählen, wird der Zugriffsschutz von einer übergeordneten Seite geerbt.

Erlaubte Mitgliedergruppen: Hier können Sie festlegen, welche Mitgliedergruppen auf die Seite zugreifen dürfen. Wie man Mitglieder und Mitgliedergruppen konfiguriert, erfahren Sie in Kapitel 15, *Systemverwaltung*.

4.2.7 Sucheinstellungen

Contao indiziert die fertigen Seiten Ihrer Webseite und erstellt daraus einen Suchindex, den Sie mit dem Frontend-Modul »Suchmaschine« durchsuchen können. In den Sucheinstellungen können Sie bestimmte Seiten gezielt von der Indizierung ausnehmen. In den Backend-Einstellungen lässt sich die Suchfunktion darüber hinaus komplett deaktivieren.

Nicht durchsuchen: Hier können Sie eine Seite von der Suche ausnehmen.

4.2.8 Tastatur-Navigation

Aus Abschnitt 3.2.4, *Backend-Tastaturkürzel*, wissen Sie bereits, dass Contao die Navigation mittels Tastaturkürzel unterstützt. Das wirkt sich nicht nur positiv auf die Barrierefreiheit aus, sondern beschleunigt auch den Arbeitsablauf. Aus diesem Grund ist das Feature auch im Frontend verfügbar, und jede Seite kann optional mit einem Tastaturkürzel und einem Tab-Index versehen werden.

Tab-Index: Standardmäßig springen Sie mit der Tabulator-Taste von oben nach unten durch das Navigationsmenü. Sie können jedoch eine individuelle Reihenfolge festlegen, indem Sie jeder Seite eine Zahl zwischen 1 und 32.767 zuweisen. Der Tabulator folgt dann aufsteigend Ihrer Sortierung statt der Standardreihenfolge.

Tastaturkürzel: Ein Tastaturkürzel ist ein einzelnes Zeichen, das mit einer Seite verknüpft wird. Besucher Ihrer Webseite können diese Seite dann über die Tastatur direkt aufrufen. Diese Funktion wird vor allem für barrierefreie Webseiten gefordert.

4.2.9 Experten-Einstellungen

Unter Umständen gibt es innerhalb Ihrer Seitenstruktur Seiten, die zwar im Frontend verfügbar sein, aber nicht im Menü auftauchen sollen. Oder es könnte Seiten geben, die nur so lange angezeigt werden sollen, bis sich ein Benutzer angemeldet hat (z. B. die Registrierungsseite). Solche speziellen Wünsche können Sie in den Experten-Einstellungen konfigurieren.

CSS-Klasse: Hier weisen Sie der Seite eine CSS-Klasse zu, die sowohl im Body-Tag der HTML-Seite als auch in den Navigationsmodulen verwendet wird. Auf diese Weise können Sie CSS-Formatierungen für eine spezielle Seite oder einen bestimmten Menüpunkt erstellen.

In der Sitemap zeigen: Auf Wunsch legt Contao pro Webseite eine XML-Sitemap an, die Sie z. B. bei Google einreichen können (siehe Abschnitt 4.2.11, *XML-Sitemap*). Standardmäßig sind darin alle öffentlichen und nicht im Menü versteckten Seiten enthalten. Bei Bedarf lässt sich dieses Verhalten pro Seite anpassen:

» Standard: Die Standard-Einstellungen verwenden.

» Immer anzeigen: Die Seite wird immer in der XML-Sitemap angezeigt, auch wenn sie z. B. im Menü versteckt ist und somit normalerweise nicht angezeigt würde.

» Nie anzeigen: Die Seite ist von der XML-Sitemap ausgenommen.

Im Menü verstecken: Wenn Sie diese Option auswählen, wird die Seite nicht im Menü Ihrer Webseite angezeigt. Sie können die Seite – sofern sie veröffentlicht wurde – aber trotzdem über einen direkten Link oder in einem Frontend-Modul aufrufen.

NUR GÄSTEN ANZEIGEN: Wenn Sie diese Option auswählen, wird der Link zu der Seite automatisch aus dem Navigationsmenü der Webseite ausgeblendet, sobald sich ein Mitglied angemeldet hat. Dies ist z. B. für die Seiten »Anmeldung« und »Registrierung« sinnvoll.

4.2.10 DNS-Einstellungen

DNS-Einstellungen sind nur bei Seiten vom Typ »Startpunkt einer Webseite« verfügbar. Sie bestimmen, welchen Startpunkt Contao in Abhängigkeit von der aufgerufenen Domain und der im Browser des Besuchers eingestellten Sprache lädt.

DOMAINNAME: Wenn Sie möchten, dass eine Webseite in Ihrer Seitenstruktur unter einer bestimmten Domain wie z. B. »firma.de« erreichbar ist, können Sie diese hier eingeben. Ruft ein Besucher dann »firma.de« in seinem Browser auf, wird er automatisch zu dem entsprechenden Startpunkt einer Webseite weitergeleitet.

SPRACHE: Hier können Sie die Sprache des Startpunkts festlegen. Sprachen werden über ihr primäres Subtag[3] nach ISO 639-1 erfasst, also z. B. über de für Deutsch oder en für Englisch.

SPRACHEN-FALLBACK: Contao sucht grundsätzlich nach einem Startpunkt in der Sprache, die ein Besucher in seinem Browser voreingestellt hat. Gibt es nur einen deutschen Startpunkt, bekäme ein englischer Besucher lediglich die Fehlermeldung »No pages found« zu sehen, da in seiner Sprache ja keine Webseite existiert.

Um das zu vermeiden, können Sie einen bestimmten Startpunkt als Fallback definieren, was frei übersetzt so viel wie »Auffangseite« oder »Ausweichseite« bedeutet. Diese Auffangseite fängt dann quasi alle Besucher auf, die aufgrund ihrer Spracheinstellungen eigentlich keinem Startpunkt zugeordnet werden können.

Achten Sie also darauf, immer einen Startpunkt als Sprachen-Fallback zu definieren. Ihre Webseite kann sonst nur von deutschen Besuchern aufgerufen werden! Auch die Robots der Suchmaschinen, die Ihre Webseite indizieren, sprechen in der Regel Englisch und wären ohne Sprachen-Fallback ebenfalls ausgeschlossen. Ihre Seiten würden dann trotz sorgfältiger Optimierung niemals bei Google auftauchen.

4.2.11 XML-Sitemap

Contao erstellt bei Bedarf automatisch eine XML-Sitemap aus der Seitenstruktur der Webseite, die Google[4] lesen und auswerten kann. Um die Sitemap bei Google anzumelden, benötigen Sie einen Google-Account.

EINE XML-SITEMAP ERSTELLEN: Hier aktivieren Sie die Erstellung der XML-Sitemap.

DATEINAME: Geben Sie hier den Namen der Sitemap-Datei ohne Dateiendung .xml ein. Die Dateiendung wird von Contao beim Speichern automatisch ergänzt.

Die Einstellungen sind nur bei Seiten vom Typ »Startpunkt einer Webseite« verfügbar.

---

3   http://bit.ly/ISO-639-1
4   http://bit.ly/XML-Sitemap

4.2.12 Weiterleitung

Die folgenden Einstellungen sind nur bei Weiterleitungsseiten verfügbar. In Contao unterscheidet man interne und externe Weiterleitungen (vgl. Abschnitt 4.1.3, *Seitentypen*).

WEITERLEITUNGSTYP: Hier können Sie angeben, ob es sich um eine temporäre (HTTP 302) oder eine permanente (HTTP 301) Weiterleitung handelt. Der Weiterleitungstyp spielt vor allem bei der Suchmaschinenoptimierung eine Rolle.

WEITERLEITUNGSSEITE: Hier legen Sie die Zielseite bei einer internen Weiterleitung fest.

LINK-ADRESSE: Hier können Sie die Ziel-URL bei einer externen Weiterleitung eingeben. Für die Weiterleitung zu einer anderen Internetseite müssen Sie das Protokoll `http://` verwenden, für die Verlinkung einer E-Mail-Adresse das Protokoll `mailto:`.

IN NEUEM FENSTER ÖFFNEN: Die Zielseite wird in einem neuen Browserfenster geöffnet.

Weitere Einstellung bei Fehlerseiten

Mit Fehlerseiten können Sie Besucher optional auf eine andere Seite umleiten, anstatt einen Hinweis auszugeben. Kommt z. B. ein nicht angemeldeter Besucher beim Versuch, eine geschützte Seite aufzurufen, auf die Fehler 403-Seite, könnten Sie ihn direkt zur Anmeldung weiterleiten.

ZU EINER ANDEREN SEITE WEITERLEITEN: Hier aktivieren Sie die Auto-Weiterleitung.

4.2.13 Veröffentlichung

Solange eine Seite nicht veröffentlicht wurde, existiert sie praktisch nicht im Frontend und kann auch nicht von Besuchern aufgerufen werden. Contao bietet zusätzlich zur manuellen Veröffentlichung auch die Möglichkeit, Seiten automatisch zu einem bestimmten Datum zu aktivieren. Auf diese Weise können Sie z. B. ein zeitlich begrenztes Angebot bewerben.

VERÖFFENTLICHT: Hier können Sie eine Seite veröffentlichen.

ANZEIGEN AB: Hier aktivieren Sie eine Seite zu einem bestimmten Datum.

ANZEIGEN BIS: Hier deaktivieren Sie eine Seite zu einem bestimmten Datum.

4.3 Multidomain-Betrieb

Multidomain-Betrieb bedeutet, dass eine Contao-Installation unter mehreren Domains erreichbar ist und diese jeweils eine unterschiedliche Ausgabe bewirken. Letzteres ist ein ganz entscheidendes Detail, denn Sie könnten theoretisch auch ein und dieselbe Webseite unter verschiedenen Domains verfügbar machen. Das ist aber weder eine gute Idee im Sinne der Suchmaschinenoptimierung (Stichwort »Duplicate Content«) noch hat es etwas mit dem Multidomain-Betrieb von Contao zu tun.

Für einen echten Multidomain-Betrieb brauchen Sie neben mehreren Domains auch mehrere Startpunkte in Ihrer Contao-Seitenstruktur. Haben Sie hingegen nur einen Startpunkt, ist Ihre Installation einfach nur unter mehreren Domains erreichbar. In diesem Fall entscheiden Sie sich am besten für eine Hauptdomain und leiten die anderen Domains auf diese weiter. Eine solche Umleitung lässt sich in der Regel im Control Panel Ihres Servers oder auch in einer .htaccess-Datei einrichten.

Listing 4.1: **Umleitung von domain.com auf domain.de per .htaccess**

```
RewriteEngine On
RewriteCond %{HTTP_HOST} ^www\.domain\.com [NC]
RewriteRule (.*) http://www.domain.de/$1 [R=301,L]
```

Anwendungsbeispiel

Nehmen wir an, eine Agentur betreut mehrere Kundenprojekte und möchte diese über eine zentrale Contao-Installation verwalten. Dazu wurden folgende Domains registriert:

» `kunde-1.de`

» `kunde-2.de`

» `kunde-3.de`

Alle Domains sind auf die zentrale Installation geroutet, das heißt, Contao ist unter allen drei Domains erreichbar. Damit im Frontend nun die jeweils zur Domain passende Kundenseite geladen wird, müssen in der Seitenstruktur drei Startpunkte einer Webseite angelegt und darin im Abschnitt »DNS-Einstellungen« die jeweilige Domain in das Feld DOMAINNAME eingetragen werden.

Danach wird Contao beim Aufruf von `kunde-1.de` auch nur noch die Webseite von Kunde 1 anzeigen. Das bedeutet beispielsweise auch, dass die URL

`http://www.kunde-1.de/produkte.html`

zu einem 404-Fehler führt (Seite nicht gefunden), wenn die Seite »Produkte« zwar in der Seitenstruktur existiert, aber der Webseite von Kunde 2 zugeordnet ist.

4.4 Mehrsprachige Webseiten

Mehrsprachige Webseiten werden in Contao ebenfalls über verschiedene Webseiten in der Seitenstruktur realisiert, die sich im Gegensatz zum Multidomain-Betrieb nicht anhand des Domainnamens unterscheiden, sondern anhand der Sprache.

Generell gibt es zwei Möglichkeiten, mehrsprachige Webseiten abzubilden:

1. Pro Sprache wird eine separate Webseite innerhalb der Seitenstruktur angelegt. Die Struktur der Webseiten kann dabei vollkommen unterschiedlich sein. Es muss also z. B. auf der deutschen Webseite nicht dieselben Seiten und Menüpunkte geben wie auf der englischen Webseite.

2. Es gibt nur eine Webseite in der Seitenstruktur, deren Inhalte in verschiedenen Sprachen vorliegen. Dieser Ansatz kommt mit deutlich weniger Seiten in der Seitenstruktur aus, erfordert dafür aber eine zusätzliche Abstraktionsebene für die Verwaltung der mehrsprachigen Inhalte.

In Contao 2 wird ausschließlich die erste Variante unterstützt (bis auf einige Third-Party-Erweiterungen, die für die Verwaltung eigener Inhalte von diesem Konzept abweichen). Es ist nicht ausgeschlossen, dass die Implementierung in Contao 3 komplett überarbeitet und auf die zweite Variante umgestellt wird; für den Moment müssen Sie sich aber damit begnügen, pro Sprache einen Startpunkt einer Webseite anzulegen.

Auffinden des richtigen Startpunkts

Durch die Kombination von Domainname, Sprache und Sprachen-Fallback entstehen vier Möglichkeiten, die Contao bei jedem Frontend-Aufruf prüfen muss:

» Gibt es eine Seite, die zur Domain und zur Sprache des Besuchers passt?

» Gibt es eine Seite, die zur Domain passt und als Sprachen-Fallback markiert ist?

» Gibt es eine Seite ohne Domaineintrag, die zur Sprache des Besuchers passt?

» Gibt es eine Seite ohne Domaineintrag, die als Sprachen-Fallback markiert ist?

Die Prüfung erfolgt also vom speziellsten Fall, in dem sowohl die Domain als auch die Browsersprache übereinstimmen, bis hin zum allgemeinsten Fall, in dem weder die Domain noch die Browsersprache übereinstimmen und daher die Auffangseite geladen wird. Lassen Sie uns das an einem konkreten Beispielszenario nachvollziehen.

Anwendungsbeispiel

Nehmen wir an, Sie haben zwei Domains, eine geschäftliche und eine private:

» `www.firma.de`

» `www.privat.de`

Die geschäftliche Seite ist zweisprachig, daher benötigen Sie insgesamt drei Startpunkte:

SEITE	DOMAINNAME	SPRACHE	SPRACHEN-FALLBACK
Firma deutsch	-	de	-
Firma englisch	-	en	ja
Privat	`privat.de`	de	ja

Tabelle 4.2: **DNS-Einstellungen für die verschiedenen Startpunkte**

Besucher werden in Abhängigkeit von der aufgerufenen Domain und der im Browser einge-stellten Sprache dann wie folgt weitergeleitet:

DOMAIN	BROWSERSPRACHE	ZIEL	ÜBEREINSTIMMUNG
www.firma.de	Deutsch	Firma deutsch	Sprache
www.firma.de	Englisch	Firma englisch	Sprache
www.firma.de	Spanisch	Firma englisch	-
www.privat.de	(egal)	Privat	Domain

Tabelle 4.3: **Weiterleitung der Besucher auf die verschiedenen Startpunkte**

Die ersten drei Fälle führen alle zur Firmenseite, auch wenn die Domain firma.de gar nicht explizit in den DNS-Einstellungen hinterlegt ist. Das ist auch gar nicht notwendig, denn die Firmenseite ist in diesem Fall quasi die Auffangseite für unbekannte Domains.

Die ersten beiden Fälle konnten anhand der Browsersprache eindeutig einem Startpunkt zugeordnet werden, lediglich im dritten Fall musste die Sprachen-Fallback-Seite geladen werden. Der dritte Fall ist also der allgemeinste Fall, der alle Anfragen auffängt, die nicht eindeutig zugeordnet werden können.

Der vierte Fall gehört aufgrund der Domain ganz klar zur privaten Webseite, egal welche Sprache der Besucher spricht. Dank des Sprachen-Fallbacks haben Surfer auf der ganzen Welt Zugriff auf die Webseite. Und hier erkennen Sie auch die Wichtigkeit eines Sprachen-Fallbacks: ohne dieses wäre die private Webseite nur für deutschsprachige Besucher ver-fügbar! Alle anderen sähen nur ein »No pages found«.

4.5 Zusammenfassung

Contao ist ein seitenbasiertes Content Management System mit einer hierarchisch orga-nisierten Seitenstruktur, die das zentrale Element der Webseite ist. Es gibt verschiedene Seitentypen, die für unterschiedliche Einsatzzwecke konzipiert sind und unter anderem das Design und die Inhalte miteinander vereinen.

Die Konfiguration einer Seite spielt sowohl für deren Ausgabe im Frontend als auch für die Rechteverwaltung im Backend eine große Rolle. Contao generiert auf Wunsch eine XML-Sitemap der Webseite, die von Google und anderen Suchmaschinen ausgewertet werden kann.

Zudem unterstützt das System die Verwaltung mehrerer Webseiten innerhalb der Seiten-struktur, was sowohl für den Multidomain-Betrieb als auch für mehrsprachige Webseiten genutzt wird. Eine besondere Bedeutung kommt dabei dem Sprachen-Fallback zu, mit dem eine bestimmte Webseite als Auffangseite definiert werden kann. Fehlt das Sprachen-Fall-back, bleibt die Webseite dem internationalen Publikum vorenthalten.

5. Der Theme-Manager

In einem Content Management System sind Design und Inhalte per Definition voneinander getrennt. In Abschnitt 4.1.2, *Bestandteile einer Seite*, haben Sie gelernt, dass diese beiden Welten in der Seitenstruktur für die Ausgabe der Webseite vereint werden. In diesem Kapitel zeige ich Ihnen nun, wie man ein Design erstellt und wie Sie das Aussehen Ihrer Webseite mit ein paar Mausklicks komplett ändern können.

5.1 Themes verwalten

Ein fertiges Design wird in Contao als »Theme« bezeichnet, was auf Deutsch so viel wie »Thema« oder »Motiv« heißt. Tatsächlich wird jedoch auch hierzulande für grafische Benutzeroberflächen hauptsächlich der englische Begriff »Theme« verwendet, sodass es keine wirklich adäquate deutsche Übersetzung gibt. Sie verwalten daher Ihre Contao-Themes mit dem Theme-Manager.

5.1.1 Bestandteile eines Themes

Ein Theme fasst alle designrelevanten Elemente einer Webseite zusammen:

» das Theme selbst

» die enthaltenen Stylesheets

» die eingebundenen Frontend-Module

» die enthaltenen Seitenlayouts

» die verwendeten Dateien

» eventuell angepasste Templates

Im Gegensatz zu Stylesheets, Frontend-Modulen und Seitenlayouts, die in der Datenbank gespeichert werden, befinden sich Dateien und Templates in einem Unterverzeichnis Ihrer Contao-Installation. Ein Template ist übrigens eine PHP-Datei, mit der Sie die HTML-Ausgabe eines bestimmten Elements oder Moduls vorgeben können. Weitere Informationen dazu finden Sie in Abschnitt 17.1, *Templates*, in Teil II, *Contao für Administratoren*.

Achten Sie bei der Auswahl der Dateien darauf, dass Sie nur diejenigen mit dem Theme verknüpfen, die auch tatsächlich zum Design gehören. Im Contao-Upload-Verzeichnis liegen sämtliche Benutzerdateien, also neben Hintergrundbildern und Icons auch Fotos, Videos, PDF-Dokumente, Word-Dateien etc. Die Abgrenzung zwischen Design und Inhalt obliegt im Dateisystem allein Ihrem bevorzugten Organisationsansatz.

5.1.2 Themes konfigurieren

Die Bedienung des Theme-Managers funktioniert genau wie die der meisten anderen Backend-Module, nämlich mithilfe von Navigationssymbolen (Abbildung 5.1).

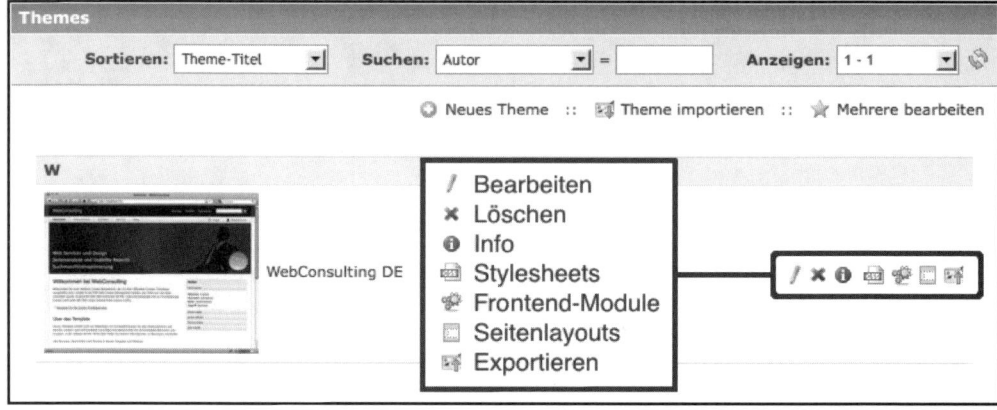

Abbildung 5.1: **Navigationssymbole im Theme-Manager**

Klicken Sie auf das Bearbeitungssymbol, und sehen Sie sich an, wie das Theme unserer Beispielwebseite konfiguriert ist. Falls Sie die Beispielwebseite nicht installiert haben, können Sie die Theme-Konfiguration auch in der Contao-Online-Demo[1] nachvollziehen.

THEME-TITEL: Hier geben Sie den Theme-Titel ein.

Der Titel eines Themes wird sowohl in der Backend-Übersicht angezeigt als auch beim Theme-Export als Dateiname verwendet. Es empfiehlt sich daher, im Titel auch die Versionsnummer eines Themes anzugeben – natürlich nur, sofern Versionierung für Sie in diesem Zusammenhang eine Rolle spielt.

AUTOR: Hier können Sie den Namen des Theme-Designers eingeben.

ORDNER: Hier wählen Sie aus, welche Ordner aus dem Contao-Upload-Verzeichnis zu dem Theme gehören. Die hier verknüpften Ressourcen werden beim Theme-Export mit exportiert.

---

1   http://demo.contao.org

TEMPLATES-ORDNER: Hier können Sie einen bestimmten Unterordner aus dem Templates-Verzeichnis mit dem Theme verknüpfen. Die darin enthaltenen angepassten Templates werden dann ebenfalls mit exportiert.

BILDSCHIRMFOTO: Hier können Sie ein Bildschirmfoto für die Theme-Übersicht auswählen.

5.1.3 Themes exportieren

Der Export eines Themes wird über das entsprechende Navigationssymbol in der Theme-Übersicht angestoßen. Contao bietet Ihnen anschließend eine .cto-Datei zum Download an, die Sie auf Ihrem lokalen Rechner speichern können. Die Dateiendung »cto« ist proprietär, es handelt sich dabei aber um ein ganz normales ZIP-Archiv, das Sie mit jedem ZIP-Dienstprogramm entpacken können.

Die Theme-Datei enthält folgende Ressourcen:

NAME	ERKLÄRUNG
theme.xml	In dieser XML-Datei sind alle Datensätze aus der Contao-Datenbank enthalten, die mit dem Theme oder dessen Bestandteilen zu tun haben.
tl_files	In diesem Ordner sind alle Dateien aus dem Contao-Upload-Verzeichnis enthalten, die mit dem Theme verknüpft wurden. Es spielt dabei keine Rolle, ob das Upload-Verzeichnis in Ihrer Installation tatsächlich tl_files heißt oder nicht.
templates	In diesem Ordner sind alle Dateien aus dem Templates-Verzeichnis enthalten, die mit dem Theme verknüpft wurden. Sind keine angepassten Templates vorhanden, erscheint der Ordner auch nicht in der Exportdatei.

Tabelle 5.1: **Ressourcen einer Theme-Datei**

5.1.4 Themes importieren

Der Import eines Themes erfolgt in zwei Schritten. Zunächst müssen Sie die .cto-Datei des Themes auf Ihren Server übertragen, entweder mit dem Contao-Dateimanager oder mit einem FTP-Programm. Anschließend klicken Sie im Theme-Manager auf die Schaltfläche THEME IMPORTIEREN, wählen die hochgeladene Datei aus und starten den Importvorgang.

Contao führt dann eine Reihe von Prüfungen durch, um eventuelle Inkompatibilitäten zwischen dem Theme und Ihrer Contao-Installation zu entdecken (Abbildung 5.2).

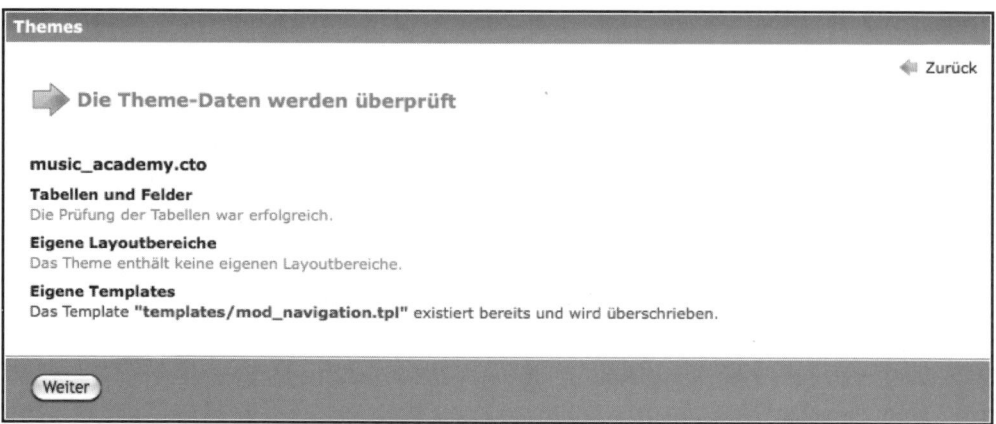

Abbildung 5.2: **Die Theme-Daten werden überprüft.**

Die Überprüfung beinhaltet insbesondere:

» die Prüfung der Tabellen auf fehlende Felder

» die Prüfung auf nicht vorhandene Layoutbereiche

» die Prüfung auf bereits vorhandene Templates

Enthält ein Theme Tabellen oder Felder, die es in Ihrer Contao-Datenbank nicht gibt (bei-spielsweise weil eine bestimmte Third-Party-Erweiterung nicht installiert ist), werden die-se Daten beim Import ignoriert. Achten Sie also darauf, dass alle im Theme eingebundenen Erweiterungen zum Zeitpunkt des Imports installiert und aktuell sind.

Auch angepasste Templates bieten etliches an Konfliktpotenzial, sofern sie nicht in einem eindeutigen Unterordner separat verwaltet werden. Bereits bestehende Templates werden beim Theme-Import nämlich – nach entsprechender Warnung – überschrieben.

5.1.5 Themes aktivieren

Nachdem ein Theme erfolgreich importiert wurde, müssen Sie es nur noch aktivieren, da-mit es im Frontend angezeigt wird. Mit »aktivieren« ist die Zuweisung eines der Seitenlay-outs des neuen Themes zu einer Seite in der Seitenstruktur gemeint. Aus den bisherigen Kapiteln wissen Sie ja bereits, dass die Zusammenführung von Design und Inhalten in der Seitenstruktur erfolgt und dass das Seitenlayout den Aufbau einer Seite festlegt.

Zur Veranschaulichung habe ich das Theme »Music Academy« aus der Contao-Distribution in unsere Beispielwebseite importiert und das Seitenlayout »Default layout« dem Start-punkt der Webseite in der Seitenstruktur zugewiesen. Das Ergebnis ist die WebConsulting-Webseite im Kleid der Music Academy (Abbildung 5.3).

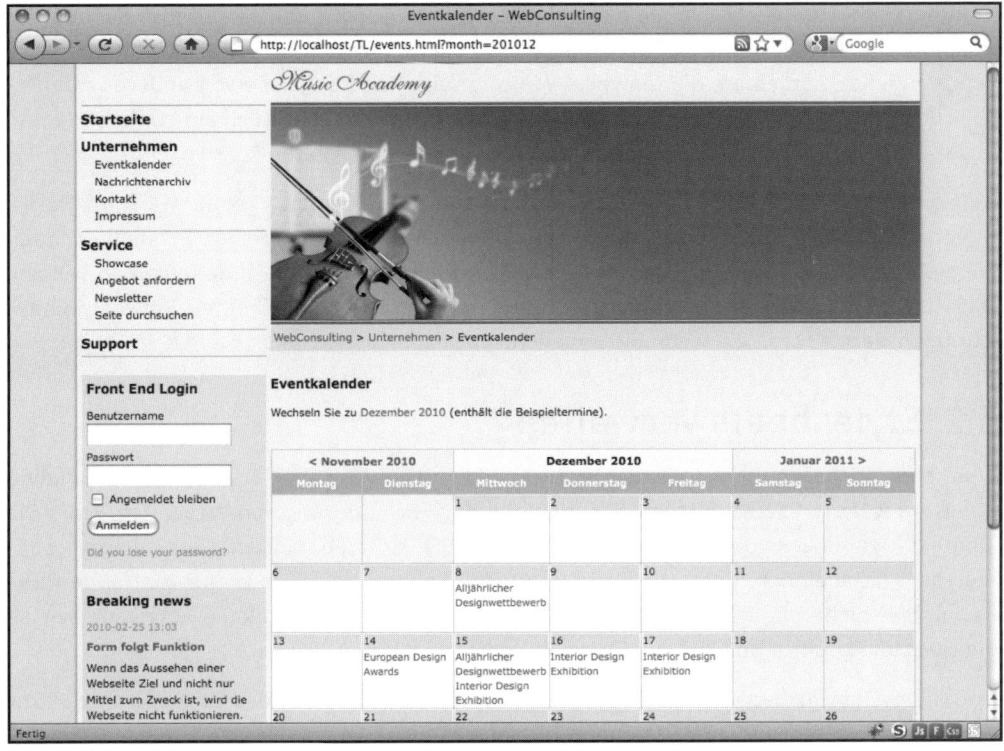

Abbildung 5.3: **Die WebConsulting-Seite im Kleid der Music Academy**

5.1.6 Bezugsquellen für Themes

Natürlich wäre ein Theme-Manager ohne eine gewisse Auswahl an Themes nur begrenzt hilfreich. Obwohl das ganze Konzept in Contao noch relativ neu ist (je nachdem, wann Sie diese Zeilen lesen), gibt es im Internet bereits einige Bezugsquellen für sowohl freie als auch kommerzielle Themes. Theoretisch könnten Themes auch über das Extension Repository angeboten werden, aber da es sich nur um eine einzige Datei handelt, hat sich das in der Praxis bisher nicht durchgesetzt.

Eine gute Anlaufstelle für freie Themes ist zum einen das Contao-Teamblog[2] und zum anderen die deutschsprachige Community[3]. Im Juli 2010 wurden im Rahmen des »Contao Free Themes Month« fünf freie Themes von verschiedenen Contao-Partnern vorgestellt, die über das Teamblog heruntergeladen werden können. Im Forum gibt es bis dato noch keine separate Kategorie für Themes, daher müssen Sie dort die Suchfunktion bemühen.

---

2   http://bit.ly/themes-month
3   http://www.contao-community.de

Kommerzielle Themes finden Sie am einfachsten über Google, z. B. unter dem Suchbegriff »Contao-Themes« (mit oder ohne Bindestrich). Meine Firma iNet Robots bietet ebenfalls kommerzielle Themes an, die teilweise von mir selbst und teilweise von anderen Mitgliedern des Contao-Teams erstellt wurden. Zu diesen Themes gibt es auch eine Online-Demo[4], in der Sie sich schnell einen Eindruck von den Designs verschaffen können.

Bei all der Theme-Euphorie sei jedoch auch gesagt, dass Themes – genau wie Third-Party-Erweiterungen – immer auch ein potenzielles Einfallstor für Hacker sind. Schließlich laden Sie sich dabei ja Dateien von fremden Erstellern auf Ihren Server, ohne genau zu wissen, was dort im Einzelnen gespeichert ist. Installieren Sie daher nur Themes von vertrauenswürdigen Herstellern, und lesen Sie unbedingt vorab die Sicherheitshinweise[5] im Teamblog.

5.2 Stylesheets verwalten

Wie schon in Abschnitt 2.3, *Contao im Schnelldurchlauf*, erwähnt wurde, sind Cascading Stylesheets, kurz CSS, das Mittel der Wahl bei der Formatierung von Webseiten. Falls Sie also nicht zumindest über Grundkenntnisse in CSS verfügen, sollten Sie sich diese spätestens jetzt aneignen, denn die Erstellung bzw. Anpassung eines Themes ist ohne CSS-Kenntnisse nicht möglich. Eine sehr gute Einführung in die Thematik bietet beispielsweise die Buchreihe »Little Boxes«[6] von Peter Müller.

In Contao steht für die Verwaltung von Stylesheets ein komfortables Backend-Modul zur Verfügung, mit dem Sie alle Formatdefinitionen in einer Eingabemaske erfassen können. Die Erstellung der eigentlichen CSS-Datei erfolgt dabei automatisch im Hintergrund.

5.2.1 Medientypen festlegen

Der Medientyp eines Stylesheets legt fest, für welche Art von Endgerät es gültig ist. Wenn Sie z. B. ein Stylesheet vom Medientyp *handheld* erstellen, wird es nur dann eingebunden, wenn Sie die Seite mit einem Handheld-PC aufrufen. Rufen Sie die Seite hingegen mit Ihrem Browser auf, wird es automatisch übersprungen.

Folgende Medientypen stehen Ihnen zur Verfügung:

MEDIENTYP	ERKLÄRUNG
aural	Das Stylesheet gilt für computergesteuerte Sprachausgaben.
braille	Das Stylesheet gilt für Ausgabegeräte mit einer Braille-Zeile für blinde Nutzer.
embossed	Das Stylesheet gilt für Braille-Drucker.

Tabelle 5.2: **Übersicht der Medientypen**

---

4   http://www.contao-themes.com
5   http://bit.ly/sicherheitshinweis
6   http://www.little-boxes.de

MEDIENTYP	ERKLÄRUNG
handheld	Das Stylesheet gilt für Handheld-PCs und Smartphones. Allerdings fordern nicht alle Endgeräte diesen Medientyp an; das iPhone verwendet beispielsweise grundsätzlich die Stylesheets vom Typ *screen*.
print	Das Stylesheet gilt für die Druckausgabe der Webseite.
projection	Das Stylesheet gilt für die Darstellung mit Beamern und ähnlichen Geräten.
screen	Das Stylesheet gilt für die Bildschirmausgabe (Standard für Webseiten).
tty	Das Stylesheet gilt für nicht-grafische Ausgabemedien mit fester Zeichenbreite.
tv	Das Stylesheet gilt für TV-ähnliche Ausgabemedien mit grober Auflösung.
all	Das Stylesheet gilt für sämtliche genannten Medientypen.

Tabelle 5.2: **Übersicht der Medientypen (Forts.)**

Den Medientyp eines Stylesheets legen Sie in den Stylesheet-Einstellungen fest. Diese erreichen Sie am schnellsten, wenn Sie mit der rechten (!) Maustaste auf das Bearbeitungssymbol eines Stylesheets klicken und aus dem Kontextmenü den Punkt Stylesheet-Einstellungen bearbeiten auswählen (Abbildung 5.4).

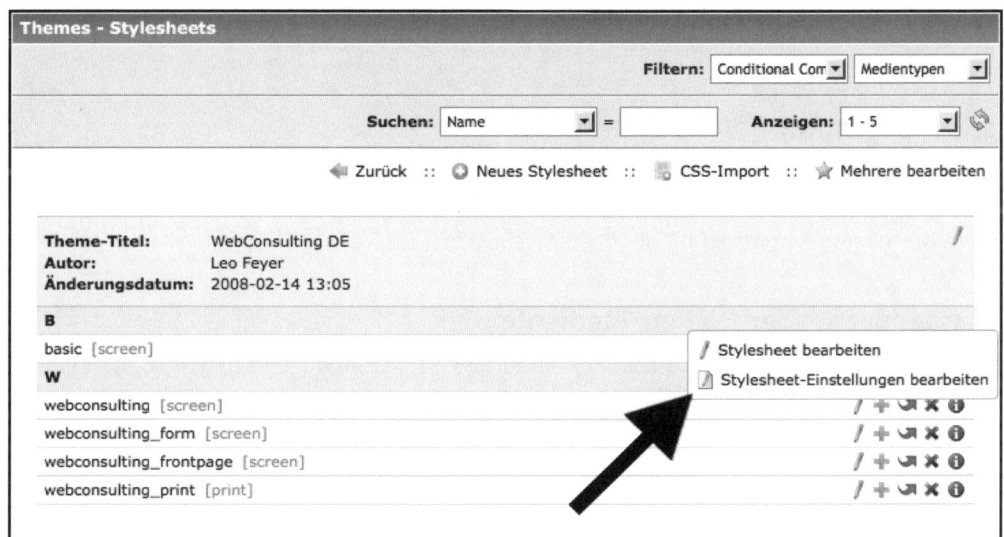

Abbildung 5.4: **Das Kontextmenü führt direkt zu den Stylesheet-Einstellungen.**

Die für Webseiten relevanten Medientypen sind *screen* und *print*, daher kommen in der Beispielwebseite auch nur diese beiden zum Einsatz.

5.2.2 Conditional Comments

Conditional Comments sind proprietäre Anweisungen, die nur vom Internet Explorer verstanden werden und unter anderem das Einbinden von spezifischen Stylesheets und anderen Scripts ermöglichen. In einem solchen Stylesheet können Sie beispielsweise Darstellungsfehler gesondert beheben, die vor allem in älteren Versionen des Internet Explorer leider reichlich vorhanden sind.

Die Bedingung (Condition) eines Conditional Comment ist wie folgt zu lesen:

BEDINGUNG	ERKLÄRUNG
if IE	Gilt für alle Internet Explorer-Versionen.
if IE 6	Gilt nur für die Version 6.
if lt IE 6	Gilt für alle Versionen kleiner 6 (less than).
if lte IE 6	Gilt für alle Versionen kleiner oder gleich 6 (less than or equals).
if gt IE 6	Gilt für alle Versionen größer 6 (greater than).
if gte IE 6	Gilt für alle Versionen größer oder gleich 6 (greater than or equals).

Tabelle 5.3: **Übersicht der Bedingungen**

Nachdem die Behebung der Internet Explorer-Fehler inzwischen zum Arbeitsalltag eines Webdesigners gehört, wurde die Einbindung von Stylesheets mittels Conditional Comments in die Stylesheet-Verwaltung integriert.

5.2.3 Formatdefinitionen anlegen

Um Formatdefinitionen anlegen zu können, müssen Sie zwei Dinge wissen: Wie lauten die Klassennamen der Contao-Elemente (die sogenannten Selektoren), und in welcher Reihenfolge werden die Formatdefinitionen gespeichert?

Klassennamen der Contao-Elemente

Die CSS-Klassennamen der Contao-Elemente sind durchgehend logisch aufgebaut. Inhaltselemente beginnen mit dem Präfix ce_ (für **c**ontent **e**lement), gefolgt von dem Typ des Inhaltselements. Ein Textelement beispielsweise hat die Klasse ce_text, ein Bildelement die Klasse ce_image.

Dasselbe gilt für Module, nur dass diese mit dem Präfix mod_ (für **mod**ules) beginnen. Das Modul »Navigationsmenü« hat beispielsweise die Klasse mod_navigation, das Modul »Nachrichtenliste« die Klasse mod_newslist. Wenn Sie sich bezüglich der Klasse eines Elements nicht sicher sind, schauen Sie einfach im Quelltext der Webseite nach.

In Ihrem Stylesheet können Sie den Klassennamen eines Elements dann dazu verwenden, ihm ein Format zuzuweisen. Folgende CSS-Anweisung setzt beispielsweise den Außenabstand eines Contao-Textelements auf 24 Pixel:

```
.ce_text {
  margin:24px;
}
```

In Contao kommen Sie mit dieser Schreibweise allerdings so gar nicht in Berührung, da Sie alle Formate über die Eingabemaske festlegen können (Abbildung 5.5). Lediglich den Teil vor den geschweiften Klammern, den sogenannten Selektor, müssen Sie von Hand in das dafür vorgesehene Feld eingeben.

Abbildung 5.5: **Den Außenabstand im Stylesheet-Editor festlegen**

Reihenfolge der Formatdefinitionen

Die Reihenfolge der Formatdefinitionen spielt bei Cascading Stylesheets eine wichtige Rolle, weil jede Anweisung in einer nachfolgenden Formatdefinition überschrieben werden kann. Dieses Feature eignet sich besonders gut, um beispielsweise browserspezifische Eigenarten auszugleichen:

```
/* Außenabstand für alle Browser */
.mod_search {
  margin:24px;
}

/* Korrektur im Internet Explorer 6 */
* html .mod_search {
  margin:18px;
}
```

Wäre die Reihenfolge der Formatdefinitionen umgekehrt, würde zuerst das spezifische Format für den Internet Explorer geladen und danach wieder durch das allgemeingültige Format für alle Browser überschrieben. Die spezifische Anweisung käme also niemals zur Anwendung, und der Außenabstand betrüge immer 24 Pixel.

Sie können die Reihenfolge der Datensätze in Contao entweder mittels Drag&Drop oder über die Navigationsicons VERSCHIEBEN und DANACH EINFÜGEN ändern (Abbildung 5.6).

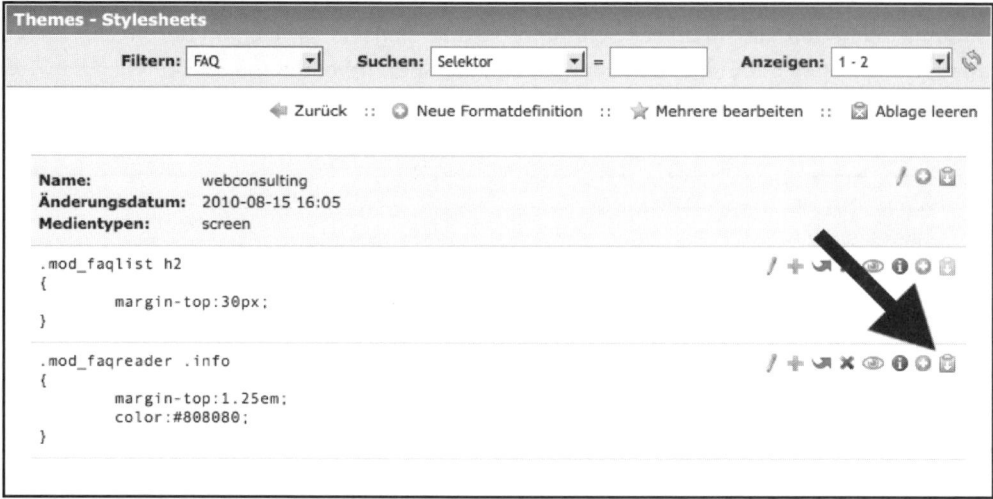

Abbildung 5.6: **Die Reihenfolge der Formatdefinitionen ändern**

Zudem haben Sie die Möglichkeit, Formatdefinitionen eine Kategorie zuzuweisen, um die Datensätze später nach dieser Kategorie filtern und zusammengehörende Definitionen leichter erkennen zu können. Diese Kategorien dienen lediglich der besseren Übersicht im Backend und werden nicht für die Sortierung im Stylesheet selbst verwendet.

5.2.4 Stylesheets importieren

Damit Sie bereits bestehende Stylesheets ebenfalls mit dem internen Stylesheet-Editor bearbeiten können, bietet Ihnen das »Stylesheets«-Modul die Möglichkeit, CSS-Dateien zu importieren. Übertragen Sie dazu Ihre CSS-Datei zuerst in das Contao-Upload-Verzeichnis, und klicken Sie dann auf die Schaltfläche CSS-IMPORT. Es öffnet sich eine Seite mit einem Dateibrowser, aus dem Sie die zu importierenden Stylesheets auswählen können.

5.3 Seitenlayouts verwalten

Das Seitenlayout bestimmt den Aufbau einer Seite und teilt diese in verschiedene Layoutbereiche ein. Innerhalb dieser Layoutbereiche können Sie beliebige Frontend-Module platzieren, die beim Aufruf der Seite der Reihe nach ausgeführt werden und den HTML-Code der Webseite generieren. Auch das Einfügen der Artikel, also der Inhalte, erfolgt mithilfe eines Frontend-Moduls.

5.3.1 Aufbau des Frontends

Damit sich individuell per Mausklick zusammengestellte Seitenlayouts im Frontend in eine sauber aufgeteilte und vor allem browserübergreifend funktionsfähige Webseite umwandeln lassen, bedarf es eines leistungsfähigen CSS-Frameworks, das auf alle Eventualitäten vorbereitet ist. Das Contao CSS-Framework erfüllt diese Aufgabe sehr gut und ist dabei noch ziemlich kompakt. Es generiert anhand eines Seitenlayouts automatisch das Grundgerüst der Webseite, das standardmäßig aus bis zu drei Spalten sowie einer optionalen Kopf- und Fußzeile besteht.

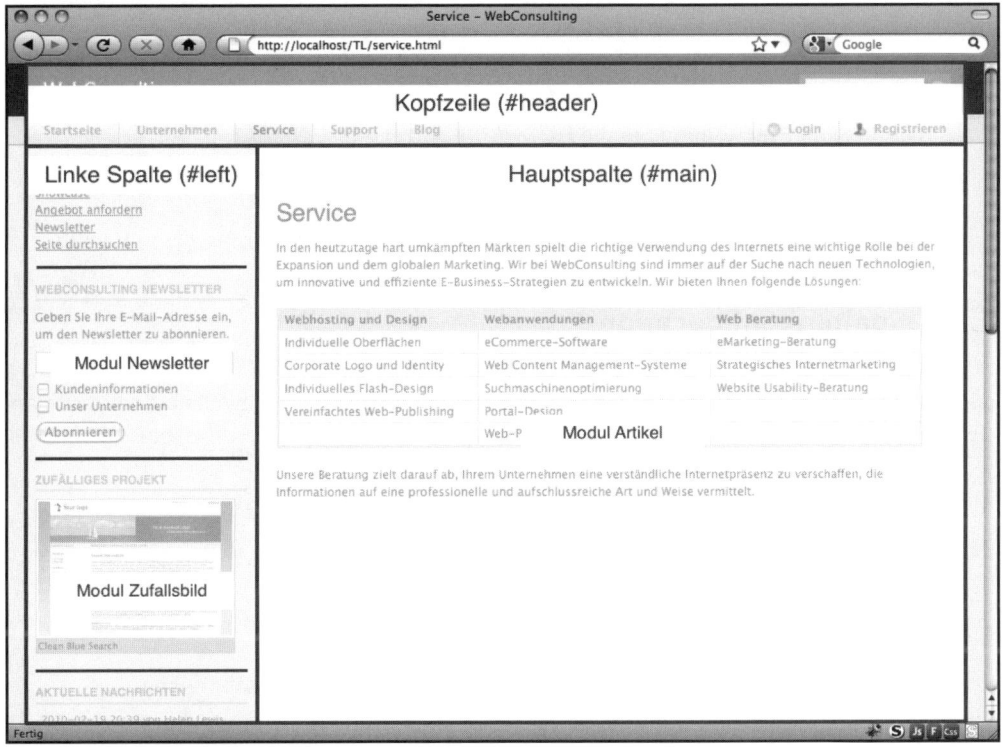

Abbildung 5.7: **Aufbau des Frontends**

In Abbildung 5.7 sehen Sie das Frontend der WebConsulting-Seite. Ich habe die einzelnen Layoutbereiche (Kopfzeile, linke Spalte und Hauptspalte) sowie die darin enthaltenen Frontend-Module zur Veranschaulichung hervorgehoben. Frontend-Module werden innerhalb ihrer Layoutbereiche immer untereinander angeordnet. Wie man Frontend-Module anlegt und konfiguriert, erfahren Sie in Kapitel 6, *Die Modulverwaltung*.

5.3.2 Das Standardlayout

Sofern einer Seite kein Seitenlayout zugewiesen wird, erbt sie das Seitenlayout von einer übergeordneten Seite. Ist auch dort kein Seitenlayout verknüpft, verwendet Contao automatisch das Standardlayout. Gibt es auch kein Standardlayout, beschränkt sich die Frontend-Ausgabe lediglich auf ein kurzes »No layout specified«, daher sollten Sie immer ein Standardlayout anlegen.

STANDARDLAYOUT: Hier definieren Sie das Seitenlayout als Standardlayout.

5.3.3 Kopf- und Fußzeile

Jedes Seitenlayout kann eine Kopf- und eine Fußzeile haben. Üblicherweise befinden sich in der Kopfzeile unter anderem das Firmenlogo und in der Fußzeile Informationen zum Copyright und ein Link zum Impressum.

KOPFZEILE EINFÜGEN: Hier fügen Sie dem Layout eine Kopfzeile hinzu.

HÖHE DER KOPFZEILE: Hier können Sie die Höhe der Kopfzeile festlegen.

FUSSZEILE EINFÜGEN: Hier fügen Sie dem Layout eine Fußzeile hinzu.

HÖHE DER FUSSZEILE: Hier können Sie die Höhe der Fußzeile festlegen.

5.3.4 Spaltenkonfiguration

Standardmäßig stehen Ihnen bis zu drei Spalten zur Verfügung. Die Breite der linken bzw. der rechten Spalte können Sie vorgeben, die Hauptspalte passt sich jeweils automatisch an.

SPALTEN: Hier wählen Sie die Anzahl der Spalten Ihres Seitenlayouts aus.

BREITE DER LINKEN SPALTE: Hier legen Sie die Breite der linken Spalte fest.

BREITE DER RECHTEN SPALTE: Hier legen Sie die Breite der rechten Spalte fest.

5.3.5 Eigene Layoutbereiche

Standardmäßig definiert das Contao CSS-Framework folgende Layoutbereiche:

» Kopfzeile (header)

» linke Spalte (left)

» rechte Spalte (right)

» Hauptspalte (main)

» Fußzeile (footer)

Mit diesen fünf Bereichen lassen sich bestimmt 90 % aller gängigen Seitenlayouts problemlos umsetzen, sodass Sie in der Regel damit auskommen werden. Es gibt aber durchaus auch Layouts, die von dieser klassischen Einteilung abweichen. Solche Entwürfe haben beispielsweise einen zusätzlichen Bereich unter der Kopfzeile oder eine zweigeteilte Hauptspalte (Abbildung 5.8).

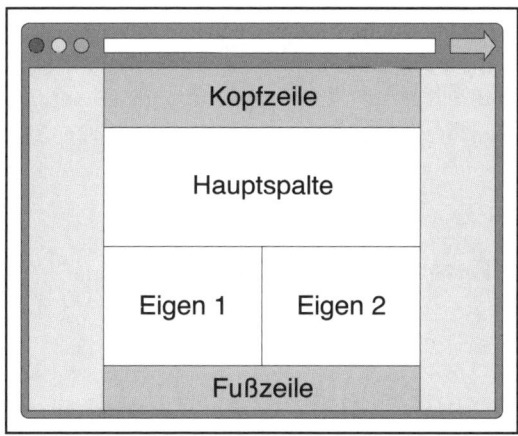

Abbildung 5.8: **Seitenlayout mit eigenen Layoutbereichen**

Um solche »exotischen« Seitenlayouts in Contao zu realisieren, können Sie in den Backend-Einstellungen zusätzliche Layoutbereiche definieren und mittels eines Stylesheets anordnen. Ihre eigenen Layoutbereiche lassen sich im Seitenlayout genauso verwenden wie die Standard-Bereiche.

Eigene Layoutbereiche: Hier aktivieren Sie Ihre eigenen Layoutbereiche.

Position der Layoutbereiche: In Verbindung mit dem Standard-Seitentemplate fe_page können eigene Layoutbereiche entweder unterhalb der Kopfzeile, in der Hauptspalte oder oberhalb der Fußzeile ausgegeben werden. Beliebige weitere Positionierungen lassen sich durch die Verwendung eines eigenen Seitentemplates realisieren. Informationen dazu erhalten Sie in Kapitel 17, *Eigene Seitenlayouts*.

5.3.6 Stylesheets

Hier legen Sie fest, welche Stylesheets in welcher Reihenfolge in das Seitenlayout eingebunden werden. Die Auswahl bezieht sich auf die Benutzer-Stylesheets, die Sie mit dem internen CSS-Editor erstellt haben. Falls Sie externe Stylesheets einbinden möchten, können Sie diese im Feld »zusätzliche <head>-Tags« (siehe Abschnitt 5.3.9, *Experten-Einstellungen*) verlinken.

Stylesheets: Hier wählen Sie die Stylesheets des Seitenlayouts aus.

Stylesheets zusammenfassen: Diese Option ist ein wichtiges Instrument zur Optimierung der Performance Ihrer Webseite. Sie sorgt dafür, dass alle Stylesheets in einer einzigen großen Datei zusammengefasst werden und reduziert so die Anzahl der Ressourcen, die für den Seitenaufbau geladen werden müssen. Auf produktiven Webseiten sollte diese Option immer aktiv sein.

tl_files/tinymce.css ignorieren: Falls Sie das Stylesheet für den Rich Text Editor nicht nutzen, können Sie es hier deaktivieren. Die Datei wird dann nicht mehr im Frontend geladen.

5.3.7 RSS/Atom-Feeds

In ein Seitenlayout eingebundene Feeds werden im Kopfbereich der Seite verlinkt und können in den meisten modernen Webbrowsern direkt in der Adresszeile abonniert werden. Mit »Kopfbereich« ist dabei nicht die Kopfzeile Ihres Seitenlayouts gemeint, sondern das <head>-Tag des HTML-Quelltextes.

NEWSFEEDS: Hier wählen Sie die Feeds der Nachrichtenarchive aus.

KALENDER-FEEDS: Hier wählen Sie die Feeds der Kalender aus.

5.3.8 Frontend-Module

In dieser Sektion weisen Sie den einzelnen Layoutbereichen die Frontend-Module zu, die auf der Seite dargestellt werden sollen (Abbildung 5.9). Die Module jedes Layoutbereichs werden in der von Ihnen festgelegten Reihenfolge untereinander angeordnet.

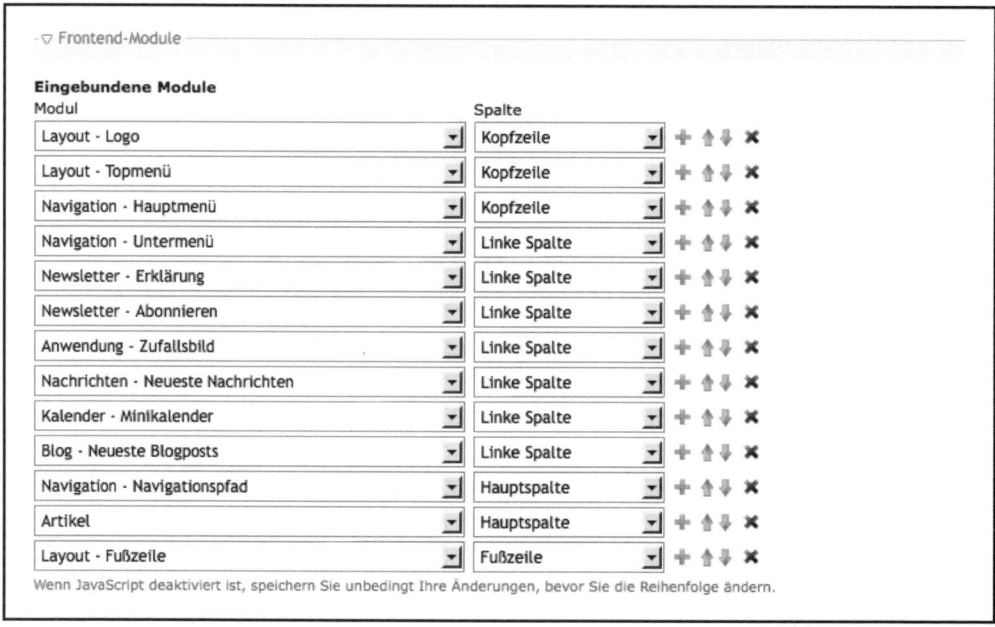

Abbildung 5.9: **Frontend-Module der Beispielwebseite**

EINGEBUNDENE MODULE: Hier wählen Sie die Module für das Seitenlayout aus.

5.3.9 Experten-Einstellungen

In den Experten-Einstellungen können Sie unter anderem das Seitentemplate und die Dokumenttyp-Definition[7] ändern, die dem Seitenlayout zugrunde liegen. Beides sollten Sie nur dann erwägen, wenn die Bordmittel von Contao tatsächlich nicht ausreichen oder Sie z. B. ein externes CSS-Framework verwenden möchten. In den meisten Fällen sollten Sie jedoch mit den Standard-Möglichkeiten problemlos ans Ziel kommen.

SEITENTEMPLATE: Hier können Sie das Seitentemplate auswählen.

DOKUMENTTYP-DEFINITION: Hier können Sie die Dokumenttyp-Definition ändern.

MOOTOOLS-QUELLE: Um die Performance Ihrer Webseite zu optimieren, können Sie das Moo-Tools-Script anstatt von Ihrem Webserver über das »Google Content Delivery«-Netzwerk laden. Das bezieht sich jedoch nur auf das MooTools-Core-Script.

BODY-KLASSE: Hier können Sie dem Body-Tag der HTML-Seite eine CSS-Klasse zuweisen und so Formatdefinitionen für ein bestimmtes Seitenlayout erstellen.

BODY ONLOAD: Einige JavaScripts erfordern einen sogenannten »Body Onload Event«, um das Script beim Laden der Seite zu initialisieren. Sollten Sie ein solches JavaScript verwenden wollen, können Sie hier den benötigten Code eingeben.

ZUSÄTZLICHE <HEAD>-TAGS: Im Kopfbereich Ihrer Webseite werden die Meta-Informationen der Seite ausgegeben und die eingebundenen Stylesheets und JavaScripts verlinkt. Sie können hier beliebige Ergänzungen vornehmen und z. B. weitere Stylesheets einfügen.

5.3.10 Skript-Einstellungen

Contao verwendet ein JavaScript-Framework namens MooTools[8], das vor Jahren unter anderem wegen seines Akkordeon-Effekts bekannt geworden ist und seitdem ständig weiterentwickelt wurde. Bestimmte Scripts wie z. B. der besagte Akkordeon-Effekt müssen beim Aufbau der Seite durch einen JavaScript-Aufruf initialisiert werden, damit sie funktionieren. Diese Aufrufe sind in Contao in einzelne Templates gekapselt, die alle mit dem Präfix moo_ beginnen und am Ende des Seitenlayouts vor dem schließenden <body>-Tag eingefügt werden.

MOOTOOLS-TEMPLATE: Hier legen Sie fest, welche MooTools-Templates in welcher Reihenfolge in das Seitenlayout eingebunden werden.

---

7   http://bit.ly/document-type
8   http://mootools.net

Folgende Templates sind in der Core-Distribution enthalten:

TEMPLATE	ERKLÄRUNG
moo_accordion	Dieses Template initialisiert den Akkordeon-Effekt.
moo_analytics	Mit diesem Template können Sie Ihre Webseite mit einem Google-Analytics-Account verknüpfen. Dazu müssen Sie lediglich Ihre Analytics-ID im Template eintragen und darauf achten, es als letztes (!) MooTools-Template einzubinden.
moo_mediabox	Dieses Template initialisiert die Mediabox zur Darstellung von Bildergalerien, Videos und externen Webseiten (empfohlen).
moo_slimbox	Dieses Template initialisiert die Slimbox zur Anzeige von Bilder-galerien. Im Gegensatz zur Mediabox lassen sich damit keine Videos darstellen.

Tabelle 5.4: **Die MooTools-Templates der Core-Distribution**

Das Google Analytics-Script ist natürlich vollkommen unabhängig vom MooTools-Framework und somit hier eigentlich fehl am Platz. Allerdings hätte es sich nicht gelohnt, extra deswegen eine weitere Schnittstelle einzurichten, zumal die vorhandene ja nur durch die Benennung scheinbar auf MooTools-Scripts beschränkt ist. Tatsächlich können Sie damit aber beliebige Scripts am Ende der Webseite einbinden.

5.3.11 Statisches Layout

Das CSS-Framework passt das Seitenlayout standardmäßig an die Breite des Browserfensters an, was im Englischen auch als »Liquid Layout« bezeichnet wird. Im Gegensatz dazu hat ein statisches Layout eine feste Breite und wird im Fenster Ihres Browsers z. B. zentriert dargestellt. In Contao werden beide Layout-Typen unterstützt.

STATISCHES LAYOUT: Hier definieren Sie ein Seitenlayout als statisch.

GESAMTBREITE: Hier können Sie die Gesamtbreite der Webseite eingeben.

AUSRICHTUNG: Hier können Sie die Ausrichtung der Webseite festlegen.

5.4 Zusammenfassung

Fertige Designs werden in Contao als Themes bezeichnet, die Sie mit dem Theme-Manager verwalten und insbesondere ex- und importieren können. Durch den Import eines Themes können Sie das Aussehen Ihrer Webseite mit wenigen Mausklicks komplett verändern, ohne dass dabei deren Struktur und Inhalte verloren gehen.

Ein entscheidender Bestandteil eines Themes sind die eingebundenen Stylesheets, die in Contao zur Formatierung der Webseite verwendet werden. Der interner CSS-Editor unterstützt sowohl verschiedene Medientypen als auch Stylesheets spezielle für den Internet Explorer. Bestehende CSS-Dateien können importiert werden.

Im Seitenlayout kommen schließlich alle Bestandteile eines Designs zusammen. Das Contao CSS-Framework sorgt dafür, dass die verschiedenen Layoutbereiche im Frontend korrekt dargestellt werden. Bei Bedarf lässt sich das CSS-Framework um eigene Layoutbereiche erweitern oder sogar komplett durch eine externe Lösung ersetzen.

6. Die Modulverwaltung

In den vorangegangenen Kapiteln haben Sie gelernt, dass der Aufbau einer Seite durch das ihr zugewiesene Seitenlayout bestimmt wird. Darin werden unter anderem verschiedene Layoutbereiche definiert, in denen Sie beliebige FrontendModule platzieren können, die wiederum den HTML-Code Ihrer Webseite generieren.

In diesem Kapitel geht es nun um die Erstellung und Konfiguration dieser Frontend-Module, die als Teil des Designs dem Theme-Manager untergeordnet sind. Jedes Modul, das Sie anlegen, ist also automatisch einem bestimmten Theme zugeordnet und kann mit diesem exportiert und in einer anderen Installation wiederverwendet werden.

Die Modulverwaltung rufen Sie demzufolge über den Theme-Manager auf (vgl. Abschnitt 5.1.2, *Themes konfigurieren*). Genau wie bei den Inhaltselementen können Sie auch den Zugriff auf ein Frontend-Modul auf bestimmte Mitgliedergruppen beschränken (Abbildung 6.1).

▽ Zugriffsschutz

☑ **Modul schützen**
Das Modul nur bestimmten Gruppen anzeigen.

Erlaubte Mitgliedergruppen
☐ *Alle auswählen*
☑ Kunden
Diese Gruppen können das Modul sehen.

▽ Experten-Einstellungen

☐ **Nur Gästen anzeigen**
Das Modul verstecken, sobald ein Mitglied angemeldet ist.

CSS-Id/Klasse

Hier können Sie eine Id und beliebig viele Klassen eingeben.

Abstand davor und dahinter

Hier können Sie den Abstand vor und nach dem Modul in

Abbildung 6.1: **Den Zugriff auf ein Modul einschränken**

MODUL SCHÜTZEN: Das Modul ist standardmäßig unsichtbar und wird erst eingeblendet, nachdem sich ein Mitglied im Frontend angemeldet hat.

ERLAUBTE MITGLIEDERGRUPPEN: Hier legen Sie fest, wer Zugriff auf das Modul hat.

NUR GÄSTEN ANZEIGEN: Das Modul ist standardmäßig sichtbar und wird ausgeblendet, sobald sich ein Mitglied im Frontend angemeldet hat.

6.1 Navigationsmodule

Navigationsmodule sind mit die wichtigsten Frontend-Module überhaupt und kommen auf fast jeder Webseite in irgendeiner Form zum Einsatz. Ein Navigationsmodul erstellt aus der hierarchischen Seitenstruktur ein Navigationsmenü, das je nach Bedarf entweder den ganzen Seitenbaum oder bestimmte Teile davon abbildet. Ihre Besucher können sich dann anhand dieses Navigationsmenüs durch die Seiten der Webseite klicken.

6.1.1 Navigationsmenü

Das Frontend-Modul »Navigationsmenü« fügt der Webseite ein hierarchisches Navigationsmenü hinzu, das alle veröffentlichten und nicht versteckten Seiten inklusive deren Unterseiten enthält (Abbildung 6.2). Bei Bedarf können Sie das Modul so konfigurieren, dass nur die Hauptseiten oder nur die Unterseiten ab einer bestimmten Tiefe – in Contao »Level« genannt – ausgegeben werden, um so Haupt- und Untermenüs zu erstellen.

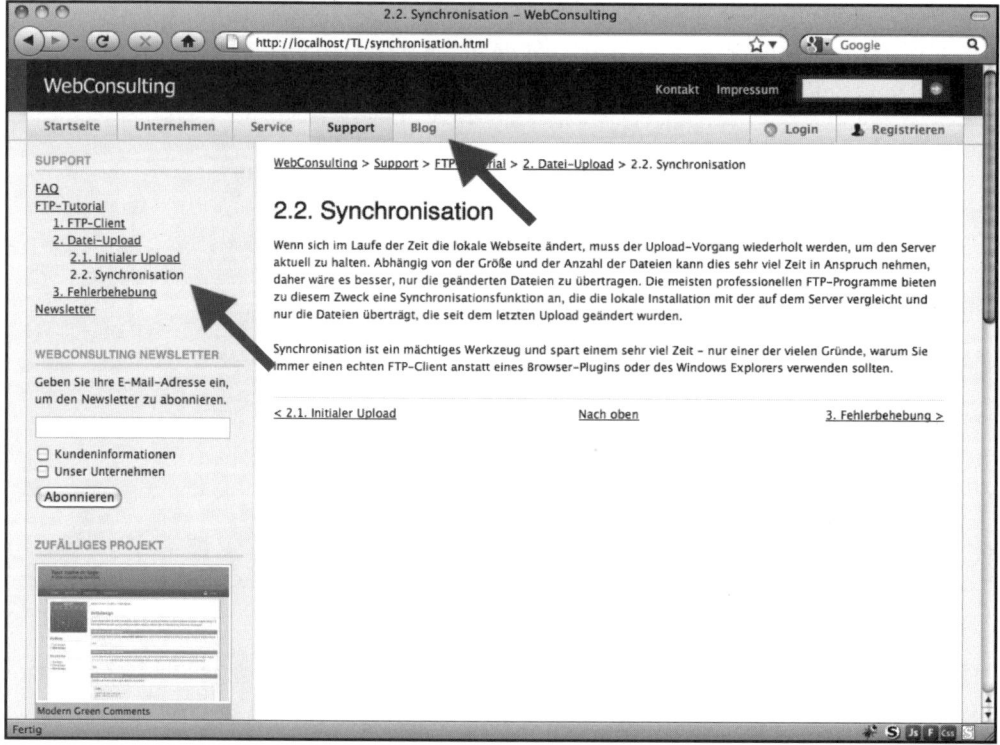

Abbildung 6.2: **Die Navigationsmenüs im Frontend**

STARTLEVEL: Standardmäßig beginnt das Navigationsmenü bei der höchsten Ebene und arbeitet sich durch alle Unterebenen bis zur am tiefsten verschachtelten Ebene. Das Startlevel bietet Ihnen die Möglichkeit, das Navigationsmenü beispielsweise von der zweiten Ebene aus starten zu lassen, sodass nur ein Teil des Seitenbaums ausgegeben wird (Untermenü).

STOPLEVEL: Im Gegensatz zum Startlevel, das die Einstiegsebene des Navigationsmenüs vorgibt, bestimmt das Stoplevel die Ausstiegsebene, also die maximale Tiefe der Verschachtelung. Das Hauptmenü der WebConsulting-Seite soll beispielsweise nur die Hauptseiten darstellen, daher wurde die Ausgabe der Unterseiten mittels Stoplevel 1 auf die erste Ebene der Seitenstruktur beschränkt.

Das funktioniert so weit aber erst einmal nur für die Seiten der ersten Ebene. Wenn Sie eine Seite der zweiten oder dritten Ebene aufrufen, taucht diese inklusive aller ihr übergeordneten Seiten trotz des Stoplevels im Navigationsmenü auf. Dieses Verhalten ist auch so gewollt, denn der Pfad zur aktiven Seite soll immer vollständig im Navigationsmenü abgebildet werden.

Für eine echte Hauptnavigation wie auf der WebConsulting-Seite ist dieses Verhalten aber eher kontraproduktiv, da hier tatsächlich nur die Seiten des ersten Levels benötigt werden und eventuell vorhandene Unterseiten in einem separaten Untermenü ausgegeben werden. Aus diesem Grund gibt es die Option Hard Limit, die dafür sorgt, dass niemals Unterseiten jenseits des Stoplevels angezeigt werden.

GESCHÜTZTE SEITEN ANZEIGEN: Wenn Sie diese Option auswählen, werden geschützte Seiten immer im Navigationsmenü angezeigt. Standardmäßig sind solche Seiten nur sichtbar, wenn ein Frontend-Benutzer angemeldet ist.

EINE REFERENZSEITE FESTLEGEN: Im Normalfall beginnt ein Navigationsmenü bei der Wurzelseite der Seitenstruktur (Startpunkt einer Webseite). Um hingegen nur einen Teilbaum abzubilden, können Sie hier einen individuellen Startpunkt festlegen.

NAVIGATIONSTEMPLATE: Hier wählen Sie das Template für die Navigation aus.

HTML-Ausgabe

Das Frontend-Modul generiert folgenden HTML-Code:

```
<div class="mod_navigation">
   <ul class="level_1">
      <li class="first"><a class="first"> … </a></li>
      <li class="submenu trail"><a class="submenu trail"> … </a>
         <ul class="level_2">
            <li class="first"><a class="first"> … </a></li>
            <li class="active"><span class="active"> … </span></li>
            <li class="last"><a class="last"> … </a></li>
         </ul>
      </li>
      <li class="last"><a class="last"> … </a></li>
   </ul>
</div>
```

Beachten Sie, dass die CSS-Klassen jeweils dem <li>-Element und dem <a>-Element zugewiesen werden. Definieren Sie in Ihren Selektoren also genau, welche Elemente Sie meinen, z. B. li.first anstatt nur .first. Die jeweils aktive Seite wird gemäß den Anforderungen der Barrierefreiheit nicht als aktiver Link dargestellt, sondern als <span>-Element.

6.1.2 Individuelle Navigation

Das Frontend-Modul »Individuelle Navigation« fügt der Webseite ein Navigationsmenü aus beliebigen Seiten hinzu, das keine hierarchischen Abhängigkeiten berücksichtigt.

SEITEN: Hier wählen Sie aus, welche Seiten in dem Menü enthalten sein sollen.

GESCHÜTZTE SEITEN ANZEIGEN: Wenn Sie diese Option auswählen, werden geschützte Seiten in der individuellen Navigation angezeigt. Standardmäßig sind solche Seiten nur sichtbar, wenn ein Frontend-Benutzer angemeldet ist.

HTML-Ausgabe

Das Frontend-Modul generiert folgenden HTML-Code:

```
<div class="mod_customnav">
    <ul class="level_1">
        <li class="first"><a class="first"> … </a></li>
        <li class="last"><a class="last"> … </a></li>
    </ul>
</div>
```

6.1.3 Navigationspfad

Das Modul »Navigationspfad« fügt der Webseite eine sogenannte »Brotkrumen-Navigation« hinzu, die von der aktiven Seite ausgehend alle übergeordneten Seiten bis zur obersten Ebene darstellt (Abbildung 6.3). Mithilfe eines Navigationspfads kann ein Besucher jederzeit erkennen, wo er sich befindet und wie er dort hingelangt ist.

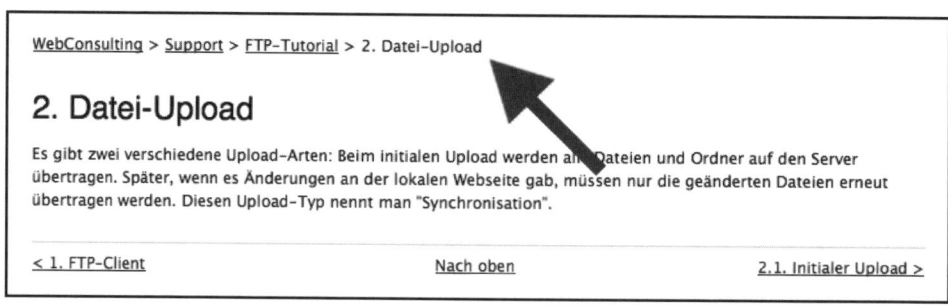

Abbildung 6.3: **Der Navigationspfad im Frontend**

WURZELSEITE ALS STARTSEITE: Wenn Sie diese Option auswählen, wird der Startpunkt der Webseite am Anfang des Navigationspfads angezeigt.

VERSTECKTE SEITEN ANZEIGEN: Wenn Sie diese Option auswählen, werden auch versteckte Seiten im Navigationspfad angezeigt, die normalerweise übersprungen würden.

HTML-Ausgabe

Das Frontend-Modul generiert folgenden HTML-Code:

```
<div class="mod_breadcrumb">
    <a> … </a> &#62;
    <a> … </a> &#62;
    <span class="active"> … </span>
</div>
```

6.1.4 Quicknavigation

Das Frontend-Modul »Quicknavigation« fügt der Webseite ein Drop-Down-Menü hinzu, mit dem ein Besucher direkt zu einer bestimmten Seite springen kann.

INDIVIDUELLE BEZEICHNUNG: Hier können Sie eine individuelle Bezeichnung für die erste Option der Quicknavigation eingeben.

STOPLEVEL: Hier legen Sie fest, bis zu welcher Verschachtelungstiefe Unterseiten in der Quicknavigation angezeigt werden (vgl. Abschnitt 6.1.1, *Navigationsmenü*).

WURZELSEITE ALS STARTPUNKT: Wählen Sie diese Option, wenn Sie keinen Startpunkt einer Webseite in Ihrer Seitenstruktur definiert haben und die einzelnen Seiten direkt im Rootlevel liegen (nicht empfohlen).

GESCHÜTZTE SEITEN ANZEIGEN: Wenn Sie diese Option auswählen, werden auch geschützte Seiten angezeigt, die sonst nur für angemeldete Mitglieder verfügbar sind.

VERSTECKTE SEITEN ANZEIGEN: Wenn Sie diese Option auswählen, werden auch versteckte Seiten in der Quicknavigation angezeigt, die normalerweise übersprungen würden.

REFERENZSEITE: Hier legen Sie die Ausgangsseite der Quicknavigation fest.

HTML-Ausgabe

Das Frontend-Modul generiert folgenden HTML-Code:

```
<div class="mod_quicknav">
    <form>
        <div class="formbody">
            <select class="select">
                <option> … </option>
                <option> … </option>
            </select>
            <input class="submit" />
        </div>
    </form>
</div>
```

6.1.5 Quicklink

Das Frontend-Modul »Quicklink« fügt der Webseite ein Drop-Down-Menü hinzu, mit dem ein Besucher direkt zu einer bestimmten Seite springen kann. Im Gegensatz zur »Quicknavigation« bildet das »Quicklink«-Modul nicht die komplette Seitenstruktur ab, sondern nur ausgewählte Seiten (vgl. Abschnitt 6.1.2, *Individuelle Navigation*).

INDIVIDUELLE BEZEICHNUNG: Hier können Sie eine individuelle Bezeichnung für die erste Option des Quicklink-Moduls eingeben.

SEITEN: Hier wählen Sie die Seiten des Quicklink-Menüs aus.

HTML-Ausgabe

Das Frontend-Modul generiert folgenden HTML-Code:

```
<div class="mod_quicklink">
    <form>
        <div class="formbody">
            <select class="select">
                <option> … </option>
                <option> … </option>
            </select>
            <input class="submit" />
        </div>
    </form>
</div>
```

6.1.6 Buchnavigation

Das Frontend-Modul »Buchnavigation« fügt der Webseite ein Navigationsmenü hinzu, mit dem Sie innerhalb der Seitenstruktur vorwärts, zurück oder eine Ebene nach oben navigieren können (Abbildung 6.4). Die einzelnen Seiten werden dabei wie bei einem Buch quasi umgeblättert, daher der Name des Moduls.

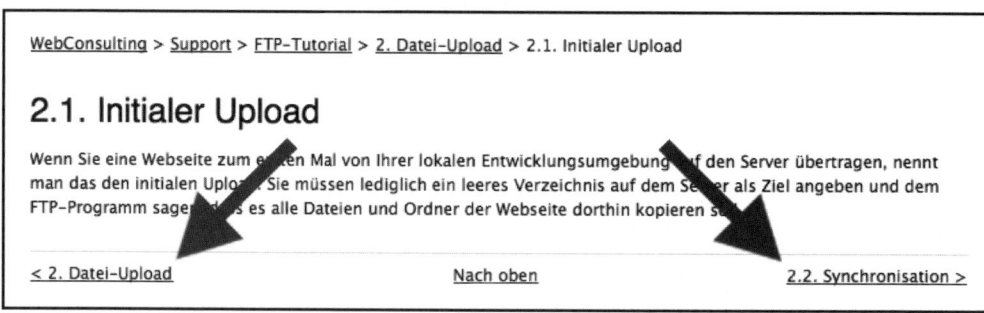

Abbildung 6.4: **Die Buchnavigation im Frontend**

GESCHÜTZTE SEITEN ANZEIGEN: Wenn Sie diese Option auswählen, werden auch geschützte Seiten angezeigt, die sonst nur für angemeldete Mitglieder verfügbar sind.

VERSTECKTE SEITEN ANZEIGEN: Bei Auswahl dieser Option werden auch versteckte Seiten in der Buchnavigation angezeigt, die normalerweise übersprungen würden.

REFERENZSEITE: Die Referenzseite legt den Ausgangspunkt der Buchnavigation fest. Übergeordnete Seiten werden nicht in der Buchnavigation angezeigt.

HTML-Ausgabe

Das Frontend-Modul generiert folgenden HTML-Code:

```
<div class="mod_booknav">
    <ul>
        <li class="prev"><a> … </a></li>
        <li class="up"><a> … </a></li>
        <li class="next"><a> … </a></li>
    </ul>
</div>
```

6.1.7 Artikelnavigation

Das Modul »Artikelnavigation« fügt der Webseite ein Navigationsmenü hinzu, mit dem Sie ähnlich wie bei einer Buchnavigation die Artikel einer bestimmten Seite vorwärts- und rückwärts durchblättern können (Abbildung 6.5).

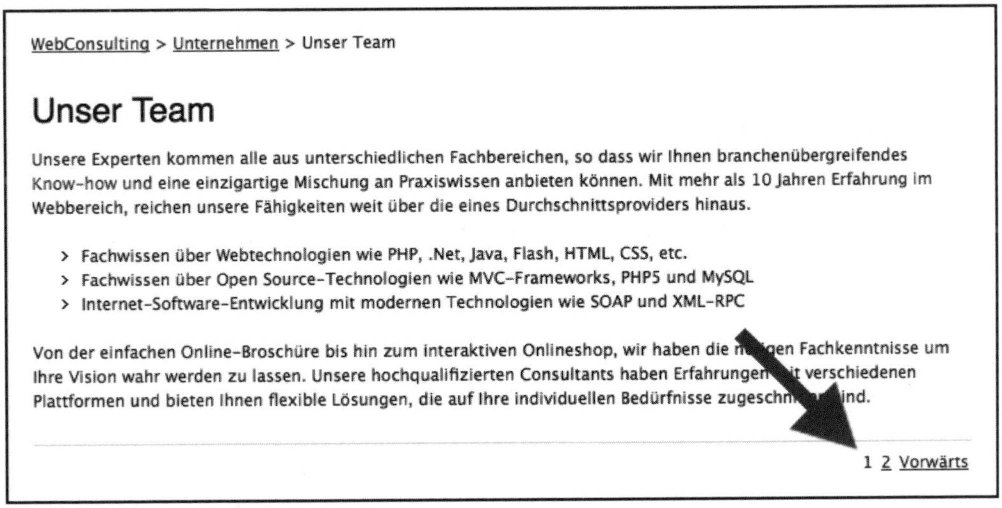

WebConsulting > Unternehmen > Unser Team

Unser Team

Unsere Experten kommen alle aus unterschiedlichen Fachbereichen, so dass wir Ihnen branchenübergreifendes Know-how und eine einzigartige Mischung an Praxiswissen anbieten können. Mit mehr als 10 Jahren Erfahrung im Webbereich, reichen unsere Fähigkeiten weit über die eines Durchschnittsproviders hinaus.

> Fachwissen über Webtechnologien wie PHP, .Net, Java, Flash, HTML, CSS, etc.
> Fachwissen über Open Source-Technologien wie MVC-Frameworks, PHP5 und MySQL
> Internet-Software-Entwicklung mit modernen Technologien wie SOAP und XML-RPC

Von der einfachen Online-Broschüre bis hin zum interaktiven Onlineshop, wir haben die nötigen Fachkenntnisse um Ihre Vision wahr werden zu lassen. Unsere hochqualifizierten Consultants haben Erfahrungen mit verschiedenen Plattformen und bieten Ihnen flexible Lösungen, die auf Ihre individuellen Bedürfnisse zugeschnitten sind.

1 2 Vorwärts

Abbildung 6.5: **Die Artikelnavigation im Frontend**

ERSTES ELEMENT LADEN: Wenn Sie diese Option auswählen, wird automatisch der erste Artikel geladen, wenn kein bestimmter Artikel angefordert wurde.

HTML-Ausgabe

Das Frontend-Modul generiert folgenden HTML-Code:

```
<div class="mod_articlenav pagination">
    <ul>
        <li><a class="previous"> … </a></li>
        <li><a class="link"> … </a></li>
        <li><span class="current"> … </span></li>
        <li><a class="link"> … </a></li>
        <li><a class="next"> … </a></li>
    </ul>
</div>
```

Beachten Sie, dass das aktive Element als <span> und nicht als Link ausgegeben wird.

6.1.8 Sitemap

Das Frontend-Modul »Sitemap« fügt der Webseite eine Übersicht aller veröffentlichten und nicht versteckten Seiten hinzu. Die einzelnen Einträge werden als Links ausgegeben, sodass Besucher direkt zu einer bestimmten Seite springen können. Ob eine Seite in der Sitemap angezeigt wird oder nicht, hängt auch von ihrer Konfiguration in der Seitenstruktur ab (vgl. Abschnitt 4.2.9, *Experten-Einstellungen*).

WURZELSEITE ALS STARTSEITE: Wählen Sie diese Option, wenn Sie keinen Startpunkt einer Webseite in Ihrer Seitenstruktur definiert haben und die einzelnen Seiten direkt im Rootlevel liegen (nicht empfohlen).

GESCHÜTZTE SEITEN ANZEIGEN: Wenn Sie diese Option auswählen, werden auch geschützte Seiten angezeigt, die sonst nur für angemeldete Mitglieder verfügbar sind.

VERSTECKTE SEITEN ANZEIGEN: Wenn Sie diese Option auswählen, werden auch versteckte Seiten in der Sitemap angezeigt, die normalerweise übersprungen würden.

REFERENZSEITE: Hier legen Sie die Ausgangsseite der Sitemap fest.

NAVIGATIONSTEMPLATE: Hier wählen Sie das Template für das Modul aus.

HTML-Ausgabe

Das Frontend-Modul generiert folgenden HTML-Code:

```
<div class="mod_sitemap">
    <ul class="level_1">
        <li class="first"><a class="first"> … </a></li>
        <li class="submenu"><a class="submenu"> … </a>
            <ul class="level_2">
                <li class="first"><a class="first"> … </a></li>
                <li class="last"><a class="last"> … </a></li>
            </ul>
```

```
        </li>
        <li class="last"><a class="last"> … </a></li>
    </ul>
</div>
```

Das HTML-Markup entspricht weitestgehend dem des Navigationsmenüs.

6.2 Benutzermodule

Benutzermodule sind Module, die im Zusammenhang mit der Verwaltung von Frontend-Benutzern gebraucht werden. Dazu zählt beispielsweise die Registrierung neuer Mitglieder oder die An- bzw. Abmeldung bestehender Mitglieder.

6.2.1 Login-Formular

Das Frontend-Modul »Login-Formular« fügt der Webseite ein Formular hinzu, mit dem sich registrierte Mitglieder authentifizieren können (Abbildung 6.6).

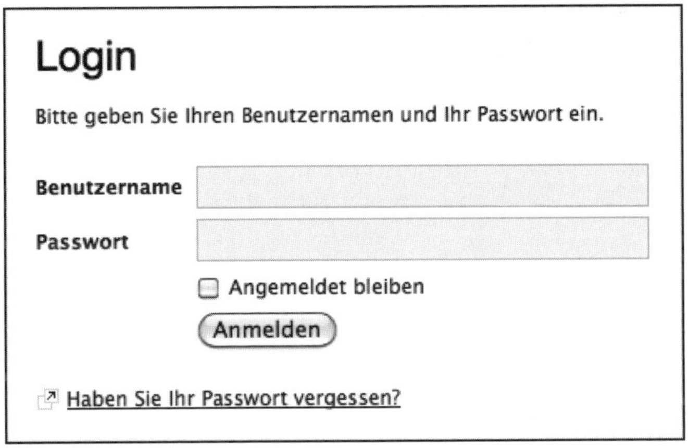

Abbildung 6.6: **Das Login-Formular vor der Anmeldung**

Sobald ein Frontend-Benutzer angemeldet ist, wird statt des Anmeldeformulars automatisch eine Schaltfläche zum Abmelden angezeigt (Abbildung 6.7).

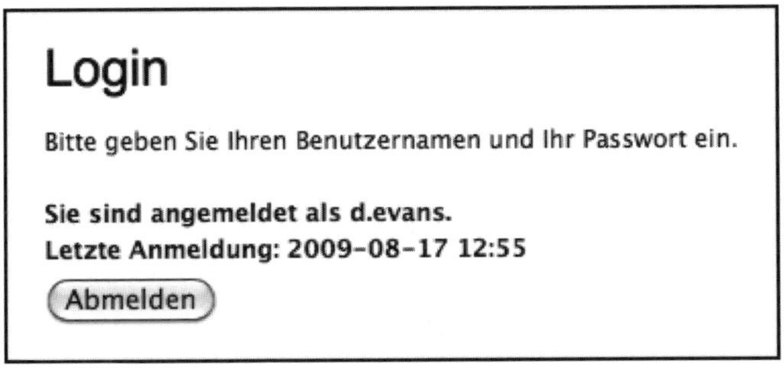

Abbildung 6.7: **Das Login-Formular nach der Anmeldung**

Berücksichtigen Sie also bei der CSS-Formatierung beide Zustände des Moduls, und denken Sie auch daran, dass eventuell eine Fehlermeldung ausgegeben wird.

Autologin erlauben: Wenn Sie diese Option auswählen, können Mitglieder auf Wunsch angemeldet bleiben. Läuft eine Benutzersitzung ab, erstellt Contao automatisch eine neue Sitzung, ohne dass das Passwort dazu erneut eingegeben werden muss.

Weiterleitungsseite: Hier legen Sie fest, zu welcher Seite ein Mitglied nach erfolgreicher Anmeldung weitergeleitet wird. Diese Einstellung können Sie pro Benutzergruppe überschreiben, um eine gruppenspezifische Weiterleitung einzurichten.

Zur zuletzt besuchten Seite: Wenn Sie diese Option auswählen, wird der Frontend-Benutzer zur zuletzt besuchten Seite anstatt zur Weiterleitungsseite weitergeleitet.

Anzahl an Spalten: Hier können Sie wählen, ob das Modul einspaltig (ohne Tabelle) oder zweispaltig (mit Tabelle) ausgegeben werden soll.

HTML-Ausgabe

Das Frontend-Modul generiert folgenden HTML-Code:

```
<div class="mod_login two_column tableform login">
   <form>
      <div class="formbody">
         <table>
            <tr class="row_0 row_first">
               <td class="col_0 col_first">
                  <label> … </label>
               </td>
               <td class="col_1 col_last">
                  <input class="text" />
               </td>
            </tr>
            <tr class="row_1">
               <td class="col_0 col_first">
                  <label> … </label>
               </td>
               <td class="col_1 col_last">
                  <input class="text password" />
               </td>
            </tr>
            <tr class="row_2">
               <td class="col_0 col_first">
                   
               </td>
               <td class="col_1 col_last">
                  <div class="checkbox_container">
                     <input class="checkbox" /> <label> … </label>
                  </div>
               </td>
            </tr>
            <tr class="row_3 row_last">
               <td class="col_0 col_first">
```

```
                     
                </td>
                <td class="col_1 col_last">
                    <div class="submit_container">
                        <input class="submit" />
                    </div>
                </td>
            </tr>
        </table>
    </div>
    </form>
</div>
```

In der tabellenlosen Variante sieht das HTML-Markup wie folgt aus:

```
<div class="mod_login one_column tableless login">
    <form>
        <div class="formbody">
            <label> … </label>
            <input class="text" /><br />
            <label> … </label>
            <input class="text password" />
            <div class="checkbox_container">
                <input class="checkbox" /> <label> … </label>
            </div>
            <div class="submit_container">
                <input class="submit" />
            </div>
        </div>
    </form>
</div>
```

Nachdem sich ein Mitglied angemeldet hat, ändert sich der HTML-Code wie folgt:

```
<div class="mod_login two_column tableform logout">
    <form>
        <div class="formbody">
            <table>
                <tr class="row_0 row_first">
                    <td class="login_info"> … </td>
                </tr>
                <tr class="row_1 row_last">
                    <td>
                        <div class="submit_container">
                            <input class="submit" />
                        </div>
                    </td>
                </tr>
            </table>
        </div>
    </form>
</div>
```

In der tabellenlosen Variante sieht das HTML-Markup dann wie folgt aus:

```
<div class="mod_login one_column tableless logout">
   <form>
      <div class="formbody">
         <p class="login_info"> … </p>
         <div class="submit_container">
            <input class="submit" />
         </div>
      </div>
   </form>
</div>
```

6.2.2 Automatischer Logout

Das Frontend-Modul »Automatischer Logout« fügt der Webseite ein unsichtbares Modul hinzu, das einen angemeldeten Frontend-Benutzer automatisch abmeldet.

Sobald sich ein Mitglied im Frontend der WebConsulting-Seite angemeldet hat, erscheint im Hauptmenü auf der rechten Seite ein Logout-Link, mit dem es sich wieder abmelden kann. In Wirklichkeit handelt es sich dabei um zwei verschiedene Seiten in der Seitenstruktur, die einmal das Login- und einmal das Logout-Modul enthalten.

WEITERLEITUNGSSEITE: Hier legen Sie fest, auf welche Seite ein Frontend-Benutzer nach der Abmeldung weitergeleitet wird.

ZUR ZULETZT BESUCHTEN SEITE: Wenn Sie diese Option auswählen, wird das Mitglied zur zuletzt besuchten Seite anstatt zur Weiterleitungsseite weitergeleitet.

Das Modul erzeugt keine HTML-Ausgabe.

6.2.3 Persönliche Daten

Das Frontend-Modul »Persönliche Daten« fügt der Webseite ein Formular hinzu, mit dem ein Mitglied seine persönlichen Daten wie z. B. seine E-Mail-Adresse oder sein Passwort ändern kann. Dabei können Sie als Administrator genau festlegen, welche Felder bearbeitet werden dürfen und welche nicht (Abbildung 6.8).

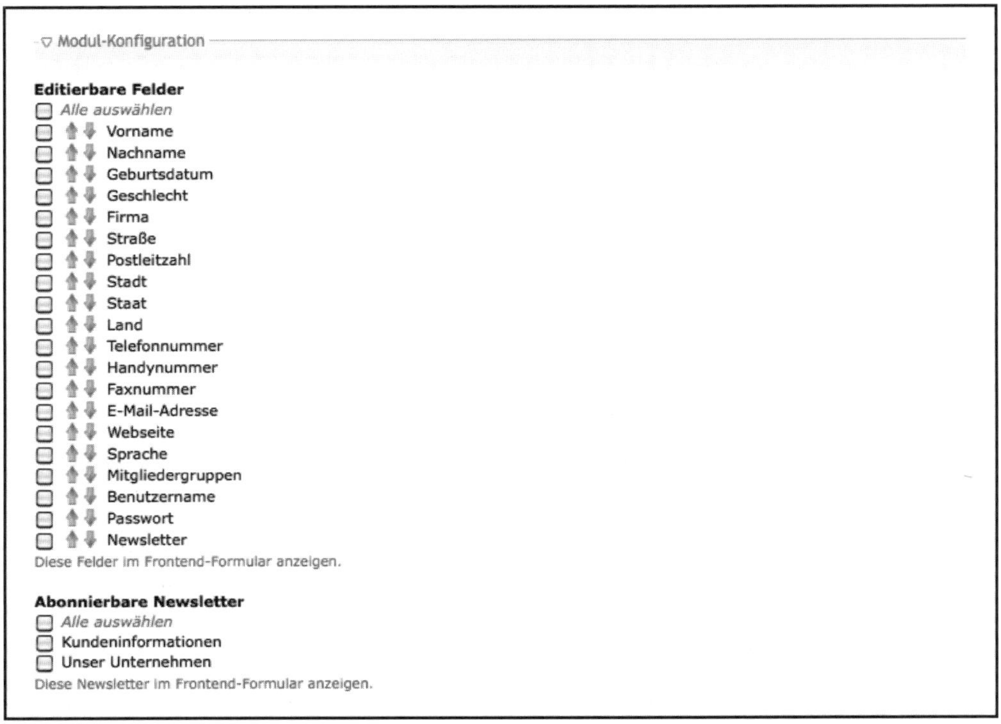

Abbildung 6.8: **Editierbare Felder festlegen**

EDITIERBARE FELDER: Hier können Sie die editierbaren Felder festlegen.

ABONNIERBARE NEWSLETTER: Wenn Sie die Contao Newsletter-Erweiterung verwenden, können Sie hier festlegen, welche Verteiler ein Mitglied abonnieren kann.

WEITERLEITUNGSSEITE: Hier können Sie auswählen, auf welche Seite ein Mitglied nach dem Absenden der Änderungen weitergeleitet wird.

FORMULARTEMPLATE: Hier wählen Sie das Template des Formulars aus.

NAME	ERKLÄRUNG
member_default	Die Eingabefelder werden untereinander aufgelistet.
member_grouped	Die Eingabefelder werden mithilfe von Fieldsets gruppiert.

Tabelle 6.1: **Übersicht der Formulartemplates**

TABELLENLOSES LAYOUT: Hier aktivieren Sie die tabellenlose Ausgabe des Formulars.

HTML-Ausgabe

Das Frontend-Modul generiert folgenden HTML-Code:

```html
<div class="mod_personalData tableform">
    <form>
        <div class="formbody">
            <table>
                <tr class="row_0 row_first even">
                    <td class="col_0 col_first">
                        <label> … </label>
                    </td>
                    <td class="col_1 col_last">
                        <input class="text" />
                    </td>
                </tr>
                <tr class="row_2 odd row_last">
                    <td class="col_0 col_first">
                         
                    </td>
                    <td class="col_1 col_last">
                        <div class="submit_container">
                            <input class="submit" />
                        </div>
                    </td>
                </tr>
            </table>
        </div>
    </form>
</div>
```

In der tabellenlosen Variante sieht das HTML-Markup wie folgt aus:

```html
<div class="mod_personalData">
    <form>
        <div class="formbody">
            <fieldset>
                <legend> … </legend>
                <label> … </label>
                <input class="text" /><br />
                <label> … </label>
                <input class="text" /><br />
            </fieldset>
            <div class="submit_container">
                <input class="submit" />
            </div>
        </div>
    </form>
</div>
```

6.2.4 Mitgliederregistrierung

Das Frontend-Modul »Mitgliederregistrierung« fügt der Webseite ein Formular hinzu, mit dem sich neue Mitglieder registrieren können (Abbildung 6.9) und je nach Konfiguration automatisch ein Benutzerkonto für den geschützten Bereich erhalten.

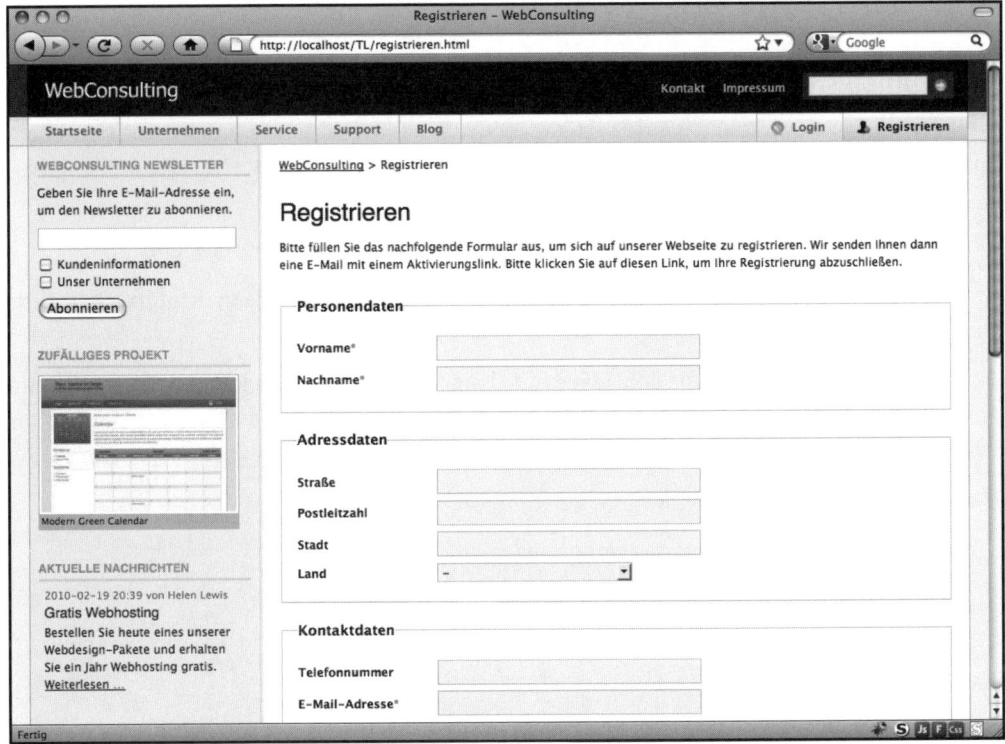

Abbildung 6.9: **Die Mitgliederregistrierung im Frontend**

EDITIERBARE FELDER: Hier können Sie festlegen, welche Felder ein neues Mitglied bei der Registrierung ausfüllen muss. Um die Anmeldung im Frontend zu ermöglichen, müssen Sie mindestens die Felder BENUTZERNAME und PASSWORT aktivieren.

ABONNIERBARE NEWSLETTER: Wenn Sie die Contao Newsletter-Erweiterung verwenden, können Sie hier festlegen, welche Verteiler ein Mitglied abonnieren kann.

SICHERHEITSFRAGE DEAKTIVIEREN: Hier können Sie die Sicherheitsfrage deaktivieren, die jeder Frontend-Benutzer bei der Registrierung beantworten muss (nicht empfohlen). Ohne Sicherheitsfrage ist es unter Umständen möglich, dass Spammer automatisiert Benutzerkonten erstellen und Ihre Webseite missbrauchen.

MITGLIEDERGRUPPEN: Hier legen Sie die Gruppenmitgliedschaft des neuen Mitglieds fest.

LOGIN ERLAUBEN: Wenn Sie diese Option auswählen, kann sich ein neues Mitglied nach der Registrierung im Frontend anmelden. Damit das funktioniert, muss das Registrierungsformular die Felder BENUTZERNAME und PASSWORT enthalten.

EIN BENUTZERVERZEICHNIS ANLEGEN: Wenn Sie diese Option auswählen, wird bei der Registrierung automatisch ein neues Benutzerverzeichnis in einem Ordner Ihrer Wahl erstellt. Der Name des neuen Verzeichnisses wird aus dem Benutzernamen generiert.

WEITERLEITUNGSSEITE: Hier legen Sie fest, auf welche Seite ein Mitglied nach der Registrierung weitergeleitet wird (z. B. auf die Seite mit dem Login-Formular).

Automatisierung der Mitgliederregistrierung

Sie können den Registrierungsprozess auf Wunsch vollständig automatisieren. Ein neues Mitglied erhält dann bei der Registrierung eine E-Mail mit einem Bestätigungslink, mit dem es sein Konto selbstständig aktivieren kann.

AKTIVIERUNGSMAIL VERSCHICKEN: Hier schalten Sie die automatische Aktivierung ein.

BESTÄTIGUNGSSEITE: Hier legen Sie fest, auf welche Seite ein Benutzer nach erfolgreicher Aktivierung seines Kontos weitergeleitet wird (z. B. die Login-Seite).

AKTIVIERUNGSMAIL: Geben Sie hier den Text der Aktivierungsmail ein. Sie können Platzhalter im Format ##key## für alle Eingabefelder des Registrierungsformulars sowie die Platzhalter ##domain## für die Domain und ##link## für den Bestätigungslink verwenden.

Nachfolgend ein kleines Beispiel:

```
Sehr geehrte(r) ##firstname## ##lastname##,

vielen Dank für Ihre Registrierung auf ##domain##. Bitte klicken Sie
##link##, um Ihre Registrierung abzuschließen und Ihr Konto zu aktivieren.

Ihr Administrator
```

HTML-Ausgabe

Das Frontend-Modul generiert folgenden HTML-Code:

```
<div class="mod_registration tableform">
   <form>
      <div class="formbody">
         <table>
            <tr class="row_0 row_first even">
               <td class="col_0 col_first">
                  <label class="mandatory"> … </label>
               </td>
               <td class="col_1 col_last">
                  <input class="text mandatory" />
               </td>
            </tr>
            <tr class="row_1 odd">
               <td class="col_0 col_first">
                  <label> … </label>
               </td>
```

```
            <td class="col_1 col_last">
                <input class="captcha mandatory" />
                <span class="captcha_text"> … </span>
            </td>
        </tr>
        <tr class="row_2 even row_last">
            <td class="col_0 col_first">
                 
            </td>
            <td class="col_1 col_last">
                <div class="submit_container">
                    <input class="submit" />
                </div>
            </td>
        </tr>
    </table>
  </div>
 </form>
</div>
```

In der tabellenlosen Variante sieht das HTML-Markup wie folgt aus:

```
<div class="mod_registration">
  <form>
    <div class="formbody">
      <fieldset>
      <legend> … </legend>
        <label class="mandatory"> … </label>
        <input class="text mandatory" /><br />
        <label class="mandatory"> … </label>
        <input class="text mandatory" /><br />
      </fieldset>
      <fieldset>
      <legend> … </legend>
        <label class="mandatory"> … </label>
        <input class="captcha mandatory" />
        <span class="captcha_text"> … </span><br />
      </fieldset>
      <div class="submit_container">
        <input class="submit" />
      </div>
    </div>
  </form>
</div>
```

6.2.5 Passwort vergessen

Das Frontend-Modul »Passwort vergessen« fügt der Webseite ein Formular hinzu, mit dem
ein Mitglied ein neues Passwort anfordern kann (Abbildung 6.10). Dazu verschickt Contao
eine automatische E-Mail mit einem Bestätigungslink an die E-Mail-Adresse, die in dem jeweiligen Benutzerkonto gespeichert ist. Erst nach dem Anklicken dieses Bestätigungslinks
ist die Eingabe eines neuen Passworts möglich.

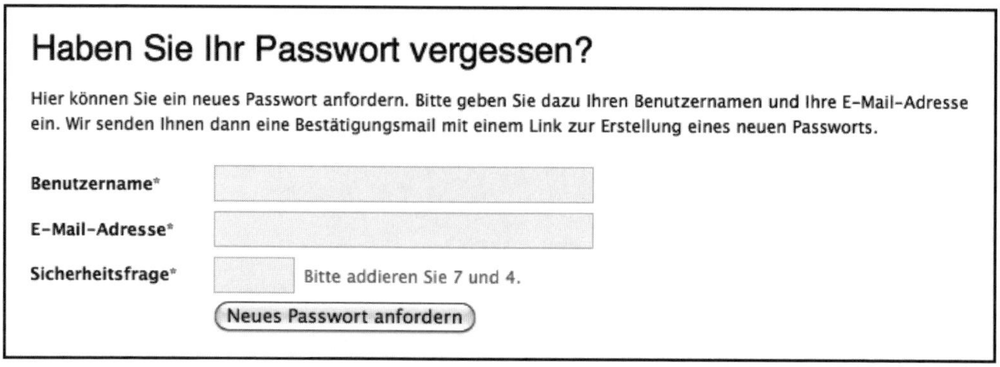

Haben Sie Ihr Passwort vergessen?

Hier können Sie ein neues Passwort anfordern. Bitte geben Sie dazu Ihren Benutzernamen und Ihre E-Mail-Adresse ein. Wir senden Ihnen dann eine Bestätigungsmail mit einem Link zur Erstellung eines neuen Passworts.

Benutzername*

E-Mail-Adresse*

Sicherheitsfrage*   Bitte addieren Sie 7 und 4.

(Neues Passwort anfordern)

Abbildung 6.10: **Das Modul »Passwort vergessen« im Frontend**

BENUTZERNAMEN NICHT ABFRAGEN: Wenn Sie diese Option auswählen, wird der Benutzername bei der Anforderung nicht abgefragt (nicht empfohlen).

SICHERHEITSFRAGE DEAKTIVIEREN: Wenn Sie diese Option auswählen, muss die Sicherheitsfrage bei der Anforderung nicht beantwortet werden (nicht empfohlen).

WEITERLEITUNGSSEITE: Hier legen Sie fest, auf welche Seite ein Benutzer nach dem Anfordern eines neuen Passworts weitergeleitet wird.

BESTÄTIGUNGSSEITE: Hier legen Sie fest, auf welche Seite ein Benutzer nach erfolgreicher Erstellung eines neuen Passworts weitergeleitet wird.

BESTÄTIGUNGSMAIL: Geben Sie hier den Text der Bestätigungsmail ein. Sie können Platzhalter im Format ##key## für alle Benutzereigenschaften sowie die Platzhalter ##domain## für die aktuelle Domain und ##link## für den Bestätigungslink verwenden.

Eine Bestätigungsmail kann zum Beispiel wie folgt aussehen:

```
Sehr geehrte(r) ##firstname## ##lastname##,

Sie haben ein neues Passwort für ##domain## angefordert. Bitte klicken Sie
##link##, um das neue Passwort einzugeben.

Ihr Administrator
```

TABELLENLOSES LAYOUT: Hier aktivieren Sie die tabellenlose Ausgabe des Formulars.

HTML-Ausgabe

Das Frontend-Modul generiert folgenden HTML-Code:

```
<div class="mod_lostPassword tableform">
   <form>
      <div class="formbody">
         <table>
            <tr class="row_0 row_first even">
```

```
                <td class="col_0 col_first">
                    <label class="mandatory"> … </label>
                </td>
                <td class="col_1 col_last">
                    <input class="text mandatory" />
                </td>
            </tr>
            <tr class="row_1 odd">
                <td class="col_0 col_first">
                    <label class="mandatory"> … </label>
                </td>
                <td class="col_1 col_last">
                    <input class="captcha mandatory" />
                    <span class="captcha_text"> … </span>
                </td>
            </tr>
            <tr class="row_2 row_last even">
                <td class="col_0 col_first">
                     
                </td>
                <td class="col_1 col_last">
                    <div class="submit_container">
                        <input class="submit" />
                    </div>
                </td>
            </tr>
        </table>
    </div>
  </form>
</div>
```

In der tabellenlosen Variante sieht das HTML-Markup wie folgt aus:

```
<div class="mod_lostPassword">
    <form>
        <div class="formbody">
            <div class="fields">
                <label class="mandatory"> … </label>
                <input class="text mandatory" /><br />
                <label class="mandatory"> … </label>
                <input class="captcha mandatory" />
                <span class="captcha_text"> … </span><br />
            </div>
            <div class="submit_container">
                <input class="submit" />
            </div>
        </div>
    </form>
</div>
```

6.2.6 Konto schließen

Das Frontend-Modul »Konto schließen« fügt der Webseite ein Formular hinzu, mit dem ein Mitglied sein Konto schließen kann. Je nach Konfiguration wird der Account dabei entweder nur deaktiviert oder komplett aus der Datenbank gelöscht.

MODUS: Hier legen Sie fest, ob das jeweilige Konto beim Absenden des Formulars lediglich deaktiviert oder komplett aus der Datenbank gelöscht werden soll.

WEITERLEITUNGSSEITE: Hier legen Sie fest, auf welche Seite ein Mitglied nach der Kontoschließung weitergeleitet wird. Die Zielseite darf nicht geschützt sein.

TABELLENLOSES LAYOUT: Hier aktivieren Sie die tabellenlose Ausgabe des Formulars.

HTML-Ausgabe

Das Frontend-Modul generiert folgenden HTML-Code:

```html
<div class="mod_closeAccount tableform">
    <form>
        <div class="formbody">
            <table>
                <tr class="row_0 row_first even">
                    <td class="col_0 col_first">
                        <label class="mandatory"> … </label>
                    </td>
                    <td class="col_1 col_last">
                        <input class="text password mandatory" />
                    </td>
                </tr>
                <tr class="row_1 row_last odd">
                    <td class="col_0 col_first">
                         
                    </td>
                    <td class="col_1 col_last">
                        <div class="submit_container">
                            <input class="submit" />
                        </div>
                    </td>
                </tr>
            </table>
        </div>
    </form>
</div>
```

In der tabellenlosen Variante sieht das HTML-Markup wie folgt aus:

```html
<div class="mod_closeAccount">
    <form>
        <div class="formbody">
            <div class="fields">
                <label class="mandatory"> … </label>
                <input class="text password mandatory" /><br />
            </div>
```

```
        <div class="submit_container">
            <input class="submit" />
        </div>
    </div>
  </form>
</div>
```

6.3 Website-Suche

Contao indiziert die Seiten Ihrer Webpräsenz automatisch, sobald sie aufgerufen werden, und speichert die darauf zu findenden Wörter als Suchbegriffe in einer Tabelle in der Datenbank. Das Suchmodul durchsucht diese Tabelle und liefert die Seiten zurück, die den gesuchten Begriff bzw. die gesuchten Begriffe enthalten (Abbildung 6.11).

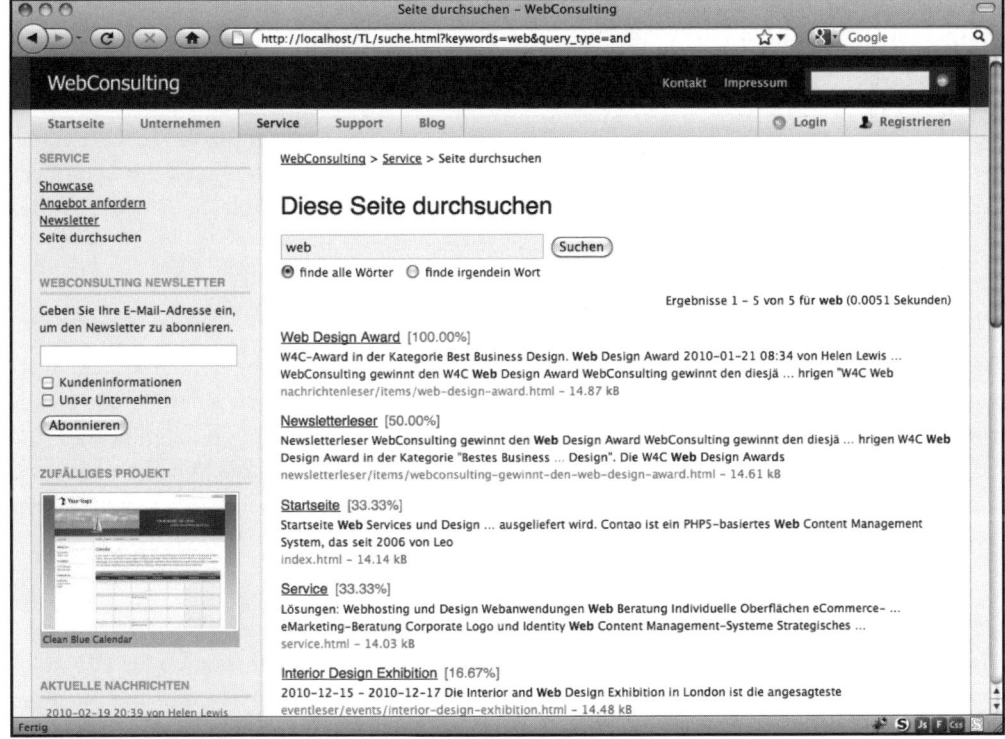

Abbildung 6.11: **Die On-Site-Suche im Frontend**

Beachten Sie jedoch, dass Ihre Webseite aus Sicherheitsgründen nicht indiziert wird, wenn Sie im Backend angemeldet sind und die Frontend-Vorschau aufrufen. Es könnte ja sein, dass sich dort noch nicht veröffentlichte Inhalte befinden, die vor ihrer Veröffentlichung natürlich auch nicht im Suchindex auftauchen sollen.

6.3.1 Suchsyntax

Mit der Contao-Suchmaschine können Sie mehr als nur einzelne Wörter finden. Die sogenannte Suchsyntax unterstützt neben der UND/ODER-Suche beispielsweise auch die Phrasensuche und die Verwendung von Platzhaltern.

Dieses Feature ist keineswegs Contao-spezifisch. Auch Google und andere Suchmaschinen unterstützen die Suche nach Phrasen oder das Erzwingen bzw. Ausschließen von Suchbegriffen. Die meisten großen Anbieter bieten sogar noch wesentlich mehr Optionen an, z. B. das Suchen nach bestimmten Dateitypen, Sprachen oder Zeiträumen.

Ich werde Ihnen die verschiedenen Möglichkeiten, die Sie in Contao verwenden können, anhand der WebConsulting-Beispielseite erklären. Öffnen Sie dazu das Frontend, und geben Sie in das Suchfeld rechts oben den Begriff »web design« ein.

UND/ODER-Suche

Die einfache Suche nach »web design« ergibt fünf Treffer.

Contao sucht standardmäßig nur nach Seiten, die alle Suchbegriffe enthalten (UND-Suche). Wenn Sie hingegen die Option *finde irgendein Wort* auswählen, werden auch die Seiten zurückgegeben, die nur eines der beiden Wörter enthalten (ODER-Suche). Die Zahl der Treffer erhöht sich dadurch auf sieben.

Phrasensuche

Bei der Phrasensuche wird nicht nur nach einzelnen Wörtern gesucht, sondern nach Wortkombinationen, die in einer bestimmten Reihenfolge stehen. Um nach einer Phrase zu suchen, müssen Sie lediglich die entsprechenden Wörter in Anführungszeichen setzen. Die Suche nach "web design" (in diesem Fall müssen Sie die Anführungszeichen mit eingeben!) ergibt im Vergleich zur UND/ODER-Suche nur drei Treffer, nämlich die Seiten, die tatsächlich den Begriff »Web Design« enthalten.

Suche mit Platzhaltern

Vielleicht interessieren Sie sich gar nicht nur für Web Design, sondern auch für alle möglichen anderen Dinge zum Thema Web, wie z. B. Web Hosting. Aus diesem Grund möchten Sie am liebsten alles finden, was mit dem Wort »Web« beginnt. Für genau diesen Fall bietet Contao die Suche mit Platzhaltern.

Starten Sie eine neue Suche, und geben Sie »web*« in das Suchfeld ein. Der Stern dient als Platzhalter und steht für beliebige weitere Zeichen. Wie Sie sehen, gibt diese Suche mit 32 Treffern deutlich mehr Ergebnisse zurück als die beiden vorherigen. Sie enthält jetzt auch Wörter wie »Webanwendung«, »Webhosting« oder »Webtechnologie«.

Suchbegriffe erzwingen

Das Erzwingen von Suchbegriffen ist ein gutes Mittel, um ODER-Suchen weiter zu verfeinern. Nehmen wir an, Sie möchten alle Seiten finden, auf denen die Begriffe »Web«, »Hosting« oder »Design« vorkommen (acht Treffer), sind aber an Design nur in Verbindung mit dem Web interessiert. Das Design von Industrieprodukten ist für Sie nicht relevant und soll daher auch nicht in den Ergebnissen erscheinen.

Sicherlich haben Sie sofort erkannt, dass Sie das mit zwei UND-Suchen nach »Web Design« und »Web Hosting« erreichen können. Diese Lösung ist jedoch recht unkomfortabel, da die beiden Trefferlisten getrennt durchsucht werden müssen und nicht nach einer gemeinsamen Relevanz sortiert werden können.

Eine bessere Möglichkeit ist die Suche nach »+web hosting design«, was so viel bedeutet wie: »Suche nach den Wörtern ›Hosting‹ und ›Design‹, aber nur auf den Seiten, auf denen auch das Wort Web vorkommt«. An dem Pluszeichen erkennt Contao, dass ein Suchbegriff auf jeden Fall enthalten sein muss. Beachten Sie, dass zwischen dem Pluszeichen und dem Suchbegriff kein Leerzeichen stehen darf.

Die verfeinerte Suche ergibt jetzt nur noch fünf Treffer.

Suchbegriff ausschließen

Das Ausschließen eines Suchbegriffs ist das Gegenstück zum Erzwingen eines Suchbegriffs und bewirkt, dass nur die Seiten gefunden werden, die einen bestimmten Begriff nicht enthalten. Im obigen Beispiel haben Sie durch das Erzwingen des Wortes »Web« die Anzahl der Ergebnisse von acht auf fünf reduziert. Wenn Sie nun das Wort »Web« ausschließen, werden Sie genau die drei weggefallenen Seiten finden.

Starten Sie einen letzten Suchvorgang, und geben Sie »-web hosting design« in das Suchfeld ein. An dem Minuszeichen erkennt Contao, dass ein Suchbegriff auf keinen Fall auf der Seite vorkommen darf. Beachten Sie, dass zwischen dem Minuszeichen und dem Suchbegriff kein Leerzeichen stehen darf.

Wie erwartet ergibt die Suche jetzt genau drei Treffer.

6.3.2 Konfiguration des Suchmoduls

Nachdem Sie nun wissen, wie das Modul im Frontend benutzt wird, möchte ich Ihnen kurz erklären, wie Sie es im Backend konfigurieren. Öffnen Sie dazu die Modulverwaltung, und wählen Sie das Modul »Anwendung – Suchmaschine« aus.

STANDARD-ABFRAGETYP: Hier legen Sie fest, ob standardmäßig die UND-Suche (finde alle Wörter) oder die ODER-Suche (finde irgendein Wort) aktiv ist.

UNGENAUE SUCHE: Bei einer ungenauen Suche nach z. B. »Design« liefert das Suchmodul nicht nur Seiten mit dem Begriff »Design« zurück, sondern auch Seiten mit den Begriffen »Webdesign« oder »Designer« (entspricht einer Suche mit Platzhaltern).

KONTEXT-SPANNWEITE: Bei der Darstellung der Suchergebnisse zeigt Contao nicht nur den gefundenen Begriff an, sondern auch den Kontext rechts und links davon. Hier legen Sie fest, wie viele Zeichen rechts und links eines gefundenen Begriffs als Kontext verwendet werden sollen.

GESAMTE KONTEXTLÄNGE: Hier legen Sie die Gesamtlänge des Kontextes fest.

ELEMENTE PRO SEITE: Wenn Sie hier einen Wert größer 0 eingeben, umbricht Contao die Seite automatisch nach dieser Anzahl Suchergebnisse.

SUCHFORMULAR-LAYOUT: Hier legen Sie das Layout des Suchformulars fest.

LAYOUT	ERKLÄRUNG
Einfaches Formular	Das einfache Suchformular besteht aus einem Textfeld für die Eingabe der Suchbegriffe und einer Schaltfläche zum Absenden des Formulars.
Erweitertes Formular	Das erweiterte Suchformular bietet darüber hinaus zwei Radio-Buttons zur Auswahl der Optionen »finde alle Wörter« und »finde irgendein Wort« (UND- bzw. ODER-Suche).

Tabelle 6.2: **Übersicht der Suchformular-Layouts**

WEITERLEITUNGSSEITE: Hier können Sie eine Seite angeben, zu der Besucher nach dem Abschicken des Suchformulars weitergeleitet werden.

REFERENZSEITE: Hier können Sie die Suche auf einen Teilbereich der Seitenstruktur beschränken. Es erscheinen nur die Seiten unterhalb der Referenzseite in den Ergebnissen.

ERGEBNISTEMPLATE: Hier wählen Sie das Template für die Suchergebnisse aus.

HTML-Ausgabe

Das Frontend-Modul generiert folgenden HTML-Code:

```
<div class="mod_search">
   <form>
      <div class="formbody">
         <input class="text" />
         <input class="submit" />
         <div class="radio_container">
            <span><input class="radio" /> <label> … </label></span>
            <span><input class="radio" /> <label> … </label></span>
         </div>
      </div>
   </form>
   <p class="header"> … </p>
   <div class="first even">
      <h3><a> … </a> <span class="relevance"> … </span></h3>
      <p class="context"> … <span class="highlight"> … </span></p>
      <p class="url"> … <span class="filesize"></span></p>
   </div>
```

```
<div class="last even">
    <h3><a> … </a> <span class="relevance"> … </span></h3>
    <p class="context"> … <span class="highlight"> … </span></p>
    <p class="url"> … <span class="filesize"></span></p>
</div>
<div class="pagination">
    <p> … </p>
    <ul>
        <li><a class="previous"> … </a></li>
        <li><a class="link"> … </a></li>
        <li><span class="current"> … </span></li>
        <li><a class="link"> … </a></li>
        <li><a class="next"> … </a></li>
    </ul>
</div>
</div>
```

Das letzte `<div>`-Element mit der Klasse pagination enthält das Markup des Seiten-
umbruch-Menüs, das beispielsweise auch bei Bildergalerien zum Einsatz kommt.

6.3.3 Eigene Suchformulare

Bestimmt ist Ihnen aufgefallen, dass das Modul »Suchmaschine« sowohl das Suchformular als auch die Ergebnisliste enthält. Auf vielen Webseiten werden diese Elemente jedoch
getrennt verwendet, um wie auf der WebConsulting-Seite ein Suchfeld in der Kopfzeile anzeigen zu können. Dafür gibt es in Contao drei Lösungen:

1. Sie erstellen ein zweites Suchmodul, in dem Sie mithilfe der Weiterleitungsseite auf die
   eigentliche Suchseite verweisen, und binden dieses in die Kopfzeile ein.

2. Sie erstellen ein Suchformular mit dem Formulargenerator. Diese Variante ist in Abschnitt 12.3, *Ein Suchformular erstellen*, beschrieben.

3. Sie erstellen ein Suchformular mit dem Modul »Eigener HTML-Code«.

Ein Suchformular mit dem HTML-Modul erstellen

Das Frontend-Modul »Eigener HTML-Code« werde ich Ihnen am Ende dieses Kapitels vorstellen. Das Markup für das Suchformular sieht folgendermaßen aus:

```
<!-- indexer::stop -->
<form action="{{link_url::7}}" method="get">
    <div>
        <input type="text" name="keywords" value="" />
        <input type="submit" value="Suche" />
    </div>
</form>
<!-- indexer::continue -->
```

Die Zielseite, die beim Abschicken des Formulars aufgerufen wird, habe ich über ein In-serttag erfasst, damit das Formular auch dann noch funktioniert, wenn sich der Alias der Zielseite im Laufe der Zeit ändert. Als Übertragungsmethode habe ich *GET* ausgewählt, und ich habe dem Suchfeld den Feldnamen *keywords* gegeben.

6.3.4 Bereiche von der Suche ausnehmen

Bestimmt haben Sie sich gerade gefragt, was die beiden seltsamen Kommentare zu bedeu-ten haben, von denen der HTML-Code unseres Suchformulars umschlossen wird. Diese im Frontend unsichtbaren Kommentare weisen die Suchmaschine an, den darin befindlichen Inhalt nicht zu indizieren.

```
<!-- indexer::stop -->
Was hier steht, wird nicht indiziert.
<!-- indexer::continue -->
```

Die Kommentare funktionieren übrigens nicht nur mit dem HTML-Modul, sondern können überall in Contao verwendet werden. Fast alle Modul-Templates beginnen beispielsweise mit einem solchen Kommentar, da ein Frontend-Modul, das mittels Seitenlayout auf allen Seiten eingebunden ist, kein eindeutiges Suchergebnis brächte und deswegen nicht in den Suchindex gehört.

6.4 Weitere Module

In diesem Abschnitt stelle ich Ihnen die übrigen Core-Module vor, die sich nicht in eine be-stimmte Kategorie einordnen lassen. Die Liste der Frontend-Module kann darüber hinaus durch (Third-Party-)Erweiterungen beliebig verlängert werden.

6.4.1 Auflistung

Das Frontend-Modul »Auflistung« fügt der Webseite eine Liste von Datensätzen hinzu, die im Frontend sortiert, gefiltert und durchsucht werden können. Als Grundlage für die Auflis-tung dient eine beliebige Tabelle der Datenbank, wie z. B. die Mitgliedertabelle `tl_member`.

TABELLE: Hier legen Sie die Tabelle fest, deren Datensätze aufgelistet werden sollen.

FELDER: Geben Sie hier die Felder ein, die in der Auflistung dargestellt werden sollen. Tren-nen Sie die einzelnen Felder mit einem Komma (Abbildung 6.12).

Abbildung 6.12: **Das Auflistungsmodul konfigurieren**

BEDINGUNG: Hier können Sie eine Bedingung eingeben, nach der die Datensätze gefiltert werden. Da das Modul prinzipiell nichts anderes als eine Datenbankabfrage macht, können Sie hier SQL-konformen Code wie z. B. `published=1` verwenden. Auch der Einsatz von Insert-Tags ist möglich, z. B. `user={{user::id}}`.

DURCHSUCHBARE FELDER: Wenn Sie bestimmte Felder als durchsuchbar definieren, erstellt Contao automatisch ein Formular, mit dem diese durchsucht werden können.

SORTIEREN NACH: Hier können Sie festlegen, nach welchen Spalten die Auflistung standardmäßig sortiert wird. Trennen Sie mehrere Felder durch Kommata.

ELEMENTE PRO SEITE: Wenn Sie hier einen Wert größer 0 eingeben, verteilt Contao die Ergebnisse automatisch auf mehrere Seiten – eine entsprechende Anzahl vorausgesetzt.

FELDER DER DETAILSEITE: Wenn Sie hier ein oder mehrere Felder erfassen, fügt Contao jeder Zeile der Auflistung ein kleines Icon hinzu, mit dem Sie die Detailansicht eines Datensatzes aufrufen können. Auf der Detailseite können Sie zusätzliche Felder eines Datensatzes ausgeben, die in der Liste vielleicht keinen Platz haben.

DETAILSEITENBEDINGUNG: Hier können Sie eine Bedingung eingeben, nach der die Datensätze der Detailseite gefiltert werden (vgl. oben BEDINGUNG).

LISTENTEMPLATE: Hier wählen Sie das Template für die Listenansicht aus.

DETAILSEITENTEMPLATE: Hier wählen Sie das Template für die Detailseite aus.

HTML-Ausgabe

Das Frontend-Modul generiert folgenden HTML-Code:

```html
<div class="mod_listing ce_table listing">
   <div class="list_search">
      <form>
         <div class="formbody">
            <select class="select">
               <option> … </option>
            </select>
            <input class="text" />
            <input class="submit" />
         </div>
      </form>
   </div>
   <div class="list_per_page">
      <form>
         <div class="formbody">
            <select class="select">
               <option> … </option>
            </select>
            <input class="submit" />
         </div>
      </form>
   </div>
   <table class="all_records">
   <thead>
      <tr>
         <th class="head col_first"><a> … </a></th>
         <th class="head"><a> … </a></th>
         <th class="head col_last"> </th>
      </tr>
   </thead>
   <tbody>
      <tr class="row_0 row_first even">
         <td class="body col_0 col_first"> … </td>
         <td class="body col_1"> … </td>
         <td class="body col_3 col_last"><a> … </a></td>
      </tr>
      <tr class="row_1 row_last odd">
         <td class="body col_0 col_first"> … </td>
         <td class="body col_1"> … </td>
         <td class="body col_3 col_last"><a> … </a></td>
      </tr>
   </tbody>
   </table>
</div>
```

Das HTML-Markup der Detailseite sieht wie folgt aus:

```html
<div class="mod_listing listing">
   <table class="single_record">
   <tbody>
      <tr class="row_0 row_first even">
         <td class="label"> … </td>
```

```
            <td class="value"> … </td>
        </tr>
        <tr class="row_1 row_last odd">
            <td class="label"> … </td>
            <td class="value"> … </td>
        </tr>
    </tbody>
    </table>
    <p class="back"><a> … </a></p>
</div>
```

6.4.2 Flash-Film

Das Frontend-Modul »Flash-Film« fügt der Webseite einen Flash-Film hinzu. Flash ist ein proprietäres Format der Firma Adobe[1] zur Erstellung bewegter Inhalte. Um einen Flash-Film anzuschauen, benötigen Sie den kostenlosen Adobe Flash-Player.

Nehmen wir beispielsweise an, Sie möchten auf Ihrer Webseite gerne eine Uhr mit der aktuellen Zeit einblenden. 24TimeZones.com[2] bietet solche Uhren als Flash-Filme an, die Sie direkt in Ihre Webseite einbinden können (Abbildung 6.13).

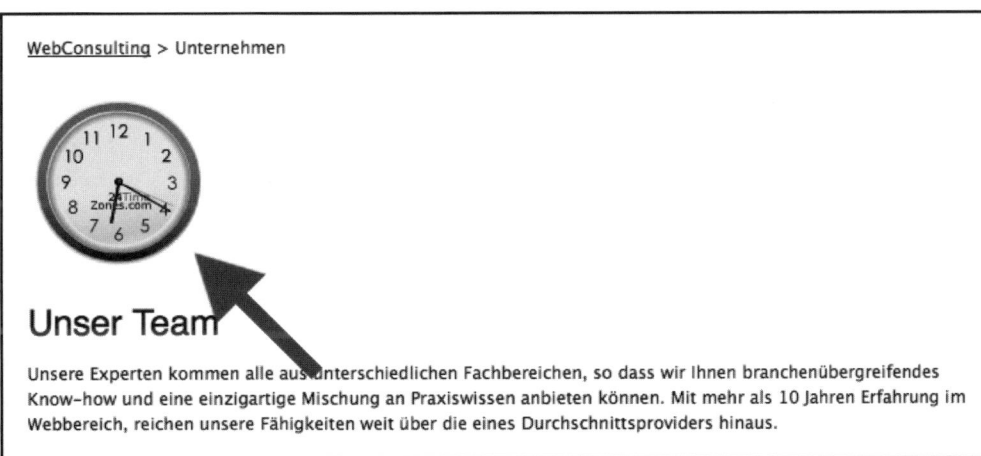

Abbildung 6.13: **Eine Flash-Uhr von »24TimeZones.com«**

Öffnen Sie die Modulverwaltung im Backend, und legen Sie ein neues Modul an. Geben Sie einen beliebigen Namen ein, und wählen Sie den Modultyp »Flash-Film« aus.

BREITE UND HÖHE: Geben Sie die Breite und die Höhe des Flash-Films an. Unser Beispielfilm hat die Abmessungen 125x125 Pixel.

---

1   http://bit.ly/Adobe-Flash
2   http://bit.ly/24timezones

TRANSPARENTER FILM: Diese Option bewirkt, dass der Hintergrund des Flash-Films transparent wird und keine Elemente auf Ihrer Webseite überdeckt. Leider kommt es dabei vor allem bei interaktiven Flash-Filmen öfter zu Problemen mit Formularfeldern.

FLASHVARS: Hier können Sie bestimmte Variablen definieren, die dann an den Flash-Film übergeben werden. Damit unsere Uhr weiß, welche Zeit sie anzeigen soll und welche Farbe ihr Rahmen haben soll, müssen Sie die Variablen `color` und `city` definieren. Mehrere Variablen werden mit dem &-Zeichen getrennt: `color=339900&city=250290`.

ALTERNATIVER INHALT: Der alternative Inhalt wird angezeigt, wenn das Flash-Plugin nicht installiert ist oder JavaScript deaktiviert wurde. Die meisten Suchmaschinen werten den alternativen Inhalt aus, also nutzen Sie ihn als Mittel zur Onpage-Optimierung.

QUELLE: Wählen Sie hier eine interne oder externe Flash-Datei aus. Die Flash-Uhr aus unserem Beispiel wird als externe Datei eingebunden; wählen Sie daher die entsprechende Option, und geben Sie folgende URL ein:

```
http://24timezones.com/timescript/clock_final.swf
```

Interaktive Flash-Filme

Jeder Flash-Film kann grundsätzlich mit dem Browser über JavaScript und die Flash-Funktion `fscommand` kommunizieren. Auf diese Weise können Sie beispielsweise eine JavaScript-Fehlermeldung ausgeben, wenn ein bestimmtes Feld eines Flash-Formulars nicht korrekt ausgefüllt wurde.

INTERAKTIV MACHEN: Hier aktivieren Sie den Interaktivitätsmodus.

FLASH-FILM-ID: Eine eindeutige Flash-Film-ID ist Voraussetzung für die Kommunikation zwischen dem Flash-Film und Ihrem Internetbrowser.

JAVASCRIPT _DOFSCOMMAND(COMMAND, ARGS) {: Hier können Sie beliebigen JavaScript-Code eingeben, der dann aus dem Flash-Film heraus aufgerufen werden kann.

HTML-Ausgabe

Das Frontend-Modul generiert folgenden HTML-Code:

```
<div class="mod_flash">
   <div id="swf_44_container">
      …
   </div>
   <script type="text/javascript">
      …
   </script>
</div>
```

Das `<div>`-Element enthält den alternativen Inhalt und wird mittels JavaScript durch den Flash-Film ersetzt. Suchmaschinen sehen hingegen immer nur den alternativen Inhalt.

6.4.3 RSS-Reader

Mit dem Frontend-Modul »RSS-Reader« können Sie einen beliebigen RSS-Feed abonnieren und in Ihre Webseite einfügen. Auf der WebConsulting-Startseite habe ich z. B. den Nachrichtenfeed von `contao.org` eingebunden (Abbildung 6.14).

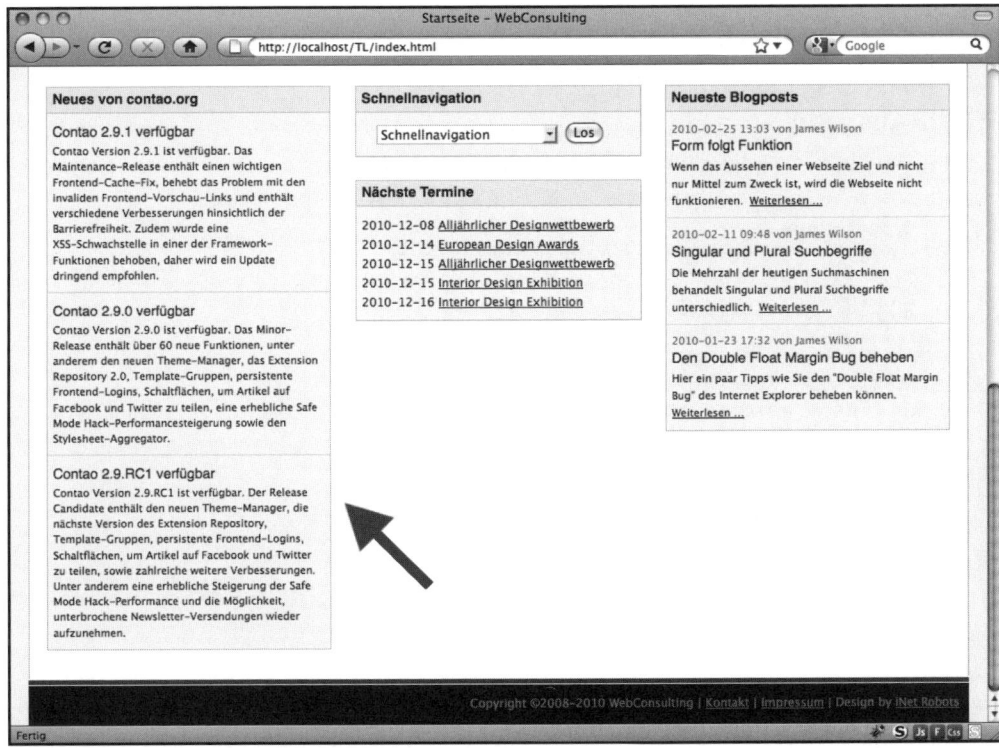

Abbildung 6.14: **Der Contao-Nachrichtenfeed im Frontend**

Öffnen Sie die Modulverwaltung im Backend, und wählen Sie das Modul »Anwendung – RSS-Leser« aus. Ich werde Ihnen die einzelnen Eingabefelder näher erklären.

Feed-URLs: Hier können Sie eine oder mehrere RSS-Feed-URLs eingeben.

Gesamtzahl der Beiträge: Hier legen Sie fest, wie viele Beiträge angezeigt werden.

Elemente pro Seite: Wenn Sie hier einen Wert größer 0 eingeben, verteilt Contao die Beiträge automatisch auf mehrere Seiten – eine entsprechende Anzahl vorausgesetzt.

Elemente überspringen: Hier können Sie festlegen, dass eine bestimmte Anzahl an Beiträgen vom jüngsten Beitrag des RSS-Feeds aus gesehen übersprungen wird.

Cache-Verfallszeit: Hier legen Sie fest, wie lange ein RSS-Feed im lokalen Cache gespeichert wird, bevor eine erneute Anfrage gestellt wird.

Feed-Template: Hier wählen Sie das Feed-Template aus.

TEMPLATE	ERKLÄRUNG
rss_default	Es werden sowohl der Header des RSS-Feeds als auch die Beiträge dargestellt.
rss_items_only	Es werden nur die Beiträge des RSS-Feeds dargestellt.

Tabelle 6.3: **Übersicht der Feed-Templates**

HTML-Ausgabe

Das Frontend-Modul generiert folgenden HTML-Code:

```
<div class="mod_rss_reader">
    <div class="rss_default_header">
        <h1><a> … </a></h1>
        <p class="description"> … </p>
    </div>
    <div class="rss_default first even">
        <h2><a> … </a></h2>
        <p class="description"> … </p>
    </div>
    <div class="rss_default last odd">
        <h2><a> … </a></h2>
        <p class="description"> … </p>
    </div>
</div>
```

6.4.4 Zufallsbild

Das Frontend-Modul »Zufallsbild« fügt der Webseite ein zufälliges Bild aus einer bestimmten Auswahl an Bildern hinzu. Sie können sowohl einzelne Bilder als auch ganze Ordner als Quelle auswählen. Vorhandene Meta-Dateien werden ausgewertet.

BILDBREITE UND BILDHÖHE: Hier können Sie die gewünschte Bildgröße angeben.

Contao verkleinert Bilder mithilfe der GD Library[3] automatisch auf das von Ihnen vorgegebene Format. Dabei können Sie zwischen folgenden Skalierungsmodi auswählen:

MODUS	ERKLÄRUNG
Exaktes Format	Das Bild wird ungeachtet des originalen Seitenverhältnisses auf das exakte Format zugeschnitten, wodurch Teile des Bildes verloren gehen können.
Proportional	Die längere Seite des Bildes wird an die vorgegebenen Abmessungen angepasst und die kürzere Seite proportional dazu verkleinert. Eventuelle Vorgaben für die kürzere Seite werden ignoriert.

Tabelle 6.4: **Übersicht über die Skalierungsmodi**

---

3   http://bit.ly/gdlib

MODUS	ERKLÄRUNG
An Rahmen anpassen	Das Bild wird unter Beibehaltung des Seitenverhältnisses in den vorgegebenen Rahmen eingepasst. Dabei werden sowohl die Abmessungen für die längere als auch für die kürzere Seite beachtet.

Tabelle 6.4: **Übersicht über die Skalierungsmodi (Forts.)**

Der Skalierungsmodus spielt jedoch nur dann eine Rolle, wenn Sie sowohl Breite als auch Höhe vorgeben. Ist nur ein Wert angegeben, erfolgt die Verkleinerung immer proportional.

BILDUNTERSCHRIFT ANZEIGEN: Wenn Sie diese Option auswählen, wird entweder die entsprechende Bildunterschrift aus der Meta-Datei angezeigt oder eine automatische Bildunterschrift aus dem Namen der Datei generiert.

GROSSANSICHT/NEUES FENSTER: Ist diese Option gewählt, wird das Bild beim Anklicken in seiner Originalgröße geöffnet. Diese Option steht bei verlinkten Bildern nicht zur Verfügung.

QUELLDATEIEN: Hier können Sie mehrere Dateien bzw. Ordner auswählen. Die in einem Ordner enthaltenen Bilder werden automatisch bei der Auswahl berücksichtigt.

HTML-Ausgabe

Das Frontend-Modul erzeugt folgenden HTML-Code:

```
<div class="mod_randomImage">
    <div class="image_container">
        <img />
        <div class="caption"> … </div>
    </div>
</div>
```

6.4.5 Eigener HTML-Code

Das Frontend-Modul »Eigener HTML-Code« fügt der Webseite beliebigen HTML-Code hinzu.

HTML-CODE: Hier können Sie den HTML-Code eingeben. Beachten Sie, dass nur die HTML-Tags verwendet werden können, die Sie in den Backend-Einstellungen unter »Erlaubte HTML-Tags« freigegeben haben.

Das Modul hat kein umschließendes HTML-Markup.

6.5 Zusammenfassung

Frontend-Module generieren den HTML-Code der Webseite. Sie gehören zu den designrelevanten Elementen und sind deswegen dem Theme-Manager untergeordnet. Der Zugriff auf ein Frontend-Modul kann bei Bedarf auf bestimmte Mitgliedergruppen beschränkt werden.

7. Die Artikel-verwaltung

Während es in den vorherigen Kapiteln darum ging, Ihre Webseite zu strukturieren und zu formatieren, beschäftigt sich dieses Kapitel mit dem Anlegen von Inhalten innerhalb dieser Strukturen. Contao kennt verschiedene Inhaltstypen, wie z. B. einen Text, ein Bild oder eine Tabelle, und stellt für jeden Typ ein spezielles Inhaltselement bereit. Die einzelnen Inhaltselemente werden in Artikeln gruppiert.

7.1 Artikel

Die Artikelverwaltung ist ein eigenes Modul in Contao, das Sie in der Navigation ganz oben in der Gruppe *Inhalte* finden. Jeder Artikel ist einer bestimmten Seite und einem bestimmten Layoutbereich zugeordnet (Abbildung 7.1). Im Gegensatz zu vielen anderen CMS ist das Einbinden von Artikeln in Contao nicht auf die Hauptspalte beschränkt, sodass Sie Ihre Webseite flexibel gestalten können.

Jede Seite kann beliebig viele Artikel enthalten, die innerhalb ihres Layoutbereichs untereinander in der von Ihnen festgelegten Reihenfolge dargestellt werden. Contao erkennt selbstständig, ob jeweils der ganze Artikel oder nur der Teasertext, gefolgt von einem WEITERLESEN-Link, angezeigt werden soll. Auf der Unterseite »Unternehmen« können Sie dieses Feature in Aktion sehen (Abbildung 7.2).

Die Zuweisung eines Artikels zu einem Layoutbereich erfolgt in den Artikeleinstellungen im Feld ANZEIGEN IN. Die Artikeleinstellungen erreichen Sie am schnellsten, wenn Sie mit der rechten (!) Maustaste auf das Bearbeitungssymbol klicken und aus dem Kontextmenü die gleichnamige Option auswählen.

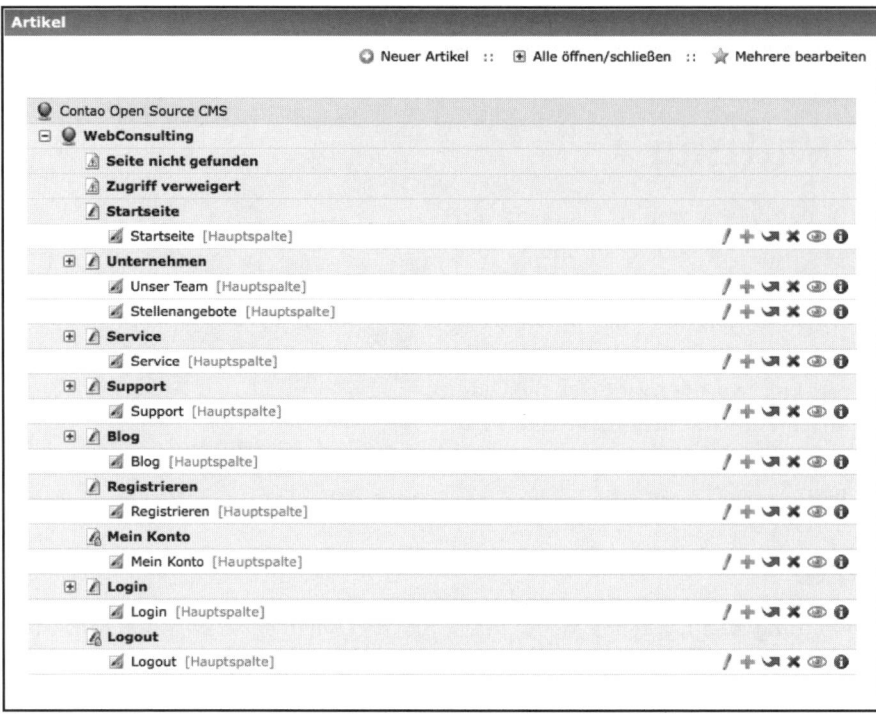

Abbildung 7.1: **Die Artikelverwaltung**

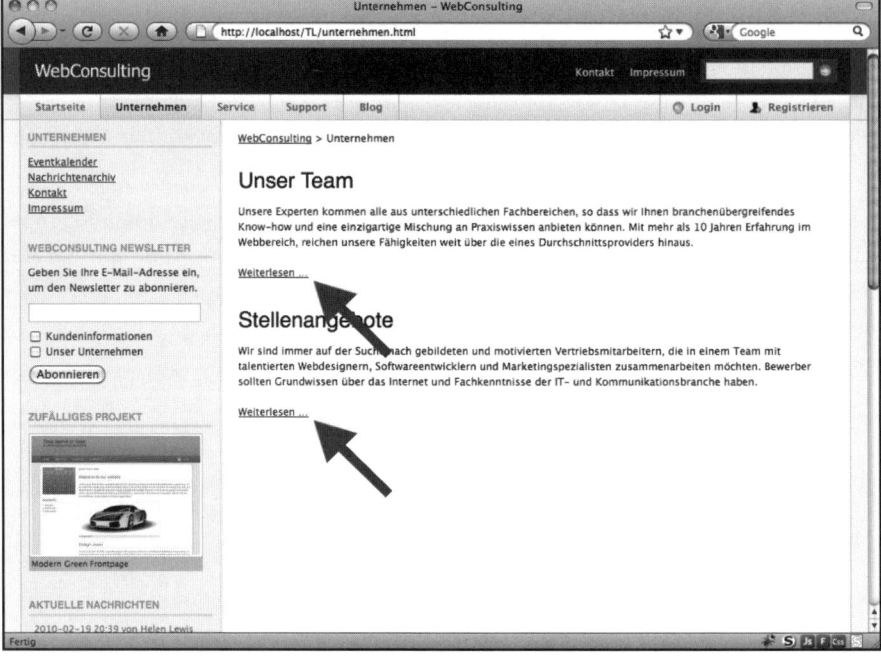

Abbildung 7.2: **Mehrere Artikel mit Teasertext**

7.1.1 Artikelaliase

Der Alias eines Artikels ist eine eindeutige und aussagekräftige Referenz, über die Sie einen Artikel in Ihrem Browser aufrufen können. Mit einem CMS erstellte Seiten bzw. Artikel werden in der Regel über eine ID aufgerufen, also z. B.:

» `index.php?id=25&articles=22`

Der Alias ermöglicht es, stattdessen folgende URL zu verwenden:

» `index.php/unternehmen/articles/unser-team.html`

Wenn Sie zusätzlich dazu die Option URLs UMSCHREIBEN in den Backend-Einstellungen aktivieren, wird daraus eine suchmaschinenfreundliche URL:

» `unternehmen/articles/unser-team.html`

Eventuell wundern Sie sich jetzt, dass es offenbar doch möglich ist, einen Artikel im Frontend direkt aufzurufen. Im Einführungskapitel habe ich ja gesagt, dass Besucher im Frontend immer nur Seiten und niemals bestimmte Inhalte abrufen können.

Wenn Sie jedoch genau hinsehen, werden Sie feststellen, dass die Seite nach wie vor Teil der URL ist. Genau genommen wird hier also die Seite aufgerufen und zusätzlich die Darstellung des Artikelmoduls in der Hauptspalte verändert. Alle anderen Artikel, die nicht in der Hauptspalte eingebunden sind, werden nach wie vor ganz normal angezeigt.

7.1.2 Teasertext

Ein Teasertext ist eine kurze Zusammenfassung eines Artikels, die anstatt des eigentlichen Artikels in einer Übersicht angezeigt werden kann. Contao erkennt selbstständig, ob jeweils der ganze Artikel oder nur der Teasertext angezeigt werden soll.

TEASER-CSS-ID/KLASSE: Hier können Sie dem Teaser eine CSS-Id und -Klasse zuweisen.

TEASERTEXT ANZEIGEN: Ist diese Option ausgewählt, zeigt Contao automatisch den Teasertext des Artikels an, sobald mehr als ein Artikel pro Layoutbereich vorhanden ist.

TEASERTEXT: Hier geben Sie den Teasertext mithilfe des Rich Text Editors ein.

7.1.3 Experten-Einstellungen

In den Experten-Einstellungen legen Sie unter anderem fest, wie ein Artikel syndiziert werden kann. Als »Content-Syndication«[1] bezeichnet man die Mehrfachverwendung medialer Inhalte, womit im Online-Bereich vor allem die Verknüpfung von Inhalten verschiedener Webseiten gemeint ist. Folgende Möglichkeiten stehen zur Auswahl:

---

1   http://bit.ly/Content-Syndication

NAME	ERKLÄRUNG
Seite drucken	Diese Schaltfläche ruft die Druckfunktion des Browsers auf. Sie können den Artikel damit zu Papier bringen.
Artikel als PDF	Diese Schaltfläche konvertiert den Artikel in ein PDF-Dokument und bietet dieses zum Download an.
Auf Facebook teilen	Diese Schaltfläche öffnet ein Popup-Fenster, in dem Sie den Artikel direkt auf Facebook teilen können. Sie benötigen dazu ein Facebook-Konto.
Auf Twitter teilen	Diese Schaltfläche öffnet ein Popup-Fenster, in dem Sie den Artikel direkt auf Twitter teilen können. Die Verkürzung der URL mithilfe von `tinyurl.com` nimmt Contao dabei automatisch vor.

Tabelle 7.1: **Syndikationsmöglichkeiten**

SYNDIKATION: Hier wählen Sie die Syndikationsmöglichkeiten aus.

CSS-ID/KLASSE: Hier können Sie dem Artikel eine CSS-Id und -Klasse zuweisen.

ABSTAND DAVOR UND DAHINTER: Hier können Sie den oberen und unteren Abstand des Artikels in Pixeln definieren. Nach Möglichkeit sollte das jedoch mittels CSS erfolgen.

7.1.4 Veröffentlichen

Genau wie Seiten sind auch Artikel im Frontend nicht verfügbar, solange sie nicht veröffentlicht wurden. Contao bietet zusätzlich zur manuellen Veröffentlichung auch die Möglichkeit, Artikel automatisch zu einem bestimmten Datum zu aktivieren. Auf diese Weise können Sie z. B. ein zeitlich begrenztes Angebot bewerben.

VERÖFFENTLICHT: Hier können Sie einen Artikel veröffentlichen.

ANZEIGEN AB: Hier aktivieren Sie einen Artikel zu einem bestimmten Datum.

ANZEIGEN BIS: Hier deaktivieren Sie einen Artikel zu einem bestimmten Datum.

7.2 Inhaltselemente

Um das Anlegen von Inhalten möglichst intuitiv zu gestalten, gibt es in Contao für jeden Inhaltstyp ein Inhaltselement, das genau auf dessen Anforderungen abgestimmt ist. Sie können unbegrenzt viele Inhaltselemente pro Artikel anlegen und den Zugriff auf einzelne Elemente bei Bedarf einschränken (Abbildung 7.3).

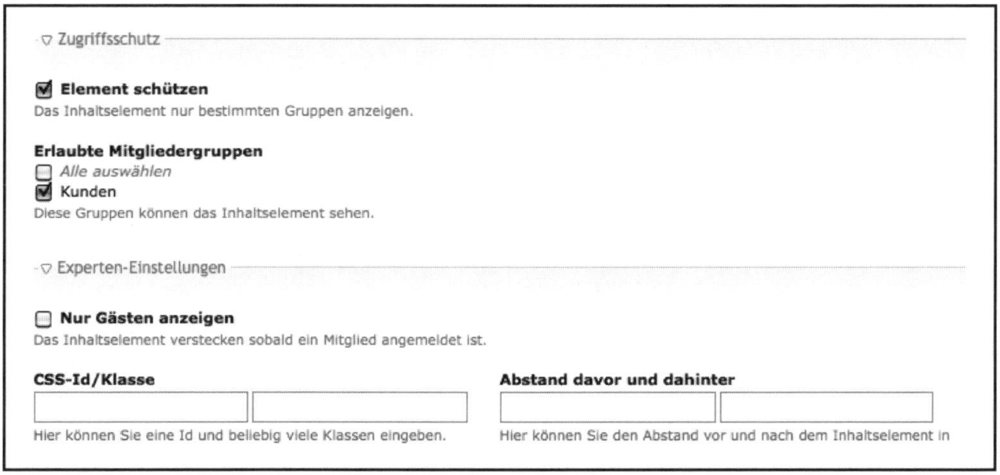

Abbildung 7.3: **Den Zugriff auf ein Inhaltselement einschränken**

ELEMENT SCHÜTZEN: Das Inhaltselement ist standardmäßig unsichtbar und wird erst eingeblendet, nachdem sich ein Mitglied im Frontend angemeldet hat.

ERLAUBTE MITGLIEDERGRUPPEN: Hier legen Sie fest, wer Zugriff auf das Inhaltselement hat.

NUR GÄSTEN ANZEIGEN: Das Inhaltselement ist standardmäßig sichtbar und wird ausgeblendet, sobald sich ein Mitglied im Frontend angemeldet hat.

7.2.1 Überschrift

Das Inhaltselement »Überschrift« fügt dem Artikel eine Überschrift hinzu. Die meisten Inhaltselemente unterstützen die direkte Eingabe einer Überschrift, sodass Sie das Element nicht jedes Mal separat verwenden müssen.

ÜBERSCHRIFT: Hier können Sie die Überschrift eingeben.

HTML-Ausgabe

Das Element generiert folgenden HTML-Code:

```
<h1 class="ce_headline"> … </h1>
```

7.2.2 Text

Das Inhaltselement »Text« fügt dem Artikel einen formatierten Text hinzu. Die Eingabe erfolgt über einen sogenannten Rich Text Editor, der es Ihnen ähnlich wie in einem Textverarbeitungsprogramm erlaubt, bestimmte Formatierungen auf Knopfdruck zu setzen. Contao verwendet TinyMCE[2], einen Open Source Editor der schwedischen Firma *Moxiecode*, der sich gut an die Erfordernisse der Barrierefreiheit anpassen lässt (Abbildung 7.4).

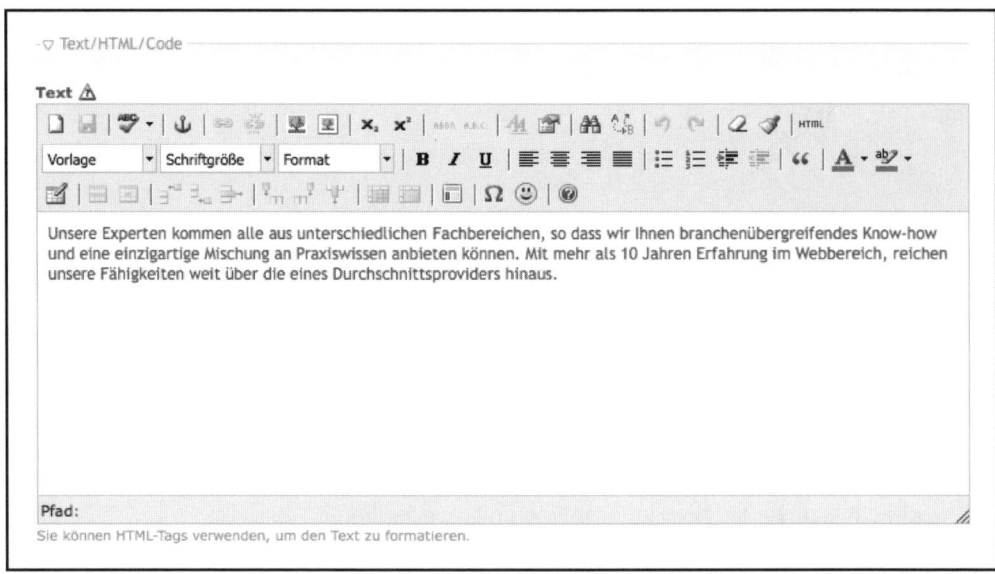

Abbildung 7.4: **Der Rich Text Editor TinyMCE**

ÜBERSCHRIFT: Hier können Sie eine Überschrift eingeben.

TEXT: Hier geben Sie den Text des Inhaltselements ein.

Ein Bild hinzufügen

Sie können dem Textelement ein Bild hinzufügen, das dann von Ihrem Text umflossen wird. Folgende Optionen stehen Ihnen dabei zur Verfügung:

QUELLDATEI: Hier wählen Sie das einzufügende Bild aus. Wenn Sie das Bild noch nicht auf den Server übertragen haben, können Sie mit einem Klick auf das kleine Icon neben der Feldüberschrift den Dateimanager in einem Popup-Fenster aufrufen und den Upload nachholen, ohne die Eingabemaske zu verlassen (Abbildung 7.5).

ALTERNATIVER TEXT: Eine barrierefreie Webseite sollte für jedes Objekt eine kurze Beschreibung enthalten, die angezeigt wird, wenn das Objekt selbst nicht dargestellt werden kann. Alternative Texte werden außerdem von Suchmaschinen ausgewertet und sind daher ein wichtiges Instrument der Onpage-Optimierung.

BILDBREITE UND BILDHÖHE: Hier können Sie die gewünschte Bildgröße angeben.

---

2   http://tinymce.moxiecode.com

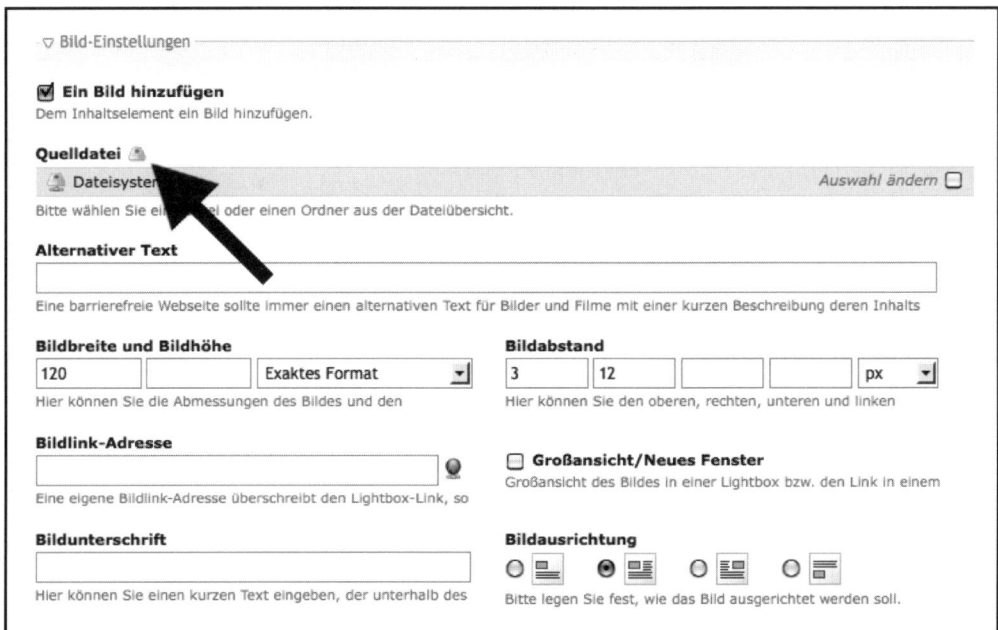

Abbildung 7.5: **Einem Text ein Bild hinzufügen**

Contao verkleinert Bilder mithilfe der GD Library[3] automatisch auf das von Ihnen vorgegebene Format. Dabei können Sie zwischen folgenden Skalierungsmodi auswählen:

MODUS	ERKLÄRUNG
Exaktes Format	Das Bild wird ungeachtet des originalen Seitenverhältnisses auf das exakte Format zugeschnitten, wodurch Teile des Bildes verloren gehen können.
Proportional	Die längere Seite des Bildes wird an die vorgegebenen Abmessungen angepasst und die kürzere Seite proportional dazu verkleinert. Eventuelle Vorgaben für die kürzere Seite werden ignoriert.
An Rahmen anpassen	Das Bild wird unter Beibehaltung des Seitenverhältnisses in den vorgegebenen Rahmen eingepasst. Dabei werden sowohl die Abmessungen für die längere als auch für die kürzere Seite beachtet.

Tabelle 7.2: **Übersicht der Skalierungsmodi**

Der Skalierungsmodus spielt jedoch nur eine Rolle, wenn Sie sowohl die Breite als auch die
Höhe vorgeben. Ist nur ein Wert angegeben, erfolgt die Verkleinerung immer proportional.

---

3   http://bit.ly/gdlib

BILDABSTAND: Hier legen Sie den Abstand des Bilds zum Text fest. Die Reihenfolge der Einga-befelder lautet im Uhrzeigersinn »oben, rechts, unten, links«.

BILDLINK-ADRESSE: Bei einem Klick auf ein verlinktes Bild werden Sie direkt zu der angegebe-nen Zielseite weitergeleitet (entspricht einem Bildlink). Beachten Sie, dass für ein verlink-tes Bild keine Lightbox-Großansicht mehr möglich ist.

GROSSANSICHT/NEUES FENSTER: Ist diese Option gewählt, wird das Bild beim Anklicken in seiner Originalgröße geöffnet. Diese Option steht bei verlinkten Bildern nicht zur Verfügung.

BILDUNTERSCHRIFT: Hier können Sie eine Bildunterschrift eingeben.

BILDAUSRICHTUNG: Hier legen Sie die Ausrichtung des Bildes fest. Wird es links oder rechts des Textes eingefügt, umfließt der Text das Bild.

HTML-Ausgabe

Das Element generiert folgenden HTML-Code:

```html
<div class="ce_text">
    <p> … </p>
</div>
```

Wurde dem Text ein Bild hinzugefügt, sieht die HTML-Ausgabe wie folgt aus:

```html
<div class="ce_text">
    <div class="image_container float_left">
        <img />
        <div class="caption"> … </div>
    </div>
    <p> … </p>
</div>
```

7.2.3 HTML

Das Inhaltselement »HTML« fügt dem Artikel beliebigen HTML-Code hinzu. Beachten Sie, dass nicht alle HTML-Tags standardmäßig erlaubt sind. Die Liste der erlaubten Tags finden Sie in den Backend-Einstellungen.

HTML-CODE: Hier können Sie den HTML-Code eingeben.

Das Inhaltselement hat kein umschließendes HTML-Markup.

7.2.4 Aufzählung

Das Inhaltselement »Aufzählung« fügt dem Artikel eine nicht verschachtelte Liste hinzu. Sie können zwischen einer nummerierten (»ordered list«) und einer umnummerierten (»unordered list«) Aufzählung wählen. Beim Anlegen und Bearbeiten der Listenpunkte unterstützt Sie ein JavaScript-Assistent (Abbildung 7.6).

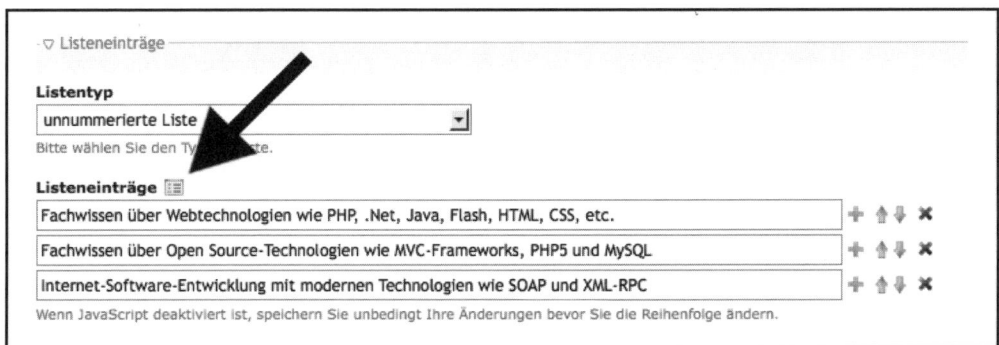

Abbildung 7.6: **JavaScript-Assistent für Auflistungen**

Mit einem Klick auf das Icon neben der Feldbezeichnung »Listeneinträge« öffnen Sie den CSV-Import-Wizard, mit dem Sie Listendaten aus einer CSV-Datei importieren können. Die CSV-Datei müssen Sie vorher in das Upload-Verzeichnis übertragen haben.

HTML-Ausgabe

Das Element generiert folgenden HTML-Code:

```
<div class="ce_list">
   <ul>
      <li class="first"> … </li>
      <li> … </li>
      <li class="last"> … </li>
   </ul>
</div>
```

Eine nummerierte Aufzählung verwendet das <ol>-Tag statt des <ul>-Tags.

7.2.5 Tabelle

Das Inhaltselement »Tabelle« fügt dem Artikel eine Tabelle hinzu. Beim Anlegen der Reihen und Spalten unterstützt Sie ein JavaScript-Assistent. Mit den Navigationsicons können Sie einzelne Zeilen bzw. Spalten bearbeiten (Abbildung 7.7).

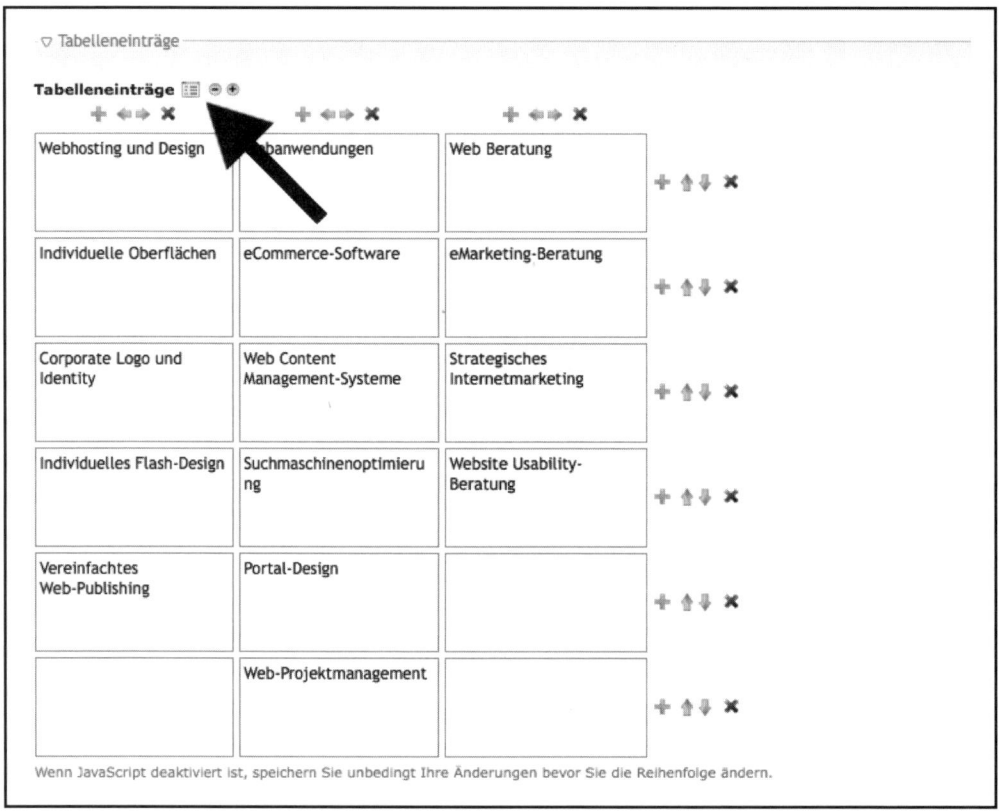

Abbildung 7.7: **JavaScript-Assistent für Tabellen**

ZUSAMMENFASSUNG: Eine barrierefreie Webseite sollte für jede Tabelle eine kurze Zusammenfassung des Inhalts enthalten, die Sie hier eingeben können.

KOPFZEILE HINZUFÜGEN: Wenn Sie diese Option auswählen, wird die erste Reihe der Tabelle mithilfe des <thead>-Tags als Kopfzeile formatiert.

FUSSZEILE HINZUFÜGEN: Wenn Sie diese Option auswählen, wird die letzte Reihe der Tabelle mithilfe des <tfoot>-Tags als Fußzeile formatiert.

SORTIERBARE TABELLE: Macht die Tabelle im Frontend mittels JavaScript sortierbar.

SORTIERINDEX: Die Nummer der Spalte nach der standardmäßig sortiert werden soll, solange der Besucher noch keine Auswahl getroffen hat. Die Zählung beginnt bei 0.

SORTIERREIHENFOLGE: Die Reihenfolge der Standardsortierung (auf- oder absteigend).

Mit einem Klick auf das Icon neben der Feldbezeichnung »Tabelleneinträge« öffnen Sie den CSV-Import-Wizard, mit dem Sie Tabellendaten aus einer CSV-Datei importieren können. Die CSV-Datei müssen Sie vorher in das Upload-Verzeichnis übertragen haben.

HTML-Ausgabe

Das Element generiert folgenden HTML-Code:

```
<div class="ce_table">
   <table>
   <thead>
      <tr>
         <th class="head_0 col_first"> … </th>
         <th class="head_1"> … </th>
         <th class="head_2 col_last"> … </th>
      </tr>
   </thead>
   <tbody>
      <tr class="row_0 row_first even">
         <td class="col_0 col_first"> … </td>
         <td class="col_1"> … </td>
         <td class="col_2 col_last"> … </td>
      </tr>
      <tr class="row_1 row_last even">
         <td class="col_0 col_first"> … </td>
         <td class="col_1"> … </td>
         <td class="col_2 col_last"> … </td>
      </tr>
   </tbody>
   </table>
</div>
```

7.2.6 Akkordeon

Der Akkordeon-Effekt[4] ist Teil des JavaScript-Frameworks, das in Contao verwendet wird. Er erlaubt das Anlegen mehrerer Abschnitte, von denen jeweils nur einer geöffnet ist. Wird ein anderer Abschnitt ausgewählt, schließt sich der erste automatisch.

BETRIEBSART: Hier wählen Sie die Betriebsart des Akkordeon-Elements aus.

BETRIEBSART	ERKLÄRUNG
Umschlag Anfang	In diesem Modus eröffnet das Element einen neuen Akkordeon-Abschnitt, in den beliebige weitere Inhaltselemente eingefügt werden können.
Umschlag Ende	In diesem Modus schließt das Element einen zuvor mittels »Umschlag Anfang« eröffneten Akkordeon-Abschnitt.
Einzelnes Element	In diesem Modus legt das Element einen einzelnen Akkordeon-Abschnitt mit einem Textelement und einem optionalen Bild an.

Tabelle 7.3: **Betriebsarten des Akkordeon-Elements**

---

4   http://bit.ly/MooFX

BEREICHSÜBERSCHRIFT: Jeder Akkordeon-Abschnitt hat eine immer sichtbare Überschrift, über die er geöffnet werden kann. HTML-Eingaben sind hier erlaubt.

CSS-FORMAT: Falls Sie die Bereichsüberschrift mittels CSS formatieren möchten, können Sie hier eine Formatdefinition (`style`-Attribut) erfassen.

KLASSENNAMEN: Um mehr als ein Akkordeon pro Seite zu betreiben, müssen Sie deren Klassennamen ändern. Standardmäßig werden die Klassen `toggler` für die Bereichsüberschriften und `accordion` für den Inhalt der Akkordeon-Abschnitte verwendet. Wenn Sie diese Bezeichner ändern, müssen Sie auch das Template `moo_accordion` entsprechend anpassen.

TEXT: Hier können Sie den Text des Akkordeon-Abschnitts eingeben. Die Eingabe erfolgt wie beim Textelement über den Rich Text Editor.

EIN BILD HINZUFÜGEN: Hier können Sie dem Element ein Bild hinzufügen.

HTML-Ausgabe

Das Element generiert folgenden HTML-Code:

```
<div class="ce_accordion">
    <div class="toggler"> … </div>
    <div class="accordion"><div> … </div></div>
    <div class="toggler"> … </div>
    <div class="accordion"><div> … </div></div>
</div>
```

Beachten Sie, dass die Inhalte jedes Akkordeon-Abschnitts von jeweils zwei (!) `<div>`-Elementen umschlossen werden. Das ist notwendig, damit der Effekt browserübergreifend funktioniert und formatiert werden kann.

7.2.7 Code

Das Inhaltselement »Code« fügt dem Artikel Programmcode hinzu. Der eingegebene Code wird allerdings nicht ausgeführt, sondern je nach Programmiersprache formatiert und im Frontend dargestellt. Das Inhaltselement ist ausschließlich dafür gedacht, Codebeispiele auf Ihrer Webseite zu veröffentlichen (Abbildung 7.8).

```
01.  <?php
02.
03.  class HelloWorld
04.  {
05.      pulic function __construct()
06.      {
07.          echo "Hello world";
08.      }
09.  }
10.
11.  $h = new HelloWorld();
12.
13.  ?>
```

Abbildung 7.8: **Syntaxhervorhebung mit dem »SyntaxHighlighter«**

SYNTAXHERVORHEBUNG: Damit der Programmcode für Menschen leichter lesbar wird, können Sie hier die Syntaxhervorhebung aktivieren. Das dafür verwendete Plugin heißt »Syntax-Highlighter« und wurde von Alex Gorbatchev entwickelt.

KONFIGURATION: Hier können Sie die Konfiguration[5] des Plugins anpassen.

CODE: Hier geben Sie den Programmcode ein.

HTML-Ausgabe

Das Element generiert folgenden HTML-Code:

```
<div class="ce_code">
   <pre class="brush: php"> … </pre>
</div>
```

Für die Syntaxhervorhebung muss JavaScript in den Browser-Einstellungen aktiviert sein.

7.2.8 Hyperlink

Das Inhaltselement »Hyperlink« fügt dem Artikel einen Link auf eine externe Webseite oder eine E-Mail-Adresse hinzu (Abbildung 7.9). Sie können Hyperlinks natürlich auch über den Rich Text Editor im Textelement eingeben.

Abbildung 7.9: **Einen Hyperlink anlegen**

LINK-ADRESSE: Geben Sie die Link-Adresse inklusive des Netzwerkprotokolls ein. Für Webseiten lautet das Netzwerkprotokoll normalerweise http:// oder https:// und für E-Mail-Adressen mailto:. Contao verschlüsselt E-Mail-Adressen automatisch, sodass sie nicht von Spambots ausgelesen werden können.

IN NEUEM FESTER ÖFFNEN: Öffnet den Link in einem neuen Browserfenster.

LINK-TEXT: Der Link-Text wird anstelle der Link-Adresse angezeigt.

---

5   http://bit.ly/syntax-highlighter

LIGHTBOX: Hier können Sie das `rel`-Attribut des Links festlegen, das zur Steuerung der Lightbox verwendet wird. In Verbindung mit der »mediaboxAdvanced«[6], die Sie über das Template `moo_mediabox` aktivieren können, lässt sich so jede Art von externem Inhalt wie z. B. YouTube-Videos darstellen.

DEN LINK EINBETTEN: Um nur bestimmte Wörter eines Satzes in einen Hyperlink zu verwandeln, können Sie den Link in den Satz einbetten. Lautet der Titel des Links beispielsweise »Firmenseite«, können Sie ihn in den Satz »Besuchen Sie unsere %s!« einbetten. Der Platzhalter `%s` wird bei der Ausgabe durch den Link ersetzt, sodass im Frontend schließlich der Satz »Besuchen Sie unsere Firmenseite!« steht.

Bildlink-Einstellungen

Wenn Sie die Option EINEN BILDLINK ERSTELLEN auswählen, können Sie statt eines Textlinks einen Bildlink erstellen (Abbildung 7.10). Alternativ dazu können Sie auch ein Bildelement erstellen und mit einem Link versehen.

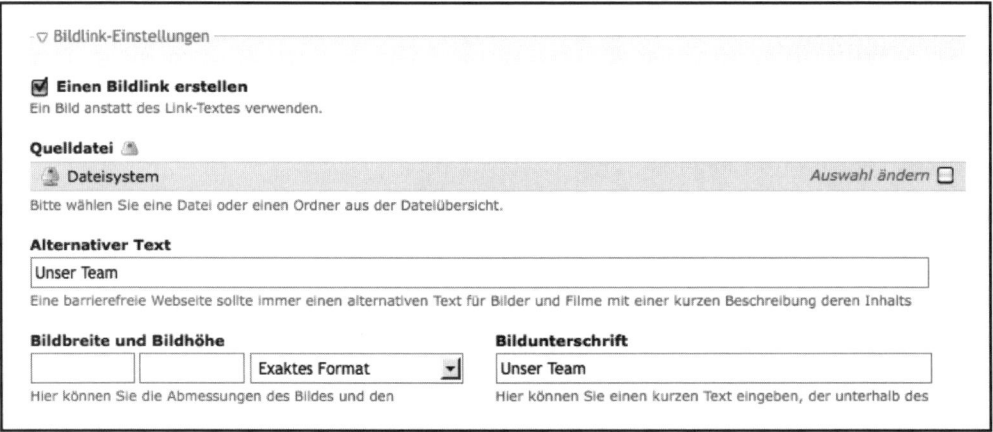

Abbildung 7.10: **Einen Bildlink erstellen**

QUELLDATEI: Hier wählen Sie das zu verwendende Bild aus.

ALTERNATIVER TEXT: Eine barrierefreie Webseite sollte für jedes Objekt eine kurze Beschreibung enthalten, die angezeigt wird, wenn das Objekt selbst nicht dargestellt werden kann. Alternative Texte werden außerdem von Suchmaschinen ausgewertet und sind daher ein wichtiges Instrument der Onpage-Optimierung.

BILDBREITE UND BILDHÖHE: Hier können Sie die Abmessungen des Bildes vorgeben. Weitere Informationen dazu finden Sie in Abschnitt 7.2.2, *Text*.

BILDUNTERSCHRIFT: Hier können Sie eine Bildunterschrift eingeben.

---

6   http://bit.ly/mediaboxAdvanced

HTML-Ausgabe

Das Element generiert folgenden HTML-Code:

```
<div class="ce_hyperlink">
    <a class="hyperlink_txt"> … </a>
</div>
```

Wird ein Bildlink verwendet, sieht die HTML-Ausgabe wie folgt aus:

```
<div class="ce_hyperlink">
    <div class="image_container">
        <a class="hyperlink_img"> … </a>
        <div class="caption"> … </div>
    </div>
</div>
```

7.2.9 Top-Link

Das Inhaltselement »Top-Link« fügt dem Artikel einen Link hinzu, mit dem Sie an den Anfang der Seite springen können. Das ist speziell bei langen Seiten sinnvoll.

LINK-TEXT: Hier können Sie eine Bezeichnung für den Link eingeben. Wenn Sie das Feld leer lassen, wird die Standardbezeichnung »Nach oben« verwendet.

HTML-Ausgabe

Das Element generiert folgenden HTML-Code:

```
<div class="ce_toplink"> … </div>
```

7.2.10 Bild

Das Inhaltselement »Bild« fügt dem Artikel ein Bild hinzu. Ein Bild kann eine Großansicht haben oder als Bildlink auf eine bestimmte URL verweisen.

QUELLDATEI: Hier wählen Sie das einzufügende Bild aus. Wenn Sie das Bild noch nicht auf den Server übertragen haben, können Sie mit einem Klick auf das kleine Icon neben der Feldüberschrift den Dateimanager in einem Popup-Fenster aufrufen und den Upload nachholen, ohne die Eingabemaske zu verlassen (Abbildung 7.11).

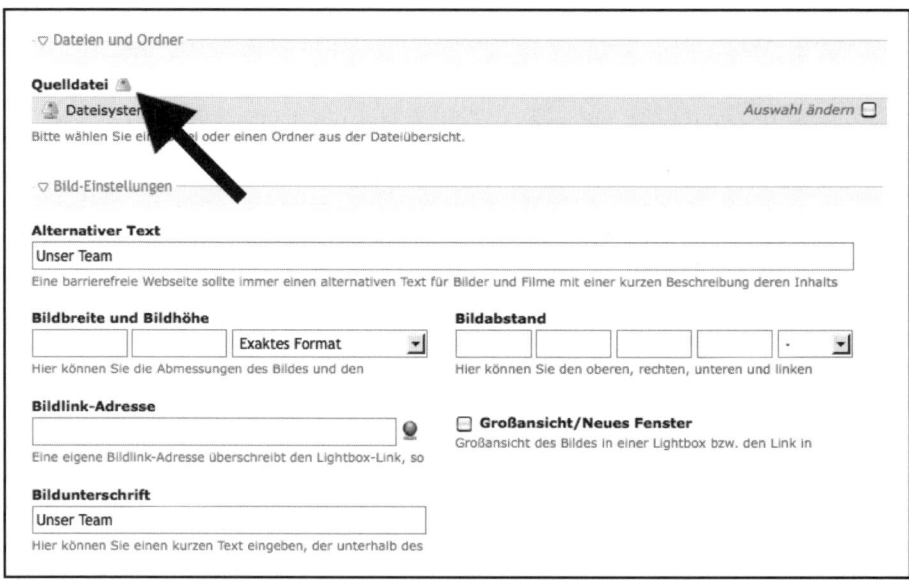

Abbildung 7.11: **Ein Bildelement anlegen**

ALTERNATIVER TEXT: Eine barrierefreie Webseite sollte für jedes Objekt eine kurze Beschreibung enthalten, die angezeigt wird, wenn das Objekt selbst nicht dargestellt werden kann. Alternative Texte werden außerdem von Suchmaschinen ausgewertet und sind daher ein wichtiges Instrument der Onpage-Optimierung.

BILDBREITE UND BILDHÖHE: Hier können Sie die Abmessungen des Bildes vorgeben. Weitere Informationen dazu finden Sie in Abschnitt 7.2.2, *Text*.

BILDABSTAND: Hier können Sie den Abstand des Bilds zum Text festlegen. Die Reihenfolge der Felder lautet im Uhrzeigersinn »oben, rechts, unten, links«.

BILDLINK-ADRESSE: Hier können Sie die Zieladresse des Bildlinks eingeben. Beachten Sie, dass für ein verlinktes Bild keine Lightbox-Großansicht mehr möglich ist.

GROSSANSICHT/NEUES FENSTER: Ist diese Option gewählt, wird das Bild beim Anklicken in seiner Originalgröße geöffnet. Diese Option steht bei verlinkten Bildern nicht zur Verfügung.

BILDUNTERSCHRIFT: Hier können Sie eine Bildunterschrift eingeben.

HTML-Ausgabe

Das Element generiert folgenden HTML-Code:

```
<div class="ce_image">
    <div class="image_container">
        <img />
        <div class="caption"> … </div>
    </div>
</div>
```

7.2.11 Bildergalerie

Das Inhaltselement »Bildergalerie« fügt dem Artikel eine Bildergalerie hinzu, also eine Sammlung mehrerer Vorschaubilder (engl. »Thumbnails«), die in einer Tabelle aufgelistet sind und beim Anklicken vergrößert werden (Abbildung 7.12). Bei sehr vielen Bildern kann die Galerie auf mehrere Seiten verteilt werden.

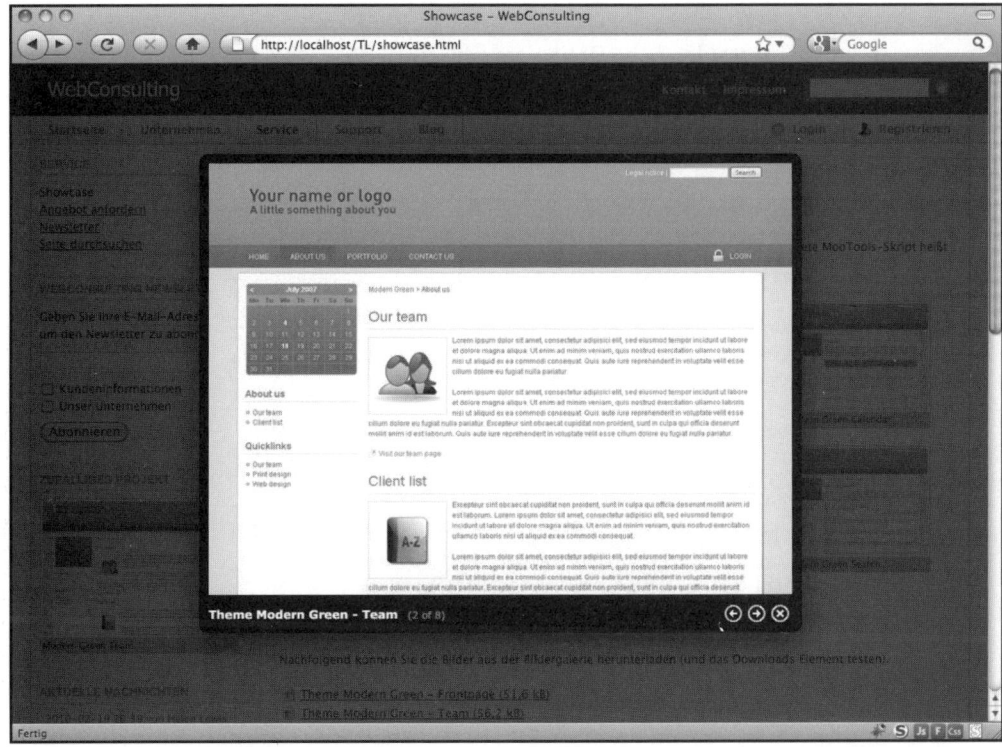

Abbildung 7.12: **Die Bildergalerie im Frontend**

QUELLDATEIEN: Hier wählen Sie einen oder mehrere Ordner bzw. Dateien aus, die in der Bildergalerie enthalten sein sollen. Wenn Sie einen Ordner auswählen, übernimmt Contao automatisch alle darin enthaltenen Bilder in die Galerie.

BENUTZERVERZEICHNIS VERWENDEN: Wenn diese Option ausgewählt und ein Frontend-Benutzer angemeldet ist, zeigt Contao automatisch die Bilder aus dessen Benutzerverzeichnis anstatt aus dem unter QUELLDATEIEN festgelegten Verzeichnis. Auf diese Weise können Sie mit einem einzigen Inhaltselement jedem Benutzer seine eigene Bildergalerie präsentieren.

BILDBREITE UND BILDHÖHE: Hier können Sie die Abmessungen des Bildes vorgeben. Weitere Informationen dazu finden Sie in Abschnitt 7.2.2, *Text*.

BILDABSTAND: Hier können Sie den Abstand des Bilds zum Text festlegen. Die Reihenfolge der Felder lautet im Uhrzeigersinn »oben, rechts, unten, links«.

VORSCHAUBILDER PRO REIHE: Hier legen Sie die Anzahl der Vorschaubilder pro Reihe fest.

ELEMENTE PRO SEITE: Contao kann große Bildergalerien automatisch auf mehrere Seiten verteilen, sodass sich die Ladezeit der Galerie verringert. Legen Sie hier fest, wie viele Vorschaubilder pro Seite maximal angezeigt werden sollen.

SORTIEREN NACH: Hier legen Sie die Sortierreihenfolge der Bilder fest. Die Option »Meta-Datei« bietet Ihnen die Möglichkeit, eine individuelle Sortierreihenfolge zu bestimmen. Weitere Informationen dazu finden Sie in Kapitel 13, *Der Dateimanager*.

GROSSANSICHT/NEUES FENSTER: Ist diese Option gewählt, wird das Bild beim Anklicken in seiner Originalgröße in der Lightbox geöffnet (dazu ist JavaScript erforderlich).

HTML-Ausgabe

Das Element generiert folgenden HTML-Code:

```
<div class="ce_gallery">
    <table>
    <tbody>
        <tr class="row_0 row_first even">
            <td class="col_0 col_first">
                <div class="image_container">
                    <img />
                    <div class="caption"> … </div>
                </div>
            </td>
            <td class="col_1 col_last">
                <div class="image_container">
                    <img />
                    <div class="caption"> … </div>
                </div>
            </td>
        </tr>
        <tr class="row_1 odd">
            …
        </tr>
        <tr class="row_2 row_last even">
            …
        </tr>
    </tbody>
    </table>
</div>
```

7.2.12 Download

Das Inhaltselement »Download« fügt dem Artikel einen Download-Link hinzu. Beim Anklicken des Links öffnet sich der DATEI SPEICHERN UNTER ...-Dialog und Sie können die verlinkte Datei auf Ihrem lokalen Rechner speichern.

Die Besonderheit in Contao ist, dass dieser Download-Link auch mit geschützten Dateien funktioniert, auf die Sie nicht direkt über Ihren Browser zugreifen können. Auf diese Weise können Sie sehr einfach einen geschützten Download-Bereich erstellen. Weitere Informationen dazu erhalten Sie in Kapitel 13, *Der Dateimanager*.

QUELLDATEI: Hier können Sie die Download-Datei auswählen.

LINK-TEXT: Der Link-Text wird anstelle des Dateinamens angezeigt.

Beachten Sie, dass nur die Dateitypen heruntergeladen werden können, die Sie in den Backend-Einstellungen unter »Erlaubte Dateiendungen für Downloads« festgelegt haben.

HTML-Ausgabe

Das Element generiert folgenden HTML-Code:

```
<div class="ce_download">
    <img class="mime_icon" />
    <a> … <span class="size"> … </span></a>
</div>
```

7.2.13 Downloads

Das Inhaltselement »Downloads« fügt dem Artikel mehrere Download-Links hinzu (Abbildung 7.13). Beim Anklicken eines Links öffnet sich der DATEI SPEICHERN UNTER …-Dialog, und Sie können die Datei auf Ihrem lokalen Rechner speichern.

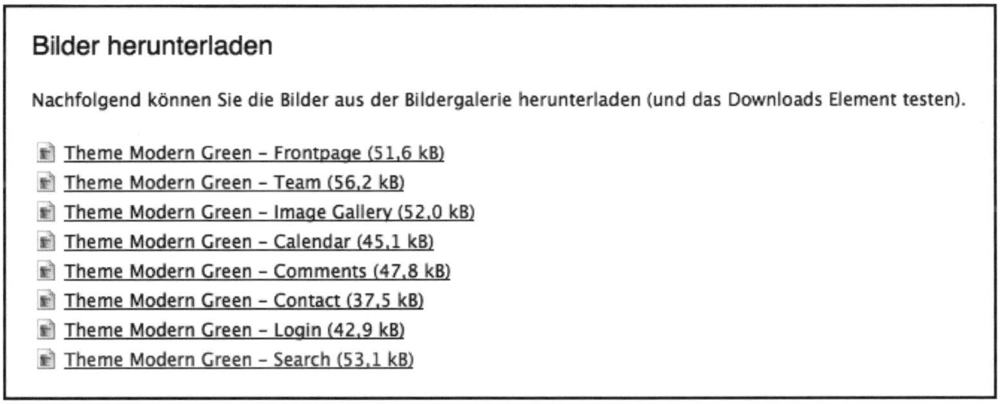

Bilder herunterladen

Nachfolgend können Sie die Bilder aus der Bildergalerie herunterladen (und das Downloads Element testen).

- Theme Modern Green – Frontpage (51,6 kB)
- Theme Modern Green – Team (56,2 kB)
- Theme Modern Green – Image Gallery (52,0 kB)
- Theme Modern Green – Calendar (45,1 kB)
- Theme Modern Green – Comments (47,8 kB)
- Theme Modern Green – Contact (37,5 kB)
- Theme Modern Green – Login (42,9 kB)
- Theme Modern Green – Search (53,1 kB)

Abbildung 7.13: **Das Downloads-Element im Frontend**

Die Besonderheit in Contao ist, dass diese Download-Links auch mit geschützten Dateien funktionieren, auf die Sie nicht direkt über Ihren Browser zugreifen können. Auf diese Weise können Sie sehr einfach einen geschützten Download-Bereich erstellen. Weitere Informationen dazu erhalten Sie in Kapitel 13, *Der Dateimanager*.

QUELLDATEIEN: Hier wählen Sie einen oder mehrere Ordner bzw. Dateien aus, die in dem Donwloads-Element enthalten sein sollen. Wenn Sie einen Ordner auswählen, übernimmt Contao automatisch alle darin enthaltenen herunterladbaren Dateien.

BENUTZERVERZEICHNIS VERWENDEN: Wenn diese Option ausgewählt und ein Frontend-Benutzer angemeldet ist, zeigt Contao automatisch die Dateien aus dessen Benutzerverzeichnis anstatt der QUELLDATEIEN. Auf diese Weise können Sie mit einem einzigen Inhaltselement jedem Benutzer seine eigenen Downloads anbieten.

SORTIEREN NACH: Legt die Sortierreihenfolge der Bilder fest. Die Option »Meta-Datei« bietet Ihnen die Möglichkeit, eine individuelle Sortierreihenfolge zu definieren. Weitere Informationen dazu finden Sie in Kapitel 13, *Der Dateimanager*.

Beachten Sie, dass nur die Dateitypen heruntergeladen werden können, die Sie in den Backend-Einstellungen unter ERLAUBTE DATEIENDUNGEN FÜR DOWNLOADS festgelegt haben.

HTML-Ausgabe

Das Element generiert folgenden HTML-Code:

```
<div class="ce_downloads">
   <p>
      <img class="mime_icon" />
      <a> … <span class="size"> … </span></a>
   </p>
   <p>
      <img class="mime_icon" />
      <a> … <span class="size"> … </span></a>
   </p>
</div>
```

7.2.14 Artikel

Das Inhaltselement »Artikel« ermöglicht die mehrfache Einbindung eines Artikels, ohne dass dieser dafür kopiert werden muss. Beachten Sie, dass nur die Inhaltselemente und nicht der Artikel-Header übernommen werden.

BEZOGENER ARTIKEL: Hier wählen Sie den Originalartikel aus.

Aliaselemente verwenden dasselbe HTML-Markup wie das Originalelement.

7.2.15 Inhaltselement

Das Inhaltselement »Inhaltselement« dient dazu, ein vorhandenes Inhaltselement ein zweites Mal einzufügen, ohne es dafür kopieren zu müssen. Der Vorteil dieser Methode ist, dass Sie eventuelle Änderungen nur in dem originalen Inhaltselement erfassen müssen und diese automatisch in allen Aliaselementen übernommen werden.

BEZOGENES INHALTSELEMENT: Hier wählen Sie das Originalelement aus.

Aliaselemente verwenden dasselbe HTML-Markup wie das Originalelement.

7.2.16 Formular

Das Inhaltselement »Formular« fügt dem Artikel ein Formular hinzu. Informationen zur Erstellung und Verwaltung von Formularen finden Sie in Kapitel 12, *Der Formulargenerator.*

FORMULAR: Wählen Sie hier das Formular aus, das Sie einfügen möchten.

HTML-Ausgabe

Das Element generiert folgenden HTML-Code:

```
<div class="ce_form tableless">
    <form>
        <div class="formbody"> … </div>
    </form>
</div>
```

7.2.17 Modul

Das Inhaltselement »Modul« fügt dem Artikel ein Frontend-Modul hinzu. Wie Sie Module erstellen und konfigurieren, wissen Sie ja bereits aus Kapitel 6, *Die Modulverwaltung.*

MODUL: Hier wählen Sie das Modul aus, das Sie einfügen möchten.

Die HTML-Ausgabe richtet sich nach dem jeweiligen Modultyp.

7.2.18 Artikelteaser

Das Inhaltselement »Artikelteaser« fügt dem Artikel den Teasertext eines anderen Artikels, gefolgt von einem Weiterlesen-Link, hinzu. Beim Anklicken dieses Links werden Sie direkt zu dem verlinkten Artikel weitergeleitet.

ARTIKEL: Hier wählen Sie den Originalartikel aus.

HTML-Ausgabe

Das Element generiert folgenden HTML-Code:

```
<div class="ce_teaser ce_text">
    <h1> … </h1>
    …
    <a class="more">Weiterlesen …</a>
</div>
```

7.2.19 Kommentare

Das Inhaltselement »Kommentare« bietet Besuchern die Möglichkeit, Kommentare auf Ihrer Webseite zu hinterlassen. Sie können auch ein Gästebuch damit betreiben.

SORTIERREIHENFOLGE: Hier legen Sie die Reihenfolge der Kommentare fest. Gästebücher zeigen normalerweise den neuesten Eintrag zuerst (absteigende Sortierung), Kommentare hingegen den ältesten (aufsteigende Sortierung).

ELEMENTE PRO SEITE: Hier können Sie die Anzahl der Kommentare pro Seite festlegen. Contao erzeugt bei Bedarf automatisch einen Seitenumbruch.

MODERIEREN: Wenn Sie diese Option wählen, erscheinen Kommentare nicht sofort auf der Webseite, sondern erst, nachdem Sie sie im Backend freigegeben haben.

BBCODE ERLAUBEN: Wenn Sie diese Option wählen, können Ihre Besucher BBCode[7] zur Formatierung ihrer Kommentare verwenden. Folgende Tags werden unterstützt:

TAG	ERKLÄRUNG
[b][/b]	Fettschrift
[i][/i]	Kursivschrift
[u][/u]	Unterstrichen
[img][/img]	Bild einfügen
[code][/code]	Programmcode einfügen
[color=#f00][/color]	Farbiger Text
[quote][/quote]	Zitat einfügen
[quote=Tim][/quote]	Zitat mit Nennung des Urhebers einfügen
[url][/url]	Link einfügen
[url=http://domain.de][/url]	Link mit Linktitel einfügen
[email][email]	E-Mail-Adresse einfügen
[email=info@domain.de][/email]	E-Mail-Adresse mit Titel einfügen

Tabelle 7.4: **Übersicht der unterstützten BBCode-Tags**

LOGIN ZUM KOMMENTIEREN BENÖTIGT: Wenn Sie diese Option auswählen, können nur angemeldete Mitglieder Kommentare hinzufügen. Die bereits abgegebenen Kommentare sind aber weiterhin für alle Besucher der Webseite sichtbar.

---

7   http://bit.ly/BBCode

SICHERHEITSFRAGE DEAKTIVIEREN: Standardmäßig müssen Besucher beim Erstellen von Kommentaren eine Sicherheitsfrage beantworten, damit die Kommentarfunktion nicht zu Spam-Zwecken missbraucht werden kann. Falls Sie aber ohnehin nur angemeldeten Mitgliedern das Kommentieren erlauben möchten, können Sie die Sicherheitsfrage hier deaktivieren.

KOMMENTARTEMPLATE: Hier können Sie das Template bzw. Partial für die einzelnen Beiträge auswählen. Mehr zu diesem Thema erfahren Sie in Abschnitt 17.1, *Templates*.

Kommentarverwaltung

Die Verwaltung der Kommentare, die Ihre Besucher abgeben, erfolgt zentral im Backend mit dem Modul »Kommentare«, das Sie in der Navigation in der Gruppe *Inhalte* finden. Dort werden sämtliche Kommentare angezeigt, egal ob sie sich auf ein Inhaltselement, einen Artikel oder einen Blog-Beitrag beziehen. Bei Bedarf können Sie die Liste der Kommentare nach ihrem Ursprung oder ihrem Elternelement filtern (Abbildung 7.14).

Abbildung 7.14: **Kommentare nach ihrem Ursprung filtern**

Falls Sie die Option KOMMENTARE MODERIEREN aktiviert haben, können Sie neue Kommentare in der Kommentarverwaltung prüfen, bevor sie auf der Webseite erscheinen. So verhindern Sie z. B. eventuelle Spamversuche.

HTML-Ausgabe

Das Element generiert folgenden HTML-Code:

```html
<div class="ce_comments">
    <div class="comment_default first even">
        <p class="info"> … <span class="date"> … </span></p>
        <div class="comment"> … </div>
    </div>
    <div class="comment_default last odd">
        <p class="info"> … <span class="date"> … </span></p>
        <div class="comment"> … </div>
    </div>
    <div class="form">
        <form>
            <div class="formbody">
                <div class="widget">
                    <input class="text mandatory" />
                    <label class="mandatory"> … </label>
                </div>
                <div class="widget">
                    <input class="captcha mandatory" />
                    <label><span class="captcha_text"> … </span></label>
                </div>
                <div class="widget">
                    <textarea class="textarea mandatory"></textarea>
                </div>
                <div class="submit_container">
                    <input class="submit" />
                </div>
            </div>
        </form>
    </div>
</div>
```

7.3 Inserttags

Inserttags sind Platzhalter, die bei der Ausgabe einer Seite durch bestimmte Werte ersetzt werden. Mit Inserttags können Sie z. B. einen Link auf eine Seite oder einen Artikel erstellen, Umgebungsvariablen einfügen oder Benutzereigenschaften auslesen. Inserttags können überall in Contao verwendet werden.

Ein Inserttag beginnt immer mit zwei öffnenden geschweiften Klammern, gefolgt von einem Schlüsselwort und zwei schließenden geschweiften Klammern, also z. B. {{date}}. Viele Inserttags benötigen zusätzlich noch ein Argument, das mit zwei Doppelpunkten hinter das Schlüsselwort geschrieben wird, also z. B. {{link::12}}.

7.3.1 Links

Mit diesen Inserttags können Sie Links auf andere Seiten oder Artikel erstellen. Sie benötigen dazu lediglich die ID oder den Alias der Zielseite.

INSERTTAG	ERKLÄRUNG
`{{link::ID}}`	Dieses Inserttag wird durch einen Link auf die mit ID angegebene Seite ersetzt. Statt der numerischen ID können Sie auch den Seitenalias angeben.
`{{link::back}}`	Dieses Inserttag wird durch einen Link auf die zuletzt besuchte Seite ersetzt. Das Schlüsselwort »back« kann auch mit den nachfolgenden Inserttags verwendet werden.
`{{link::login}}`	Dieses Inserttag wird durch einen Link auf die Login-Seite des angemeldeten Frontend-Benutzers ersetzt. Das Schlüsselwort »login« kann auch mit den nachfolgenden Inserttags verwendet werden.
`{{link_open::ID}}` `{{link_close}}`	Diese Inserttags werden durch das öffnende Tag eines Links auf die mit ID angegebene Seite bzw. ein entsprechendes schließendes Tag ersetzt. Aus `{{link_open::2}}Home{{link_close}}` wird so `<a href="index.html">Home</a>`.
`{{link_url::ID}}`	Dieses Inserttag wird durch die URL der mit ID angegebenen Seite ersetzt und kann z. B. im `href`-Attribut eines Links verwendet werden.
`{{link_title::ID}}`	Dieses Inserttag wird durch den Titel der mit ID angegebenen Seite ersetzt und kann z. B. im `title`-Attribut eines Links verwendet werden.
`{{article::ID}}`	Dieses Inserttag wird durch einen Link auf den mit ID angegebenen Artikel ersetzt. Statt der ID eines Artikels können Sie auch dessen Alias angeben.
`{{article_open::ID}}`	Dieses Inserttag wird durch das öffnende Tag eines Links auf den mit ID angegebenen Artikel ersetzt (vgl. `link_open`).
`{{article_url::ID}}`	Dieses Inserttag wird durch die URL des mit ID angegebenen Artikels ersetzt und kann z. B. im `href`-Attribut eines Links verwendet werden.
`{{article_title::ID}}`	Dieses Inserttag wird durch den Titel des mit ID angegebenen Artikels ersetzt und kann z. B. im `title`-Attribut eines Links verwendet werden.
`{{news::ID}}`	Dieses Inserttag wird durch einen Link auf den mit ID angegebenen Nachrichtenbeitrag ersetzt. Statt der ID können Sie auch deren Alias angeben.
`{{news_open::ID}}`	Dieses Inserttag wird durch das öffnende Tag eines Links auf den mit ID angegebenen Nachrichtenbeitrag ersetzt (vgl. `link_open`).

Tabelle 7.5: **Übersicht der Link-Inserttags**

INSERTTAG	ERKLÄRUNG
`{{news_url::ID}}`	Dieses Inserttag wird durch die URL des mit ID angegebenen Nachrichtenbeitrags ersetzt und kann z. B. im `href`-Attribut eines Links verwendet werden.
`{{news_title::ID}}`	Dieses Inserttag wird durch den Titel des mit ID angegebenen Nachrichtenbeitrags ersetzt und kann z. B. im `title`-Attribut eines Links verwendet werden.
`{{event::ID}}`	Dieses Inserttag wird durch einen Link auf das mit ID angegebene Event ersetzt. Statt der ID können Sie auch den Alias des Events angeben.
`{{event_open::ID}}`	Dieses Inserttag wird durch das öffnende Tag eines Links auf das mit ID angegebene Event ersetzt (vgl. `link_open`).
`{{event_url::ID}}`	Dieses Inserttag wird durch die URL des mit ID angegebenen Events ersetzt und kann z. B. im `href`-Attribut eines Links verwendet werden.
`{{event_title::ID}}`	Dieses Inserttag wird durch den Titel des mit ID angegebenen Events ersetzt und kann z. B. im `title`-Attribut eines Links verwendet werden.
`{{faq::ID}}`	Dieses Inserttag wird durch einen Link auf die mit ID angegebene FAQ ersetzt. Statt der ID können Sie auch den Alias der FAQ angeben.
`{{faq_open::ID}}`	Dieses Inserttag wird durch das öffnende Tag eines Links auf die mit ID angegebene FAQ ersetzt (vgl. `link_open`).
`{{faq_url::ID}}`	Dieses Inserttag wird durch die URL der mit ID angegebenen FAQ ersetzt und kann z. B. im `href`-Attribut eines Links verwendet werden.
`{{faq_title::ID}}`	Dieses Inserttag wird durch den Titel der mit ID angegebenen FAQ ersetzt und kann z. B. im `title`-Attribut eines Links verwendet werden.

Tabelle 7.5: **Übersicht der Link-Inserttags (Forts.)**

7.3.2 Benutzereigenschaften

Mit dem Benutzer-Inserttag können Sie bestimmte Eigenschaften eines angemeldeten Frontend-Benutzers auslesen und ihn so z. B. mit seinem Namen ansprechen. Prinzipiell können Sie alle Feldnamen der Tabelle `tl_member` als Argument übergeben. Die wichtigsten Benutzereigenschaften habe ich Ihnen hier aufgelistet:

INSERTTAG	ERKLÄRUNG
{{user::firstname}}	Vorname des Mitglieds
{{user::lastname}}	Nachname des Mitglieds
{{user::company}}	Firma des Mitglieds
{{user::phone}}	Telefonnummer des Mitglieds
{{user::mobile}}	Handynummer des Mitglieds
{{user::fax}}	Faxnummer des Mitglieds
{{user::email}}	E-Mail-Adresse des Mitglieds
{{user::website}}	Internetadresse des Mitglieds
{{user::street}}	Straße des Mitglieds
{{user::postal}}	Postleitzahl des Mitglieds
{{user::city}}	Stadt des Mitglieds
{{user::country}}	Land des Mitglieds
{{user::username}}	Benutzername des Mitglieds

Tabelle 7.6: **Übersicht der Benutzer-Inserttags**

7.3.3 Umgebungsvariablen

Mit diesem Inserttag können Sie bestimmte Umgebungsvariablen wie z. B. den Namen der aufgerufenen Seite oder den aktuellen Request-String auslesen.

INSERTTAG	ERKLÄRUNG
{{env::page_id}}	ID der aktiven Seite
{{env::page_alias}}	Alias der aktiven Seite
{{env::page_name}}	Name der aktiven Seite
{{env::page_title}}	Titel der aktiven Seite
{{env::page_language}}	Sprache der aktiven Seite
{{env::parent_alias}}	Alias der übergeordneten Seite
{{env::parent_name}}	Name der übergeordneten Seite
{{env::parent_title}}	Titel der übergeordneten Seite
{{env::main_alias}}	Alias der übergeordneten Hauptseite (erste Ebene)
{{env::main_name}}	Name der übergeordneten Hauptseite (erste Ebene)

Tabelle 7.7: **Übersicht der Umgebungsvariablen-Inserttags**

INSERTTAG	ERKLÄRUNG
`{{env::main_title}}`	Titel der übergeordneten Hauptseite (erste Ebene)
`{{env::website_title}}`	Titel der Wurzelseite (Startpunkt einer Webseite)
`{{env::host}}`	Hostname (z. B. `domain.de`)
`{{env::url}}`	URL der Webseite (z. B. `http://www.domain.de`)
`{{env::path}}`	URL der Webseite inklusive des Pfads zum Contao-Verzeichnis (z. B. `http://www.domain.de/cms/`)
`{{env::request}}`	Request-String (z. B. `news/items/willkommen.html`)
`{{env::referer}}`	URL der zuletzt besuchten Seiten
`{{env::ip}}`	IP-Adresse des Besuchers

Tabelle 7.7: **Übersicht der Umgebungsvariablen-Inserttags (Forts.)**

7.3.4 Include-Elemente

Mit den Include-Inserttags können Sie verschiedene Ressourcen wie z. B. Artikel, Frontend-Module oder Dateien aus dem `templates`-Verzeichnis einbinden.

INSERTTAG	ERKLÄRUNG
`{{insert_article::ID}}`	Dieses Inserttag wird durch den mit ID angegebenen Artikel ersetzt (vgl. Inhaltselement »Artikel«). Statt der numerischen ID können Sie auch den Artikelalias verwenden.
`{{insert_content::ID}}`	Dieses Inserttag wird durch das mit ID angegebene Inhaltselement ersetzt (vgl. Inhaltselement »Inhaltselement«).
`{{insert_module::ID}}`	Dieses Inserttag wird durch die Ausgabe des mit ID angegebenen Frontend-Moduls ersetzt (vgl. Inhaltselement »Modul«).
`{{article_teaser::ID}}`	Dieses Inserttag wird durch den Teasertext des mit ID angegebenen Artikels ersetzt.
`{{news_teaser::ID}}`	Dieses Inserttag wird durch den Teasertext des mit ID angegebenen Nachrichtenbeitrags ersetzt.
`{{event_teaser::ID}}`	Dieses Inserttag wird durch den Teasertext des mit ID angegebenen Events ersetzt.
`{{file::DATEI}}`	Dieses Inserttag bindet eine `.php`- oder `.tpl`-Datei aus dem `templates`-Verzeichnis ein. Bei Bedarf können Sie Argumente übergeben: `{{file::file.php?action=list}}`

Tabelle 7.8: **Übersicht der Include-Inserttags**

7.3.5 Verschiedenes

Mit diesen Inserttags können Sie diverse Aufgaben erledigen, z. B. eine E-Mail-Adresse verschlüsseln oder das Datum der letzten Aktualisierung der Webseite anzeigen.

INSERTTAG	ERKLÄRUNG
{{date}}	Dieses Inserttag wird durch das aktuelle Datum gemäß des globalen Datumsformats ersetzt.
{{date::FORMAT}}	Dieses Inserttag wird ebenfalls durch das aktuelle Datum ersetzt, allerdings haben Sie hier die Möglichkeit, das Datumsformat festzulegen.
{{last_update}}	Dieses Inserttag wird durch das Datum der letzten Aktualisierung der Webseite gemäß des globalen Datumsformats ersetzt. Dabei werden nur Änderungen an Inhaltselementen, Nachrichtenbeiträgen und Events berücksichtigt.
{{last_update::FORMAT}}	Dieses Inserttag wird durch das Datum der letzten Aktualisierung der Webseite gemäß eines individuellen Datumsformats ersetzt.
{{version}}	Dieses Inserttag wird durch die verwendete Contao-Version ersetzt.
{{email::EMAIL}}	Dieses Inserttag wird durch einen klickbaren Link auf die angegebene E-Mail-Adresse ersetzt. Contao verschlüsselt E-Mail-Adressen automatisch, sodass sie nicht von Spambots ausgelesen werden können.
{{lang::ISO}}	Dieses Inserttag dient dazu, bestimmte Fremdwörter in einem Text als fremdsprachig zu kennzeichnen. Im Gegensatz zu den anderen Inserttags benötigt dieses Tag ein öffnendes und ein schließendes Element: {{lang::en}}Domain{{lang}} Diesen Ausdruck übersetzt Contao in folgenden HTML-Code: <span lang="en" xml:lang="en">Domain</span>
{{iflng::ISO}}	Dieses Tag wird komplett entfernt, wenn die Sprache der Seite nicht mit der Sprache des Tags übereinstimmt. Auf diese Weise können Sie sprachspezifische Bezeichnungen erstellen: {{iflng::en}}Website{{iflng}} {{iflng::de}}Webseite{{iflng}} Auf einer deutschen Seite würde so der Begriff »Webseite« verwendet, auf einer englischen hingegen der Ausdruck »Website«.

Tabelle 7.9: **Übersicht der übrigen Inserttags**

INSERTTAG	ERKLÄRUNG
`{{image::BILD}}`	Dieses Inserttag wird durch ein Vorschaubild ersetzt. `{{image::tl_files/image.jpg? width=200&rel=lightbox}}` Es können folgende Argumente übergeben werden: <ul><li>*width*: Breite des Vorschaubilds</li><li>*height*: Höhe des Vorschaubilds</li><li>*alt*: Alternativer Text</li><li>*class*: CSS-Klasse</li><li>*rel*: rel-Attribut (z. B. `lightbox`)</li><li>*mode*: Skalierungsmodus (`crop`, `proportional` oder `box`).</li></ul>
`{{label::PFAD}}`	Dieses Inserttag wird mit einer Übersetzung aus der Sprachdatei ersetzt. Die Sprachdatei ist wie alle Konfigurationsdateien in Contao als mehrdimensionales Array aufgebaut, daher müssen Sie im Inserttag den Pfad zu dem gewünschten Element angeben: `{{label::CNT:au}}` Das Beispiel lädt aus der Übersetzung der Länder das Land mit dem ISO-Kürzel au, also in diesem Fall Australien. `{{label::tl_article:alias:0}}` Das Beispiel lädt aus der Übersetzung der Tabelle `tl_article` das Feld `alias`, also in diesem Fall das Wort »Artikelalias«. Die Null am Ende steht für das erste Element im Array, das immer die Feldbezeichnung enthält. Eine Eins hätte stattdessen den Erklärungstext eingefügt.

Tabelle 7.9: **Übersicht der übrigen Inserttags (Forts.)**

7.4 Zusammenfassung

Contao kapselt statische Inhalte in Artikel, die in der Artikelverwaltung einer bestimmten Seite und einem bestimmten Layoutbereich zugeordnet werden. Je nach Konfiguration werden Artikel als vollständiger Text oder als Teasertext mit einem WEITERLESEN-Link ausgegeben und können auf Knopfdruck bei Facebook oder Twitter geteilt werden.

Artikel bestehen aus mehreren Inhaltselementen, die für jeden Inhaltstyp spezielle Funktionen bereitstellen. Der Zugriff auf ein Inhaltselement kann bei Bedarf eingeschränkt werden. Inhaltselemente erzeugen genau wie Frontend-Module HTML-Code für das Frontend.

In Artikeln können Sie, wie fast überall in Contao, Inserttags verwenden. Inserttags sind Platzhalter, die zum Zeitpunkt der Ausgabe der Webseite durch verschiedene Inhalte, wie z. B. Benutzereigenschaften oder Umgebungsvariablen, ersetzt werden.

8. Die News/Blog-Erweiterung

Die Erweiterung »News/Blog« dient dazu, Nachrichten bzw. Blog-Beiträge zu erstellen und im Frontend darzustellen. Nachrichten zählen zu den dynamischen Inhalten und werden daher – im Gegensatz zu Artikeln – nicht anhand der Seitenstruktur organisiert, sondern in Form von Nachrichtenarchiven.

8.1 Nachrichtenverwaltung

Die Nachrichtenverwaltung ist ein eigenes Modul im Backend, das Sie in der Gruppe »Inhalte« an zweiter Stelle finden. Sie können dort mehrere Archive anlegen, die wiederum die einzelnen News- bzw. Blog-Beiträge enthalten. Durch die Verwendung mehrerer Archive ist eine Kategorisierung der Beiträge möglich.

8.1.1 Nachrichtenarchive

Die WebConsulting-Seite enthält zwei Nachrichtenarchive, wobei eines davon als Blog genutzt wird. Blogposts und Nachrichten sind sich von ihrer Funktionalität her sehr ähnlich, daher deckt die Erweiterung beide Bereiche ab.

Öffnen Sie die Archiv-Einstellungen des Archivs »Designer's Blog«, und sehen Sie sich an, wie es konfiguriert wurde. Die Archiv-Einstellungen erreichen Sie am schnellsten, indem Sie mit der rechten (!) Maustaste auf das Bearbeitungssymbol des Archivs klicken und im Kontextmenü die gleichnamige Option auswählen.

Titel und Weiterleitung

TITEL: Der Titel eines Nachrichtenarchivs wird in der Backend-Übersicht verwendet und in einem eventuell vorhandenen RSS-Feed exportiert.

WEITERLEITUNGSSEITE: Hier legen Sie fest, auf welche Seite ein Besucher beim Anklicken des WEITERLESEN-Links eines Beitrags weitergeleitet wird. Die Zielseite sollte das Modul »Nachrichtenleser« enthalten, um den vollständigen Beitrag darzustellen.

Kommentare

Die Contao-Kommentarfunktion kennen Sie bereits von dem gleichnamigen Inhaltselement (vgl. Abschnitt 7.2.19, *Kommentare*). Sie steht auch für News- bzw. Blog-Beiträge zur Verfügung und sollte auf jeden Fall aktiviert werden, wenn Sie die Erweiterungen als Blog nutzen.

KOMMENTARE AKTIVIEREN: Hier aktivieren Sie die Kommentarfunktion für das Archiv.

BENACHRICHTIGUNG AN: Hier legen Sie fest, ob bei neuen Kommentaren der Systemadministrator, der Autor eines Beitrags oder beide benachrichtigt werden.

SORTIERUNG: Hier legen Sie die Reihenfolge der Kommentare fest. Normalerweise wird in einem Blog der älteste Kommentar zuerst angezeigt (aufsteigende Sortierung).

KOMMENTARE PRO SEITE: Hier können Sie die Anzahl der Kommentare pro Seite festlegen. Contao erzeugt bei Bedarf automatisch einen Seitenumbruch.

KOMMENTARE MODERIEREN: Wenn Sie diese Option wählen, erscheinen Kommentare nicht sofort auf der Webseite, sondern erst, nachdem Sie sie im Backend freigegeben haben.

BBCODE ERLAUBEN: Wenn Sie diese Option wählen, können Ihre Besucher BBCode[1] zur Formatierung ihrer Kommentare verwenden. Folgende Tags werden unterstützt:

TAG	ERKLÄRUNG
[b][/b]	Fettschrift
[i][/i]	Kursivschrift
[u][/u]	Unterstrichen
[img][/img]	Bild einfügen
[code][/code]	Programmcode einfügen
[color=#f00][/color]	Farbiger Text
[quote][/quote]	Zitat einfügen
[quote=Tim][/quote]	Zitat mit Nennung des Urhebers einfügen
[url][/url]	Link einfügen
[url=http://domain.de][/url]	Link mit Linktitel einfügen
[email][email]	E-Mail-Adresse einfügen
[email=info@domain.de][/email]	E-Mail-Adresse mit Title einfügen

Tabelle 8.1: **Übersicht der unterstützten BBCode-Tags**

---

1   http://bit.ly/BBCode

LOGIN ZUM KOMMENTIEREN BENÖTIGT: Wenn Sie diese Option auswählen, können nur angemeldete Mitglieder Kommentare hinzufügen. Die bereits abgegebenen Kommentare sind aber weiterhin für alle Besucher der Webseite sichtbar.

SICHERHEITSFRAGE DEAKTIVIEREN: Standardmäßig müssen Besucher beim Erstellen von Kommentaren eine Sicherheitsfrage beantworten, damit die Kommentarfunktion nicht zu Spam-Zwecken missbraucht werden kann. Falls Sie aber ohnehin nur angemeldeten Mitgliedern das Kommentieren erlauben möchten, können Sie die Sicherheitsfrage hier deaktivieren.

Zugriffsschutz

Genau wie Inhaltselemente können auch News- bzw. Blog-Beiträge geschützt werden. Die Beiträge des Archivs werden dann nur angemeldeten Mitgliedern angezeigt.

ARCHIV SCHÜTZEN: Hier aktivieren Sie den Zugriffsschutz.

ERLAUBTE MITGLIEDERGRUPPEN: Hier legen Sie fest, welche Mitgliedergruppen nach der Anmeldung im Frontend Zugriff auf die Beiträge haben sollen.

RSS/Atom-Feed

Jedes News- bzw. Blog-Archiv kann auf Wunsch als RSS-Feed exportiert werden. RSS-Feeds sind XML-Dateien mit Ihren Beiträgen, die mit einem RSS-Reader abonniert und z. B. in eine andere Webseite eingebunden werden können.

FEED ERSTELLEN: Hier aktivieren Sie die Feed-Erstellung.

FEED-FORMAT: Hier legen Sie das Format des Feeds fest. Contao unterstützt RSS 2.0 und Atom, die beiden am weitesten verbreiteten Formate.

FEED-SPRACHE: Hier können Sie die Sprache des Feeds[2] eingeben.

EXPORT-EINSTELLUNGEN: Hier legen Sie fest, ob lediglich die Teasertexte der Beiträge oder die kompletten Beiträge als Feed exportiert werden.

MAXIMALE ANZAHL AN BEITRÄGEN: Hier können Sie die Anzahl der Beiträge des Feeds beschränken. In der Regel reichen um die 25 Beiträge pro Feed vollkommen aus. Meistens werden ohnehin nur die ersten drei bis fünf tatsächlich verwendet.

BASIS-URL: Die Basis-URL ist vor allem im Multidomain-Betrieb wichtig, wenn Sie mehrere Webseiten mit einer Contao-Installation betreiben. Damit der Feed auf die richtige Domain verlinkt, können Sie diese hier eingeben.

FEED-ALIAS: Der Alias eines Feeds wird als Dateiname verwendet.

FEED-BESCHREIBUNG: Hier können Sie eine Beschreibung des Feeds eingeben.

---

2   http://bit.ly/rss-languages

8.1.2 Nachrichtenbeiträge

In diesem Abschnitt erkläre ich Ihnen, wie Sie einen Nachrichtenbeitrag erstellen. Nachrichtenbeiträge werden grundsätzlich nach ihrem Datum sortiert, daher gibt es hier keine Icons, mit denen Sie die Reihenfolge ändern könnten. Öffnen Sie den Beitrag »Form folgt Funktion«, und sehen Sie sich die Konfiguration an.

Nachrichtenalias

Der Alias eines Beitrags ist eine eindeutige und aussagekräftige Referenz, über die Sie ihn in Ihrem Browser aufrufen können. Mit einem CMS erstellte Seiten bzw. Beiträge werden in der Regel über eine ID aufgerufen, also z. B.:

» `index.php?id=16&items=1`

Der Alias ermöglicht es, stattdessen folgende URL zu verwenden:

» `index.php/blogposts/items/form-folgt-funktion.html`

Wenn Sie zusätzlich dazu die Option URLs UMSCHREIBEN in den Backend-Einstellungen aktivieren, wird daraus eine suchmaschinenfreundliche URL:

» `blogposts/items/form-folgt-funktion.html`

In allen drei Fällen wird dadurch die Seite »Blogposts« geladen und das darin eingebundene Frontend-Modul »Nachrichtenleser« mithilfe des Schlüsselworts *items* angewiesen, den Beitrag »Form folgt Funktion« darzustellen. Wie alle Inhalte in Contao können auch News- bzw. Blog-Beiträge nur in Verbindung mit einer Seite und niemals direkt im Browser aufgerufen werden.

Datum und Text

DATUM: Geben Sie hier das Datum des Beitrags ein.

UHRZEIT: Geben Sie hier die Uhrzeit des Beitrags ein.

UNTERÜBERSCHRIFT: Hier können Sie eine optionale Unterüberschrift eingeben.

TEASERTEXT: Hier können Sie eine kurze Zusammenfassung des Nachrichtenbeitrags (Teaser) eingeben, die dann beispielsweise mit dem Modul »Nachrichtenliste«, gefolgt von einem WEITERLESEN-Link zum eigentlichen Beitrag, dargestellt werden kann.

NACHRICHTENTEXT: Hier können Sie den Nachrichtentext eingeben. Die Eingabe erfolgt wie beim Inhaltselement »Text« über den Rich Text Editor.

Ein Bild hinzufügen

Bei Bedarf können Sie dem Beitrag ein Bild hinzufügen, das dann von dem Text der Nachricht umflossen wird. Folgende Optionen stehen Ihnen dabei zur Verfügung:

QUELLDATEI: Hier wählen Sie das einzufügende Bild aus. Wenn Sie das Bild noch nicht auf den Server übertragen haben, können Sie mit einem Klick auf das kleine Icon neben der Feldüberschrift den Dateimanager in einem Popup-Fenster aufrufen und den Upload nachholen, ohne die Eingabemaske zu verlassen (Abbildung 8.1).

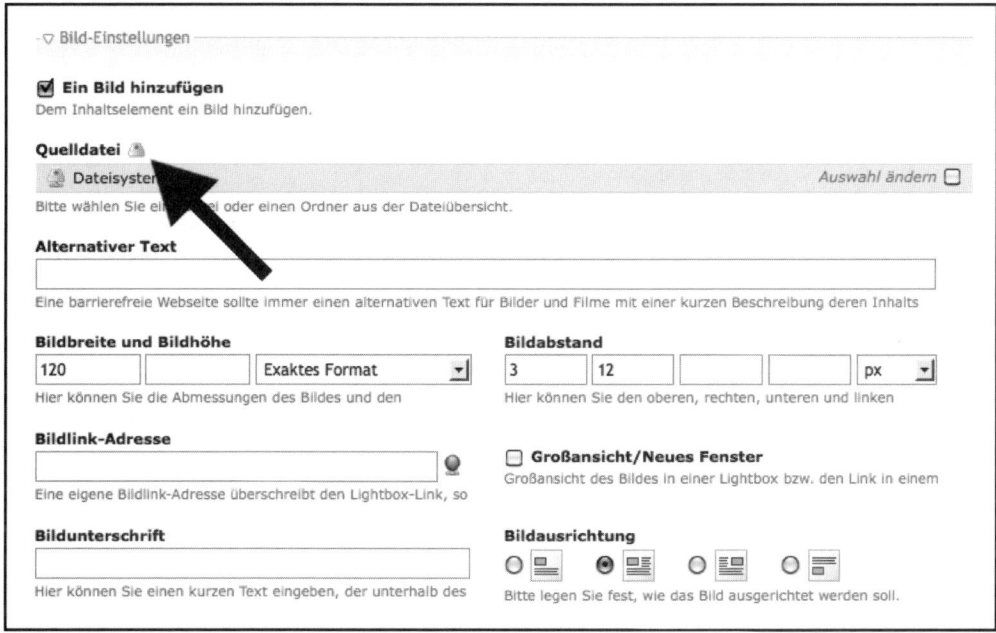

Abbildung 8.1: **Einem Beitrag ein Bild hinzufügen**

ALTERNATIVER TEXT: Eine barrierefreie Webseite sollte für jedes Objekt eine kurze Beschreibung enthalten, die angezeigt wird, wenn das Objekt selbst nicht dargestellt werden kann. Alternative Texte werden außerdem von Suchmaschinen ausgewertet und sind daher ein wichtiges Instrument der Onpage-Optimierung.

BILDBREITE UND BILDHÖHE: Hier können Sie die gewünschte Bildgröße angeben.

Contao verkleinert Bilder mithilfe der GD Library[3] automatisch auf das von Ihnen vorgegebene Format. Dabei können Sie zwischen folgenden Skalierungsmodi auswählen:

---

3   http://bit.ly/gdlib

MODUS	ERKLÄRUNG
Exaktes Format	Das Bild wird ungeachtet des originalen Seitenverhältnisses auf das exakte Format zugeschnitten, wodurch Teile des Bildes verloren gehen können.
Proportional	Die längere Seite des Bildes wird an die vorgegebenen Abmessungen angepasst und die kürzere Seite proportional dazu verkleinert. Eventuelle Vorgaben für die kürzere Seite werden ignoriert.
An Rahmen anpassen	Das Bild wird unter Beibehaltung des Seitenverhältnisses in den vorgegebenen Rahmen eingepasst. Dabei werden sowohl die Abmessungen für die längere als auch für die kürzere Seite beachtet.

Tabelle 8.2: **Übersicht über die Skalierungsmodi**

Der Skalierungsmodus spielt jedoch nur eine Rolle, wenn Sie sowohl die Breite als auch die Höhe vorgeben. Ist nur ein Wert angegeben, erfolgt die Verkleinerung immer proportional.

BILDABSTAND: Hier legen Sie den Abstand des Bilds zum Text fest. Die Reihenfolge der Eingabefelder lautet im Uhrzeigersinn »oben, rechts, unten, links«.

BILDLINK-ADRESSE: Bei einem Klick auf ein verlinktes Bild werden Sie direkt zu der angegebenen Zielseite weitergeleitet (entspricht einem Bildlink). Beachten Sie, dass für ein verlinktes Bild keine Lightbox-Großansicht mehr möglich ist.

GROSSANSICHT/NEUES FENSTER: Ist diese Option gewählt, wird das Bild beim Anklicken in seiner Originalgröße geöffnet. Diese Option steht bei verlinkten Bildern nicht zur Verfügung.

BILDUNTERSCHRIFT: Hier können Sie eine Bildunterschrift eingeben.

BILDAUSRICHTUNG: Hier legen Sie die Ausrichtung des Bildes fest. Wird es links oder rechts des Textes eingefügt, umfließt der Text das Bild.

Anlagen

Anlagen, im Zusammenhang mit RSS-Feeds auch »Enclosures« genannt, sind Dateien, die mit einem Beitrag verknüpft sind. Diese Dateien werden sowohl im RSS-Feed exportiert als auch auf der Webseite zum Download angeboten.

ANLAGEN HINZUFÜGEN: Hier aktivieren Sie das Hinzufügen von Anlagen.

ANLANGEN: Hier wählen Sie die Dateien aus, die Sie mit dem Beitrag verknüpfen möchten.

Weiterleitungsziel

Das Weiterleitungsziel bestimmt, auf welche Seite ein Besucher beim Anklicken eines Beitrags weitergeleitet wird. Normalerweise ist das die Seite, auf der das Frontend-Modul »Nachrichtenleser« zur Darstellung des kompletten Beitrags eingebunden ist.

WEITERLEITUNGS-ZIEL	ERKLÄRUNG
Standard	Die Weiterleitung erfolgt auf die Seite, die Sie in den Archiv-Einstellungen festgelegt haben. Auf dieser Seite sollte das Frontend-Modul »Nachrichtenleser« eingebunden sein.
Seite	Die Weiterleitung erfolgt zu einer bestimmten Seite in der Seitenstruktur.
Artikel	Die Weiterleitung erfolgt zu einem bestimmten Artikel.
Externe URL	Die Weiterleitung erfolgt zu einer externen URL.

Tabelle 8.3: **Übersicht der Weiterleitungsziele**

WEITERLEITUNGSZIEL: Hier legen Sie das Weiterleitungsziel fest.

WEITERLEITUNGSSEITE: Hier wählen Sie die Zielseite aus der Seitenstruktur aus.

ARTIKEL: Hier wählen Sie den Zielartikel aus.

LINK-ADRESSE: Hier geben Sie die URL der externen Zielseite ein.

IN NEUEM FENSTER ÖFFNEN: Hier können Sie festlegen, ob die externe Zielseite in einem neuen Browserfenster geöffnet wird oder nicht.

Experten-Einstellungen

In diesem Abschnitt ist vor allem das Hervorheben von Beiträgen interessant. Hervorgehobene Beiträge ermöglichen das Erstellen eines »virtuellen Archivs«, das aus den verschiedenen Archiven jeweils nur die hervorgehobenen Beiträge enthält. Dadurch können Sie z. B. eine übergreifende Liste wichtiger Nachrichten auf der Startseite ausgeben.

CSS-KLASSE: Hier können Sie dem Beitrag eine CSS-Klasse zuweisen.

KOMMENTARE DEAKTIVIEREN: Hier deaktivieren Sie die Kommentarfunktion für einen Beitrag.

BEITRAG HERVORHEBEN: Hier markieren Sie einen Beitrag als hervorgehoben.

Veröffentlichung

Solange ein Beitrag nicht veröffentlicht ist, wird er auch nicht im Frontend angezeigt. Sie kennen dieses Verhalten ja bereits von Seiten und Artikeln und werden ihm noch an etlichen weiteren Stellen in Contao begegnen.

Zusätzlich zur manuellen Veröffentlichung haben Sie wie immer auch die Möglichkeit, Beiträge automatisch zu einem bestimmten Datum zu aktivieren.

BEITRAG VERÖFFENTLICHEN: Hier können Sie den Beitrag veröffentlichen.

ANZEIGEN AB: Hier aktivieren Sie einen Beitrag zu einem bestimmten Datum.

ANZEIGEN BIS: Hier deaktivieren Sie einen Beitrag zu einem bestimmten Datum.

8.2 Frontend-Module

Nachdem Sie nun wissen, wie Archive und Beiträge im Backend verwaltet werden, erkläre ich Ihnen jetzt, wie Sie diese Inhalte im Frontend darstellen können. Die Nachrichtenerweiterung enthält vier neue Frontend-Module, die Sie wie gewohnt über die Modulverwaltung konfigurieren können (Abbildung 8.2).

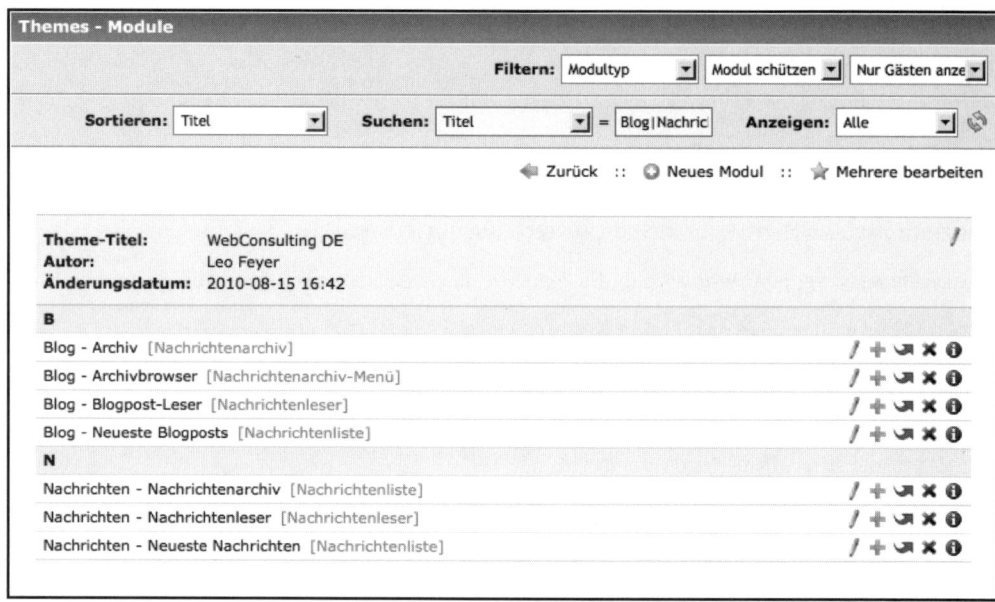

Abbildung 8.2: **News/Blog-Module der WebConsulting-Seite**

8.2.1 Nachrichtenliste

Das Frontend-Modul »Nachrichtenliste« stellt eine beliebige Anzahl an Beiträgen aus einem oder mehreren Nachrichtenarchiven im Frontend dar. Welche Teile eines Nachrichtenbeitrags angezeigt werden, hängt von dem jeweiligen Template ab. Möglich ist alles von der einfachen Überschrift bis hin zum kompletten Beitrag.

Auf der WebConsulting-Startseite befindet sich z. B. eine solche Nachrichtenliste, mit der die drei jeweils neuesten Blogeinträge angezeigt werden. Das dort verwendete Template stellt das Datum, den Autor, die Überschrift und den Teasertext einer Nachricht dar. Beim Anklicken des WEITERLESEN-Links werden Sie automatisch zur Unterseite »Blog« weitergeleitet, auf der Sie den ganzen Beitrag lesen können.

Modulkonfiguration

Öffnen Sie nun das Modul »Blog – Neueste Blogposts« in der Modulverwaltung des Backends, und sehen Sie sich an, wie es konfiguriert wurde.

NACHRICHTENARCHIVE: Hier legen Sie fest, aus welchen Archiven Beiträge aufgelistet werden sollen. Die Beiträge werden absteigend nach Datum sortiert.

GESAMTZAHL DER BEITRÄGE: Wenn Sie hier einen Wert größer 0 eingeben, wird die Anzahl der Nachrichten bzw. Blog-Beiträge automatisch auf diesen Wert limitiert.

HERVORGEHOBENE BEITRÄGE: Hier legen Sie fest, ob nur hervorgehobene, nur nicht hervorgehobene oder alle Beiträge der ausgewählten Archive angezeigt werden.

ELEMENTE PRO SEITE: Wenn Sie hier einen Wert größer 0 eingeben, verteilt Contao die Beiträge automatisch auf mehrere Seiten – eine entsprechende Anzahl vorausgesetzt.

ELEMENTE ÜBERSPRINGEN: Hier legen Sie die Anzahl der zu überspringenden Beiträge fest.

META-FELDER: Hier legen Sie fest, welche Meta-Informationen (Datum des Beitrags, Autor des Beitrags und Anzahl der Kommentare) angezeigt werden.

Nachrichtentemplate: Hier wählen Sie das Template für die Beiträge aus.

Folgende Nachrichtentemplates stehen Ihnen standardmäßig zur Verfügung:

TEMPLATE	ERKLÄRUNG
news_full	Dieses Template stellt den vollständigen Beitrag dar und wird deswegen zur Verwendung mit dem Nachrichtenleser empfohlen.
news_latest	Dieses Template gibt die Meta-Informationen eines Beitrags, ein eventuell hinzugefügtes Bild, die Überschrift, den Teasertext und einen Weiterlesen-Link aus.
news_short	Dieses Template gibt die Meta-Informationen eines Beitrags, die Überschrift, den Teasertext und einen Weiterlesen-Link aus.
news_simple	Dieses Template gibt das Datum und die Überschrift eines Beitrags aus.

Tabelle 8.4: **Übersicht der Nachrichtentemplates**

Darüber hinaus können Sie beliebige weitere Templates selbst erstellen.

HTML-Ausgabe

Das Frontend-Modul generiert folgenden HTML-Code:

```
<div class="mod_newslist">
   <div class="layout_short first even">
      <p class="info"> … </p>
      <h2><a> … </a></h2>
      <p class="teaser"></p>
      <p class="more"><a> … </a></p>
   </div>
   <div class="layout_short last even">
      …
   </div>
</div>
```

8.2.2 Nachrichtenleser

Das Frontend-Modul »Nachrichtenleser« dient dazu, einen bestimmten Nachrichtenbeitrag darzustellen. Die ID bzw. den Alias des Beitrags bezieht das Modul über die URL, sodass Nachrichten mit sogenannten Permalinks[4] gezielt verlinkt werden können:

```
http://www.domain.de/blogposts/items/form-folgt-funktion.html
```

In diesem Beispiel wird die Nachricht mit dem Alias »form-folgt-funktion« über die Seite »blogposts« aufgerufen. Das Schlüsselwort *items* teilt dem Nachrichtenleser mit, dass er eine bestimmte Nachricht suchen und ausgeben soll. Existiert die gesuchte Nachricht nicht, gibt der Nachrichtenleser eine Fehlermeldung und den HTTP-Status-Code »404 Not found« zurück. Der Status-Code ist wichtig für die Suchmaschinenoptimierung.

Modulkonfiguration

Öffnen Sie die Modulverwaltung im Backend, und rufen Sie das Modul »Blog – Blogpost-Leser« auf. Die Konfiguration des Moduls ist relativ überschaubar.

NACHRICHTENARCHIVE: Hier legen Sie fest, in welchen Archiven nach dem angeforderten Beitrag gesucht werden soll. Beiträge aus nicht ausgewählten Archiven werden grundsätzlich nicht angezeigt, selbst wenn die URL stimmt und die Nachricht existiert. Dieses Feature ist vor allem im Multidomain-Betrieb mit mehreren unabhängigen Webseiten wichtig.

META-FELDER: Hier legen Sie fest, welche Meta-Informationen (Datum des Beitrags, Autor des Beitrags und Anzahl der Kommentare) angezeigt werden.

NACHRICHTENTEMPLATE: Hier wählen Sie das Nachrichtentemplate aus. Das Template `news_full` stellt standardmäßig den vollständigen Beitrag dar.

HTML-Ausgabe

Das Frontend-Modul generiert folgenden HTML-Code:

```
<div class="mod_newsreader">
    <div class="layout_full first last even">
        <h1> … </h1>
        <p class="info"> … </p>
        <h2> … </h2>
        <div class="ce_text">
            <div class="image_container">
                <img />
            </div>
            …
        </div>
    </div>
    <p class="back"><a> … </a></p>
    <div class="ce_comments">
```

---

4   http://bit.ly/Permalink

```
    ...
    </div>
</div>
```

Details zum Markup der Kommentare finden Sie in Abschnitt 7.2.19, *Kommentare*.

8.2.3 Nachrichtenarchiv

Das Frontend-Modul »Nachrichtenarchiv« dient dazu, alle Nachrichtenbeiträge eines bestimmten Zeitraums aufzulisten. In Verbindung mit dem Modul »Nachrichtenarchiv-Menü« können Sie so tages-, monats- oder jahresweise alle vorhandenen Beiträge durchsuchen.

Modulkonfiguration

Öffnen Sie die Modulverwaltung im Backend, und rufen Sie das Modul »Blog – Archiv« auf. Die Konfiguration ist der des Moduls »Nachrichtenliste« sehr ähnlich.

NACHRICHTENARCHIVE: Hier legen Sie fest, aus welchen Archiven Beiträge aufgelistet werden sollen. Die Beiträge werden absteigend nach Datum sortiert.

KEIN ZEITRAUM AUSGEWÄHLT: Hier legen Sie fest, was das Frontend-Modul darstellen soll, wenn kein bestimmter Zeitraum ausgewählt wurde.

OPTION	ERKLÄRUNG
Das Modul ausblenden	Das Modul wird komplett ausgeblendet, wenn kein Zeitraum ausgewählt ist.
Zum aktuellen Zeitraum springen	Es werden automatisch die Beiträge des aktuellen Zeitraums (Tag, Monat oder Jahr) angezeigt, wenn kein Zeitraum ausgewählt ist.
Alle Beiträge anzeigen	Es werden alle Beiträge des Archivs angezeigt, wenn kein Zeitraum ausgewählt ist.

Tabelle 8.5: **Übersicht der Auswahlmöglichkeiten**

ELEMENTE PRO SEITE: Wenn Sie hier einen Wert größer 0 eingeben, verteilt Contao die Beiträge automatisch auf mehrere Seiten – eine entsprechende Anzahl vorausgesetzt.

ARCHIVFORMAT: Hier legen Sie das Archivformat (Tag, Jahr oder Monat) fest.

META-FELDER: Hier legen Sie fest, welche Meta-Informationen (Datum des Beitrags, Autor des Beitrags und Anzahl der Kommentare) angezeigt werden.

NACHRICHTENTEMPLATE: Hier wählen Sie das Template aus (vgl. Abschnitt 8.2.1, *Nachrichtenliste*).

BILDBREITE UND BILDHÖHE: Hier können Sie die Bildabmessungen, die in den Beiträgen vorgegeben sind, mit individuellen Einstellungen für das Modul überschreiben.

HTML-Ausgabe

Das Frontend-Modul generiert folgenden HTML-Code:

```
<div class="mod_newsarchive">
    <div class="layout_latest first even">
        <p class="info"> … </p>
        <div class="image_container">
            <img />
        </div>
        <h2><a> … </a></h2>
        <p class="teaser"> … </p>
        <p class="more"><a> … </a></p>
    </div>
    <div class="layout_latest last odd">
        …
    </div>
</div>
```

8.2.4 Nachrichtenarchiv-Menü

Das Frontend-Modul »Nachrichtenarchiv-Menü« fügt der Webseite ein Menü hinzu, mit dem Sie die Beiträge der einzelnen Tage, Monate oder Jahre aufrufen können.

Modulkonfiguration

Öffnen Sie die Modulverwaltung im Backend, und rufen Sie das Modul »Blog – Archivbrowser« auf. Die Konfiguration wird Ihnen bekannt vorkommen.

NACHRICHTENARCHIVE: Hier legen Sie fest, aus welchen Archiven Beiträge verlinkt werden sollen. Diese Auswahl sollte mit der des Nachrichtenarchivs übereinstimmen.

ANZAHL DER BEITRÄGE ANZEIGEN: Wenn Sie diese Option auswählen, wird die Anzahl der Beiträge jedes Monats bzw. Jahres im Menü angezeigt.

ARCHIVFORMAT: Hier legen Sie das Archivformat (Tag, Monat oder Jahr) fest.

ERSTER WOCHENTAG: Hier legen Sie fest, mit welchem Tag die Woche beginnt.

SORTIERREIHENFOLGE: Hier können Sie die Sortierreihenfolge des Menüs ändern.

WEITERLEITUNGSSEITE: Hier legen Sie fest, auf welche Seite ein Besucher nach dem Anklicken eines Menüpunkts (Tag, Monat oder Jahr) weitergeleitet wird.

HTML-Ausgabe

Das Frontend-Modul generiert folgenden HTML-Code:

```
<div class="mod_newsmenu">
    <ul class="level_1">
        <li class="year submenu"> …
```

```
        <ul class="level_2">
            <li class="first"><a> … </a></li>
            <li class="last"><a> … </a></li>
        </ul>
    </li>
    </ul>
</div>
```

Im Archivformat »Jahr« sieht das HTML-Markup wie folgt aus:

```
<div class="mod_newsmenu">
    <ul class="level_1">
        <li class="first"><a> … </a></li>
        <li class="last"><a> … </a></li>
    </ul>
</div>
```

Im Archivformat »Tag« sieht das HTML-Markup wie folgt aus:

```
<div class="mod_newsmenu">
    <table class="minicalendar">
    <thead>
        <tr>
            <th class="head previous"><a> … </a></th>
            <th class="head current"> … </th>
            <th class="head next"><a> … </a></th>
        </tr>
        <tr>
            <th class="label"> … </th>
            <th class="label weekend"> … </th>
        </tr>
    </thead>
    <tbody>
        <tr class="week_0 first">
            <td class="days col_first"> … </td>
            <td class="days"> … </td>
            <td class="days weekend col_last"> … </td>
        </tr>
        …
        <tr class="week_5 last">
            <td class="days col_first"> … </td>
            <td class="days"> … </td>
            <td class="days weekend col_last"> … </td>
        </tr>
    </tbody>
    </table>
</div>
```

8.3 Zusammenfassung

Die »News/Blog«-Erweiterung dient zur Verwaltung von Nachrichten bzw. Blog-Beiträgen. Als dynamische Inhalte werden diese Beiträge nicht anhand der Seitenstruktur organisiert, sondern in Form von Nachrichtenarchiven. Sie können beliebig viele Archive erstellen und die Beiträge auf diese Weise nach Kategorie, Sprache oder Webseite (Multidomain-Betrieb) sortieren.

Die Darstellung der Beiträge im Frontend erfolgt wie in Contao üblich über Frontend-Module. Das Modul »Nachrichtenliste« listet eine beliebige Anzahl an Beiträgen aus mehreren Archiven auf, die Sie mit dem Modul »Nachrichtenleser« lesen können. Das Modul »Nachrichtenarchiv« stellt sämtliche vorhandenen Beiträge dar, die Sie mit dem Modul »Nachrichtenarchiv-Menü« tages-, monats- oder jahresweise durchsuchen können.

9. Die Kalender-Erweiterung

Die Erweiterung »Kalender/Events« dient dazu, Termine bzw. Events zu erstellen und im Frontend darzustellen. Events zählen zu den dynamischen Inhalten und werden daher – genau wie Nachrichtenbeiträge – nicht anhand der Seitenstruktur organisiert, sondern in Form von Kalendern.

9.1 Terminverwaltung

Die Terminverwaltung ist ein eigenes Modul im Backend namens »Events«, das Sie in der Gruppe »Inhalte« an dritter Stelle finden. Sie können dort mehrere Kalender anlegen, die wiederum die einzelnen Termine bzw. Events enthalten. Durch die Verwendung mehrerer Kalender ist eine Kategorisierung der Einträge möglich.

9.1.1 Kalender

Die WebConsulting-Seite enthält einen Kalender zur Darstellung aller für die Beispielagentur wichtigen Veranstaltungen. Öffnen Sie die Kalender-Einstellungen des Kalenders »Veranstaltungen«, und sehen Sie sich an, wie er konfiguriert wurde. Die Kalender-Einstellungen erreichen Sie am schnellsten, indem Sie mit der rechten (!) Maustaste auf das Bearbeitungssymbol des Kalenders klicken und im Kontextmenü die gleichnamige Option auswählen.

Titel und Weiterleitung

TITEL: Der Titel eines Kalenders wird in der Backend-Übersicht verwendet und in einem eventuell vorhandenen RSS-Feed exportiert.

WEITERLEITUNGSSEITE: Hier legen Sie fest, auf welche Seite ein Besucher beim Anklicken eines Events weitergeleitet wird. Diese Zielseite sollte das Modul »Eventleser« enthalten, um den vollständigen Beitrag anzuzeigen.

Kommentare

Die Contao-Kommentarfunktion kennen Sie bereits von der »News/Blog«-Erweiterung bzw. dem gleichnamigen Inhaltselement (vgl. Abschnitt 7.2.19, *Kommentare*). Sie steht auch für Kalender und Events zur Verfügung.

KOMMENTARE AKTIVIEREN: Hier aktivieren Sie die Kommentarfunktion für den Kalender.

BENACHRICHTIGUNG AN: Hier legen Sie fest, ob bei neuen Kommentaren der Systemadministrator, der Autor eines Events oder beide benachrichtigt werden.

SORTIERUNG: Hier legen Sie die Reihenfolge der Kommentare fest.

KOMMENTARE PRO SEITE: Hier können Sie die Anzahl der Kommentare pro Seite festlegen. Contao erzeugt bei Bedarf automatisch einen Seitenumbruch.

KOMMENTARE MODERIEREN: Wenn Sie diese Option wählen, erscheinen Kommentare nicht sofort auf der Webseite, sondern erst, nachdem Sie sie im Backend freigegeben haben.

BBCODE ERLAUBEN: Wenn Sie diese Option wählen, können Ihre Besucher BBCode[1] zur Formatierung ihrer Kommentare verwenden. Folgende Tags werden unterstützt:

TAG	ERKLÄRUNG
[b][/b]	Fettschrift
[i][/i]	Kursivschrift
[u][/u]	Unterstrichen
[img][/img]	Bild einfügen
[code][/code]	Programmcode einfügen
[color=#f00][/color]	Farbiger Text
[quote][/quote]	Zitat einfügen
[quote=Tim][/quote]	Zitat mit Nennung des Urhebers einfügen
[url][/url]	Link einfügen
[url=http://domain.de][/url]	Link mit Linktitel einfügen
[email][email]	E-Mail-Adresse einfügen
[email=info@domain.de][/email]	E-Mail-Adresse mit Titel einfügen

Tabelle 9.1: **Übersicht der unterstützten BBCode-Tags**

---

1   http://bit.ly/BBCode

Login zum Kommentieren benötigt: Wenn Sie diese Option auswählen, können nur angemeldete Mitglieder Kommentare hinzufügen. Die bereits abgegebenen Kommentare sind aber weiterhin für alle Besucher der Webseite sichtbar.

Sicherheitsfrage deaktivieren: Standardmäßig müssen Besucher beim Erstellen von Kommentaren eine Sicherheitsfrage beantworten, damit die Kommentarfunktion nicht zu Spam-Zwecken missbraucht werden kann. Falls Sie aber ohnehin nur angemeldeten Mitgliedern das Kommentieren erlauben möchten, können Sie die Sicherheitsfrage hier deaktivieren.

Zugriffsschutz

Genau wie Inhaltselemente können auch Kalender geschützt werden. Die Events des Kalenders werden dann nur angemeldeten Mitgliedern angezeigt.

Kalender schützen: Hier aktivieren Sie den Zugriffsschutz.

Erlaubte Mitgliedergruppen: Hier legen Sie fest, welche Mitgliedergruppen nach der Anmeldung im Frontend Zugriff auf den Kalender haben sollen.

RSS/Atom-Feed

Jeder Kalender kann auf Wunsch als RSS-Feed exportiert werden. RSS-Feeds sind XML-Dateien mit Ihren Beiträgen, die mit einem RSS-Reader abonniert und z. B. in eine andere Webseite eingebunden werden können.

Feed erstellen: Hier aktivieren Sie die Feed-Erstellung.

Feed-Format: Hier legen Sie das Format des Feeds fest. Contao unterstützt RSS 2.0 und Atom, die beiden am weitesten verbreiteten Formate.

Feed-Sprache: Hier können Sie die Sprache des Feeds[2] eingeben.

Export-Einstellungen: Hier legen Sie fest, ob lediglich die Teasertexte der Beiträge oder die kompletten Beiträge als Feed exportiert werden.

Maximale Anzahl an Beiträgen: Hier können Sie die Anzahl der Beiträge des Feeds beschränken. In der Regel reichen um die 25 Beiträge pro Feed vollkommen aus. Meistens werden ohnehin nur die ersten drei bis fünf tatsächlich verwendet.

Basis-URL: Die Basis-URL ist vor allem im Multidomain-Betrieb wichtig, wenn Sie mehrere Webseiten mit einer Contao-Installation betreiben. Damit der Feed auf die richtige Domain verlinkt, können Sie diese hier eingeben.

Feed-Alias: Der Alias eines Feeds wird als Dateiname verwendet.

Feed-Beschreibung: Hier können Sie eine Beschreibung des Feeds eingeben.

---

2   http://bit.ly/rss-languages

9.1.2 Events

In diesem Abschnitt erkläre ich Ihnen, wie Sie ein Event anlegen. Events werden grundsätzlich nach ihrem Datum sortiert, daher gibt es hier keine Icons, mit denen Sie die Reihenfolge ändern könnten. Öffnen Sie das Event »European Design Awards«, und sehen Sie sich die Konfiguration an.

Event-Alias

Der Alias eines Events ist eine eindeutige und aussagekräftige Referenz, über die Sie es in Ihrem Browser aufrufen können. Mit einem CMS erstellte Seiten bzw. Beiträge werden in der Regel über eine ID aufgerufen, also z. B.:

» `index.php?id=23&events=3`

Der Alias ermöglicht es, stattdessen folgende URL zu verwenden:

» `index.php/eventleser/events/european-design-awards.html`

Wenn Sie zusätzlich dazu die Option URLs UMSCHREIBEN in den Backend-Einstellungen aktivieren, wird daraus eine suchmaschinenfreundliche URL:

» `eventleser/events/european-design-awards.html`

In allen drei Fällen wird dadurch die Seite »Eventkalender« geladen und das darin eingebundene Frontend-Modul »Eventleser« mithilfe des Schlüsselworts *events* angewiesen, den Beitrag »European Design Awards« darzustellen. Wie alle Inhalte in Contao können auch Events nur in Verbindung mit einer Seite und niemals direkt im Browser aufgerufen werden.

Datum und Text

ZEIT HINZUFÜGEN: Wenn Sie diese Option auswählen, können Sie dem Event eine Uhrzeit hinzufügen. Andernfalls geht Contao von einem ganztägigen Event aus.

STARTZEIT: Geben Sie hier die Startzeit des Events ein.

ENDZEIT: Geben Sie hier die Endzeit des Events an. Um einen Termin mit offenem Ende anzulegen, geben Sie hier dieselbe Zeit ein wie unter STARTZEIT.

STARTDATUM: Geben Sie hier das Startdatum des Events ein.

ENDDATUM: Geben Sie hier das Enddatum des Events ein. Wenn Sie dieses Feld nicht ausfüllen, geht Contao automatisch von einem eintägigen Event aus.

TEASERTEXT: Hier können Sie eine kurze Zusammenfassung des Events eingeben, die z. B. mit dem Modul »Eventliste«, gefolgt von einem WEITERLESEN-Link, angezeigt wird.

EVENT-TEXT: Hier können Sie den Text des Events eingeben. Die Eingabe erfolgt wie beim Inhaltselement »Text« über den Rich Text Editor.

Ein Bild hinzufügen

Bei Bedarf können Sie dem Eintrag ein Bild hinzufügen, das dann von dem Text des Events umflossen wird. Folgende Optionen stehen Ihnen dabei zur Verfügung:

QUELLDATEI: Hier wählen Sie das einzufügende Bild aus. Wenn Sie das Bild noch nicht auf den Server übertragen haben, können Sie mit einem Klick auf das kleine Icon neben der Feldüberschrift den Dateimanager in einem Popup-Fenster aufrufen und den Upload nachholen, ohne die Eingabemaske zu verlassen (Abbildung 9.1).

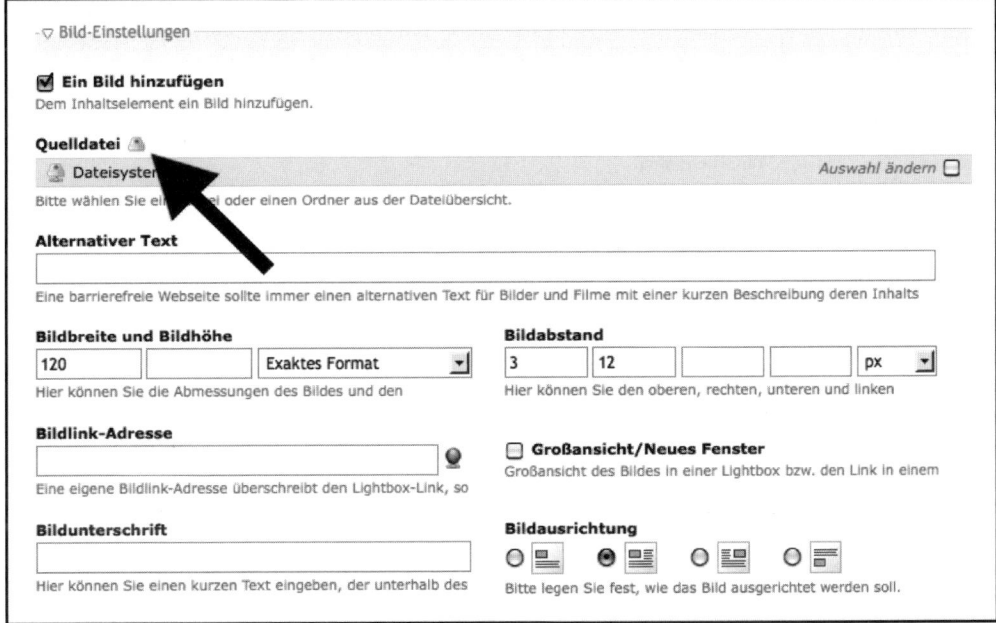

Abbildung 9.1: **Einem Event ein Bild hinzufügen**

ALTERNATIVER TEXT: Eine barrierefreie Webseite sollte für jedes Objekt eine kurze Beschreibung enthalten, die angezeigt wird, wenn das Objekt selbst nicht dargestellt werden kann. Alternative Texte werden außerdem von Suchmaschinen ausgewertet und sind daher ein wichtiges Instrument der Onpage-Optimierung.

BILDBREITE UND BILDHÖHE: Hier können Sie die gewünschte Bildgröße angeben.

Contao verkleinert Bilder mithilfe der GD Library[3] automatisch auf das von Ihnen vorgegebene Format. Dabei können Sie zwischen folgenden Skalierungsmodi auswählen:

---

3   http://bit.ly/gdlib

MODUS	ERKLÄRUNG
Exaktes Format	Das Bild wird ungeachtet des originalen Seitenverhältnisses auf das exakte Format zugeschnitten, wodurch Teile des Bildes verloren gehen können.
Proportional	Die längere Seite des Bildes wird an die vorgegebenen Abmessungen angepasst und die kürzere Seite proportional dazu verkleinert. Eventuelle Vorgaben für die kürzere Seite werden ignoriert.
An Rahmen anpassen	Das Bild wird unter Beibehaltung des Seitenverhältnisses in den vorgegebenen Rahmen eingepasst. Dabei werden sowohl die Abmessungen für die längere als auch für die kürzere Seite beachtet.

Tabelle 9.2: **Übersicht der Skalierungsmodi**

Der Skalierungsmodus spielt jedoch nur eine Rolle, wenn Sie sowohl die Breite als auch die Höhe vorgeben. Ist nur ein Wert angegeben, erfolgt die Verkleinerung immer proportional.

BILDABSTAND: Hier legen Sie den Abstand des Bilds zum Text fest. Die Reihenfolge der Eingabefelder lautet im Uhrzeigersinn »oben, rechts, unten, links«.

BILDLINK-ADRESSE: Bei einem Klick auf ein verlinktes Bild werden Sie direkt zu der angegebenen Zielseite weitergeleitet (entspricht einem Bildlink). Beachten Sie, dass für ein verlinktes Bild keine Lightbox-Großansicht mehr möglich ist.

GROSSANSICHT/NEUES FENSTER: Ist diese Option gewählt, wird das Bild beim Anklicken in seiner Originalgröße geöffnet. Diese Option steht bei verlinkten Bildern nicht zur Verfügung.

BILDUNTERSCHRIFT: Hier können Sie eine Bildunterschrift eingeben.

BILDAUSRICHTUNG: Hier legen Sie die Ausrichtung des Bildes fest. Wird es links oder rechts des Textes eingefügt, umfließt der Text das Bild.

Wiederholungen

Bei Bedarf können Sie ein Event in bestimmten Zeitabständen wiederholen. Mögliche Eingaben sind z. B. alle vier Tage, alle zwei Wochen oder jedes Jahr.

EVENT WIEDERHOLEN: Hier aktivieren Sie die Wiederholfunktion.

INTERVALL: Hier legen Sie fest, in welchen Abständen das Event wiederholt wird.

WIEDERHOLUNGEN: Wenn Sie hier einen Wert größer 0 eingeben, wird der Termin nach der vorgegebenen Anzahl an Wiederholungen nicht mehr angezeigt.

Anlagen

Anlagen, im Zusammenhang mit RSS-Feeds auch »Enclosures« genannt, sind Dateien, die mit einem Event verknüpft sind. Diese Dateien werden sowohl im RSS-Feed exportiert, als auch auf der Webseite zum Download angeboten.

ANLAGEN HINZUFÜGEN: Hier aktivieren Sie das Hinzufügen von Anlagen.

ANLAGEN: Hier wählen Sie die Dateien aus, die Sie mit dem Beitrag verknüpfen möchten.

Weiterleitungsziel

Das Weiterleitungsziel bestimmt, auf welche Seite ein Besucher beim Anklicken eines Events weitergeleitet wird. Normalerweise ist das die Seite, auf der das Frontend-Modul »Eventleser« zur Darstellung des kompletten Events eingebunden ist.

WEITERLEITUNGSZIEL	ERKLÄRUNG
Standard	Die Weiterleitung erfolgt auf die Seite, die Sie in den Kalender-Einstellungen festgelegt haben. Auf dieser Seite sollte das Frontend-Modul »Eventleser« eingebunden sein.
Seite	Die Weiterleitung erfolgt zu einer bestimmten Seite in der Seitenstruktur.
Artikel	Die Weiterleitung erfolgt zu einem bestimmten Artikel.
Externe URL	Die Weiterleitung erfolgt zu einer externen URL.

Tabelle 9.3: **Übersicht der Weiterleitungsziele**

WEITERLEITUNGSZIEL: Hier legen Sie das Weiterleitungsziel fest.

WEITERLEITUNGSSEITE: Hier wählen Sie die Zielseite aus der Seitenstruktur aus.

ARTIKEL: Hier wählen Sie den Zielartikel aus.

LINK-ADRESSE: Hier geben Sie die URL der externen Zielseite ein.

IN NEUEM FENSTER ÖFFNEN: Hier können Sie festlegen, ob die externe Zielseite in einem neuen Browserfenster geöffnet wird oder nicht.

Experten-Einstellungen

CSS-KLASSE: Hier können Sie dem Event eine CSS-Klasse hinzufügen.

KOMMENTARE DEAKTIVIEREN: Hier deaktivieren Sie die Kommentarfunktion für ein Event.

Veröffentlichung

Solange ein Event nicht veröffentlicht ist, wird es auch nicht im Frontend angezeigt. Sie kennen dieses Verhalten ja bereits von Seiten und Artikeln. Zusätzlich zur manuellen Veröffentlichung haben Sie wie immer auch die Möglichkeit, Events automatisch zu einem bestimmten Datum zu aktivieren.

EVENT VERÖFFENTLICHEN: Hier können Sie das Event veröffentlichen.

ANZEIGEN AB: Hier aktivieren Sie das Event zu einem bestimmten Datum.

ANZEIGEN BIS: Hier deaktivieren Sie das Event zu einem bestimmten Datum.

9.2 Frontend-Module

Nachdem Sie nun wissen, wie Kalender und Events im Backend verwaltet werden, erkläre ich Ihnen jetzt, wie Sie diese Inhalte im Frontend darstellen können. Die »Kalender«-Erweiterung enthält vier neue Frontend-Module, die Sie wie gewohnt über die Modulverwaltung konfigurieren können (Abbildung 9.2).

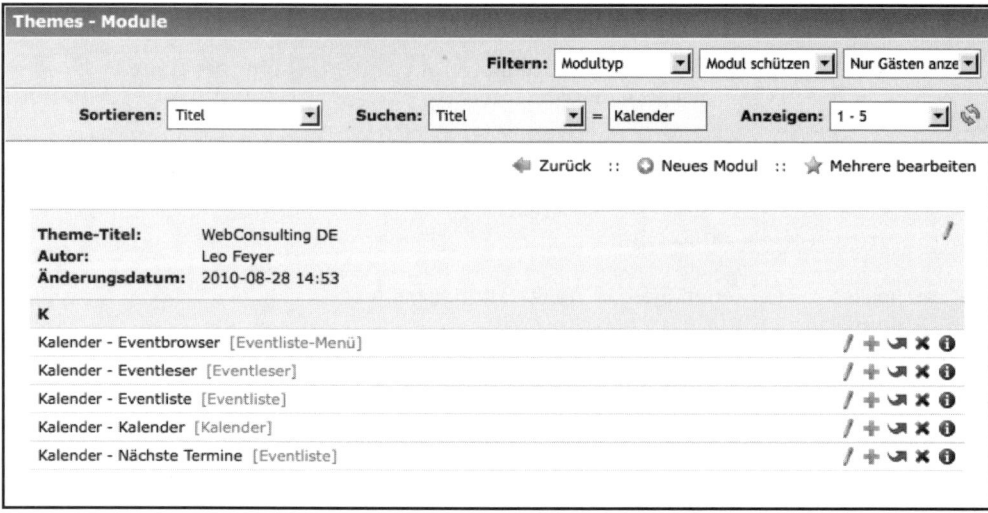

Abbildung 9.2: **Kalendermodule der »WebConsulting«-Seite**

9.2.1 Kalender

Das Frontend-Modul »Kalender« fügt der Webseite einen Kalender hinzu, in dem die Events eines oder mehrerer Kalender dargestellt werden. Auf der Frontend-Seite »Eventkalender« sehen Sie das Modul in Aktion (Abbildung 9.3).

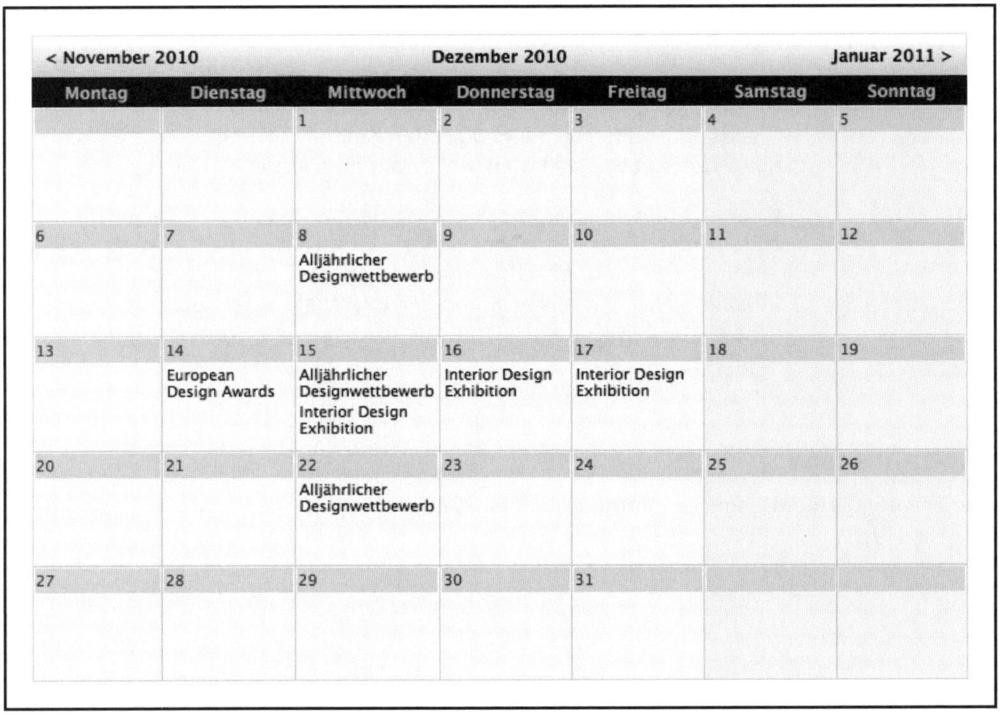

< November 2010		Dezember 2010				Januar 2011 >
Montag	**Dienstag**	**Mittwoch**	**Donnerstag**	**Freitag**	**Samstag**	**Sonntag**
		1	2	3	4	5
6	7	8 Alljährlicher Designwettbewerb	9	10	11	12
13	14 European Design Awards	15 Alljährlicher Designwettbewerb Interior Design Exhibition	16 Interior Design Exhibition	17 Interior Design Exhibition	18	19
20	21	22 Alljährlicher Designwettbewerb	23	24	25	26
27	28	29	30	31		

Abbildung 9.3: **Das Kalendermodul im Frontend**

Modulkonfiguration

Öffnen Sie nun das Modul »Kalender – Kalender« in der Modulverwaltung des Backends, und sehen Sie sich an, wie es konfiguriert wurde.

KALENDER: Hier legen Sie fest, aus welchen Kalendern Events angezeigt werden. Jedes Event erhält eine CSS-Klasse mit der ID seines Kalenders (z. B. `cal_1`, `cal_2` etc.), sodass Sie die Einträge z. B. durch verschiedene Farben kennzeichnen können.

VERKÜRZTE DARSTELLUNG: Standardmäßig zeigt Contao mehrtägige Events an jedem Tag einzeln an. Wenn Sie diese Option auswählen, wird die Darstellung verkürzt, und das Event erscheint nur einmal am ersten Tag.

ERSTER WOCHENTAG: Hier legen Sie den ersten Tag der Woche fest.

WEITERLEITUNGSSEITE: Hier legen Sie die Seite fest, zu der ein Besucher beim Anklicken eines Links im Mini-Kalender weitergeleitet wird. Auf der Zielseite sollte das Frontend-Modul »Eventliste« oder »Kalender« eingebunden sein.

KALENDER-TEMPLATE: Hier wählen Sie das Template für den Kalender aus.

Folgende Kalender-Templates stehen Ihnen standardmäßig zur Verfügung:

TEMPLATE	ERKLÄRUNG
cal_default	Dieses Template stellt einen großen Kalender dar, in dem die einzelnen Events aufgelistet sind und direkt angeklickt werden können.
cal_mini	Dieses Template stellt einen Mini-Kalender dar, der im Gegensatz zum großen Kalender keine direkten Links auf einzelne Events, sondern nur Links auf einzelne Tage enthält. Der Mini-Kalender wurde ursprünglich für die Navigation der Eventliste verwendet; mittlerweile erfolgt diese jedoch mit dem flexibleren Modul »Eventliste-Menü«.

Tabelle 9.4: **Übersicht der Kalender-Templates**

HTML-Ausgabe

Das Frontend-Modul generiert folgenden HTML-Code:

```
<div class="mod_calendar">
    <table class="calendar">
    <thead>
        <tr>
            <th class="head previous"><a> … </a></th>
            <th class="head current"> … </th>
            <th class="head next"><a> … </a></th>
        </tr>
        <tr>
            <th class="label"> … </th>
            <th class="label weekend"> … </th>
        </tr>
    </thead>
    <tbody>
        <tr class="week_0 first">
            <td class="days col_first">
                <div class="header"> … </div>
            </td>
            <td class="days active">
                <div class="header"> … </div>
                <div class="event cal_1"><a> … </a></div>
                <div class="event cal_1"><a> … </a></div>
            </td>
            <td class="days weekend col_last">
                <div class="header"> … </div>
            </td>
        </tr>
        …
        <tr class="week_4 last">
            …
        </tr>
    </tbody>
    </table>
</div>
```

9.2.2 Eventleser

Das Frontend-Modul »Eventleser« dient dazu, ein bestimmtes Event darzustellen. Die ID bzw. den Alias des Eintrags bezieht das Modul über die URL, sodass Events mit sogenannten Permalinks[4] gezielt verlinkt werden können:

```
http://www.domain.de/eventleser/events/european-design-awards.html
```

Das Schlüsselwort des Eventlesers lautet *events* und teilt dem Modul mit, dass es ein bestimmtes Event suchen und ausgeben soll. Existiert der gesuchte Eintrag nicht, gibt der Eventleser eine Fehlermeldung und den HTTP-Status-Code »404 Not found« zurück. Der Status-Code ist wichtig für die Suchmaschinenoptimierung.

Modulkonfiguration

Öffnen Sie die Modulverwaltung im Backend, und rufen Sie das Modul »Kalender – Eventleser« auf. Die Konfiguration des Moduls ist sehr überschaubar.

KALENDER: Hier legen Sie fest, in welchen Kalendern nach dem angeforderten Event gesucht werden soll. Events aus nicht ausgewählten Kalendern werden grundsätzlich nicht angezeigt, selbst wenn die URL stimmt und der Eintrag existiert. Dieses Feature ist vor allem im Multidomain-Betrieb mit mehreren unabhängigen Webseiten wichtig.

EVENT-TEMPLATE: Hier wählen Sie das Event-Template aus.

Folgende Event-Templates stehen Ihnen standardmäßig zur Verfügung:

TEMPLATE	ERKLÄRUNG
event_full	Dieses Template stellt das vollständige Event dar und wird deswegen zur Verwendung mit dem Eventleser empfohlen.
event_list	Dieses Template gibt die Überschrift eines Events, das Datum und die Uhrzeit sowie den Event-Text für die Eventliste aus.
event_teaser	Dieses Template gibt die Überschrift eines Events, das Datum und die Uhrzeit, den Teasertext und einen Weiterlesen-Link aus.
event_upcoming	Dieses Template gibt das Datum und die Überschrift eines Events aus.

Tabelle 9.5: **Übersicht der Event-Templates**

Darüber hinaus können Sie beliebige weitere Templates selbst erstellen.

---

4   http://bit.ly/Permalink

HTML-Ausgabe

Das Frontend-Modul generiert folgenden HTML-Code:

```
<div class="mod_eventreader">
    <div class="event">
        <h1> ... </h1>
        <p class="info"> ... </p>
        <div class="ce_text">
            <div class="image_container float_left">
                <img />
                <div class="caption"> ... </div>
            </div>
            ...
        </div>
    </div>
    <p class="back"><a> ... </a></p>
    <div class="ce_comments">
        ...
    </div>
</div>
```

Details zum Markup der Kommentare finden Sie in Abschnitt 7.2.19, *Kommentare*.

9.2.3 Eventliste

Das Frontend-Modul »Eventliste« dient dazu, alle Events eines bestimmten Zeitraums aufzulisten. In Verbindung mit dem Modul »Eventliste-Menü« können Sie so tages-, monats- oder jahresweise alle vorhandenen Events durchsuchen.

Modulkonfiguration

Öffnen Sie die Modulverwaltung im Backend, und rufen Sie das Modul »Kalender – Eventliste« auf. Folgende Konfigurationsmöglichkeiten sind vorhanden:

KALENDER: Hier legen Sie fest, aus welchen Kalendern Events aufgelistet werden sollen. Die Events werden aufsteigend nach Datum sortiert.

VERKÜRZTE DARSTELLUNG: Standardmäßig zeigt Contao mehrtägige Events an jedem Tag einzeln an. Wenn Sie diese Option auswählen, wird die Darstellung verkürzt, und das Event erscheint nur einmal am ersten Tag.

Anzeigeformat: Hier legen Sie den Zeitraum der Anzeige fest. Über das Anzeigeformat definieren Sie gleichzeitig auch den Betriebsmodus der Eventliste.

BETRIEBSMODUS	ERKLÄRUNG
Eventliste	Die Eventliste listet alle Events eines bestimmten Zeitraums auf, den Sie mit dem Modul »Eventliste-Menü« vorgeben können.
Zukünftige Events	Die Eventliste listet nur zukünftige Events auf (Vorschau).
Vergangene Events	Die Eventliste listet nur vergangene Events auf (Rückblick).

Tabelle 9.6: **Übersicht der Betriebsmodi**

SORTIERREIHENFOLGE: Hier können Sie die Sortierreihenfolge der Events ändern.

ANZAHL AN EVENTS: Wenn Sie hier einen Wert größer 0 eingeben, wird die Anzahl der Events der Eventliste automatisch auf diesen Wert limitiert.

ELEMENTE PRO SEITE: Wenn Sie hier einen Wert größer 0 eingeben, verteilt Contao die Events automatisch auf mehrere Seiten – eine entsprechende Anzahl vorausgesetzt.

EVENT-TEMPLATE: Hier wählen Sie das Template aus (vgl. Abschnitt 9.2.2, *Eventleser*).

BILDBREITE UND BILDHÖHE: Hier können Sie die Bildabmessungen, die in den Events vorgegeben sind, mit individuellen Einstellungen für das Modul überschreiben.

HTML-Ausgabe

Das Frontend-Modul generiert folgenden HTML-Code:

```
<div class="mod_eventlist">
   <div class="header even first">
      <span class="date"> … </span> <span class="day"> … </span>
   </div>
   <div class="event even first cal_1">
      <h2><a> … </a></h2>
      <p class="time"> … </p>
      <div class="ce_text"> … </div>
   </div>
   <div class="event odd last cal_1">
      <h2><a> … </a></h2>
      <p class="time"> … </p>
      <div class="ce_text"> … </div>
   </div>
   <div class="header odd last">
      …
   </div>
</div>
```

9.2.4 Eventliste-Menü

Das Frontend-Modul »Eventliste-Menü« fügt der Webseite ein Menü hinzu, mit dem Sie die Events der einzelnen Tage, Monate oder Jahre aufrufen können.

Modulkonfiguration

Öffnen Sie die Modulverwaltung im Backend, und rufen Sie das Modul »Kalender – Eventbrowser« auf. Die Konfiguration wird Ihnen bekannt vorkommen.

KALENDER: Hier legen Sie fest, aus welchen Kalendern Events verlinkt werden sollen. Diese Auswahl sollte mit der der Eventliste übereinstimmen.

VERKÜRZTE DARSTELLUNG: Standardmäßig zeigt Contao mehrtägige Events an jedem Tag einzeln an. Wenn Sie diese Option auswählen, wird die Darstellung verkürzt, und das Event erscheint nur einmal am ersten Tag.

ANZAHL DER EVENTS ANZEIGEN: Wenn Sie diese Option auswählen, wird die Anzahl der Events jedes Monats bzw. Jahres im Menü angezeigt.

ANZEIGEFORMAT: Hier legen Sie das Anzeigeformat (Tag, Monat oder Jahr) fest.

ERSTER WOCHENTAG: Hier legen Sie fest, mit welchem Tag die Woche beginnt.

SORTIERREIHENFOLGE: Hier können Sie die Sortierreihenfolge des Menüs ändern.

WEITERLEITUNGSSEITE: Hier legen Sie fest, auf welche Seite ein Besucher nach dem Anklicken eines Menüpunkts (Tag, Monat oder Jahr) weitergeleitet wird.

HTML-Ausgabe

Das Frontend-Modul generiert folgenden HTML-Code:

```
<div class="mod_eventmenu">
    <table class="minicalendar">
    <thead>
       <tr>
          <th class="head previous"><a> … </a></th>
          <th class="head current"> … </th>
          <th class="head next"><a> … </a></th>
       </tr>
       <tr>
          <th class="label"> … </th>
          <th class="label weekend"> … </th>
       </tr>
    </thead>
    <tbody>
       <tr class="week_0 first">
          <td class="days col_first"> … </td>
          <td class="days"> … </td>
          <td class="days weekend col_last"> … </td>
       </tr>
       …
       <tr class="week_5 last">
          <td class="days col_first"> … </td>
          <td class="days"> … </td>
          <td class="days weekend col_last"> … </td>
```

```
            </tr>
        </tbody>
        </table>
</div>
```

Im Anzeigeformat »Monat« sieht das HTML-Markup wie folgt aus:

```
<div class="mod_eventmenu">
    <ul class="level_1">
        <li class="year submenu"> …
            <ul class="level_2">
                <li class="first"><a> … </a></li>
                <li class="last"><a> … </a></li>
            </ul>
        </li>
    </ul>
</div>
```

Im Anzeigeformat »Jahr« sieht das HTML-Markup wie folgt aus:

```
<div class="mod_eventmenu">
    <ul class="level_1">
        <li class="first"><a> … </a></li>
        <li class="last"><a> … </a></li>
    </ul>
</div>
```

9.3 Zusammenfassung

Die »Kalender-Erweiterung« dient zur Verwaltung von Terminen bzw. Events. Als dynamische Inhalte werden die Events nicht anhand der Seitenstruktur organisiert, sondern in Form von Kalendern. Sie können beliebig viele Kalender erstellen und die Einträge auf diese Weise nach Kategorie, Sprache oder Webseite (Multidomain-Betrieb) sortieren.

Die Darstellung der Events im Frontend erfolgt wie in Contao üblich über Frontend-Module. Das Modul »Kalender« stellt die Events der ausgewählten Kalender dar, die Sie mit dem Modul »Eventleser« lesen können. Das Modul »Eventliste« listet sämtliche vorhandenen Events auf, die Sie mit dem Modul »Eventliste-Menü« tages-, monats- oder jahresweise durchsuchen können.

10. Die FAQ-Erweiterung

Die Erweiterung »FAQ« dient dazu, häufig ge-
stellte Fragen (engl. »**F**requently **A**sked **Q**ues-
tions«) zu erstellen und im Frontend darzustellen. FAQs zählen zu den dynamischen Inhalten
und werden daher – genau wie Nachrichten und
Events – nicht anhand der Seitenstruktur organisiert, sondern in Form von Kategorien.

10.1 FAQ-Verwaltung

Die FAQ-Verwaltung ist ein eigenes Modul im
Backend, das Sie in der Gruppe »Inhalte« an vier-
ter Stelle finden. Sie können dort mehrere Kategorien anlegen, die wiederum die einzelnen
Fragen enthalten. Durch die Verwendung mehrerer Kategorien können Sie FAQs thema-
tisch, nach Sprache oder nach Webseite (Multidomain-Betrieb) zusammenfassen.

10.1.1 Kategorien

Öffnen Sie die Kategorie-Einstellungen der Kategorie »Technische Fragen«, und sehen Sie
sich an, wie sie konfiguriert wurde. Die Kategorie-Einstellungen erreichen Sie am schnellsten, indem Sie mit der rechten (!) Maustaste auf das Bearbeitungssymbol der Kategorie
klicken und im Kontextmenü die gleichnamige Option auswählen.

Titel und Weiterleitung

TITEL: Der Titel einer Kategorie wird nur in der Backend-Übersicht verwendet.

ÜBERSCHRIFT: Die Überschrift einer Kategorie wird dagegen im Frontend angezeigt.

WEITERLEITUNGSSEITE: Hier legen Sie fest, auf welche Seite ein Besucher beim Anklicken einer
FAQ weitergeleitet wird. Die Zielseite sollte das Modul »FAQ-Leser« enthalten, um die Antwort auf die Frage darzustellen.

Kommentare

Die Contao-Kommentarfunktion kennen Sie bereits von der News/Blog- und der Kalender-Erweiterung sowie von dem gleichnamigen Inhaltselement (vgl. Abschnitt 7.2.19, *Kommentare*). Sie steht auch für FAQs zur Verfügung.

Kᴏᴍᴍᴇɴᴛᴀʀᴇ ᴀᴋᴛɪᴠɪᴇʀᴇɴ: Hier aktivieren Sie die Kommentarfunktion für die Kategorie.

Bᴇɴᴀᴄʜʀɪᴄʜᴛɪɢᴜɴɢ ᴀɴ: Hier legen Sie fest, ob bei neuen Kommentaren der Systemadministrator, der Autor einer Frage oder beide benachrichtigt werden.

Sᴏʀᴛɪᴇʀᴜɴɢ: Hier legen Sie die Reihenfolge der Kommentare fest.

Kᴏᴍᴍᴇɴᴛᴀʀᴇ ᴘʀᴏ Sᴇɪᴛᴇ: Hier können Sie die Anzahl der Kommentare pro Seite festlegen. Contao erzeugt bei Bedarf automatisch einen Seitenumbruch.

Kᴏᴍᴍᴇɴᴛᴀʀᴇ ᴍᴏᴅᴇʀɪᴇʀᴇɴ: Wenn Sie diese Option wählen, erscheinen Kommentare nicht sofort auf der Webseite, sondern erst, nachdem Sie sie im Backend freigegeben haben.

BBCᴏᴅᴇ ᴇʀʟᴀᴜʙᴇɴ: Wenn Sie diese Option wählen, können Ihre Besucher BBCode[1] zur Formatierung ihrer Kommentare verwenden. Folgende Tags werden unterstützt:

TAG	ERKLÄRUNG
[b][/b]	Fettschrift
[i][/i]	Kursivschrift
[u][/u]	Unterstrichen
[img][/img]	Bild einfügen
[code][/code]	Programmcode einfügen
[color=#f00][/color]	Farbiger Text
[quote][/quote]	Zitat einfügen
[quote=Tim][/quote]	Zitat mit Nennung des Urhebers einfügen
[url][/url]	Link einfügen
[url=http://domain.de][/url]	Link mit Linktitel einfügen
[email][email]	E-Mail-Adresse einfügen
[email=info@domain.de][/email]	E-Mail-Adresse mit Titel einfügen

Tabelle 10.1: **Übersicht der unterstützten BBCode-Tags**

---

1   http://bit.ly/BBCode

Login zum Kommentieren benötigt: Wenn Sie diese Option auswählen, können nur angemeldete Mitglieder Kommentare hinzufügen. Die bereits abgegebenen Kommentare sind aber weiterhin für alle Besucher der Webseite sichtbar.

Sicherheitsfrage deaktivieren: Standardmäßig müssen Besucher beim Erstellen von Kommentaren eine Sicherheitsfrage beantworten, damit die Kommentarfunktion nicht zu Spam-Zwecken missbraucht werden kann. Falls Sie aber ohnehin nur angemeldeten Mitgliedern das Kommentieren erlauben möchten, können Sie die Sicherheitsfrage hier deaktivieren.

10.1.2 Fragen

In diesem Abschnitt erkläre ich Ihnen, wie Sie eine Frage anlegen. Die Reihenfolge der Fragen innerhalb einer Kategorie können Sie mit den entsprechenden Navigationssymbolen festlegen. Öffnen Sie die Frage »Kann ich eigene PHP-Skripte verwenden?«, und sehen Sie sich die Konfiguration an.

Nachrichtenalias

Der Alias einer Frage ist eine eindeutige und aussagekräftige Referenz, über die Sie sie in Ihrem Browser aufrufen können. Mit einem CMS erstellte Seiten bzw. Beiträge werden in der Regel über eine ID aufgerufen, also z. B.:

» `index.php?id=30&items=3`

Der Alias ermöglicht es, stattdessen folgende URL zu verwenden:

» `index.php/faqreader/items/kann-ich-eigene-php-skripte-verwenden.html`

Wenn Sie zusätzlich dazu die Option URLs umschreiben in den Backend-Einstellungen aktivieren, wird daraus eine suchmaschinenfreundliche URL:

» `faqreader/items/kann-ich-eigene-php-skripte-verwenden.html`

In allen drei Fällen wird dadurch die Seite »FAQ-Leser« geladen und das darin eingebundene Frontend-Modul »FAQ-Leser« mithilfe des Schlüsselworts *items* angewiesen, den Beitrag »Kann ich eigene PHP-Skripte verwenden?« darzustellen. Wie alle Inhalte in Contao können auch FAQs nur in Verbindung mit einer Seite und niemals direkt im Browser aufgerufen werden.

Antwort

Antwort: Geben Sie hier die Antwort auf die Frage ein. Die Eingabe erfolgt wie beim Inhaltselement »Text« mit dem Rich Text Editor.

Ein Bild hinzufügen

Bei Bedarf können Sie dem Beitrag ein Bild hinzufügen, das dann von dem Text der Nachricht umflossen wird. Folgende Optionen stehen Ihnen dabei zur Verfügung:

QUELLDATEI: Hier wählen Sie das einzufügende Bild aus. Wenn Sie das Bild noch nicht auf den Server übertragen haben, können Sie mit einem Klick auf das kleine Icon neben der Feldüberschrift den Dateimanager in einem Popup-Fenster aufrufen und den Upload nachholen, ohne die Eingabemaske zu verlassen (Abbildung 10.1).

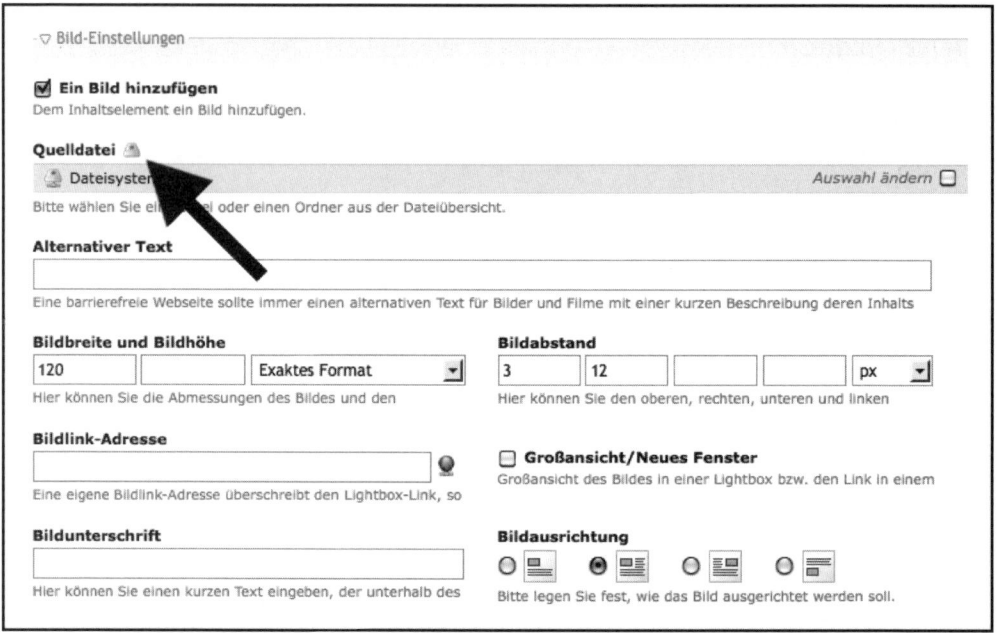

Abbildung 10.1: **Einer FAQ ein Bild hinzufügen**

ALTERNATIVER TEXT: Eine barrierefreie Webseite sollte für jedes Objekt eine kurze Beschreibung enthalten, die angezeigt wird, wenn das Objekt selbst nicht dargestellt werden kann. Alternative Texte werden außerdem von Suchmaschinen ausgewertet und sind daher ein wichtiges Instrument der Onpage-Optimierung.

BILDBREITE UND BILDHÖHE: Hier können Sie die gewünschte Bildgröße angeben.

Contao verkleinert Bilder mithilfe der GD Library[2] automatisch auf das von Ihnen vorgegebene Format. Dabei können Sie zwischen folgenden Skalierungsmodi auswählen:

---

2   http://bit.ly/gdlib

MODUS	ERKLÄRUNG
Exaktes Format	Das Bild wird ungeachtet des originalen Seitenverhältnisses auf das exakte Format zugeschnitten, wodurch Teile des Bildes verloren gehen können.
Proportional	Die längere Seite des Bildes wird an die vorgegebenen Abmessungen angepasst und die kürzere Seite proportional dazu verkleinert. Eventuelle Vorgaben für die kürzere Seite werden ignoriert.
An Rahmen anpassen	Das Bild wird unter Beibehaltung des Seitenverhältnisses in den vorgegebenen Rahmen eingepasst. Dabei werden sowohl die Abmessungen für die längere als auch für die kürzere Seite beachtet.

Tabelle 10.2: **Übersicht der Skalierungsmodi**

Der Skalierungsmodus spielt jedoch nur eine Rolle, wenn Sie sowohl die Breite als auch die Höhe vorgeben. Ist nur ein Wert angegeben, erfolgt die Verkleinerung immer proportional.

BILDABSTAND: Hier legen Sie den Abstand des Bilds zum Text fest. Die Reihenfolge der Eingabefelder lautet im Uhrzeigersinn »oben, rechts, unten, links«.

BILDLINK-ADRESSE: Bei einem Klick auf ein verlinktes Bild werden Sie direkt zu der angegebenen Zielseite weitergeleitet (entspricht einem Bildlink). Beachten Sie, dass für ein verlinktes Bild keine Lightbox-Großansicht mehr möglich ist.

GROSSANSICHT/NEUES FENSTER: Ist diese Option gewählt, wird das Bild beim Anklicken in seiner Originalgröße geöffnet. Diese Option steht bei verlinkten Bildern nicht zur Verfügung.

BILDUNTERSCHRIFT: Hier können Sie eine Bildunterschrift eingeben.

BILDAUSRICHTUNG: Hier legen Sie die Ausrichtung des Bildes fest. Wird es links oder rechts des Textes eingefügt, umfließt der Text das Bild.

Anlagen

Anlagen sind Dateien, die mit einer FAQ verknüpft sind. Diese Dateien werden im Frontend-Modul »FAQ-Leser« zum Download angeboten.

ANLAGEN HINZUFÜGEN: Hier aktivieren Sie das Hinzufügen von Anlagen.

ANLANGEN: Hier wählen Sie die Dateien aus, die Sie mit der FAQ verknüpfen möchten.

Experten-Einstellungen

KOMMENTARE DEAKTIVIEREN: Hier deaktivieren Sie die Kommentarfunktion für eine Frage.

Veröffentlichung

Solange eine FAQ nicht veröffentlicht ist, wird sie auch nicht im Frontend angezeigt.

FAQ VERÖFFENTLICHEN: Hier können Sie die FAQ veröffentlichen.

10.2 Frontend-Module

Nachdem Sie nun wissen, wie Kategorien und Fragen im Backend verwaltet werden, erkläre ich Ihnen jetzt, wie Sie diese Inhalte im Frontend darstellen können. Die FAQ-Erweiterung enthält zwei neue Frontend-Module, die Sie wie gewohnt über die Modulverwaltung konfigurieren können (Abbildung 10.2).

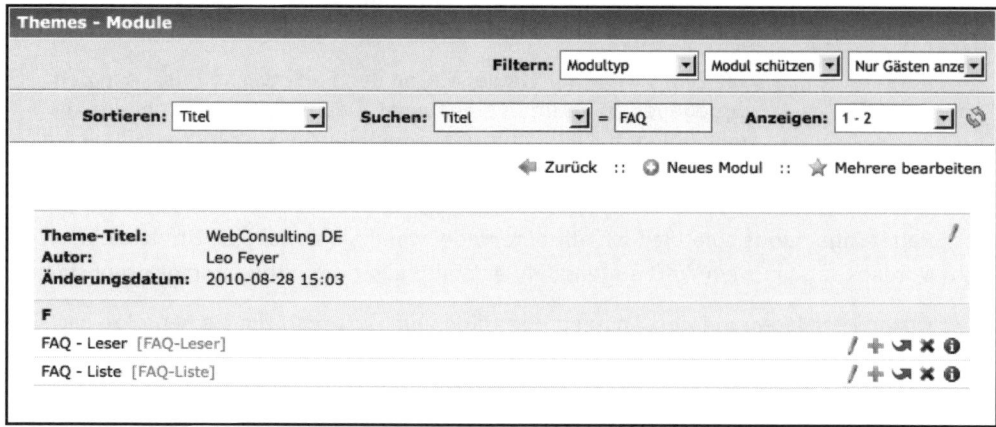

Abbildung 10.2: **FAQ-Module der »WebConsulting«-Seite**

10.2.1 FAQ-Liste

Das Frontend-Modul »FAQ-Liste« fügt der Webseite eine Liste von Fragen hinzu, die aus einer oder mehreren Kategorien stammen können. Auf der Frontend-Seite »FAQ« in der Rubrik »Support« sehen Sie das Modul in Aktion.

Modulkonfiguration

Öffnen Sie nun das Modul »FAQ – FAQ-Liste« in der Modulverwaltung des Backends, und sehen Sie sich die minimalistische Konfiguration an.

FAQ-KATEGORIEN: Hier legen Sie fest, aus welchen Kategorien Fragen angezeigt werden. Sie können die Reihenfolge der Kategorien mithilfe der Pfeile anpassen.

HTML-Ausgabe

Das Frontend-Modul generiert folgenden HTML-Code:

```
<div class="mod_faqlist">
    <h2> … </h2>
    <ul class="first even">
        <li class="first even"><a> … </a></li>
        <li class="last odd"><a> … </a></li>
    </ul>
```

```
<h2> … </h2>
    <ul class="last odd">
    <li class="first even"><a> … </a></li>
    <li class="last odd"><a> … </a></li>
   </ul>
</div>
```

10.2.2 FAQ-Leser

Das Frontend-Modul »FAQ-Leser« dient dazu, die Antwort zu einer bestimmten Frage darzustellen. Die ID bzw. den Alias der Frage bezieht das Modul über die URL, sodass FAQs mit
sogenannten Permalinks[3] gezielt verlinkt werden können:

```
http://www.domain.de/faqreader/items/kann-ich-eigene-php-skripte-verwen-
den.html
```

Das Schlüsselwort des FAQ-Lesers lautet *items* und teilt dem Modul mit, dass es eine be-
stimmte Frage suchen und ausgeben soll. Existiert die gesuchte Frage nicht, gibt der FAQ-
Leser eine Fehlermeldung und den HTTP-Status-Code »404 Not found« zurück. Der Status-
Code ist wichtig für die Suchmaschinenoptimierung.

Modulkonfiguration

Öffnen Sie die Modulverwaltung im Backend, und rufen Sie das Modul »FAQ-Leser« auf. Die
Konfiguration ist genauso überschaubar wie die der FAQ-Liste.

FAQ-KATEGORIEN: Hier legen Sie fest, in welchen Kategorien nach der angeforderten Frage gesucht werden soll. Fragen aus nicht ausgewählten Kategorien werden grundsätzlich
nicht angezeigt, selbst wenn die URL stimmt und der Eintrag existiert. Dieses Feature ist
vor allem im Multidomain-Betrieb mit mehreren unabhängigen Webseiten wichtig.

HTML-Ausgabe

Das Frontend-Modul generiert folgenden HTML-Code:

```
<div class="mod_faqreader">
    <h1> … </h1>
    <div class="ce_text">
        <div class="image_container float_left">
            <img />
            <div class="caption"> … </div>
        </div>
        …
    </div>
    <p class="info"> … </p>
    <p class="back"><a> … </a></p>
```

---

3   http://bit.ly/Permalink

```
<div class="ce_comments">
    …
</div>
</div>
```

Details zum Markup der Kommentare finden Sie in Abschnitt 7.2.19, *Kommentare*.

10.3 Zusammenfassung

Die »FAQ«-Erweiterung dient zur Verwaltung von häufigen Fragen. Als dynamische Inhalte werden FAQs nicht anhand der Seitenstruktur organisiert, sondern in Form von Kategorien. Sie können beliebig viele Kategorien erstellen und die Einträge auf diese Weise nach Thema, Sprache oder Webseite (Multidomain-Betrieb) sortieren. Die Darstellung der FAQs im Frontend erfolgt wie in Contao üblich über Frontend-Module.

11. Die Newsletter-Erweiterung

Die Erweiterung »Newsletter« dient dazu, Rundschreiben per E-Mail an mehrere Empfänger zu versenden. Newsletter werden – ähnlich wie Nachrichten – nicht anhand der Seitenstruktur organisiert, sondern in Form von Verteilern. Besucher können ihre E-Mail-Adresse über ein Frontend-Modul in einen solchen Verteiler eintragen, um zukünftig die darin enthaltenen Newsletter zu erhalten.

11.1 Newsletter-Verwaltung

Die Newsletter-Verwaltung ist ein eigenes Modul im Backend, das Sie in der Gruppe »Inhalte« an fünfter Stelle finden. Sie können dort mehrere Verteiler anlegen, die wiederum die einzelnen Newsletter und Empfänger enthalten. Durch die Verwendung mehrerer Verteiler können die einzelnen Newsletter nach Thema oder Sprache sortiert werden.

11.1.1 Verteiler

Öffnen Sie die Verteiler-Einstellungen des Verteilers »Unser Unternehmen«, und sehen Sie sich an, wie er konfiguriert wurde. Die Verteiler-Einstellungen erreichen Sie am schnellsten, indem Sie mit der rechten (!) Maustaste auf das Bearbeitungssymbol des Verteilers klicken und im Kontextmenü die gleichnamige Option auswählen.

Titel und Weiterleitung

TITEL: Der Titel eines Verteilers wird nur in der Backend-Übersicht verwendet.

WEITERLEITUNGSSEITE: Hier legen Sie fest, auf welche Seite ein Besucher beim Anklicken eines Links im Frontend-Modul »Newsletterliste« weitergeleitet wird. Diese Zielseite sollte das Modul »Newsletterleser« enthalten.

Eigener SMTP-Server

Bei Bedarf können Sie jedem Verteiler einen eigenen SMTP-Server für den Mailversand zuweisen. Dieser wird dann anstatt des Standard-Mailservers verwendet.

Eɪɢᴇɴᴇʀ SMTP-Sᴇʀᴠᴇʀ: Hier aktivieren Sie den SMTP-Versand.

SMTP-Hᴏsᴛɴᴀᴍᴇ: Geben Sie hier den Hostnamen des SMTP-Servers ein.

SMTP-Bᴇɴᴜᴛᴢᴇʀɴᴀᴍᴇ: Geben Sie hier Ihren Benutzernamen für den SMTP-Server ein.

SMTP-Pᴀssᴡᴏʀᴛ: Geben Sie hier das dazugehörige Passwort ein.

SMTP-Vᴇʀsᴄʜʟüssᴇʟᴜɴɢ: Hier können Sie eine Verschlüsselungsmethode auswählen.

SMTP-Pᴏʀᴛɴᴜᴍᴍᴇʀ: Hier können Sie die Portnummer des SMTP-Servers angeben.

11.1.2 Newsletter

Newsletter werden grundsätzlich nach ihrem Versanddatum sortiert, daher gibt es hier keine Icons, mit denen Sie die Reihenfolge ändern könnten. Öffnen Sie den Newsletter »Web-Consulting gewinnt den Web Design Award«, und sehen Sie sich die Konfiguration an.

Newsletter-Alias

Der Alias eines Newsletters ist eine eindeutige und aussagekräftige Referenz, über die Sie ihn in Ihrem Browser aufrufen können. Mit einem CMS erstellte Seiten bzw. Beiträge werden in der Regel über eine ID aufgerufen, also z. B.:

» `index.php?id=32&items=3`

Der Alias ermöglicht es, stattdessen folgende URL zu verwenden:

» `index.php/newsletterleser/items/webconsulting-gewinnt-den-web-design-award.html`

Wenn Sie zusätzlich dazu die Option URLs ᴜᴍsᴄʜʀᴇɪʙᴇɴ in den Backend-Einstellungen aktivieren, wird daraus eine suchmaschinenfreundliche URL:

» `newsletterleser/items/webconsulting-gewinnt-den-web-design-award.html`

In allen drei Fällen wird dadurch die Seite »Newsletterleser« geladen und das darin eingebundene, gleichnamige Frontend-Modul mithilfe des Schlüsselworts *items* angewiesen, den Beitrag »WebConsulting gewinnt den Web Design Award« darzustellen. Wie alle Inhalte in Contao können auch Newsletter nur in Verbindung mit einer Seite und niemals direkt im Browser aufgerufen werden.

HTML- und Text-Inhalt

Eventuell wundern Sie sich, warum Sie den Text des Newsletters offenbar zweimal eingeben sollen. Das liegt daran, dass weder die HTML- noch die Text-Variante in der Praxis ohne Nachteile ist und man deshalb dazu übergegangen ist, beide in die Mail einzufügen. Das jeweilige Mail-Programm des Empfängers entscheidet dann selbstständig, welche Variante es anzeigen kann.

Ein reiner HTML-Newsletter hat folgende Nachteile:

» Nicht alle Mail-Clients können HTML korrekt darstellen.

» HTML-Mails werden eher als Spam eingestuft als reine Textmails.

» Extern eingebundene Bilder werden häufig geblockt.

Ein Text-Newsletter hat diese Probleme nicht, allerdings können Sie darin weder Bilder einbinden noch Einfluss auf die Textformatierung nehmen.

HTML-INHALT: Geben Sie hier den HTML-Inhalt des Newsletters ein. Die Eingabe erfolgt wie beim Inhaltselement »Text« über den Rich Text Editor.

TEXT-INHALT: Geben Sie hier den Textinhalt des Newsletters ein.

Dateianhänge

Sie können jedem Newsletter eine oder mehrere Dateien hinzufügen, die dann als E-Mail-Attachment versendet oder auf der Webseite zum Download angeboten werden.

DATEIEN ANHÄNGEN: Hier aktivieren Sie die Funktion.

DATEIANHÄNGE: Hier wählen Sie die Dateianhänge aus.

Template-Einstellungen

Zum E-Mail-Template müssen Sie vor allem zwei Dinge wissen:

» Es wird nur bei HTML-Newslettern verwendet.

» Es ist primär für den Seitenaufbau und nicht für Inhalte gedacht.

HTML-Mails sind prinzipiell wie HTML-Webseiten aufgebaut, nur können die E-Mail-Programme leider bei Weitem nicht so gut mit HTML-Code umgehen wie die modernen Internetbrowser. Deswegen generiert das Template `mail_default` ein an sich veraltetes HTML 3.2-Dokument, das jedoch von den meisten E-Mail-Clients verarbeitet wird.

E-MAIL-TEMPLATE: Hier wählen Sie das Template für die HTML-Mail aus.

Das E-Mail-Template ist also hauptsächlich dazu gedacht, ein strukturiertes HTML-Dokument zu definieren, und nicht, um Inhalte wie z. B. ein Firmenlogo und eine Fußzeile einzufügen. Sie werden deshalb nur selten in die Verlegenheit kommen, es ändern zu müssen.

Statische Inhalte wie z. B. die Kopf- und Fußzeile des Newsletters können Sie bei Bedarf mit der Template-Funktion des Rich Text Editors verwalten.

Experten-Einstellungen

Um einen Newsletter als reine Text-Mail zu versenden, reicht es nicht, das Feld HTML-INHALT einfach leer zu lassen. Sie müssen darüber hinaus in den Experten-Einstellungen die Option ALS TEXT SENDEN auswählen.

ALS TEXT SENDEN: Hier deaktivieren Sie die HTML-Versendung.

ABSENDERNAME: Hier können Sie den Namen des Absenders vorgeben.

ABSENDERADRESSE: Hier können Sie die E-Mail-Adresse des Absenders vorgeben.

Wenn Sie keine Absenderadresse vorgeben, wird die E-Mail-Adresse des Systemadministrators aus den Backend-Einstellungen bzw. der Seitenstruktur verwendet.

11.1.3 Empfänger

In der Regel verwalten sich die Empfänger eines Newsletters über die entsprechenden Frontend-Module selbstständig, ohne dass Sie als Administrator in den Prozess eingreifen müssten. Trotzdem haben Sie natürlich im Backend die Möglichkeit, Empfänger manuell zu ändern. Aus Gründen des Datenschutzes werden jeweils nur die E-Mail-Adresse und der Aktivierungsstatus gespeichert (Abbildung 11.1).

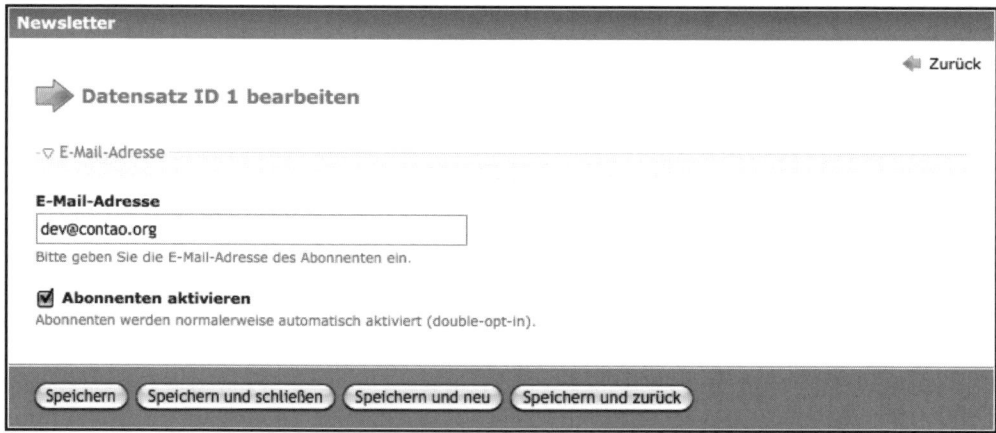

Abbildung 11.1: **Einen Empfänger bearbeiten**

Gemäß des *Double Opt-In*-Verfahrens[1] erhält jeder Abonnent bei der Bestellung eine E-Mail mit einem Bestätigungslink, ohne den er sein Abonnement nicht abschließen kann. Damit wird den Bestimmungen des §7 Absatz 2 Nummer 2 und 3 des Gesetzes gegen den unlauteren Wettbewerb (UWG) hinreichend Genüge getan.

E-MAIL-ADRESSE: Geben Sie hier die E-Mail-Adresse des Empfängers ein.

ABONNENTEN AKTIVIEREN: Hier können Sie die E-Mail-Adresse aktivieren. Solange eine E-Mail-Adresse nicht aktiviert ist, wird der Empfänger beim Versand des Newsletters nicht berücksichtigt. Die Aktivierung erfolgt normalerweise über das Anklicken des Links der Bestätigungsmail, kann hier aber auch manuell angestoßen werden.

---

1   http://bit.ly/Opt-in

CSV-Import

Eventuell haben Sie schon vor Contao mit einem Newsletter-System gearbeitet und stehen jetzt vor der Aufgabe, die vorhandenen Empfänger in Contao einzufügen. Für diesen Fall bietet das Newsletter-Modul die Funktion CSV-Import.

Exportieren Sie zunächst die vorhandenen Empfänger als CSV-Datei. Die meisten Programme wie z. B. phpMyAdmin oder Excel bieten eine entsprechende Option an, um Daten im CSV-Format zu speichern. Obwohl die Bezeichnung CSV-Datei suggeriert, dass nur kommagetrennte Daten verarbeitet werden könnten, akzeptiert Contao auch Strichpunkte, Tabulatoren und Zeilenumbrüche als Feldtrenner.

Übertragen Sie die Datei anschließend in das Upload-Verzeichnis Ihrer Contao-Installation. Mit einem Klick auf das kleine Icon neben der Feldüberschrift im CSV-Import-Dialog können Sie den Dateimanager in einem Popup-Fenster aufrufen und die Datei hochladen, ohne die Eingabemaske zu verlassen (Abbildung 11.2).

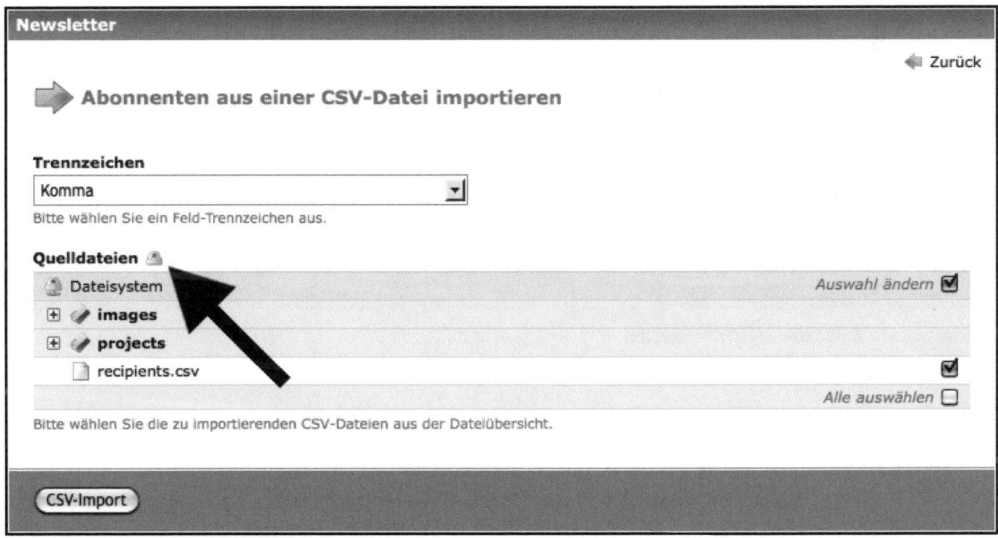

Abbildung 11.2: **Newsletter-Empfänger importieren**

Starten Sie den Import anschließend durch einen Klick auf die Schaltfläche CSV-Import.

11.1.4 Newsletter versenden

Die Versendung eines Newsletters leiten Sie über das entsprechende Navigationssymbol in der Verteiler-Übersicht ein. Sie gelangen zunächst zu einer Vorschauseite, auf der Sie die Konfiguration und den Inhalt des Newsletters noch einmal prüfen können (Abbildung 11.3). Ich empfehle Ihnen zudem, regen Gebrauch von der Schaltfläche TESTSENDUNG zu machen. Die dazugehörige Empfängeradresse können Sie im Feld TESTSENDUNG AN ändern.

Newsletter

◀ Zurück

➡ **Newsletter ID 3 versenden**

Absender	Leo <dev@contao.org>
Betreff	WebConsulting gewinnt den Web Design Award
E-Mail-Template	mail_default.tpl

WebConsulting gewinnt den diesjährigen W4C Web Design Award in der Kategorie "Bestes Business Design". Die W4C Web Design Awards prämieren die besten Arbeiten aus aller Welt und geben den Gewinnern die Chance, sich zu präsentieren und so die Anerkennung zu erhalten, die sie verdienen. Die Auszeichnungen des W4C Award-Programms gehören zu den begehrtesten überhaupt.

Alle Nachrichten und Termine in diesem Template sind fiktional.

Mails pro Zyklus

`10`

Die Versendung wird in mehreren Teilschritten ausgeführt, um

Startzyklus

`0`

Im Falle einer Versandunterbrechung können Sie hier die

Wartezeit in Sekunden

`1`

Hier können Sie die Wartezeit zwischen den Teilschritten

Testsendung an

`dev@contao.org`

Die Testsendung des Newsletters an diese E-Mail-Adresse

(Testsendung) (Newsletter versenden)

Abbildung 11.3: **Einen Newsletter versenden**

Serverlimits einkalkulieren

Im Regelfall werden Sie für Ihre Webseite keinen eigenen Server angemietet haben, sondern sich einen sogenannten Shared-Hosting-Server mit anderen Kunden teilen. Da die Systemressourcen im Shared-Hosting-Bereich allen Kunden gemeinschaftlich zur Verfügung stehen, gibt es normalerweise bestimmte Limits, die deren Nutzung einschränken.

Wenn Sie z. B. einen Newsletter an 500.000 Empfänger versenden, kann das den Mailserver schon mal eine Zeit lang beschäftigen, in der Sie den Dienst für alle Kunden quasi blockieren. Deswegen ist die Anzahl der E-Mails, die Sie pro Minute versenden können, normalerweise auf einen Wert zwischen 50 und 500 limitiert.

Um solchen Beschränkungen Rechnung zu tragen, versendet Contao nicht alle Newsletter auf einmal, sondern unterteilt den Versandprozess in mehrere Zyklen, die Sie exakt an die Vorgaben Ihres Mailservers anpassen können.

MAILS PRO ZYKLUS: Hier legen Sie die Anzahl der Mails pro Versandzyklus fest.

WARTEZEIT IN SEKUNDEN: Hier legen Sie die Wartezeit zwischen jedem Zyklus fest.

Ausgehend von einem Serverlimit von 100 E-Mails pro Minute und einer Gesamtzahl von 10.000 Empfängern könnten Sie also beispielsweise alle 6 Sekunden 10 Mails verschicken. Der komplette Versandvorgang würde dann 100 Minuten dauern.

Unterbrochene Versendungen wiederaufnehmen

Normalerweise erfolgt die Versendung eines Newsletters vollständig automatisiert, und Sie können währenddessen andere Arbeiten erledigen. Sie dürfen nur nicht das Contao-Browserfenster schließen oder den Rechner ausschalten. Falls Ihnen das doch einmal versehentlich passiert, können Sie den Versand wie folgt wiederaufnehmen:

1. Finden Sie die Log-Datei der Versendung im Ordner `system/logs`.

2. Stellen Sie fest, wie viele Newsletter versendet wurden.

3. Geben Sie den gewünschten Startzyklus im Feld STARTZYKLUS ein.

Die Log-Datei der Versendung finden Sie im Ordner `system/logs`, in dem auch die anderen Contao-Log-Dateien liegen. Die Datei heißt `newsletter_X.log`, wobei das X für die ID des jeweiligen Newsletters steht. Die Gesamtzahl der in der Datei vorhandenen Zeilen entspricht der Anzahl der versendeten Newsletter (ein Empfänger pro Zeile).

An dieser Stelle ist ein wenig Mathematik gefragt, denn bei der Eingabe des Startzyklus müssen Sie tatsächlich die Nummer des Zyklus und nicht die Nummer des nächsten Empfängers eingeben! Gehen wir am besten wieder von unserem obigen Beispiel aus, und nehmen wir an, der Versand wäre nach 5480 Empfängern unterbrochen worden.

Pro Zyklus werden weiterhin 10 Newsletter versendet, daher liegt der 5481. Empfänger im 548. Zyklus. Haben Sie genau aufgepasst? Die Zählung der Zyklen beginnt bei 0, daher 548 und nicht 549. Geben Sie also 10 Mails pro Minute, 6 Sekunden Wartezeit und den Startzyklus 548 ein, und klicken Sie auf NEWSLETTER VERSENDEN. Contao nimmt den Versand dann genau an der Stelle wieder auf, an der er unterbrochen wurde.

11.1.5 Newsletter personalisieren

Wenn Sie Newsletter an registrierte Mitglieder verschicken, können Sie diese mithilfe der sogenannten »Simple Tokens« personalisieren. Simple Tokens funktionieren ähnlich wie Inserttags und können sowohl im HTML- als auch im Text-Inhalt eines Newsletters verwendet werden. Nachfolgend ein kleines Beispiel:

```
Sehr geehrte(r) ##fistname## ##lastname##,
bitte prüfen und aktualisieren Sie Ihre Daten:
Anschrift: ##street##
PLZ/Ort:   ##postal## ##city##
Telefon:   ##phone##
E-Mail:    ##email##
Ihr Administrator
```

Im Gegensatz zu Inserttags können Sie mit Simple Tokens nicht nur auf die Daten der Mitgliedertabelle zugreifen, sondern auch einfache If-Else-Abfragen realisieren und so beispielsweise die Anrede geschlechtsspezifisch präzisieren:

```
{if gender=="male"}
Sehr geehrter Herr ##lastname##,
{elseif gender=="female"}
Sehr geehrte Frau ##lastname##,
{else}
Sehr geehrte Damen und Herren,
{endif}
vielen Dank für Ihre Registrierung.
{if phone==""}
Bitte prüfen Sie Ihre Daten, und geben Sie Ihre Telefonnummer an.
{endif}
Ihr Administrator
```

11.2 Frontend-Module

Nachdem Sie nun wissen, wie Verteiler, Newsletter und Empfänger im Backend verwaltet werden, erkläre ich Ihnen jetzt, wie Sie Newsletter im Frontend abonnieren bzw. kündigen können und wie Sie ein Archiv mit allen versendeten Newslettern anlegen. Die Newsletter-Erweiterung enthält vier neue Frontend-Module, die Sie wie gewohnt über die Modulverwaltung konfigurieren können (Abbildung 11.4).

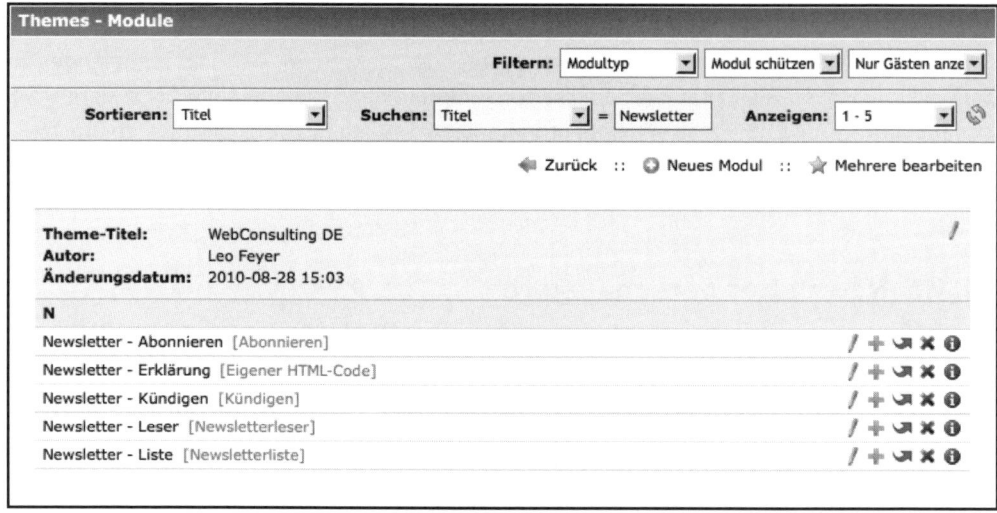

Abbildung 11.4: **Newsletter-Module der WebConsulting-Seite**

11.2.1 Abonnieren

Das Frontend-Modul »Abonnieren« fügt der Webseite ein Formular hinzu, mit dem sich Ihre Besucher für bestimmte Verteiler registrieren können. Auf der WebConsulting-Seite befindet sich ein solches Modul in der linken Spalte.

Modulkonfiguration

Öffnen Sie nun das Modul »Newsletter – Abonnieren« in der Modulverwaltung des Backends, und sehen Sie sich an, wie es konfiguriert wurde.

VERTEILER: Hier wählen Sie die Verteiler aus, für die sich Ihre Besucher über das Frontend-Modul zum Abonnieren von Verteilern registrieren können.

VERTEILERMENÜ AUSBLENDEN: Hier können Sie das Menü zur Verteilerauswahl ausblenden. Der Benutzer abonniert in diesem Fall die von Ihnen festgelegten Verteiler.

WEITERLEITUNGSSEITE: Hier legen Sie fest, zu welcher Seite Besucher nach dem Absenden des Bestellformulars weitergeleitet werden. Dort sollten Sie unter anderem auch erklären, wie man ein Abonnement wieder kündigt.

ABONNEMENTBESTÄTIGUNG: Geben Sie hier den Text der Bestätigungsmail ein. Sie können die Platzhalter ##channel## für den Verteiler sowie ##domain## für die aktuelle Domain und ##link## für den Bestätigungslink verwenden.

Eine Bestätigungsmail kann zum Beispiel wie folgt aussehen:

```
Sie haben den Newsletter ##channel## auf ##domain## abonniert. Bitte klicken
Sie ##link##, um Ihre Bestellung zu bestätigen. Bitte ignorieren Sie diese
E-Mail, falls Sie die Bestellung nicht selbst getätigt haben.

Ihr Administrator
```

NEWSLETTERTEMPLATE: Hier wählen Sie das Template für das Bestellformular aus.

HTML-Ausgabe

Das Frontend-Modul generiert folgenden HTML-Code:

```
<div class="mod_subscribe">
   <form>
      <div class="formbody">
         <input class="text" />
         <div class="checkbox_container">
            <span>
               <input class="checkbox" />
               <label> … </label>
            </span>
         </div>
```

```
            <input class="submit" />
        </div>
    </form>
</div>
```

11.2.2 Kündigen

Das Frontend-Modul »Kündigen« fügt der Webseite ein Formular hinzu, mit dem sich Ihre Besucher aus bestimmten Verteilern austragen können.

Modulkonfiguration

Öffnen Sie die Modulverwaltung im Backend, und rufen Sie das Modul »Newsletter – Kündigen« auf. Die Konfiguration ist identisch mit der des Moduls »Abonnieren«.

VERTEILER: Hier wählen Sie die Verteiler aus, aus denen sich Ihre Besucher über das Frontend-Modul zum Kündigen von Verteilern austragen können.

VERTEILERMENÜ AUSBLENDEN: Hier können Sie das Menü zur Verteilerauswahl ausblenden. Der Benutzer kündigt in diesem Fall die von Ihnen festgelegten Verteiler.

WEITERLEITUNGSSEITE: Hier legen Sie fest, zu welcher Seite Besucher nach dem Absenden des Kündigungsformulars weitergeleitet werden.

KÜNDIGUNGSBESTÄTIGUNG: Geben Sie hier den Text der Bestätigungsmail ein. Sie können die Platzhalter ##channel## für den Verteiler und ##domain## für die aktuelle Domain verwenden. Eine Bestätigungsmail kann zum Beispiel wie folgt aussehen:

```
Sie haben den Newsletter ##channel## auf ##domain## abbestellt und erhalten
daher zukünftig keine E-Mails mehr von uns.

Ihr Administrator
```

NEWSLETTERTEMPLATE: Hier wählen Sie das Template für das Kündigungsformular aus.

HTML-Ausgabe

Das Frontend-Modul generiert folgenden HTML-Code:

```
<div class="mod_unsubscribe">
    <form>
        <div class="formbody">
            <input class="text" />
            <div class="checkbox_container">
                <span>
                    <input class="checkbox" />
                    <label> … </label>
                </span>
```

```
        </div>
        <input class="submit" />
    </div>
  </form>
</div>
```

11.2.3 Newsletterliste

Das Frontend-Modul »Newsletterliste« listet alle versendeten Newsletter auf. Dabei werden der Betreff, das Versanddatum und ein Link zur Detailansicht ausgegeben.

Modulkonfiguration

Die Modulkonfiguration ist äußerst übersichtlich.

VERTEILER: Hier legen Sie fest, aus welchen Verteilern Newsletter aufgelistet werden sollen. Newsletter werden absteigend nach Versanddatum sortiert.

HTML-Ausgabe

Das Frontend-Modul generiert folgenden HTML-Code:

```
<div class="mod_nl_list">
    <ul>
        <li> … <a> … </a></li>
    </ul>
</div>
```

11.2.4 Newsletterleser

Das Frontend-Modul »Newsletterleser« dient dazu, einen bestimmten Newsletter darzustellen. Die ID bzw. den Alias des Newsletters bezieht das Modul über die URL, sodass Newsletter mit sogenannten Permalinks[2] gezielt verlinkt werden können:

http://www.domain.de/newsletterleser/items/webconsulting-gewinnt-den-web-design-award.html

Das Schlüsselwort *items* teilt dem »Newsletterleser« mit, dass er einen bestimmten Newsletter suchen und ausgeben soll. Existiert der gesuchte Eintrag nicht, gibt das Modul eine Fehlermeldung und den HTTP-Status-Code »404 Not found« zurück. Der Status-Code ist wichtig für die Suchmaschinenoptimierung.

---

2   http://bit.ly/Permalink

Modulkonfiguration

VERTEILER: Hier legen Sie fest, in welchen Verteilern nach dem angeforderten Newsletter gesucht werden soll. Newsletter aus nicht ausgewählten Verteilern werden grundsätzlich nicht angezeigt, selbst wenn die URL stimmt und der Eintrag existiert. Dieses Feature ist vor allem im Multidomain-Betrieb mit mehreren unabhängigen Webseiten wichtig.

STYLESHEET PARSEN: Wenn Sie ein Stylesheet namens `newsletter` für den Versand angelegt haben, können Sie dieses hier aktivieren, damit die Formatierungen des Newsletters auch im Frontend eingebunden werden.

HTML-Ausgabe

Das Frontend-Modul generiert folgenden HTML-Code:

```
<div class="mod_nl_reader">
    <h1> … </h1>
    <div class="newsletter"> … </div>
    <p class="back"><a> … </a></p>
</div>
```

11.3 Zusammenfassung

Mit der »Newsletter«-Erweiterung können Sie Rundschreiben per E-Mail an mehrere Empfänger verschicken. Die Empfänger abonnieren und kündigen die Newsletter selbstständig mithilfe entsprechender Frontend-Module, die nach dem Double Opt-In-Verfahren arbeiten. Bestehende Daten können mit der CSV-Importfunktion migriert werden.

Der Versandprozess kann in mehrere Zyklen unterteilt werden, um einerseits der maximalen Scriptlaufzeit und andererseits eventuellen Mailserverlimits Rechnung zu tragen. Wird eine Versendung unterbrochen, kann sie durch Eingabe des Startzyklus an einer bestimmten Stelle wiederaufgenommen werden.

Mit den Frontend-Modulen »Newsletterliste« und »Newsletterleser« können Sie ein Archiv aller versendeter Newsletter auf Ihrer Webseite einrichten. Sollte das Mail-Programm eines Empfängers den Newsletter nicht korrekt darstellen, kann er ihn so alternativ in seinem Internetbrowser lesen.

12. Der Formular-generator

Formulare sind ein wichtiges Instrument für die Interaktion mit Ihren Besuchern, und zumindest ein einfaches Kontaktformular sollte auf keiner Webseite fehlen. Der Contao-Formulargenerator unterstützt Sie bei der Erstellung von Formularen, indem er sowohl den Prozess der Code-Generierung als auch die Validierung der Benutzereingaben abstrahiert. Die Erstellung von Formularen und Formularfeldern erfolgt für Sie als Anwender wie gewohnt per Mausklick im Backend.

12.1 Formulare

Mit dem Formulargenerator können Sie Formulare erstellen und deren Daten entweder per E-Mail verschicken oder in die Datenbank schreiben. Contao prüft die Formulareingaben automatisch anhand den von Ihnen vorgegebenen Regeln. Übertragene Dateien können als Anhang versendet oder auf dem Server gespeichert werden.

12.1.1 Formular-Konfiguration

Den Formulargenerator finden Sie in der Backend-Navigation in der Gruppe »Inhalte«. Öffnen Sie die Formular-Einstellungen des Formulars »Angebot anfordern«, und sehen Sie sich an, wie es konfiguriert wurde. Die Formular-Einstellungen erreichen Sie am schnellsten, indem Sie mit der rechten (!) Maustaste auf das Bearbeitungssymbol klicken und im Kontextmenü den gleichnamigen Link auswählen.

TITEL: Der Titel eines Formulars wird ausschließlich im Backend verwendet.

WEITERLEITUNGSSEITE: Hier können Sie festlegen, auf welche Seite ein Besucher nach dem Absenden eines Formulars weitergeleitet wird (Bestätigungsseite).

TABELLENLOSES LAYOUT: Standardmäßig wird ein Formular in einer zweispaltigen Tabelle ausgegeben, in der links die Feldbezeichnungen und rechts die Eingabefelder stehen. Wenn Sie diese Option wählen, wird das Formular ohne Tabelle ausgegeben.

HTML-TAGS ERLAUBEN: Wenn Sie diese Option auswählen, können Ihre Besucher HTML-Code in den Formularfeldern verwenden. In den Backend-Einstellungen unter »Erlaubte HTML-Tags« legen Sie fest, welche HTML-Tags zulässig sind.

12.1.2 Formulardaten versenden

Auf Wunsch verschickt Contao die Formulardaten per E-Mail an einen oder mehrere Empfänger. Falls ein Formular ein Feld für die Übertragung einer Datei enthält, wird diese als Attachment an die E-Mail angehängt.

PER E-MAIL VERSENDEN: Hier aktivieren Sie den E-Mail-Versand.

EMPFÄNGER-ADRESSE: Hier können Sie eine oder mehrere durch Kommata getrennte E-Mail-Adressen erfassen, an die die Formulardaten verschickt werden.

BETREFF: Hier geben Sie den Betreff der E-Mail ein.

Datenformat: Hier legen Sie fest, in welchem Format die Formulardaten übermittelt werden. Übertragene Dateien werden immer als Attachment angehängt.

DATENFORMAT	ERKLÄRUNG
Rohdaten	Die E-Mail enthält die unbearbeiteten Daten, das heißt, die Inhalte der einzelnen Formularfelder werden einfach untereinander aufgelistet.
XML-Datei	Der E-Mail ist eine XML-Datei mit den Formulardaten angehängt.
CSV-Datei	Der E-Mail ist eine CSV-Datei mit den Formulardaten angehängt.
E-Mail	Die Formulardaten werden so formatiert, als hätte der Absender eine E-Mail mit seinem E-Mail-Programm geschrieben. In diesem Fall verarbeitet der Formulargenerator ausschließlich die Felder name, email, subject und message und ignoriert alle anderen Formularfelder.

Tabelle 12.1: **Übersicht über die Datenformate**

LEERE FELDER AUSLASSEN: Wenn Sie diese Option auswählen, werden nur ausgefüllte Felder per E-Mail versendet. Felder ohne eine Eingabe werden übersprungen.

12.1.3 Formulardaten speichern

Zusätzlich zum bzw. anstatt des Versands per E-Mail können Formulareingaben auch in einer Tabelle in der Datenbank gespeichert werden. Dazu müssen Sie für jedes Formularfeld ein entsprechendes Feld in der Zieltabelle anlegen und darauf achten, dass die Feldnamen jeweils übereinstimmen.

EINGABEN SPEICHERN: Hier aktivieren Sie das Speichern der Daten in der Datenbank.

ZIELTABELLE: Hier wählen Sie die Tabelle aus, in die die Daten geschrieben werden sollen. Die Tabelle muss vorher z. B. über phpMyAdmin angelegt worden sein.

12.1.4 Experten-Einstellungen

In den Experten-Einstellungen können Sie unter anderem die Übertragungsmethode eines Formulars ändern. Standardmäßig werden Formulare als POST-Request gesendet, da damit auch größere Datenmengen wie z. B. Dateien übertragen werden können. In speziellen Fällen, wenn Sie beispielsweise ein Suchformular zur Ansteuerung der Contao-Suchmaschine erstellen möchten, ist es jedoch notwendig, stattdessen einen GET-Request zu senden, bei dem die Formulardaten an die URL der Seite angehängt werden.

ÜBERTRAGUNGSMETHODE: Hier legen Sie die Übertragungsmethode fest.

CSS-ID/-KLASSE: Um ein bestimmtes Formular gezielt in einem Stylesheet anzusprechen, können Sie ihm hier eine CSS-ID bzw. CSS-Klasse zuweisen.

FORMULAR-ID: Die meisten Frontend-Module, die Benutzereingaben entgegennehmen, haben eine Formular-ID, anhand der sie eindeutig identifiziert werden können. Sollten Sie ein solches Modul mit einem eigenen Formular ansteuern wollen, müssen Sie diese Formular-ID hier angeben.

12.2 Formularfelder

Ähnlich wie bei Artikeln und Inhaltselementen gibt es auch bei Formularen für jedes Formularfeld ein eigenes Element, das speziell auf die jeweiligen Anforderungen des Eingabefelds ausgerichtet ist. Für jedes Formularfeld müssen Sie mindestens einen Feldnamen und eine Feldbezeichnung eingeben (Abbildung 12.1).

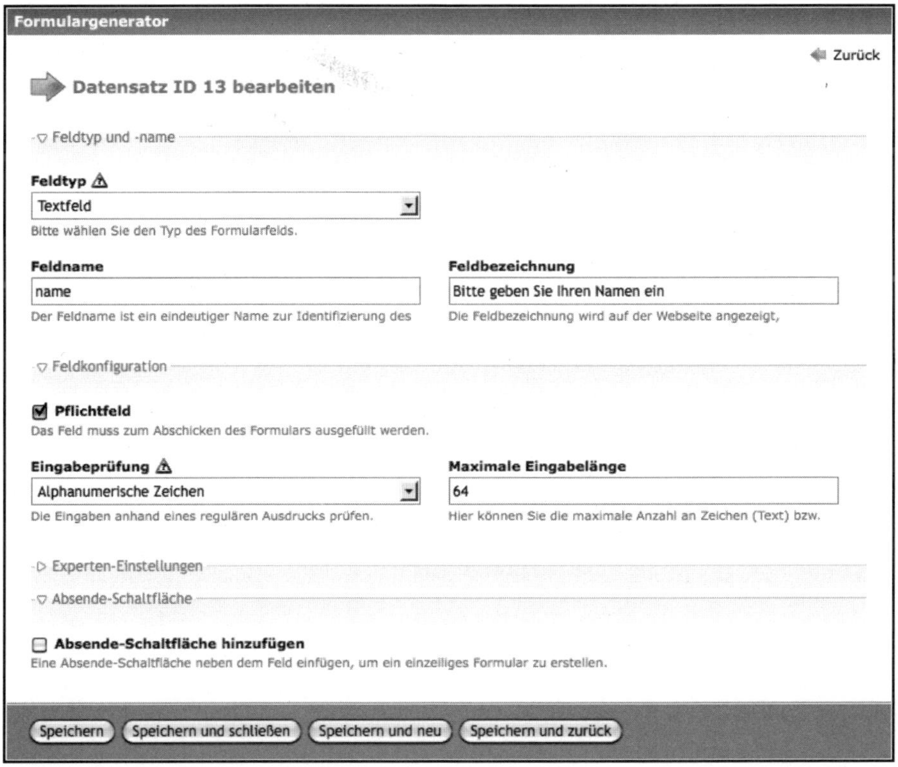

Abbildung 12.1: **Formularfelder bearbeiten**

FELDNAME: Über den Feldnamen wird die Benutzereingabe nach dem Absenden des Formulars referenziert. Falls Sie die Formulardaten in der Datenbank speichern, muss es in der Tabelle ein gleich lautendes Feld geben.

FELDBEZEICHNUNG: Die Feldbezeichnung wird im Frontend vor bzw. über dem Formularfeld angezeigt und sollte in der jeweils richtigen Sprache verfasst werden.

PFLICHTFELD: Wenn Sie diese Option auswählen, muss das Feld zum Abschicken des Formulars ausgefüllt werden. Bleibt es leer, erscheint eine Fehlermeldung.

12.2.1 Überschrift

Das Formularfeld ÜBERSCHRIFT fügt dem Formular eine beliebige formatierte Überschrift hinzu. Die Eingabe erfolgt über den Rich Text Editor.

TEXT: Geben Sie hier den formatierten Text der Überschrift ein.

HTML-Ausgabe

Das Formularfeld generiert folgenden HTML-Code:

```
<tr>
   <td colspan="2" class="colspan headline"> … </td>
</tr>
```

Bei tabellenlosen Formularen sieht die HTML-Ausgabe wie folgt aus:

```
<div class="headline"> … </div>
```

12.2.2 Erklärung

Das Formularfeld ERKLÄRUNG fügt dem Formular eine beliebige formatierte Erklärung hinzu. Die Eingabe erfolgt über den Rich Text Editor.

TEXT: Geben Sie hier den formatierten Text der Erklärung ein.

HTML-Ausgabe

Das Formularfeld generiert folgenden HTML-Code:

```
<tr>
   <td colspan="2" class="colspan explanation"> … </td>
</tr>
```

Bei tabellenlosen Formularen sieht die HTML-Ausgabe wie folgt aus:

```
<div class="explanation"> … </div>
```

Der Unterschied zum Feld ÜBERSCHRIFT besteht also nur in der CSS-Klasse.

12.2.3 HTML

Das Formularfeld HTML fügt dem Formular beliebigen HTML-Code hinzu. In den Backend-Einstellungen unter Erlaubte HTML-Tags können Sie festlegen, welche HTML-Tags verwendet werden dürfen.

HTML: Geben Sie hier Ihren HTML-Code ein.

HTML-Felder haben kein umschließendes HTML-Markup.

12.2.4 Textfeld

Das Formularfeld Textfeld fügt dem Formular ein einzeiliges Eingabefeld hinzu. Sie sollten grundsätzlich für jedes Textfeld die Eingabeprüfung aktivieren, um einer missbräuchlichen Verwendung des Formulars vorzubeugen.

Eingabeprüfung: Hier können Sie ein Suchmuster vorgeben, anhand dessen die Benutzereingaben beim Abschicken des Formulars geprüft werden.

SUCHMUSTER	ERKLÄRUNG
Numerische Zeichen	Erlaubt Zahlen, Minus (-), Punkt (.) und Leerzeichen ( ).
Alphabetische Zeichen	Erlaubt Buchstaben, Minus (-), Punkt (.) und Leerzeichen ( ).
Alphanumerische Zeichen	Erlaubt Zahlen und Buchstaben, Minus (-), Punkt (.), Unterstrich (_) und Leerzeichen ( ).
Erweiterte alphanumerische Zeichen	Erlaubt alle Zeichen außer denen, die normalerweise aus Sicherheitsgründen kodiert werden (#/()<=>).
Datum	Erlaubt Eingaben gemäß des globalen Datumsformats.
Uhrzeit	Erlaubt Eingaben gemäß des globalen Uhrzeitformats.
Datum und Uhrzeit	Erlaubt Eingaben gemäß des globalen Datums- und Uhrzeitformats.
Telefonnummer	Erlaubt Zahlen, Plus (+), Minus (-), Schrägstrich (/), runde Klammern (()) und Leerzeichen ( ).
E-Mail-Adresse	Erlaubt die Eingabe einer gültigen E-Mail-Adresse.
URL-Format	Erlaubt die Eingabe einer gültigen URL.

Tabelle 12.2: **Übersicht über die Suchmuster**

Maximale Eingabelänge: Hier können Sie die maximale Anzahl an Zeichen vorgeben, die in das Textfeld eingegeben werden dürfen.

Standard-Wert: Hier können Sie einen Standardwert erfassen. Bei barrierefreien Webseiten wird es empfohlen, das @-Zeichen für E-Mail-Adressen vorzugeben.

CSS-KLASSE: Hier können Sie dem Formularfeld eine CSS-Klasse zuweisen.

TASTATURKÜRZEL: Mit einem Tastaturkürzel kann ein Besucher direkt zu einem bestimmten Eingabefeld springen, indem er die ⌜Alt⌝- bzw. ⌜Strg⌝-Taste in Verbindung mit dem Tastaturkürzel, z. B. einer Zahl, drückt (vgl. Abschnitt 3.2.4, *Backend-Tastaturkürzel*).

HTML-Ausgabe

Das Formularfeld generiert folgenden HTML-Code:

```
<tr>
    <td class="col_0 col_first">
        <label class="mandatory"> … </label>
    </td>
    <td class="col_1 col_last">
        <input class="text mandatory" />
    </td>
</tr>
```

Bei tabellenlosen Formularen sieht die HTML-Ausgabe wie folgt aus:

```
<label class="mandatory"> … </label>
<input class="text mandatory" /><br />
```

12.2.5 Passwortfeld

Das Formularfeld PASSWORTFELD fügt dem Formular zwei einzeilige Eingabefelder für das Passwort und dessen Bestätigung hinzu. Prinzipiell funktionieren Passwortfelder genau wie Textfelder, nur dass die Eingabe verdeckt erfolgt.

HTML-Ausgabe

Das Formularfeld generiert folgenden HTML-Code:

```
<tr>
    <td class="col_0 col_first">
        <label class="mandatory"> … </label>
    </td>
    <td class="col_1 col_last">
        <input class="text password mandatory" />
    </td>
</tr>
<tr>
    <td class="col_0 col_first">
        <label class="confirm mandatory"> … </label>
    </td>
    <td class="col_1 col_last">
        <input class="text password confirm mandatory" />
    </td>
</tr>
```

Bei tabellenlosen Formularen sieht die HTML-Ausgabe wie folgt aus:

```
<label class="mandatory"> ... </label>
<input class="text password mandatory" /><br />
<label class="confirm mandatory"> ... </label>
<input class="text password confirm mandatory" /><br />
```

12.2.6 Textarea

Das Formularfeld TEXTAREA fügt dem Formular ein mehrzeiliges Eingabefeld für längere Texte hinzu. Sie sollten auch hier die Eingabeprüfung aktivieren, um einer missbräuchlichen Verwendung des Formulars vorzubeugen.

REIHEN UND SPALTEN: Hier legen Sie fest, wie viele Reihen und Spalten die Textarea haben soll. Die Abmessungen des Feldes können Sie zudem per CSS bestimmen.

HTML-Ausgabe

Das Formularfeld generiert folgenden HTML-Code:

```
<tr>
    <td class="col_0 col_first">
        <label class="mandatory"> ... </label>
    </td>
    <td class="col_1 col_last">
        <textarea class="textarea mandatory"></textarea>
    </td>
</tr>
```

Bei tabellenlosen Formularen sieht die HTML-Ausgabe wie folgt aus:

```
<label class="mandatory"> ... </label>
<textarea class="textarea mandatory"></textarea><br />
```

12.2.7 Select-Menü

Das Formularfeld SELECT-MENÜ fügt dem Formular ein Drop-Down-Menü hinzu, aus dem Sie genau eine Option auswählen können (Abbildung 12.2). Um die Auswahl mehrerer Optionen zu erlauben, können Sie entweder die Mehrfachauswahl aktivieren oder ein Checkbox-Menü anstatt des Select-Menüs verwenden.

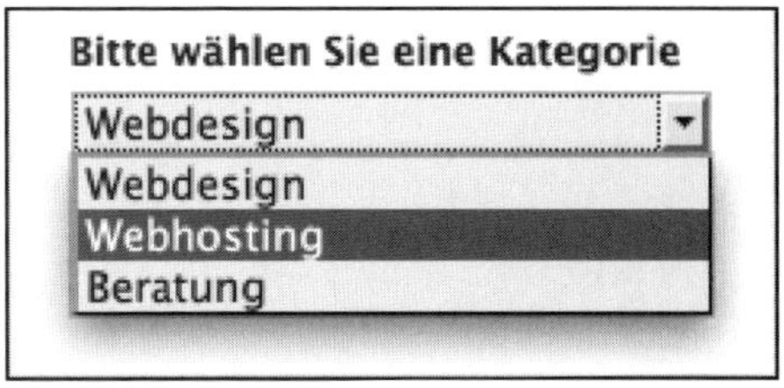

Abbildung 12.2: **Ein Select-Menü im Frontend**

OPTIONEN: Hier können Sie die verschiedenen Auswahlmöglichkeiten erfassen.

Beim Anlegen der Optionen unterstützt Sie ein JavaScript-Assistent (Abbildung 12.3). Sie können Optionen gruppieren und jede Gruppe mit einer Überschrift versehen. Um eine Zeile zu einer Gruppenüberschrift zu machen, wählen Sie die Option GRUPPE.

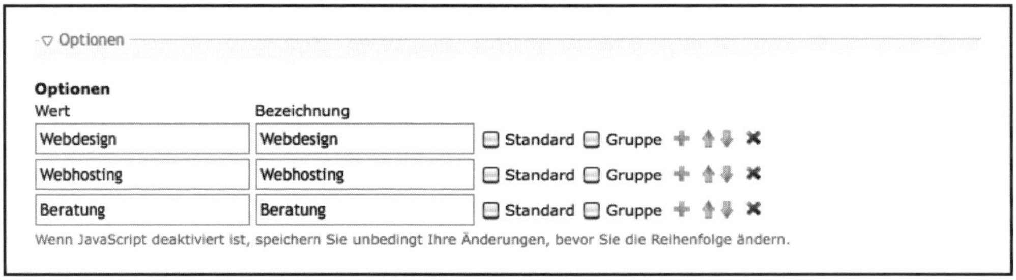

Abbildung 12.3: **JavaScript-Assistent für das Anlegen von Optionen**

MEHRFACHAUSWAHL: Hier können Sie die Auswahl mehrerer Optionen erlauben.

LISTENGRÖSSE: Hier legen Sie fest, wie viele Zeilen das Auswahlfeld bei aktivierter Mehrfachauswahl hoch sein soll. Innerhalb des Feldes kann gescrollt werden.

HTML-Ausgabe

Das Formularfeld generiert folgenden HTML-Code:

```
<tr>
   <td class="col_0 col_first">
      <label class="mandatory"> … </label>
   </td>
   <td class="col_1 col_last">
      <select class="select mandatory">
        <option> … </option>
      </select>
   </td>
</tr>
```

Bei tabellenlosen Formularen sieht die HTML-Ausgabe wie folgt aus:

```
<label class="mandatory"> … </label>
<select class="select mandatory">
   <option> … </option>
</select><br />
```

Felder mit Mehrfachauswahl verwenden die CSS-Klasse multiselect anstatt select.

12.2.8 Radio-Button-Menü

Das Formularfeld RADIO-BUTTON-MENÜ fügt dem Formular eine Liste von Optionen hinzu, aus der Sie genau eine auswählen können (Abbildung 12.4). Um die Auswahl mehrerer Optionen zu erlauben, müssen Sie ein Checkbox-Menü verwenden.

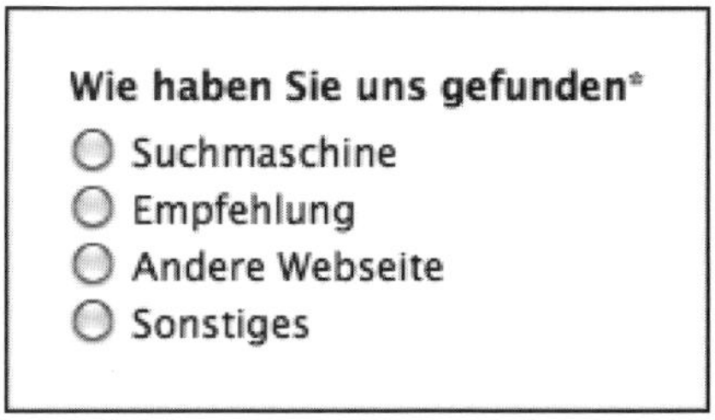

Abbildung 12.4: **Ein Radio-Button-Menü im Frontend**

OPTIONEN: Hier können Sie die verschiedenen Auswahlmöglichkeiten erfassen. Beim Anlegen der Optionen unterstützt Sie ein JavaScript-Assistent.

HTML-Ausgabe

Das Formularfeld generiert folgenden HTML-Code:

```
<tr>
   <td class="col_0 col_first">
      <label class="mandatory"> … </label>
   </td>
   <td class="col_1 col_last">
      <div class="radio_container mandatory">
         <span><input class="radio" /> <label> … </label></span>
         <span><input class="radio" /> <label> … </label></span>
      </div>
   </td>
</tr>
```

Bei tabellenlosen Formularen sieht die HTML-Ausgabe wie folgt aus:

```
<label class="mandatory"> … </label>
<div class="radio_container mandatory">
    <span><input class="radio" /> <label> … </label></span>
    <span><input class="radio" /> <label> … </label></span>
</div><br />
```

12.2.9 Checkbox-Menü

Das Formularfeld CHECKBOX-MENÜ fügt dem Formular eine Liste von Optionen hinzu, aus der Sie beliebig viele Optionen oder auch gar keine auswählen können (Abbildung 12.5). Um die Auswahl genau einer Option zu erlauben, müssen Sie ein Radio-Button-Menü oder ein Select-Menü verwenden.

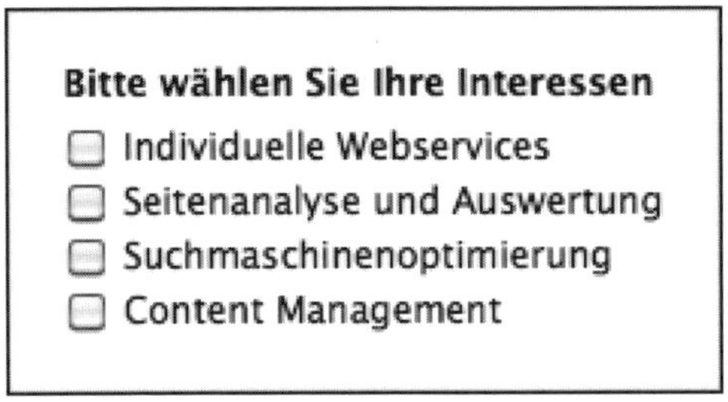

Bitte wählen Sie Ihre Interessen
- ☐ Individuelle Webservices
- ☐ Seitenanalyse und Auswertung
- ☐ Suchmaschinenoptimierung
- ☐ Content Management

Abbildung 12.5: **Ein Checkbox-Menü im Frontend**

OPTIONEN: Hier können Sie die verschiedenen Auswahlmöglichkeiten erfassen. Beim Anlegen der Optionen unterstützt Sie ein JavaScript-Assistent.

HTML-Ausgabe

Das Formularfeld generiert folgenden HTML-Code:

```
<tr>
    <td class="col_0 col_first">
        <label class="mandatory"> … </label>
    </td>
    <td class="col_1 col_last">
        <div class="checkbox_container mandatory">
            <span><input class="checkbox" /> <label> … </label></span>
            <span><input class="checkbox" /> <label> … </label></span>
        </div>
    </td>
</tr>
```

Bei tabellenlosen Formularen sieht die HTML-Ausgabe wie folgt aus:

```
<label class="mandatory"> … </label>
<div class="checkbox_container mandatory">
   <span><input class="checkbox" /> <label> … </label></span>
   <span><input class="checkbox" /> <label> … </label></span>
</div><br />
```

12.2.10 Datei-Upload

Das Formularfeld DATEI-UPLOAD fügt dem Formular ein Feld hinzu, mit dem Besucher eine Datei von ihrem lokalen Rechner auf den Server übertragen können. Sie können für jedes Upload-Feld individuell festlegen, welche Dateitypen hochgeladen werden dürfen und wo die übertragenen Dateien gespeichert werden.

ERLAUBTE DATEITYPEN: Hier können Sie eine durch Kommata getrennte Liste erlaubter Datei-endungen erfassen. Beim Versuch, eine andere Datei hochzuladen, gibt Contao automatisch eine Fehlermeldung aus und verweigert die Annahme der Datei.

MAXIMALE EINGABELÄNGE: Hier legen Sie die maximale Upload-Dateigröße in Bytes fest. Stan-dardmäßig dürfen Dateien bis zu 2 MB hochgeladen werden.

HOCHGELADENE DATEIEN SPEICHERN: Wählen Sie diese Option, um übertragene Dateien in einem bestimmten Verzeichnis auf dem Server zu speichern.

ZIELVERZEICHNIS: Hier wählen Sie den Speicherort für hochgeladene Dateien aus.

BENUTZERVERZEICHNIS VERWENDEN: Wenn Sie diese Option wählen und ein Mitglied zum Zeitpunkt des Uploads angemeldet ist, werden die übertragenen Dateien im Heimatverzeichnis des Mitglieds anstatt im Upload-Verzeichnis gespeichert.

BESTEHENDE DATEIEN ERHALTEN: Standardmäßig ersetzt Contao eine Datei, sobald eine gleichna-mige neuere hochgeladen wird. Wenn Sie diese Option wählen, bleiben vorhandene Dateien erhalten und neue werden bei Namensgleichheit mit einem numerischen Suffix versehen.

HTML-Ausgabe

Das Formularfeld generiert folgenden HTML-Code:

```
<tr>
   <td class="col_0 col_first">
      <label class="mandatory"> … </label>
   </td>
   <td class="col_1 col_last">
      <input class="upload mandatory" />
   </td>
</tr>
```

Bei tabellenlosen Formularen sieht die HTML-Ausgabe wie folgt aus:

```
<label class="mandatory"> … </label>
<input class="upload mandatory" /><br />
```

12.2.11 Verstecktes Feld

Das Formularfeld VERSTECKTES FELD fügt dem Formular ein verstecktes Feld hinzu. Versteckte Felder können beliebige Werte enthalten, die im Formular nicht sichtbar sind, aber trotzdem beim Absenden übermittelt werden.

WERT: Hier können Sie den Wert des versteckten Felds eingeben.

Versteckte Felder haben keine CSS-Klasse.

12.2.12 Sicherheitsfrage

Das Formularfeld SICHERHEITSFRAGE fügt dem Formular ein sogenanntes CAPTCHA[1] hinzu. Die Sicherheitsfrage besteht aus einer einfachen Rechenaufgabe, die ein Besucher beim Abschicken des Formulars lösen muss. Wird die Sicherheitsfrage nicht oder falsch beantwortet, kann das Formular nicht abgeschickt werden. Auf diese Weise soll verhindert werden, dass Spammer das Formular missbrauchen.

HTML-Ausgabe

Das Formularfeld generiert folgenden HTML-Code:

```
<tr>
    <td class="col_0 col_first">
        <label class="mandatory"> … </label>
    </td>
    <td class="col_1 col_last">
        <input class="captcha mandatory" />
        <span class="captcha_text"> … </span>
    </td>
</tr>
```

Bei tabellenlosen Formularen sieht die HTML-Ausgabe wie folgt aus:

```
<label class="mandatory"> … </label>
<input class="captcha mandatory" />
<span class="captcha_text"> … </span><br />
```

Die Ausgabe der Sicherheitsfrage erfolgt verschlüsselt.

---

1   http://bit.ly/Captchas

12.2.13 Absendefeld

Das Formularfeld ABSENDEFELD fügt dem Formular eine Schaltfläche hinzu, mit der das Formular abgeschickt werden kann. Ein Absendefeld kann entweder eine Textschaltfläche oder eine Bildschaltfläche sein.

BEZEICHNUNG DER ABSENDE-SCHALTFLÄCHE: Geben Sie hier den Text der Absende-Schaltfläche bzw. Mouse-Rollover-Text der Bildschaltfläche ein.

BILDSCHALTFLÄCHE: Hier definieren Sie das Absendefeld als Bildschaltfläche.

QUELLDATEI: Hier wählen Sie das Bild für die Bildschaltfläche aus.

HTML-Ausgabe

Das Formularfeld generiert folgenden HTML-Code:

```
<tr>
    <td class="col_0 col_first">
         
    </td>
    <td class="col_1 col_last">
        <div class="submit_container">
            <input class="submit" />
        </div>
    </td>
</tr>
```

Bei tabellenlosen Formularen sieht die HTML-Ausgabe wie folgt aus:

```
<div class="submit_container">
    <input class="submit" />
</div>
```

12.3 Ein Suchformular erstellen

Wie schon in Abschnitt 6.3.3, *Eigene Suchformulare*, erwähnt, können Sie den Formulargenerator nutzen, um ein eigenes Suchformular zu erstellen und dieses beispielsweise in der Kopfzeile Ihrer Webseite einzubinden. Dazu sind folgende Schritte notwendig:

1. Öffnen Sie den Formulargenerator, und erstellen Sie ein neues Formular. Geben Sie die Suchseite als Weiterleitungsziel an, und wählen Sie *GET* als Übertragungsmethode. Die Suchseite heißt »Seite durchsuchen« und befindet sich unterhalb der Seite »Service«.

2. Fügen Sie dem Formular ein Textfeld hinzu, und geben Sie keywords als Feldname ein. Wenn Sie möchten, können Sie das Feld zu einem Pflichtfeld machen, denn eine Suche ohne Suchbegriff wird voraussichtlich nicht besonders viele Ergebnisse bringen.

3. Fügen Sie dem Formular optional ein Radio-Button-Menü hinzu, wenn Sie möchten, dass Ihre Besucher zwischen der UND- und der ODER-Suche wählen können. Der Feldname lautet in diesem Fall `query_type` und die Optionswerte `and` und `or`.

4. Fügen Sie dem Formular eine Absende-Schaltfläche hinzu.

Damit ist das Suchformular fertig, und Sie können es als Frontend-Modul im Seitenlayout in die Kopfzeile oder eine beliebige andere Spalte Ihrer Webseite einbinden.

12.4 Zusammenfassung

Mit dem Formulargenerator können Sie per Mausklick interaktive Formulare zusammenstellen, deren Daten beim Abschicken automatisch geprüft und wahlweise per E-Mail versendet oder in die Datenbank geschrieben werden. Für jedes Formularfeld gibt es in Contao ein eigenes Element, das speziell auf die Anforderungen des Feldtyps abgestimmt ist.

13. Der Datei-manager

Mit dem Dateimanager können Sie Dateien und Ordner auf Ihrem Server verwalten und Dateien von Ihrem lokalen Rechner auf den Server übertragen. Benutzerressourcen werden standardmäßig im Contao-Ordner `tl_files` gespeichert, Sie können das Upload-Verzeichnis aber in den Backend-Einstellungen ändern.

13.1 Dateiverwaltung

Der Dateimanager bildet die Verzeichnisstruktur in einem hierarchischen Baum ab. Jeder Unterordner ist ein eigener Knoten, den Sie über das Plus- bzw. Minussymbol aus- und einklappen können. Innerhalb jedes Unterordners werden die darin enthaltenen Dateien aufgelistet. Handelt es sich dabei um Bilder, wird automatisch eine Voransicht angezeigt. Bei einer großen Menge an Bildern können Sie die Voransicht in Ihrem Benutzerprofil deaktivieren, damit die Seite schneller lädt.

13.1.1 Die Navigationssymbole

Die Navigation erfolgt wie überall in Contao mithilfe von Navigationssymbolen. Die Optionen sind dabei für Ordner und Dateien unterschiedlich (Abbildung 13.1).

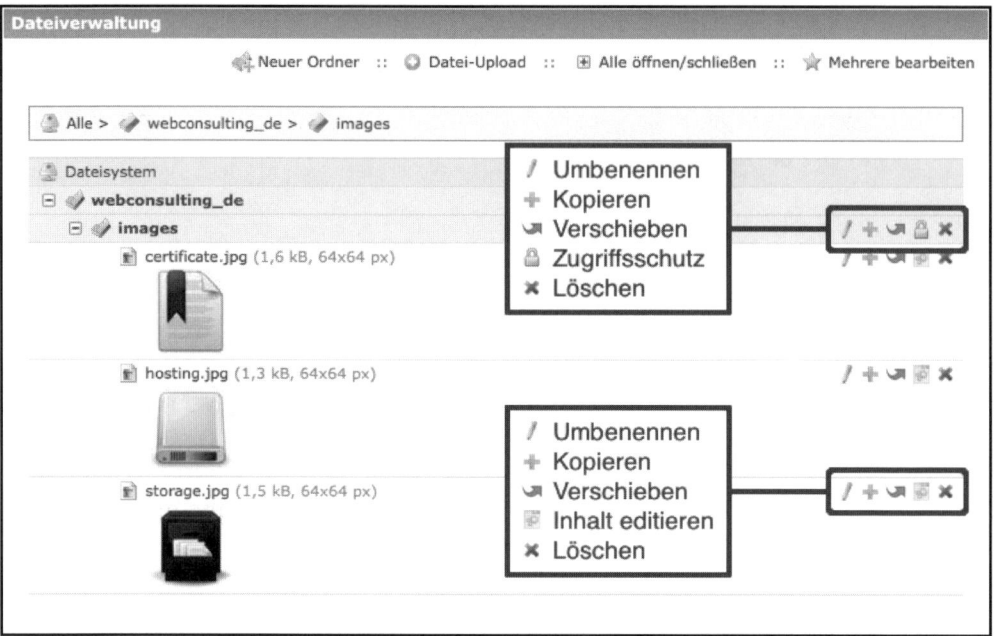

Abbildung 13.1: **Navigationssymbole des Dateimanagers**

UMBENENNEN: Öffnet eine Eingabemaske zum Umbenennen einer Datei bzw. eines Ordners. Contao ergänzt eventuelle Dateiendungen automatisch.

KOPIEREN: Kopiert eine Datei bzw. einen Ordner.

VERSCHIEBEN: Verschiebt eine Datei bzw. einen Ordner.

ZUGRIFFSSCHUTZ: Schützt ein Verzeichnis mittels .htaccess-Datei, sodass die darin enthaltenen Dateien nicht mehr über das Internet aufgerufen werden können.

INHALT EDITIEREN: Öffnet eine Eingabemaske zur Bearbeitung des Inhalts einer Datei mit einem Texteditor. Welche Dateien editiert werden dürfen, können Sie in den Backend-Einstellungen unter EDITIERBARE DATEIEN festlegen.

LÖSCHEN: Löscht eine Datei bzw. einen Ordner.

13.1.2 Dateien übertragen

Rufen Sie den Dateimanager auf, und klicken Sie auf den Link DATEI-UPLOAD, um Dateien auf den Server zu übertragen. Über das Navigationssymbol EINFÜGEN IN können Sie das Zielverzeichnis auswählen. Standardmäßig lassen sich bis zu acht Dateien gleichzeitig übertragen, Sie können die Anzahl der Eingabefelder jedoch in den Backend-Einstellungen beliebig anpassen.

In den Benutzereinstellungen können Sie darüber hinaus *FancyUpload*[1] aktivieren, ein JavaScript- und Flash-basiertes Upload-Script, mit dem mehrere Dateien auf einmal ausgewählt und übertragen werden können (Abbildung 13.2).

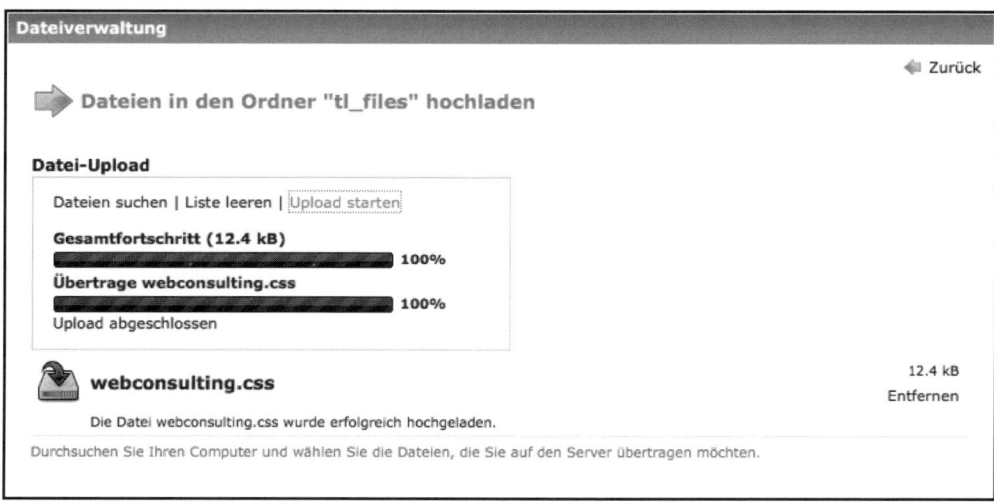

Abbildung 13.2: **Dateien mittels »FancyUpload« übertragen**

In beiden Fällen prüft der Dateimanager beim Upload die Größe der zu übertragenden Datei, und – falls es sich dabei um ein Bild handelt – auch dessen Abmessungen. Standardmäßig werden Dateien bis zu 2 MB und Bilder bis zu 800x600 Pixel akzeptiert. Ist eine Datei zu groß bzw. ein Bild zu breit oder zu hoch, verweigert Contao den Upload bzw. verkleinert das Bild automatisch auf die maximal zulässigen Abmessungen.

Beachten Sie, dass nur die Dateitypen hochgeladen werden können, die Sie in den Backend-Einstellungen unter ERLAUBTE DATEIENDUNGEN FÜR UPLOADS festgelegt haben.

13.1.3 Dateien per FTP übertragen

Contao kann sowohl Dateien verarbeiten, die mit dem Dateimanager auf den Server übertragen wurden, als auch Dateien bzw. Ordner, die Sie mit Ihrem FTP-Programm hochgeladen haben. Sie müssen dafür keine komplizierten Importroutinen ausführen und können die Ressourcen sofort verwenden.

Beim Upload über FTP gibt es allerdings eine kleine Einschränkung: Die Dateinamen sollten keine Sonderzeichen enthalten. Viele Server bzw. FTP-Programme verwenden intern eine andere Zeichenkodierung als Contao, daher kann es beim FTP-Upload von Dateien mit Sonderzeichen im Dateinamen zu Problemen kommen. Folgendermaßen sollten Sie Ihre Dateien also lieber **nicht** benennen:

---

1   http://bit.ly/FancyUpload

```
Wies'n-Festzug München (Sonnenstraße).jpg
Hend'l + Maß im Schützenfestzelt.jpg
```

Für das Web ist es generell besser, auf Sonderzeichen in Dateinamen ganz zu verzichten. Dadurch vermeiden Sie eventuelle Kompatibilitätsprobleme sowie unschön kodierte URLs und kryptische Dateinamen. Folgende Bezeichnungen sind optimal:

```
Wiesn-Festzug-Muenchen-Sonnenstrasse.jpg
Hendl-und-Mass-im-Schuetzenfestzelt.jpg
```

Beim Upload über den Dateimanager überprüft Contao die Dateinamen und passt sie gegebenenfalls automatisch an, sodass Probleme mit falsch kodierten Sonderzeichen in der Bezeichnung von vornherein vermieden werden.

13.2 Meta-Informationen

In Contao können Sie zu jeder Art von Datei sogenannte Meta-Informationen erfassen. Meta-Informationen werden hauptsächlich in Bildergalerien und Downloads ausgewertet, um zu jeder Datei eine kurze Beschreibung oder Bildunterschrift darstellen zu können. Contao unterstützt folgende Meta-Informationen:

» Alternativer Text

» Link

» Beschriftung (Bildunterschrift)

13.2.1 Aufbau einer Meta-Datei

Eine Meta-Datei enthält pro Datei eine Zeile, in der der Name der beschriebenen Datei, gefolgt von den jeweiligen Meta-Informationen, steht:

```
bild1.jpg = Alternativer Text
bild2.jpg = Alternativer Text | Link | Beschriftung
bild3.jpg = Alternativer Text || Beschriftung
bild4.jpg = Alternativer Text | Link
```

Die einzelnen Meta-Informationen werden durch einen senkrechten Strich voneinander getrennt. Für die Datei bild1.jpg ist nur ein alternativer Text gespeichert, für die Datei bild2.jpg wurden hingegen alle drei Angaben gemacht. Die Datei bild3.jpg kommt ohne Link aus, daher der doppelte senkrechte Strich. Sie können bei Bedarf weitere Meta-Informationen durch senkrechte Striche getrennt hinzufügen und diese in einem angepassten Template verwenden.

In den einzelnen Meta-Informationen dürfen keine Zeilenumbrüche enthalten sein. Außerdem sollten Sie darauf achten, Ihre Meta-Dateien als UTF-8 zu kodieren, damit Sonderzeichen im Frontend richtig dargestellt werden. Am besten bearbeiten Sie Meta-Dateien direkt im Backend, dann kümmert sich Contao um die richtige Kodierung.

Wird in einem Inhaltselement oder einem Modul nach einer Meta-Datei sortiert, übernimmt Contao die Reihenfolge, die Sie in der Meta-Datei festgelegt haben. Alle Dateien, für die es keinen Eintrag gibt, werden dabei automatisch übersprungen. Auf diese Weise können Sie eine individuelle Sortierung vorgeben.

13.2.2 Meta-Dateien verwenden

Meta-Dateien müssen meta.txt heißen und immer in demselben Verzeichnis gespeichert werden wie die Dateien, die in ihnen beschrieben sind. Wenn Sie mehrere Unterordner haben, müssen Sie also für jeden eine eigene meta.txt erstellen.

Bei mehrsprachigen Webseiten ist es oft erforderlich, eine separate Meta-Datei pro Sprache zu haben, in der sich die jeweilige Übersetzung der Beschreibungen befindet. Um Meta-Dateien für eine bestimmte Sprache anzulegen, müssen Sie diese z. B. als meta_de.txt für Deutsch oder meta_en.txt für Englisch speichern.

Contao sucht beim Einlesen von Meta-Dateien immer zuerst nach einer spezifischen Datei in der Sprache der aufgerufenen Seite. Existiert eine solche Datei nicht, wird eine eventuell vorhandene meta.txt als Fallback verwendet.

13.3 Downloads kontrollieren

Mit Contao können Sie ganz einfach den Zugriff auf bestimmte Dateien beschränken und genau festlegen, wer diese herunterladen darf und wer nicht. Auf diese Weise können Sie z. B. einen geschützten Download-Bereich für Mitglieder einrichten.

13.3.1 Verzeichnis schützen

Legen Sie als Erstes einen neuen Ordner im Upload-Verzeichnis Ihrer Installation an, und nennen Sie diesen z. B. protected. Klicken Sie dann auf das Navigationsicon VERZEICHNIS SCHÜTZEN, um den Zugriff auf den Ordner einzuschränken.

Der Zugriffsschutz erfolgt über eine .htaccess-Datei, die Contao automatisch in dem zu schützenden Ordner erstellt. Sie können eine entsprechende .htaccess-Datei natürlich auch mit Ihrem FTP-Programm auf den Server übertragen.

Standardmäßig enthält die Datei folgende Anweisungen:

```
order deny,allow
deny from all
```

Dank der `.htaccess`-Datei kann nun niemand mehr mit seinem Internetbrowser auf die Dateien zugreifen und sie direkt herunterladen. Über die Inhaltselemente »Download« bzw. »Downloads« sind die Dateien aber weiterhin erreichbar.

13.3.2 Download-Element schützen

Als Nächstes müssen Sie den Zugriff auf die Download-Elemente beschränken, über die Sie die Dateien nach wie vor herunterladen können. Richten Sie dazu entweder eine geschützte Seite in der Seitenstruktur oder ein geschütztes Inhaltselement ein, das nur noch von angemeldeten Mitgliedern aufgerufen werden kann.

Da der Download dank der `.htaccess`-Datei ausschließlich über die Inhaltselemente »Download« und »Downloads« möglich ist und Sie den Zugriff auf diese Inhaltselemente eingeschränkt haben, können jetzt nur noch angemeldete Mitglieder Dateien herunterladen. Dieser Schutz lässt sich durch verschiedene Mitgliedergruppen und unterschiedliche Download-Elemente beliebig weiter verfeinern.

Unter den Third Party-Extensions befindet sich eine nützliche Erweiterung von Peter Koch namens *Download-Statistik*[2], mit der Sie die Downloads auf Ihrer Webseite genau verfolgen können. Wenn Sie die detaillierte Download-Statistik aktivieren, werden auch der Benutzername und der Zeitstempel jedes Downloads gespeichert.

13.4 Zusammenfassung

Mit dem Dateimanager können Sie Dateien auf Ihren Server übertragen und im Contao-Backend verwalten. Der Datei-Upload erfolgt dabei wahlweise über FancyUpload oder ein klassisches Formular mit mehreren Upload-Feldern. In beiden Fällen prüft Contao die Dateien auf die zulässige Größe und die maximal erlaubten Abmessungen.

Alternativ zum Contao-Dateimanager können Dateien und Ordner auch per FTP-Programm verwaltet werden. In diesem Fall sind Sie selbst dafür verantwortlich, auf eine korrekte Benennung und Kodierung der Dateien zu achten.

Zu jeder Datei können Sie Meta-Informationen speichern, die z. B. in Bildergalerien oder Download-Elementen ausgewertet werden. Auf diese Weise lässt sich auch eine individuelle Sortierreihenfolge festlegen. Meta-Informationen werden in separaten Textdateien gespeichert, die direkt über den Dateimanager bearbeitet werden können.

Mithilfe der Funktion »Verzeichnis schützen« können Sie einen Ordner vor einem direkten Zugriff über das Internet schützen. Die darin enthaltenen Dateien lassen sich jedoch weiterhin mithilfe der Download-Elemente herunterladen, sodass Sie einen geschützten Download-Bereich für bestimmte Mitgliedergruppen einrichten können.

---

2   http://bit.ly/dlstats

Teil II

Contao für Administratoren

14. Installation

Willkommen zu *Teil II, Contao für Administratoren*. In den folgenden Kapiteln lernen Sie alles, was Sie für die Installation und Pflege von Contao wissen müssen. Dazu gehören neben der Einrichtung eines lokalen Servers und der Verwaltung von Benutzern und Mitgliedern auch die Nutzung des *Contao Extension Repository*, die Erstellung eigener Seitenlayouts und das Tuning des Live-Servers für eine optimale Performance.

Die Installation von Contao dauert dank des Installtools nur wenige Minuten, sofern der Server richtig konfiguriert und die Contao-Systemvoraussetzungen erfüllt sind. In der Praxis hat sich jedoch gezeigt, dass es gerade bei der Serverkonfiguration immer wieder zu Missverständnissen und Problemen kommt.

Aus diesem Grund werde ich Ihnen in diesem Kapitel alle wichtigen Installationsvarianten vorstellen, ausführliche Hinweise zum Umzug von der lokalen Umgebung auf den Webserver geben sowie das Aktualisieren einer bestehenden Installation erklären. Am Ende des Kapitels finden Sie außerdem die häufigsten Fehlermeldungen im Zusammenhang mit der Installation von Contao erläutert.

14.1 Systemvoraussetzungen

Contao ist eine webbasierte Software und benötigt daher einen Webserver wie z. B. Apache oder Microsoft IIS, um zu funktionieren. Der Webserver sollte die Scriptsprache PHP interpretieren können und über eine Datenbank wie z. B. MySQL verfügen.

14.1.1 PHP 5

Contao ist in der Programmiersprache PHP geschrieben, die sich mittlerweile zur meistgenutzten Programmiersprache für Internetsoftware etabliert hat. Aus diesem Grund können auch fast alle Server mit PHP-Scripts umgehen. Sie sollten aber Folgendes beachten: Contao benötigt mindestens PHP 5.2!

14.1.2 MySQL-Datenbank

Um die Inhalte und die Konfiguration Ihrer Webseite zu speichern, verwendet Contao eine Datenbank. Die am weitesten verbreitete Datenbank heißt MySQL und ist bei den großen Providern in der Regel ab den mittleren Paketen enthalten.

Auch bei der Datenbank hat Contao eine Mindestanforderung, nämlich die MySQL-Version 4.1. Ältere Versionen unterstützen keine Unterabfragen (»Subqueries«), die in Contao jedoch mehrfach verwendet werden. Ich empfehle Ihnen, auch bei der Datenbank stets eine aktuelle Version zu verwenden – in diesem Fall MySQL 5.

Genau wie Contao werden PHP und MySQL ebenfalls ständig weiterentwickelt und verbessert. Ältere Versionen enthalten immer ein paar Fehler und unter Umständen auch Sicherheitslücken, die Ihren Server zu einem potenziellen Ziel für Hacker machen.

14.2 Eine lokale Testumgebung einrichten

Die einfachste Möglichkeit, auf dem lokalen Rechner einen Apache-Webserver einzurichten, ist die Installation der Open-Source-Entwicklungsumgebung »XAMPP« von Kai Seidler und Kay Vogelgesang. Ich werde Ihnen nachfolgend die Einrichtung unter Windows und unter Mac OS X erläutern. Die dazu benötigten Installationsdateien finden Sie entweder auf der Buch-CD oder auf der XAMPP-Projektwebseite[1].

14.2.1 XAMPP für Windows

Laden Sie sich die Datei `xampp-win32-1.7.3.exe` von der Buch-CD oder der XAMPP-Projektwebseite herunter, und entpacken Sie sie mit einem Doppelklick in ein Verzeichnis Ihrer Wahl. Der Installationsdialog ist interaktiv (Abbildung 14.1).

Nachdem die Dateien entpackt wurden, müssen Sie die grundsätzliche Konfiguration vornehmen. Das entsprechende Kommandozeilenfenster öffnet sich automatisch. Sollte das nicht der Fall sein, können Sie den Prozess manuell durch einen Doppelklick auf die Datei `setup_xampp.bat` im XAMPP-Verzeichnis anstoßen. Bestätigen Sie bei allen Fragen die voreingestellte Standardantwort, und beenden Sie den Dialog mit 1 oder x (Abbildung 14.2).

---

1   http://www.apachefriends.org

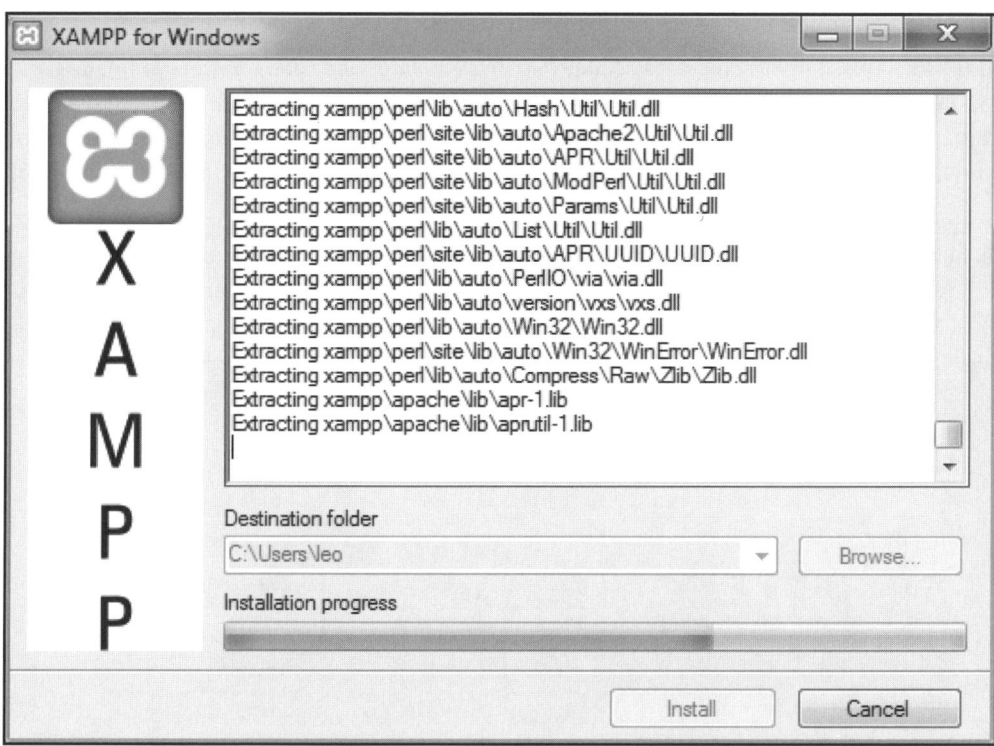

Abbildung 14.1: **XAMPP-Installation unter Windows**

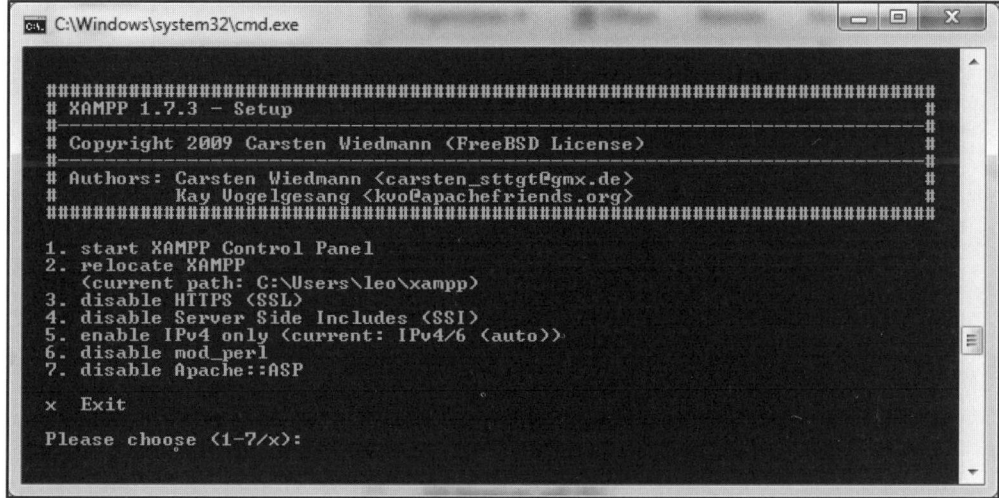

Abbildung 14.2: **XAMPP-Konfiguration unter Windows**

Die Installation von XAMPP unter Windows ist damit abgeschlossen.

XAMPP-Dienste starten

Das Aktivieren der verschiedenen XAMPP-Dienste erfolgt über das Control-Panel, das entweder bereits bei der Installation gestartet wurde oder mit einem Doppelklick auf die Datei `xampp-control.exe` aufgerufen werden kann. Für die weitere Einrichtung und Absicherung von XAMPP benötigen Sie vorerst nur den Apache- und den MySQL-Dienst (Abbildung 14.3).

Falls sich der Apache-Dienst nicht starten lässt, ist der Port Nr. 80 auf Ihrem Rechner wahrscheinlich schon durch einen anderen Dienst belegt, z. B. durch Skype. Um dieses Problem zu beheben, können Sie entweder die Skype-Einstellungen anpassen (empfohlen) oder zuerst XAMPP und dann Skype starten.

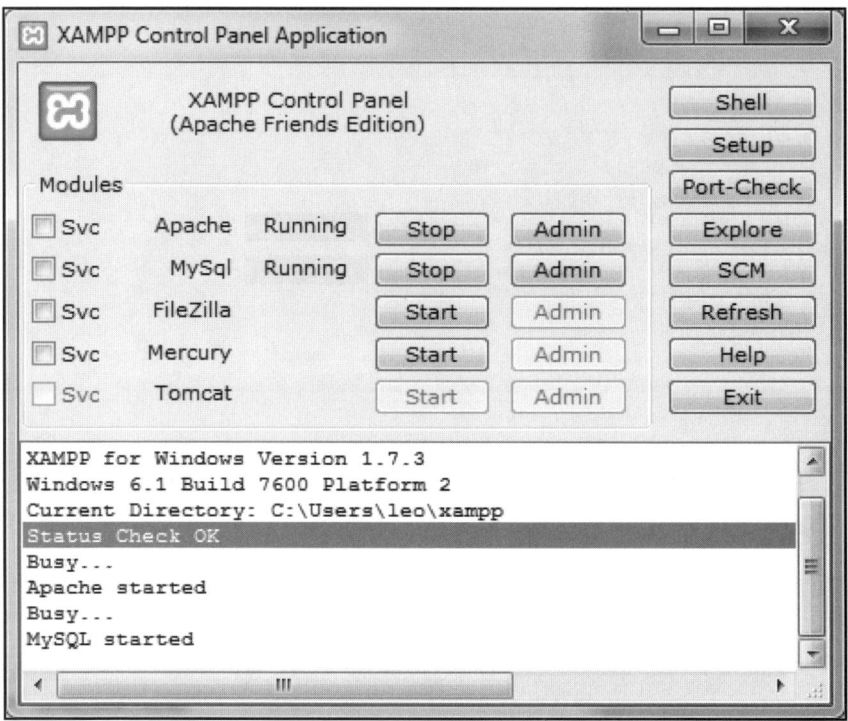

Abbildung 14.3: **XAMPP-Control-Panel unter Windows**

XAMPP absichern

Öffnen Sie Ihren Internetbrowser, und geben Sie die Adresse `http://localhost/` ein. Nachdem Sie Deutsch als Sprache ausgewählt haben, gelangen Sie zur XAMPP-Startseite. Mit einem Klick auf den Link SICHERHEITSCHECK im Menü auf der linken Seite rufen Sie die Unterseite »XAMPP Sicherheit« auf (Abbildung 14.4).

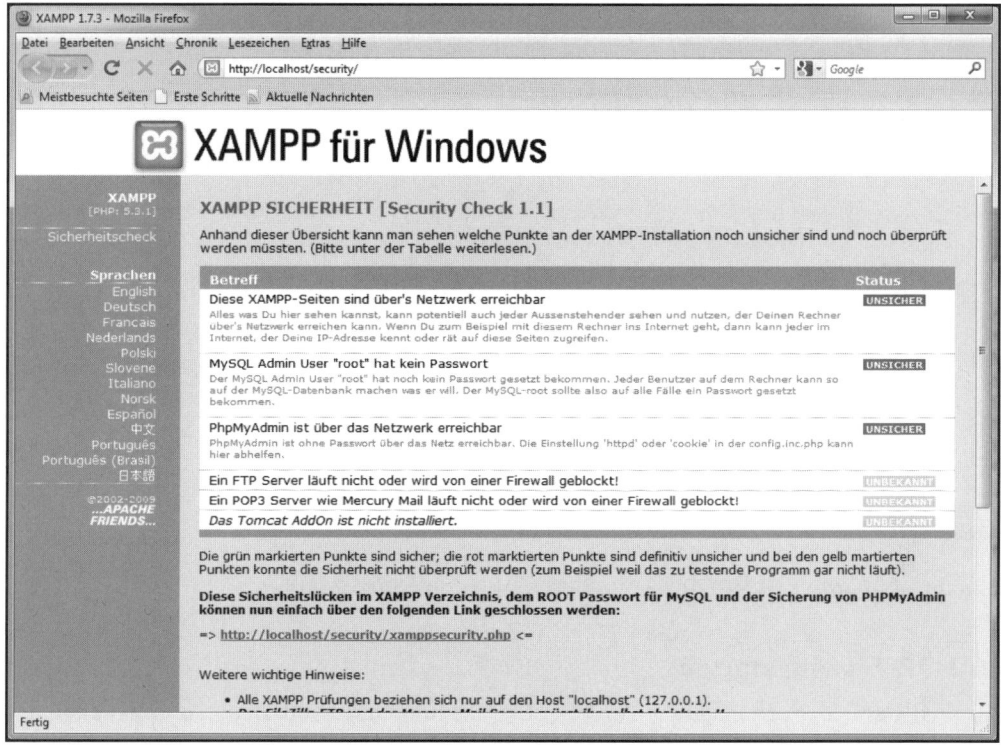

Abbildung 14.4: **XAMPP-Sicherheitscheck unter Windows**

Die monierten Sicherheitslücken sollten Sie unbedingt beheben. Dazu enthält XAMPP ein kleines Tool, das Sie in Ihrem Browser aufrufen können. Klicken Sie auf den Link http://localhost/security/xamppsecurity.php, und versehen Sie den MySQL-Benutzer und das XAMPP-Verzeichnis mit einem Passwort.

Danach müssen Sie den Server neu starten, was Sie über das XAMPP-Control-Panel bequem erledigen können. Beim erneuten Laden der Seite werden Sie nach dem Benutzernamen und dem Passwort gefragt, die Sie gerade vergeben haben. Wo vorher noch der Status »unsicher« stand, sollte jetzt ein grünes »sicher« stehen.

Damit ist die Einrichtung von XAMPP unter Windows abgeschlossen.

14.2.2 XAMPP für Mac OS X

Laden Sie sich die Datei xampp-macosx-1.7.3.dmg von der Buch-CD oder der XAMPP-Projektwebseite herunter, und öffnen Sie das Image mittels Doppelklick. Ziehen Sie dann den Ordner XAMPP in den Programmordner (Abbildung 14.5).

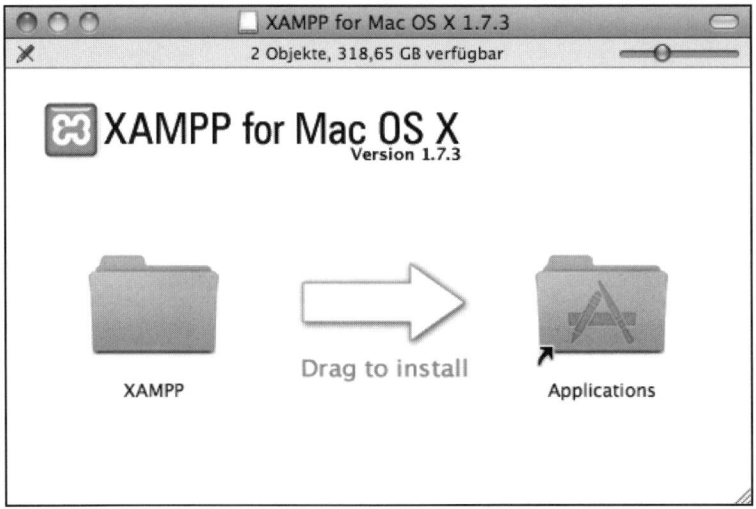

Abbildung 14.5: **XAMPP-Installation unter Mac OS X**

Die Installation von XAMPP unter Mac OS X ist damit abgeschlossen.

XAMPP-Dienste starten

Das Aktivieren der verschiedenen XAMPP-Dienste funktioniert über das Control-Panel, das Sie mit einem Doppelklick auf die Datei XAMPP Control.app aufrufen können (Abbildung 14.6). Zum Starten der Dienste müssen Sie gegebenenfalls Ihr Administratorpasswort eingeben. Für die weitere Einrichtung und Absicherung von XAMPP benötigen Sie vorerst nur den Apache- und den MySQL-Dienst.

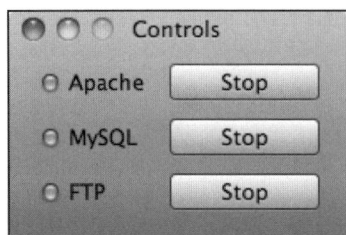

Abbildung 14.6: **XAMPP-Control-Panel unter Mac OS X**

XAMPP absichern

Öffnen Sie Ihren Internetbrowser, und geben Sie die Adresse http://localhost/ ein. Nachdem Sie Deutsch als Sprache ausgewählt haben, gelangen Sie zur XAMPP-Startseite. Mit einem Klick auf den Link SICHERHEITSCHECK im Menü auf der linken Seite rufen Sie die Unterseite »XAMPP Sicherheit« auf (Abbildung 14.7).

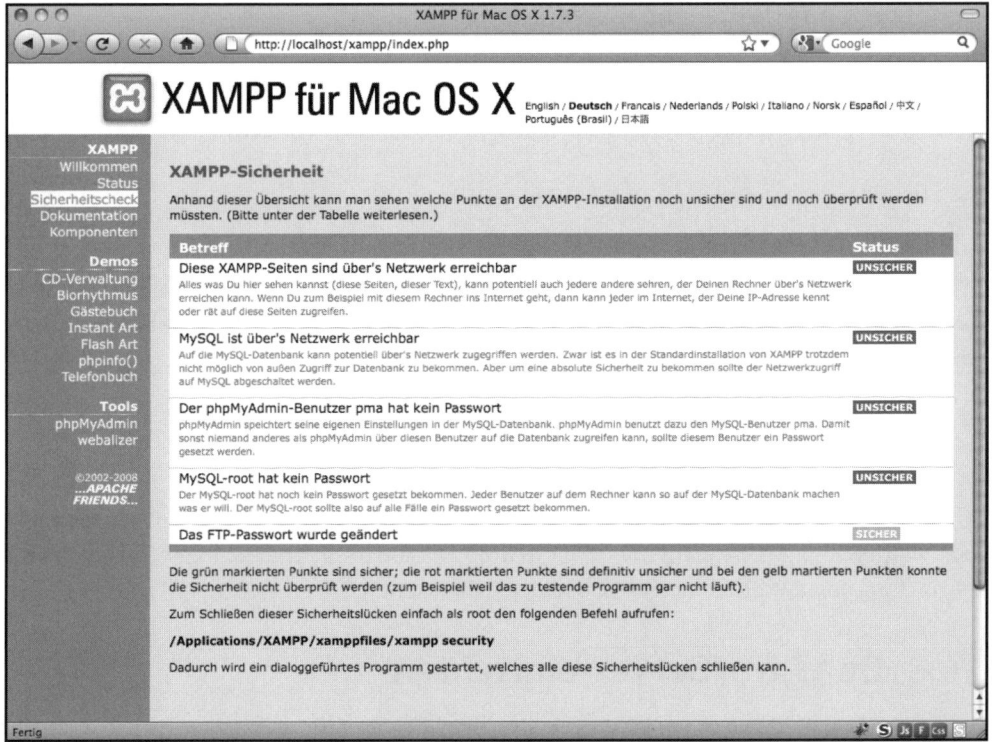

Abbildung 14.7: **XAMPP-Sicherheitscheck unter Mac OS X**

Um die monierten Sicherheitslücken zu beheben, enthält XAMPP ein Kommandozeilentool, das Sie mit dem Dienstprogramm »Terminal« aufrufen können. Öffnen Sie dazu den Ordner *Dienstprogramme*, und klicken Sie dort auf das Terminal-Icon. Geben Sie anschließend im Terminalfenster folgenden Befehl ein:

```
sudo /Applications/XAMPP/xamppfiles/xampp security
```

Das Programm muss mit Administratorrechten ausgeführt werden, daher werden Sie wieder nach dem Administratorpasswort gefragt. Folgen Sie den Anweisungen des Scripts, bis alle Passwörter gesetzt sind. Beim erneuten Laden der Seite werden Sie nach dem Passwort gefragt, das Sie gerade vergeben haben. Der Benutzername wurde automatisch auf »xampp« gesetzt. Wo vorher noch der Status »unsicher« stand, sollte jetzt ein grünes »sicher« stehen.

Benutzer und Gruppe anpassen

Als Letztes sollten Sie noch den Benutzer und die Gruppe anpassen, unter denen der Apache-Dienst läuft, sodass Contao Dateien anlegen und bearbeiten darf. Öffnen Sie dazu die Datei `/Applications/XAMPP/etc/httpd.conf`, und suchen Sie folgende Zeilen:

```
User daemon
Group daemon
```

Ersetzen Sie diese durch den Benutzer und die Gruppe, denen die XAMPP-Dateien gehören. In der Regel ist das der Benutzername, mit dem Sie sich an Ihrem Mac anmelden, und die Gruppe *admin* oder *wheel*. Auf meinem Mac ist es z. B.:

```
User leofeyer
Group admin
```

Beachten Sie, dass Ihre Änderungen erst nach einem Neustart des Apache-Dienstes wirksam werden, den Sie bequem über das Control-Panel durchführen können. Danach ist die Einrichtung von XAMPP unter Mac OS X abgeschlossen.

14.3 Den Live-Server einrichten

In diesem Abschnitt werde ich Ihnen erklären, was bei der Einrichtung des Live-Servers zu beachten ist. Dabei geht es nicht um die Konfiguration des Servers an sich, die in aller Regel von einem Serveradministrator übernommen wird und auf die Sie außer bei einem Root-Server ohnehin keinen Zugriff haben. Es geht vielmehr darum, wie Sie Ihren Server auf die Systemvoraussetzungen von Contao prüfen und PHP 5 aktivieren können.

14.3.1 PHP 5 aktivieren

Glücklicherweise ist PHP 5 inzwischen etabliert und fast überall verfügbar.

Umschalten der PHP-Version in der Verwaltungsoberfläche

Viele Anbieter bieten ihren Kunden die Möglichkeit, zwischen PHP 4 und 5 in der Verwaltungsoberfläche (z. B. *Confixx, Plesk* oder *CPanel*) umzuschalten. Wenn Sie Ihre Webseite bei einem solchen Provider hosten, können Sie den Rest dieses Abschnitts überspringen.

Umschalten der PHP-Version mittels .htaccess-Datei

Mit einer `.htaccess`-Datei können Sie die Konfiguration des Apache-Servers für ein bestimmtes Verzeichnis und alle darin enthaltenen Ordner und Dateien anpassen. Der bekannteste Anwendungsfall im Zusammenhang mit `.htaccess`-Dateien ist wohl das Schützen eines Verzeichnisses mit einem Benutzernamen und einem Passwort. Je nach Berechtigung können Sie aber noch wesentlich mehr festlegen als nur den Dateizugriff – unter anderem auch die Art und Weise, wie der Server Dateien mit der Endung .php behandeln soll.

Klären Sie zunächst ab, ob das Umschalten der PHP-Version mittels .htaccess-Datei auf dem Server unterstützt wird. Ist dies der Fall, erstellen Sie eine solche Datei in dem Verzeichnis, in das Sie Contao installieren möchten, und öffnen Sie diese mit einem Texteditor (z. B. Notepad++[2]). Fügen Sie **eine** der folgenden Zeilen ein:

```
AddHandler x-httpd-php5 .php
AddHandler php5-cgi .php
AddHandler php-cgi2 .php
AddHandler php-fastcgi5 .php
AddType x-mapp-php5 .php
AddType application/x-httpd-php5 .php
Action php /cgi-php5/php
```

Welche dieser Zeilen auf Ihrem Server funktioniert, können Sie nur durch Ausprobieren herausfinden. Eventuell bietet Ihr Provider auch eine Knowledge Base, in der die richtige Anweisung genannt wird. Im Zweifel sollte Ihnen der Support weiterhelfen können.

14.3.2 Das Contao-Systemdiagnosetool

Ist PHP 5 erst einmal aktiviert, steht der Installation von Contao nichts mehr im Wege. Um ganz sicherzugehen, dass Contao ohne Einschränkungen auf Ihrem Server läuft, können Sie sich vorab das Systemdiagnosetool[3] herunterladen und in das Verzeichnis kopieren, in das Sie Contao installieren möchten.

Rufen Sie die Datei contao-check.php anschließend in Ihrem Browser auf. Die Ausgabe sollte so ähnlich wie in Abbildung 14.8 aussehen.

Im ersten Schritt prüft das Systemdiagnosetool die PHP-Konfiguration Ihres Servers.

Im zweiten Schritt legt es einen Ordner und eine Datei an und prüft deren Besitzer und Zugriffsrechte. Wird PHP als Modul betrieben, gehören automatisch erstellte Ressourcen meist einem anderen Benutzer als die Dateien, die Sie mit Ihrem FTP-Programm auf den Server übertragen. In diesem Fall können Sie z. B. keine Dateien mit dem Contao-Dateimanager umbenennen, die Sie zuvor per FTP auf den Server übertragen haben.

Natürlich bietet Contao für dieses Problem eine Lösung. Stellt das Systemdiagnosetool bei der Überprüfung einen Rechtekonflikt fest, weist es Sie darauf hin, dass Sie Contao nicht ohne den sogenannten »Safe Mode Hack« betreiben können. Was genau es damit auf sich hat, erfahren Sie in Abschnitt 14.4.4, *Der Safe Mode Hack*.

---

2   http://bit.ly/Notepad-plus
3   http://bit.ly/system-check

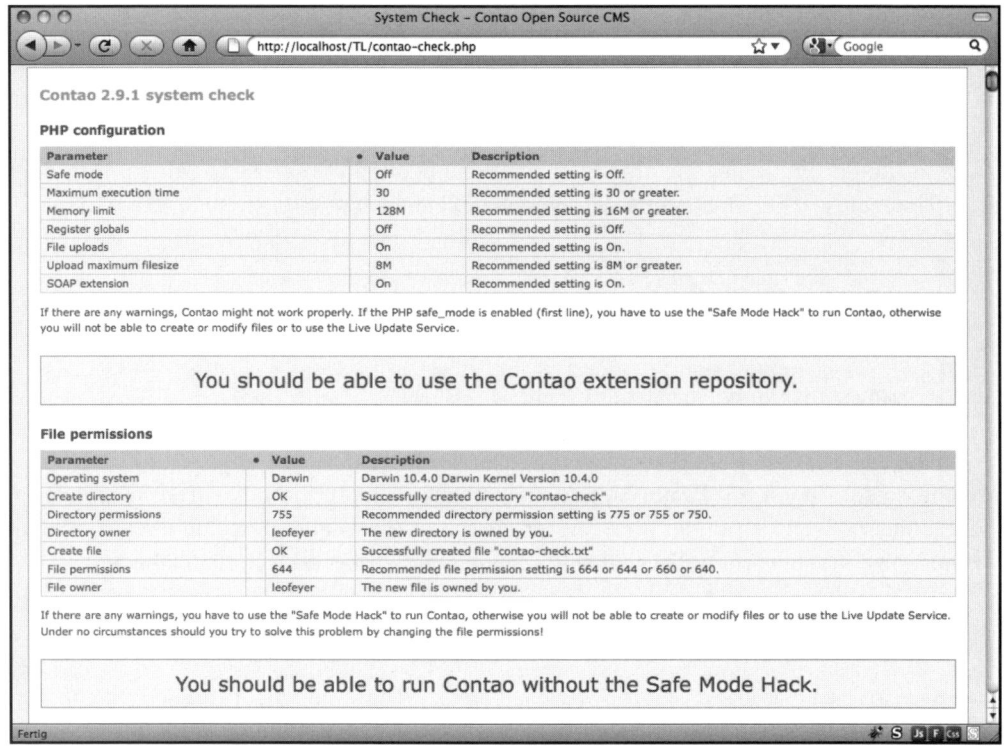

Abbildung 14.8: **Das Contao-Systemdiagnosetool**

Im letzten Schritt prüft das Systemdiagnosetool Ihre Installation auf Vollständigkeit und kennzeichnet fehlende oder korrupte Dateien. Wenn Sie das Tool vor der eigentlichen Installation ausführen, können Sie diese Hinweise natürlich ignorieren.

14.4 Contao installieren

Nachdem Sie alle Voraussetzungen geprüft und Ihren (lokalen oder entfernten) Webserver eingerichtet haben, können Sie nun mit der Installation beginnen.

14.4.1 Download eines Contao-Archivs

Laden Sie sich zunächst das aktuelle Contao-Archiv von der Contao-Webseite[4] herunter, und entpacken Sie es auf Ihrem Rechner. Verschieben Sie die Dateien dann in das htdocs-Verzeichnis Ihrer XAMPP-Installation, bzw. übertragen Sie die Dateien mit einem FTP-Programm in das htdocs-Verzeichnis Ihres Servers. Je nach Serverkonfiguration kann das Verzeichnis auch httpdocs, html oder public_html heißen. Fragen Sie im Zweifel bei Ihrem Provider nach.

---

4   http://www.contao.org/herunterladen.html

◄- Wenn Sie Zugriff auf die Kommandozeile Ihres Servers haben (z. B. über SSH), können Sie das Contao-Archiv mittels des Unix-Befehls `wget` direkt auf Ihren Server laden und dort entpacken. In diesem Fall sparen Sie sich den Upload der Dateien per FTP.

14.4.2 Das Contao-Installtool

Rufen Sie in Ihrem Internetbrowser die URL Ihrer Contao-Installation auf, und hängen Sie `/contao/install.php` hinten dran, um das Installtool zu starten. Die komplette URL sieht wahrscheinlich in etwa so aus:

» `http://www.domain.de/contao/install.php`

» `http://www.domain.de/contao-2.9.1/contao/install.php`

» `http://www.domain.de/cms/contao/install.php`

Das Standardpasswort lautet »contao«. Bei Ihrer ersten Anmeldung werden Sie dazu aufgefordert, es zu ändern. Andernfalls können Sie die Installation nicht fortsetzen.

Einen Encryption-Key erstellen

Der Encryption-Key wird benötigt, um Daten verschlüsselt speichern zu können. Sind die Daten einmal verschlüsselt, können sie nur noch mit diesem Key wieder entschlüsselt werden. Falls Sie also ein Contao-Modul verwenden, das die Verschlüsselung nutzt, sollten Sie sich den Encryption-Key gut merken.

Bei einer frischen Installation können Sie das Feld einfach leer lassen und auf die Schaltfläche SCHLÜSSEL ERSTELLEN BZW. SPEICHERN klicken. Contao erstellt dann automatisch einen neuen Verschlüsselungsschlüssel.

Datenbankverbindung herstellen

Das Contao-Installtool kann selbst keine neuen Datenbanken erstellen, da das bei den meisten Shared-Hosting-Paketen sowieso nur über die Verwaltungssoftware (z. B. Confixx, Plesk oder CPanel) möglich ist. Rufen Sie also die Verwaltungsoberfläche Ihres Servers auf, und legen Sie dort eine neue Datenbank an. Geben Sie danach die Anmeldeinformationen für die Datenbank im Contao-Installtool ein (Abbildung 14.9).

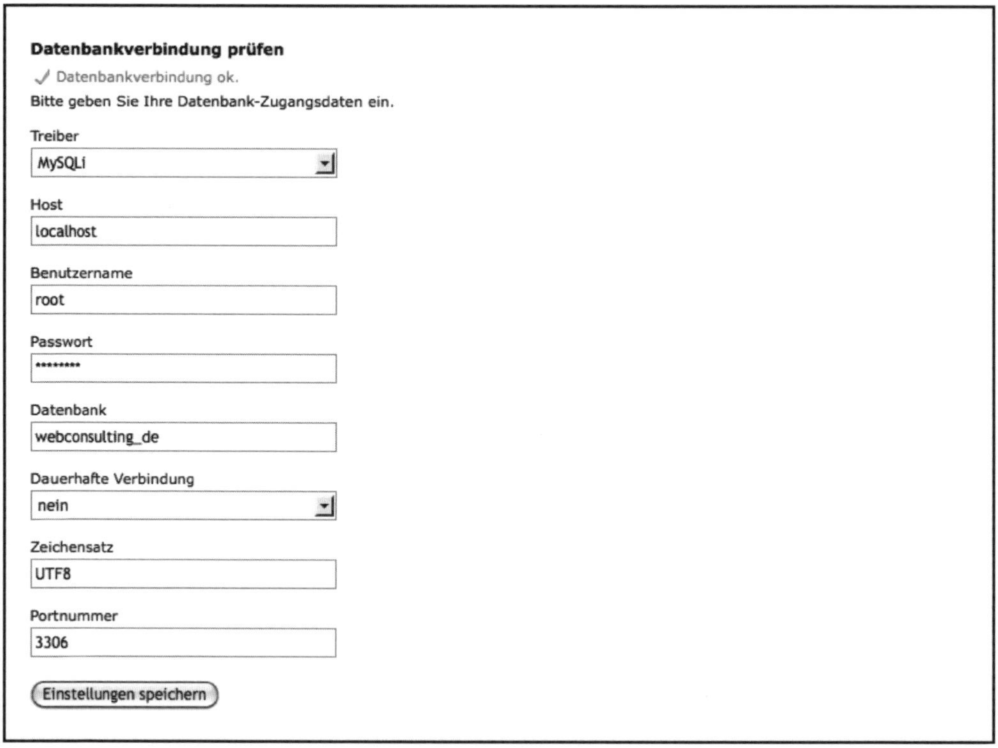

Datenbankverbindung prüfen

✓ Datenbankverbindung ok.

Bitte geben Sie Ihre Datenbank-Zugangsdaten ein.

Treiber

MySQLi ▾

Host

localhost

Benutzername

root

Passwort

••••••••

Datenbank

webconsulting_de

Dauerhafte Verbindung

nein ▾

Zeichensatz

UTF8

Portnummer

3306

(Einstellungen speichern)

Abbildung 14.9: **Datenbankinformationen im Installtool eingeben**

TREIBER: Hier wählen Sie einen passenden Datenbanktreiber aus.

HOST: Hier geben Sie die Domain oder IP-Adresse des Datenbankservers ein.

BENUTZERNAME: Hier geben Sie den Benutzernamen für Ihre Datenbank ein.

PASSWORT: Hier geben Sie das dazugehörige Passwort ein.

DATENBANK: Hier geben Sie den Namen der Datenbank ein.

DAUERHAFTE VERBINDUNG: Hier aktivieren Sie die dauerhafte Verbindung.

ZEICHENSATZ: Hier können Sie den Zeichensatz der Datenbankverbindung ändern.

PORTNUMMER: Hier können Sie die Portnummer des Datenbankservers ändern.

Beachten Sie, dass der Zeichensatz UTF-8, den Contao standardmäßig verwendet, in MySQL als UTF8, also ohne Bindestrich, geschrieben wird.

Kollation

Die Standard-Kollation in Contao ist `utf8_general_ci`, womit ein allgemeiner UTF-8-Zeichensatz gemeint ist, der nicht zwischen Groß- und Kleinschreibung unterscheidet (`ci` steht für »**c**ase **i**nsensitive«). MySQL kennt noch etliche weitere Unicode-Zeichensätze[5], die teilweise speziell für bestimmte Sprachen erstellt wurden und sich z. B. in ihrem Verhalten bei der Sortierung unterscheiden. Eine Änderung der Kollation dürfte in der Praxis jedoch nur äußerst selten notwendig sein.

Tabellen aktualisieren

Nachdem Sie die Datenbankzugangsdaten gespeichert haben, baut das Installtool eine Verbindung zur Datenbank auf und vergleicht die darin enthaltenen Tabellen mit den Vorgaben der aktuellen Contao-Version. Ist eine Aktualisierung notwendig, präsentiert Ihnen das Installtool automatisch eine Liste der durchzuführenden Änderungen, die Sie bestätigen oder ablehnen können (Abbildung 14.10).

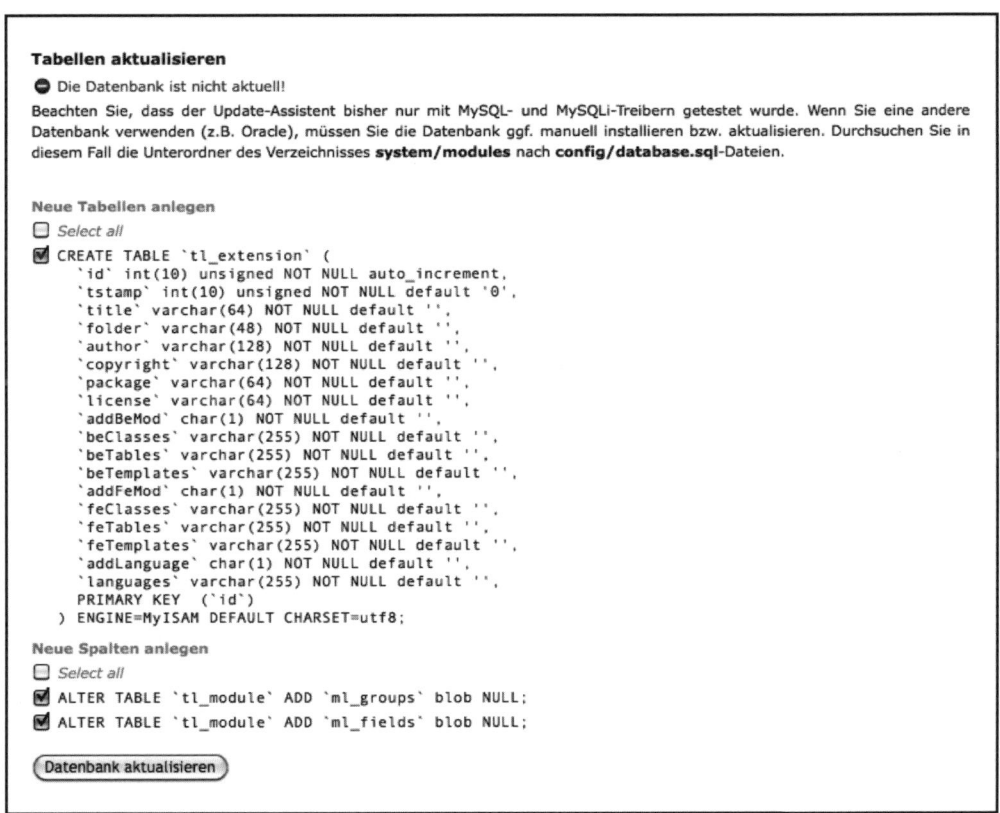

Abbildung 14.10: **Datenbankänderungen bestätigen**

---

5   http://bit.ly/Collation

In der Regel sollten Sie die angebotenen Änderungen übernehmen, damit Ihre Tabellen immer auf dem neuesten Stand sind und Contao später nicht versucht, auf fehlende Felder zuzugreifen. Bei einer neuen Installation ist die Liste der Änderungen für gewöhnlich sehr lang, da erst einmal alle Tabellen neu angelegt werden müssen.

Achten Sie darauf, eventuelle Löschaufträge besonders sorgfältig zu prüfen, denn Contao kennt nur seine eigenen Tabellen! Wenn sich auf Ihrem Server mehrere Anwendungen eine Datenbank teilen, bietet Ihnen das Installtool an, die vermeintlich nicht benötigten Tabellen der anderen Programme »aufzuräumen«.

Ein Template importieren

An dieser Stelle können Sie die noch leeren Contao-Tabellen mit Daten füllen und eine komplett vorkonfigurierte Seite (Frontend-Template) importieren. Diesem Buch liegt das exklusive deutsche Frontend-Template `webconsulting_de.sql` bei, das Sie an dieser Stelle importieren können.

Nach dem Import der WebConsulting-Beispielseite können Sie sich im Contao-Backend mit dem Benutzernamen *k.jones* und dem Passwort »kevinjones« anmelden.

> **Lizenzvereinbarung zum Template**
>
> Sie dürfen das beiliegende Template »WebConsulting« für Ihre private oder kommerzielle Webseite verwenden, sofern Sie dieses Buch käuflich erworben haben. Der Backlink zur Webseite des Designers darf dabei nicht verändert oder entfernt werden, es sei denn, Sie kaufen eine entsprechende Lizenz-Erweiterung[6].
>
> Sie dürfen das Theme für Ihre eigenen Webseiten (unbegrenzt) nutzen. Sie dürfen es jedoch nicht weiterverkaufen – weder als einzelnes Produkt noch im Paket mit weiteren Leistungen – oder auf eine andere Art und Weise vertreiben, verwenden oder kopieren! Wenn Sie Webseiten für Dritte erstellen, benötigen Ihre Kunden eine eigene Lizenz, um das Theme bzw. Template zu verwenden.

Ein Administratorkonto anlegen

Wenn Sie auf den Import eines Templates verzichtet haben, weil Sie beispielsweise eine neue Webseite mit Contao erstellen möchten, müssen Sie einen Administrator-Benutzer anlegen, mit dem Sie sich später im Contao-Backend anmelden können.

BENUTZERNAME: Hier legen Sie den Benutzernamen des Administrators fest.

NAME: Hier geben Sie den Vor- und Nachnamen des Administrators ein.

E-MAIL-ADRESSE: Hier geben Sie die E-Mail-Adresse des Administrators ein.

PASSWORT: Hier legen Sie das Passwort des Administrators fest.

---

6   http://bit.ly/lizenzerweiterung

Nachdem Sie den Administrator-Benutzer erstellt haben, ist die Installation von Contao abgeschlossen. Der Link am rechten unteren Rand bringt Sie zum Backend.

14.4.3 Das Installtool zurücksetzen

Es gibt zwei Gründe, warum Sie das Installtool eventuell zurücksetzen wollen:

1. Das Installtool wurde gesperrt.

2. Sie haben das Installtool-Passwort vergessen.

Das Installtool ist gegen Brute-Force-Attacken[7] geschützt und wird automatisch gesperrt, wenn mehr als dreimal hintereinander ein falsches Passwort eingegeben wurde. Die Sperre können Sie in der Datei system/config/localconfig.php aufheben.

Setzen Sie dazu den Wert der Variable installCount auf null:

```
$GLOBALS['TL_CONFIG']['installCount'] = 0;
```

Auch ein eventuell vergessenes Passwort lässt sich in der lokalen Konfigurationsdatei zurücksetzen. Suchen Sie dazu die Zeile mit der Anweisung

```
$GLOBALS['TL_CONFIG']['installPassword'] = '…';
```

und entfernen Sie diese komplett aus der Datei. Danach können Sie sich wieder mit dem Standardpasswort »contao« am Installtool anmelden.

14.4.4 Der Safe Mode Hack

Eventuell haben Sie beim Aufruf des Installtools statt der Passwortabfrage die Aufforderung erhalten, Ihre FTP-Zugangsdaten einzugeben (Abbildung 14.11).

Wie ich schon bei der Vorstellung des Contao-Systemdiagnosetools erwähnt habe, läuft PHP als Apache-Modul in der Regel unter dem Benutzer *wwwrun*, *www-data* oder *nobody*. Dateien, die Sie per FTP auf den Server übertragen, werden hingegen unter Ihrem Benutzernamen (z. B. *web4* oder *ab5678*) abgelegt. Die Folge ist, dass der Server dem PHP-Script Contao den Zugriff auf Ihre Dateien verwehrt.

Nur Sie selbst haben standardmäßig Zugriff auf Ihre Dateien, was auf einem Server mit mehreren Benutzern auch durchaus sinnvoll ist. Schließlich wollen Sie ja nicht, dass Ihr Server-Nachbar mal eben Ihre vertraulichen Dateien durchliest. Trotzdem möchten Sie Contao den Zugriff auf Ihre Dateien erlauben, damit Sie die lokale Konfiguration speichern oder Ihre Bilder und Dokumente mit dem integrierten Dateimanager verwalten können, ohne jedes Mal Ihr FTP-Programm starten zu müssen.

---

7   http://bit.ly/brute-force

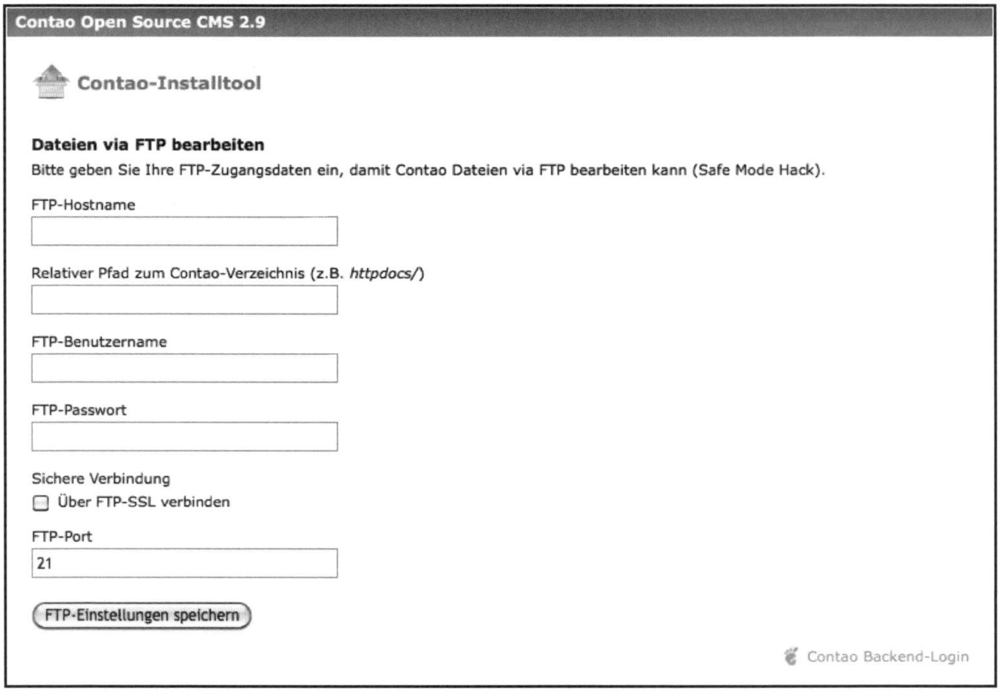

Contao Open Source CMS 2.9

Contao-Installtool

Dateien via FTP bearbeiten

Bitte geben Sie Ihre FTP-Zugangsdaten ein, damit Contao Dateien via FTP bearbeiten kann (Safe Mode Hack).

FTP-Hostname

Relativer Pfad zum Contao-Verzeichnis (z.B. *httpdocs/*)

FTP-Benutzername

FTP-Passwort

Sichere Verbindung
☐ Über FTP-SSL verbinden

FTP-Port

21

(FTP-Einstellungen speichern)

🍎 Contao Backend-Login

Abbildung 14.11: **FTP-Zugangsdaten eingeben**

Um das zu ermöglichen, gibt es die Option »Dateien via FTP bearbeiten«, die sich eigentlich hinter dem Safe Mode Hack verbirgt. Ist diese Option aktiv, öffnet Contao automatisch eine FTP-Verbindung und legt neue Dateien und Ordner unter Ihrem Benutzernamen an. Die Bezeichnung »Safe Mode Hack« ist in diesem Zusammenhang nicht ganz optimal gewählt, da sie suggeriert, man bräuchte diese Option nur, wenn der PHP Safe Mode aktiv ist.

FTP-Zugangsdaten

Um eine FTP-Verbindung aufbauen zu können, benötigt Contao bzw. PHP die Zugangsdaten zu Ihrem FTP-Server, die Sie direkt im Installtool eingeben können.

FTP-Hostname: Hier geben Sie die Domain oder IP-Adresse des FTP-Servers ein.

Relativer Pfad zum Contao-Verzeichnis: Hierbei handelt es sich um den relativen Pfad zum Contao-Verzeichnis, ausgehend vom Wurzelverzeichnis des FTP-Servers. Wenn diese Angabe nicht stimmt, kann der Safe Mode Hack nicht korrekt funktionieren. Nachfolgend finden Sie ein paar typische Beispiele:

» html/

» public_html/

» htdocs/

» `html/contao-2.9.1/`

» `httpdocs/cms/`

» `public_html/pfad/zu/contao/`

FTP-Benutzername: Hier geben Sie den Benutzernamen für den FTP-Server ein.

FTP-Passwort: Hier geben Sie das dazugehörige Passwort ein.

Sichere Verbindung: Hier können Sie die Verbindung über SSL aktivieren. Beachten Sie, dass es sich hierbei um FTP-SSL und nicht um sFTP handelt!

FTP-Port: Hier können Sie den Port des FTP-Servers ändern.

Nach dem Absenden des Formulars baut Contao eine Verbindung zum FTP-Server auf und speichert die Einstellungen in der lokalen Konfigurationsdatei.

14.5 Contao aktualisieren

Wie die meisten Open-Source-Projekte wird auch Contao kontinuierlich weiterentwickelt. Mit jedem Update werden Komponenten aktualisiert, Fehler behoben, neue Funktionen hinzugefügt oder die Performance verbessert. Ich empfehle daher unbedingt, immer eine aktuelle Version zu verwenden oder zumindest die Änderungen mitzuverfolgen.

14.5.1 Der Contao-Update-Zyklus

Zunächst sollten Sie sich mit der verwendeten Terminologie vertraut machen:

Major-Release

Bei einem Major-Release handelt es sich um eine komplett neue Version der Software, bei der viele grundlegende Dinge geändert wurden und mit der bereits bestehende Seiten unter Umständen nicht mehr funktionieren. Die aktuelle Major-Version von Contao zum Zeitpunkt der Entstehung dieses Kapitels war die Version 2.

Minor-Release

Bei einem Minor-Release handelt es sich um eine Art Meilenstein auf dem Weg der Entwicklung, bei dem neue Funktionen hinzugefügt wurden. Kleinere Anpassungen bestehender Seiten können daher notwendig sein. Die aktuelle Minor-Version von Contao zum Zeitpunkt der Entstehung dieses Kapitels war die Version 2.9.

Maintenance-Release

Bei einem Maintenance-Release handelt es sich um ein Wartungsrelease, dessen primärer Zweck die Behebung von Fehlern ist. Die aktuelle Maintenance-Version von Contao zum Zeitpunkt der Entstehung dieses Kapitels war die Version 2.9.1.

Im Februar 2009 hat es insofern eine Änderung im Release-Zyklus gegeben, als neue Funktionen zukünftig nur noch im Rahmen von Minor-Releases hinzugefügt werden. Der Hauptgrund dafür ist, dass es vor der Veröffentlichung einer Minor-Version eine Release-Kandidat-Phase gibt. Weitere Informationen dazu finden Sie auf der Projektwebseite.[8]

14.5.2 Manuelle Aktualisierung

Die Aktualisierung einer Contao-Installation lässt sich relativ unkompliziert und schnell durchführen. Ein unerlässliches Hilfsmittel dafür ist ein FTP-Programm, mit dem Sie Ihren Server und Ihren lokalen Rechner synchronisieren können.

Wenn Sie Windows benutzen, empfehle ich Ihnen das kostenlose Open-Source-FTP-Programm *WinSCP*[9], das meiner Meinung nach zu den besten FTP-Programmen überhaupt gehört. Leider gibt es WinSCP noch nicht für den Mac, daher müssen Mac-Benutzer auf die kostenpflichtige Alternative *Yummy FTP*[10] zurückgreifen.

Bis zu einem gewissen Grad lässt sich die Synchronisation auf dem Mac auch mit der Open-Source-Software *Cyberduck*[11] durchführen; die Voransicht der zu aktualisierenden Dateien ist bei Cyberduck aber relativ unübersichtlich und bietet nur wenig Kontrolle über den Synchronisationsvorgang, daher rate ich hier ausnahmsweise zur kommerziellen Variante.

Backup erstellen

Laden Sie sich zunächst das aktuelle Contao-Archiv von der Projektwebseite herunter, und entpacken Sie es auf Ihrem lokalen Rechner. Öffnen Sie dann Ihr FTP-Programm, und verbinden Sie sich mit Ihrem FTP-Server. Erstellen Sie vor der Aktualisierung unbedingt ein Backup folgender Contao-Dateien und -Ordner:

- » `system/config/dcaconfig.php`

- » `system/config/initconfig.php`

- » `system/config/langconfig.php`

- » `system/config/localconfig.php`

- » `templates/*`

- » `tl_files/*`

---

8 http://bit.ly/Release-Zyklus
9 http://winscp.net
10 http://www.yummysoftware.com
11 http://cyberduck.ch

Dateien synchronisieren

Starten Sie die Synchronisation mit einem Klick auf die Schaltfläche SYNCHRONISIEREN, oder geben Sie in WinSCP die Tastenkombination Strg+S ein. Es öffnet sich ein Fenster mit Einstellungen für den Synchronisationsvorgang (Abbildung 14.12).

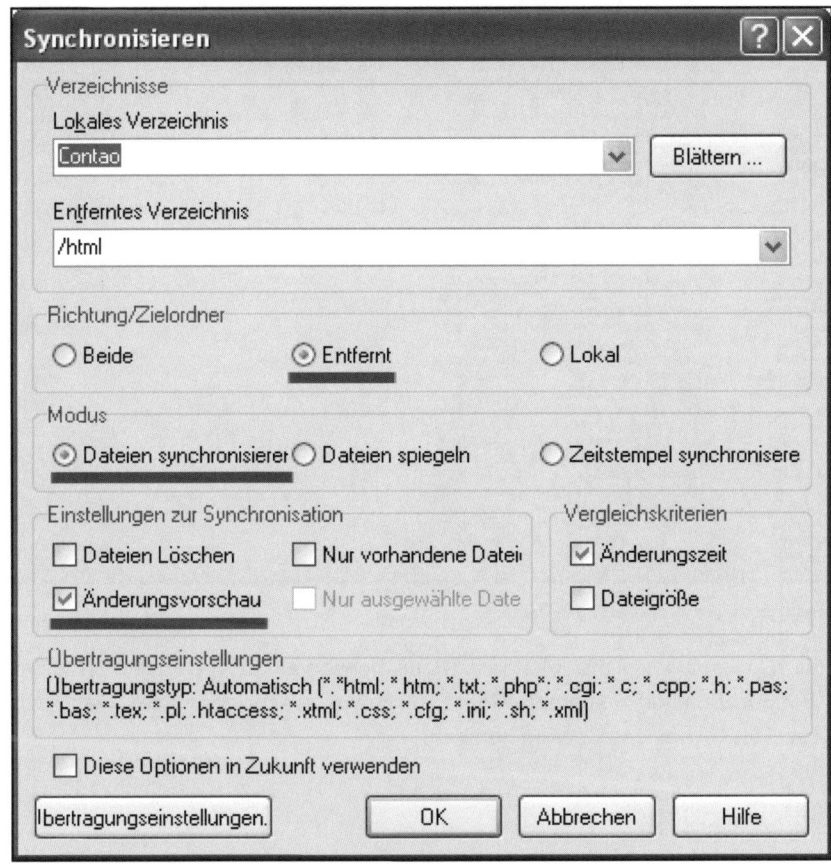

Abbildung 14.12: **Synchronisation des Servers mit dem lokalen Rechner**

Achten Sie darauf, dass folgende Optionen ausgewählt sind:

RICHTUNG/ZIELORDNER: Entfernt

MODUS: Dateien synchronisieren

EINSTELLUNGEN ZUR SYNCHRONISATION: Änderungsvorschau

Bestätigen Sie Ihre Auswahl mit OK. Das FTP-Programm vergleicht nun die Dateien auf dem Server mit den Dateien auf Ihrem lokalen Rechner und schlägt Ihnen dann eine Reihe von Änderungen vor, die Sie sorgfältig prüfen sollten (Abbildung 14.13).

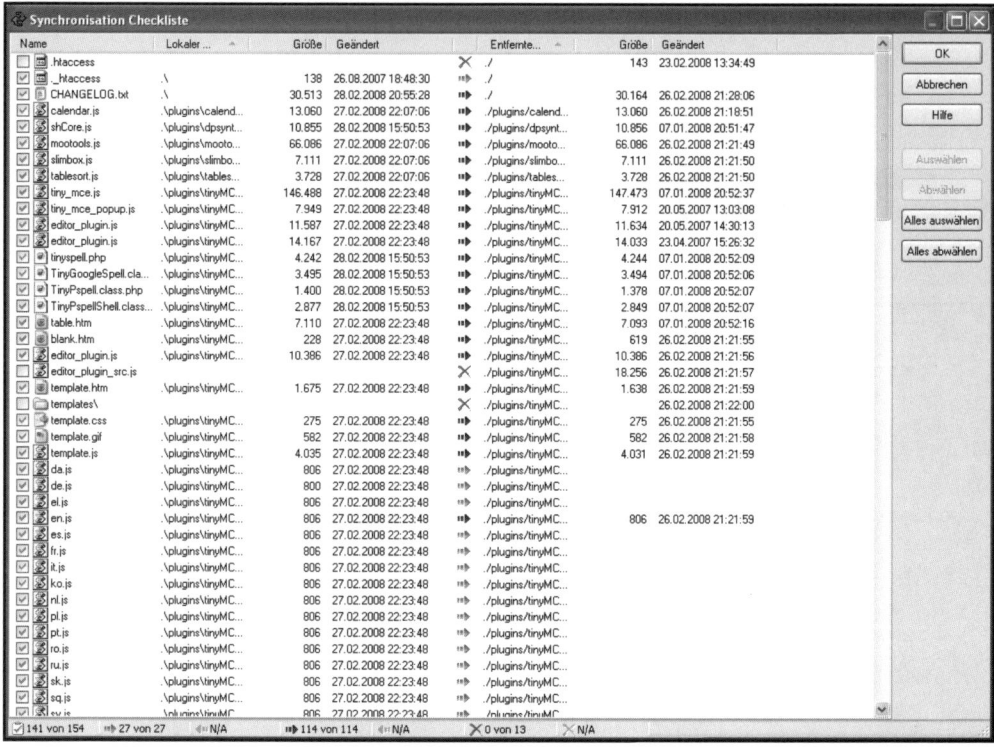

Abbildung 14.13: **Vorschau der zu synchronisierenden Dateien**

Achten Sie vor allem darauf, dass die lokale Konfigurationsdatei auf Ihrem Server nicht durch die leere Konfigurationsdatei aus dem Contao-Archiv überschrieben wird. Natürlich haben Sie für diesen Fall vorher das Backup gemacht.

Datenbanktabellen aktualisieren

Öffnen Sie das Contao-Installtool, und überprüfen Sie, ob nach der Aktualisierung irgendwelche Änderungen an Ihrer Datenbank notwendig sind. Führen Sie gegebenenfalls die vorgeschlagenen Änderungen durch, und schließen Sie dann das Installtool.

Ihre Contao-Installation ist jetzt auf dem neuesten Stand.

14.5.3 Der Live Update-Service

Wenn Sie nicht nur eine Contao-Webseite betreiben, sondern z. B. im Kundenauftrag gleich 20 betreuen, kann der Aktualisierungsprozess selbst bei kleinen und überschaubaren Updates schnell zum Zeitfresser werden. Damit Sie diese Zeit für sinnvollere Dinge verwenden können, gibt es den Contao Live Update-Service.

Abbildung 14.14: **Contao mittels »Live Update« aktualisieren**

Der Live Update-Service ermöglicht es Ihnen, Ihre Installation mit wenigen Klicks zu aktualisieren, ohne dass Sie dafür ein Contao-Archiv herunterladen oder Ihr FTP-Programm starten müssten. Die Dateien werden von einem zentralen Update-Server direkt auf Ihren Server übertragen und dort installiert.

Der Live Update-Server stellt dabei jeweils die neuesten Versionen der letzten Minor-Releases bereit, sodass Sie auch ältere Contao-Installationen mit Updates versorgen können. Die Auswahl der zu installierenden Version erfolgt während des Update-Prozesses (Abbildung 14.15).

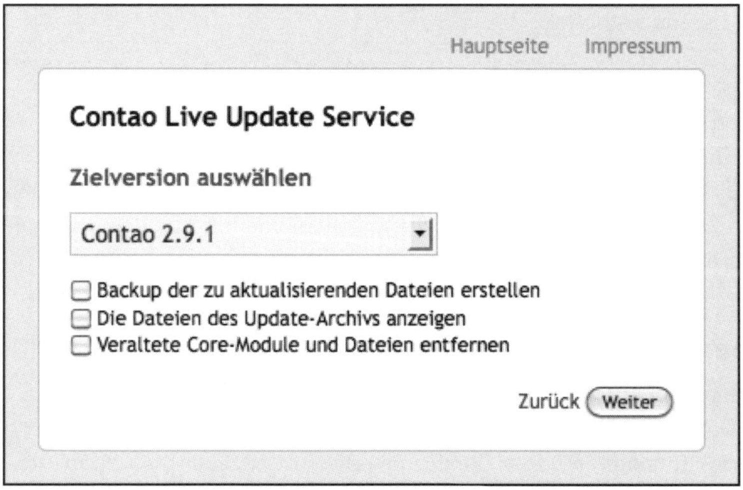

```
                                    Hauptseite    Impressum

   Contao Live Update Service

   Zielversion auswählen

   ┌──────────────────────────────┐
   │ Contao 2.9.1            ▼ │
   └──────────────────────────────┘

   ☐ Backup der zu aktualisierenden Dateien erstellen
   ☐ Die Dateien des Update-Archivs anzeigen
   ☐ Veraltete Core-Module und Dateien entfernen

                          Zurück ( Weiter )
```

Abbildung 14.15: **Die Zielversion auswählen**

Bevor Contao die Dateien aktualisiert, legt es auf Wunsch ein Backup der alten Dateien an, sodass Sie das Live Update jederzeit rückgängig machen können. Zudem lassen sich mithilfe des Live Updates veraltete Core-Module und Dateien entfernen, die z. B. nach einem Minor-Release nicht mehr gebraucht werden.

Der Live Update-Service ist ein kostenpflichtiger Zusatzservice, der für den Betrieb von Contao nicht zwingend notwendig ist. Die Bereitstellung erfolgt über meine Firma iNet Robots[12], die neben dem Live Update-Service auch Contao-Themes und Webhosting anbietet.

14.6 Eine lokale Installation auf den Server umziehen

Der Umzug einer lokalen Installation auf einen Live-Server läuft fast genauso ab wie eine Neuinstallation. Sie benötigen dazu lediglich ein FTP-Programm.

14.6.1 Dateien auf den Server übertragen

Öffnen Sie Ihr FTP-Programm, und stellen Sie eine Verbindung zu Ihrem Server her. Kopieren Sie alle Dateien aus dem lokalen Contao-Verzeichnis auf den Server, sodass auf dem Server ein exaktes Abbild Ihrer lokalen Installation entsteht.

14.6.2 Eine Datenbankexportdatei erstellen

Einen Datenbankexport oder auch MySQL-Dump erstellen Sie am besten mit einem Datenbankadministrationstool wie beispielsweise phpMyAdmin[13]. Profis können eine solche Exportdatei natürlich auch über die Kommandozeile erstellen. phpMyAdmin ist in der XAMPP-Entwicklungsumgebung bereits enthalten:

```
http://localhost/phpmyadmin/
```

Melden Sie sich mit Ihren Datenbankzugangsdaten an, und wählen Sie aus der Übersicht auf der linken Seite die Datenbank aus, die Sie exportieren möchten. Klicken Sie dann im Menü rechts oben auf EXPORTIEREN. Passen Sie die Exporteinstellungen gemäß Abbildung 14.16 an, und bestätigen Sie mit OK. Speichern Sie die anschließend zum Download angebotene .sql-Datei auf Ihrem lokalen Rechner.

14.6.3 Die Datenbankexportdatei importieren

Rufen Sie das Datenbankadministrationstool Ihres Servers in Ihrem Browser auf, und melden Sie sich mit Ihrem Datenbankbenutzernamen und Passwort an. Wenn Sie noch keine Datenbank für Contao erstellt haben, müssen Sie das gegebenenfalls über die Administrationsoberfläche Ihres Servers (z. B. Plesk) nachholen.

Wählen Sie anschließend die noch leere Datenbank aus, und klicken Sie im Menü rechts oben auf den Link IMPORTIEREN. Wenn Sie nach der zu importierenden Datei gefragt werden, klicken Sie auf die Schaltfläche DURCHSUCHEN und geben die vorher erstellte .sql-Exportdatei auf Ihrem lokalen Rechner an. Nachdem Sie Ihre Auswahl mit OK bestätigt haben,

---

12   http://www.inetrobots.com/contao-live-update.html
13   http://www.phpmyadmin.net

überträgt phpMyAdmin die Exportdatei auf den Server und liest deren Inhalt automatisch in die neue Datenbank ein (Abbildung 14.17).

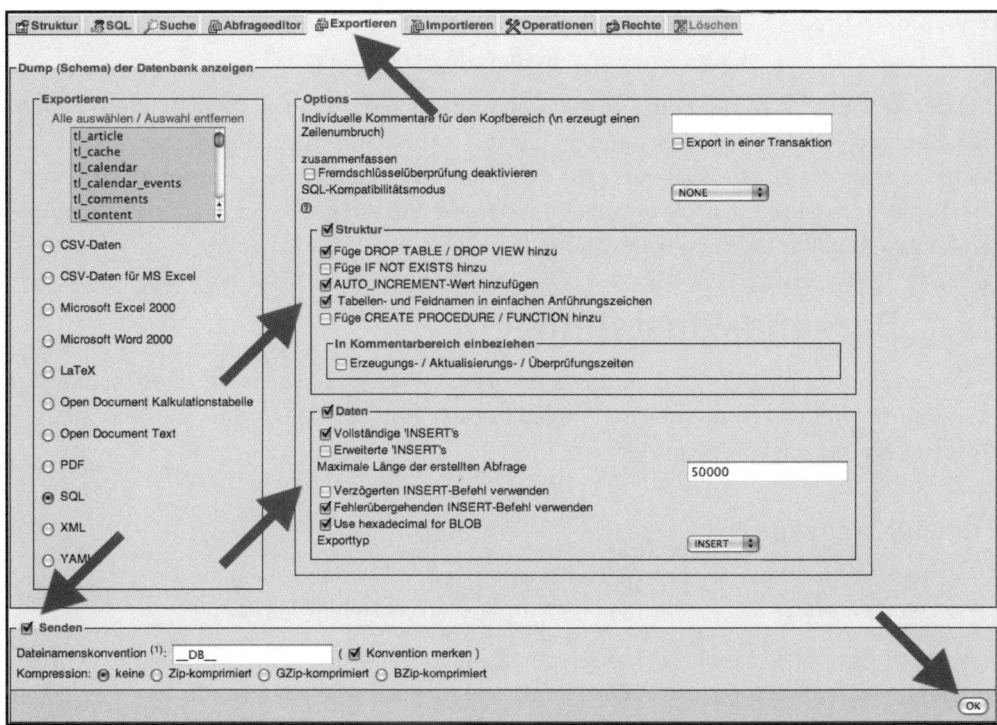

Abbildung 14.16: **MySQL-Exporteinstellungen**

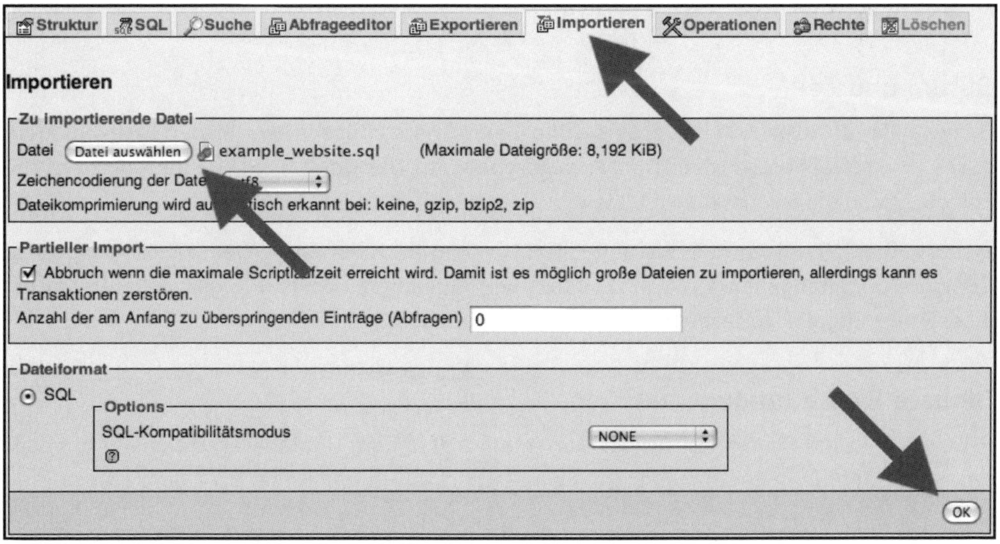

Abbildung 14.17: **MySQL-Importeinstellungen**

14.6.4 Das Contao-Installtool aufrufen

Nachdem Sie alle Dateien auf den Server übertragen und die Datenbank importiert haben, rufen Sie im letzten Schritt das Contao-Installtool auf. Geben Sie dasselbe Passwort ein, das Sie auch für Ihre lokale Contao-Installation verwendet haben.

Seit der Version 2.5.3 erkennt das Installtool, wenn sich der Pfad zu Ihrer Contao-Installation durch den Umzug geändert hat, und passt ihn automatisch an. Sie müssen also nichts weiter tun, als die Zugangsdaten für die Datenbank zu aktualisieren. Sobald diese gespeichert sind, können Sie sich wie gewohnt mit dem Benutzernamen und Passwort Ihrer lokalen Contao-Installation im Backend anmelden.

14.7 Backend-Einstellungen

Wenn Sie Contao installiert haben und zum ersten Mal das Backend betreten, sollten Sie gleich zu Beginn das Modul »Einstellungen« in der Kategorie »System« aufrufen und die Backend-Einstellungen überprüfen.

Titel der Webseite

TITEL DER WEBSEITE: Der Titel der Webseite wird bei der Frontend-Ausgabe im `<title>`-Tag verwendet, sofern er nicht in der Seitenstruktur überschrieben wurde.

E-MAIL-ADRESSE DES SYSTEMADMINISTRATORS: An diese Adresse werden alle Systemnachrichten geschickt, sofern sie nicht in der Seitenstruktur überschrieben wurde. Sie können die E-Mail-Adresse im sogenannten »Friendly Name Format« erfassen, also z. B. `Firma X [info@firma-x.de]`. Im Mail-Programm des Empfängers wird als Absender dann »Firma X« anstatt der E-Mail-Adresse angezeigt.

Datum und Zeit

DATUMS- UND ZEITFORMAT: Alle Datums- und Zeitformate müssen wie in der PHP-Funktion `date()`[14] eingegeben werden. Contao verarbeitet im Backend ausschließlich numerische Formate, also die Buchstaben j, d, m, n, y, Y, g, G, h, H, i und s.

ZEITZONE: Die Zeitzone sollten Sie unbedingt vor dem Erstellen Ihrer Webseite einstellen, da Contao alle Zeitangaben als Unix-Zeitstempel[15] speichert und PHP diese Zeitstempel bei einer Änderung der Zeitzone nicht automatisch anpasst.

Globale Einstellungen

RELATIVER PFAD ZUM CONTAO-VERZEICHNIS: Der relative Pfad zum Contao-Verzeichnis wird benötigt, wenn Contao in einem Unterordner installiert ist. In der Regel wird der relative Pfad

---

14   http://www.php.net/date
15   http://www.php.net/time

beim Aufruf des Contao-Installtools automatisch gesetzt. Sollte das nicht der Fall sein, können Sie ihn hier manuell korrigieren.

ZEICHENSATZ: Contao verwendet den Zeichensatz UTF-8, damit Sonderzeichen wie z. B. Umlaute korrekt dargestellt werden. Wenn Sie einen anderen Zeichensatz verwenden möchten (nicht empfohlen), können Sie ihn hier ändern. Denken Sie in diesem Fall daran, auch den Zeichensatz der Datenbank entsprechend anzupassen.

EIGENE LAYOUTBEREICHE: Standardmäßig gibt es in Contao die Layoutbereiche header, left, main, right und footer. Wenn Sie zusätzlich eigene Layoutbereiche nutzen möchten, können Sie hier eine durch Kommata getrennte Liste eigener Namen eingeben. Was Layoutbereiche sind, erfahren Sie in Abschnitt 5.3.5, *Eigene Layoutbereiche*.

GZIP-KOMPRESSION AKTIVIEREN: Wenn Sie diese Option auswählen, werden die von Contao generierten Seiten komprimiert an den Browser geschickt.

Backend-Einstellungen

DATENSÄTZE PRO SEITE: In Abschnitt 3.3, *Datensätze auflisten*, haben Sie gelernt, dass Contao die Anzahl der Datensätze pro Seite standardmäßig auf 30 begrenzt. Diesen Wert können Sie hier beliebig anpassen. Höhere Werte bedeuten jedoch eine längere Ladezeit.

MAXIMUM DATENSÄTZE PRO SEITE: Um zu verhindern, dass ein unbedarfter Benutzer sich 5000 Datensätze auf einmal anzeigen lässt und damit das PHP Memory Limit überschreitet, können Sie festlegen, wie viele Datensätze maximal pro Seite angezeigt werden dürfen.

ELEMENTE NICHT VERKÜRZEN: Im »Parent View« stellt Contao die Elemente aus Gründen der Übersichtlichkeit verkürzt dar, wobei einzelne Elemente über ein Navigationsicon bei Bedarf ausgeklappt werden können (Abbildung 14.18). Wählen Sie diese Option, um das Feature komplett zu deaktivieren.

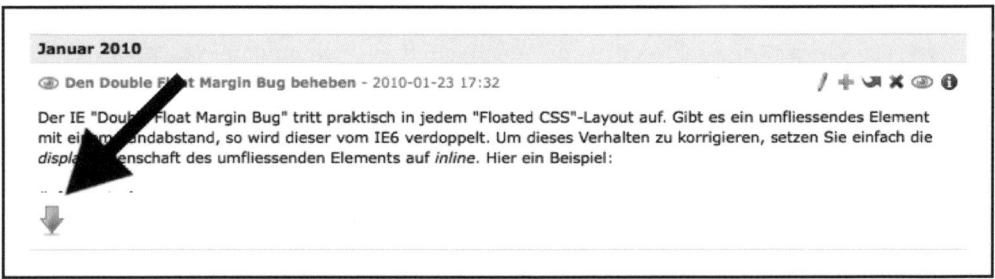

Abbildung 14.18: **Verkürzte Elemente ausklappen**

NEUE ZEILEN MITTELS ABSÄTZEN ERSTELLEN: Hier legen Sie fest, ob der Rich Text Editor neue Zeilen mittels Absatz (<p></p>) oder Zeilenumbruch (<br />) erstellt.

Frontend-Einstellungen

URL-Suffix: Das URL-Suffix ist eine Dateiendung, die an die URL angehängt wird, um statische Dokumente zu simulieren (standardmäßig `.html`).

Cache-Modus: Hier legen Sie fest, ob Contao nur den serverseitigen oder nur den clientseitigen Cache oder beide oder gar keinen Cache verwenden soll. Standardmäßig nutzt Contao beide Cache-Möglichkeiten, was auch die empfohlene Einstellung ist.

URLs umschreiben: Mit dieser Option können Sie Contao dazu veranlassen, statische URLs ohne die Referenz auf die PHP-Datei `index.php` zu simulieren. Standardmäßig erzeugt Contao URLs im Format `index.php/seite.html`. Wenn Sie auf Ihrem Server das Apache-Modul mod_rewrite[16] nutzen dürfen, können Sie in Verbindung mit dieser Option stattdessen URLs im Format `seite.html` verwenden.

Keine Seitenaliase verwenden: Speziell Microsoft IIS-Server tun sich mit dem Contao-URL-Format schwer, weil sie den URL-Bestandteil `index.php` als Ordner interpretieren, den es natürlich gar nicht gibt. In so einem Fall schafft diese Option Abhilfe und veranlasst Contao dazu, normale URLs im Format `index.php?id=12` zu generieren.

Sicherheitseinstellungen

Erlaubte HTML-Tags: Standardmäßig erlaubt Contao keine HTML-Tags in Formularen und entfernt diese beim Speichern automatisch. Für Eingabefelder, bei denen die Nutzung von HTML erwünscht ist, können Sie hier eine Liste erlaubter HTML-Tags festlegen.

Wartezeit bei gesperrtem Konto: In Abschnitt 3.1, Aufruf des Backends, haben Sie gelernt, dass die Backend-Anmeldung mit einem Zeitverzögerungsmechanismus gegen Brute-Force-Attacken geschützt ist. Hier können Sie festlegen, wie lange ein Konto gesperrt bleibt, nachdem mehr als dreimal hintereinander ein falsches Passwort eingegeben wurde. Die Eingabe erfolgt in Sekunden (300 Sekunden = 5 Minuten).

Hashwert für Verschlüsselung: Bei diesem Wert handelt es sich um den Encryption-Key, den Sie bei der Installation mit dem Contao-Installtool erstellt haben.

Fehlermeldungen anzeigen: Diese Option kann sehr hilfreich sein, solange Sie an Ihrer Webseite arbeiten oder neue Module entwickeln. Im Live-Betrieb sollten Sie die Fehleranzeige aber unbedingt deaktivieren, damit keine für potenzielle Angreifer verwertbaren Informationen über Ihren Server preisgegeben werden. Ihre Besucher sehen im Fehlerfall dann einen neutralen Hinweis anstelle der ausführlichen Fehlermeldung.

Debugmodus aktivieren: Wenn Sie diese Option auswählen, werden bestimmte Laufzeitinformationen wie z. B. Datenbankabfragen auf dem Bildschirm ausgegeben.

---

16 http://bit.ly/modrewrite

REFERER-PRÜFUNG DEAKTIVIEREN: Contao prüft beim Verarbeiten von Formulardaten automatisch, von welcher URL eine Anfrage abgesendet wurde. Handelt es sich bei dieser Absender-adresse nicht um dieselbe URL, unter der auch Contao läuft, bricht Contao die Verarbeitung aus Sicherheitsgründen ab. Sie können dieses Feature hier deaktivieren, wovon ich Ihnen aber dringend abrate, da sonst Hacker oder Spammer Ihre Contao-Installation »fernsteu-ern« können.

IP-PRÜFUNG DEAKTIVIEREN: Aus Sicherheitsgründen werden Sessions in Contao an die IP-Adresse des Benutzers gebunden. Unter Umständen werden dadurch jedoch Benutzer mit wechselnden IP-Adressen ausgesperrt, daher kann die IP-Prüfung hier deaktiviert werden. Ich rate Ihnen jedoch davon ab, auf die IP-Prüfung zu verzichten.

Dateien und Bilder

ERLAUBTE UPLOAD-DATEITYPEN: Hier können Sie festlegen, welche Dateitypen auf Ihren Server übertragen werden dürfen (Upload).

ERLAUBTE DOWNLOAD-DATEITYPEN: Hier können Sie festlegen, welche Dateitypen von Ihrem Ser-ver heruntergeladen werden dürfen (Download).

EDITIERBARE DATEIEN: Der Contao-Dateimanager verfügt über einen Editor, mit dem Sie Datei-en direkt auf dem Server bearbeiten können. Hier legen Sie fest, für welche Dateitypen das erlaubt ist. Es werden nur Textdateien unterstützt.

UNTERSTÜTZTE BILDFORMATE: Hier legen Sie fest, welche Dateitypen Contao als Bilder interpre-tieren und mit der GD Library verarbeiten soll.

MAXIMALE FRONTEND-BREITE: Hier können Sie festlegen, wie breit Bilder und andere Medien im Frontend maximal sein dürfen. Bei einer Überschreitung dieses Werts wird das entspre-chende Objekt automatisch verkleinert.

JPG-QUALITÄT: Contao erstellt mithilfe der GD Library[17] automatisch kleine Vorschaubilder. Bei JPEGs können Sie die Qualität dieser Thumbnails in Prozent vorgeben.

Datei-Uploads

FILES-VERZEICHNIS: Hier legen Sie fest, in welchem Ordner von Benutzern hochgeladene Datei-en verwaltet werden. Das Standardverzeichnis ist `tl_files`.

SIMULTANE DATEI-UPLOADS: Mit dem Contao-Dateimanager können Sie mehrere Dateien auf einmal auf den Server übertragen. Hier können Sie festlegen, wie viele Upload-Felder im Backend angezeigt werden. Gilt nicht für die Nutzung von *FancyUpload*.

MAXIMALE UPLOAD-DATEIGRÖSSE: Hier können Sie festlegen, wie groß eine mit dem Dateimanager auf Ihren Server übertragene Datei maximal sein darf. Die Eingabe erfolgt in Bytes (1 MB = 1024 KB = 1.024.000 Bytes). Größere Dateien werden abgelehnt.

---

17   http://bit.ly/gdlib

Maximale Bildbreite: Beim Upload von Bildern prüft der Dateimanager automatisch deren Breite und vergleicht diese Werte mit Ihren hier festgelegten Vorgaben. Überschreitet ein Bild die maximale Breite, wird es automatisch verkleinert.

Maximale Bildhöhe: Beim Upload von Bildern prüft der Dateimanager automatisch deren Höhe und vergleicht diese Werte mit Ihren hier festgelegten Vorgaben. Überschreitet ein Bild die maximale Höhe, wird es automatisch verkleinert.

Website-Suche

Suche aktivieren: Wenn Sie diese Option auswählen, indiziert Contao die fertigen Seiten Ihrer Webseite und erstellt daraus einen Suchindex. Mit dem Frontend-Modul »Suchmaschine« können Sie diesen Index dann durchsuchen.

Geschützte Seiten indizieren: Wählen Sie diese Option, um auch geschützte Seiten für die Suche zu indizieren. Nutzen Sie dieses Feature mit Bedacht, und achten Sie darauf, personalisierte Seiten grundsätzlich von der Suche auszuschließen.

SMTP-Einstellungen

E-Mails via SMTP versenden: Standardmäßig verwendet Contao die PHP-Funktion `mail()` für den Versand von E-Mails. Alternativ können Sie hier die Zugangsdaten für einen SMTP-Server eingeben. Auch externe Mail-Dienste wie z. B. *Google Mail* werden unterstützt.

SMTP-Hostname: Geben Sie hier den Hostnamen des SMTP-Servers ein.

SMTP-Benutzername: Geben Sie hier Ihren Benutzernamen für den SMTP-Server ein.

SMTP-Passwort: Geben Sie hier das dazugehörige Passwort ein.

SMTP-Verschlüsselung: Hier können Sie eine Verschlüsselungsmethode auswählen.

SMTP-Portnummer: Hier können Sie die Portnummer des SMTP-Servers angeben.

Inaktive Erweiterungen

Inaktive Erweiterungen: Hier können Sie installierte, aber nicht benötigte Backend-Module deaktivieren, um ein bisschen Performance zu gewinnen. Inaktive Module werden beim Ladevorgang des Systems nicht berücksichtigt.

Speicherzeiten

Speicherzeit für Undo-Schritte: In Abschnitt 3.3.5, Gelöschte Datensätze wiederherstellen, haben Sie gelernt, dass gelöschte Datensätze in einen virtuellen Papierkorb verschoben werden. Hier können Sie festlegen, wie lange die Daten in diesem Papierkorb gespeichert werden. Die Eingabe erfolgt in Sekunden.

SPEICHERZEIT FÜR VERSIONEN: In Abschnitt 3.4.4, *Verschiedene Versionen eines Datensatzes*, haben Sie gelernt, dass Contao bei jedem Speichervorgang eine neue Version eines Datensatzes anlegt. Hier können Sie festlegen, wie lange diese Versionen in der Datenbank gespeichert werden. Die Eingabe erfolgt in Sekunden.

SPEICHERZEIT FÜR LOG-EINTRÄGE: Hier können Sie festlegen, wie lange Einträge im Contao System-Log gespeichert werden. Die Eingabe erfolgt in Sekunden.

VERFALLSZEIT EINER SESSION: Hier können Sie festlegen, nach wie vielen Sekunden Inaktivität eine Benutzersitzung verfällt. Ist eine Sitzung abgelaufen, muss sich der Benutzer erneut am Backend bzw. Frontend anmelden. Die Eingabe erfolgt in Sekunden.

Autologin-ZEITRAUM: Hier können Sie festlegen, wie lange ein Autologin-Cookie für das Frontend gültig ist. Die Eingabe erfolgt in Sekunden (7.776.000 Sekunden = 90 Tage). Geben Sie 0 ein, um die Autologin-Funktion systemweit zu deaktivieren.

Standard-Zugriffsrechte

STANDARDBESITZER: Hier können Sie vorgeben, welchem Benutzer standardmäßig die Seiten gehören, für die keine Zugriffsrechte definiert wurden. Weitere Informationen dazu finden Sie in Abschnitt 4.2.5, *Zugriffsrechte*.

STANDARDGRUPPE: Hier können Sie festlegen, welcher Gruppe standardmäßig die Seiten gehören, für die keine Zugriffsrechte definiert wurden. Weitere Informationen dazu finden Sie in Abschnitt 4.2.5, *Zugriffsrechte*.

STANDARDZUGRIFFSRECHTE: Hier können Sie festlegen, welche Zugriffsrechte standardmäßig für die Seiten gelten, für die keine speziellen Zugriffsrechte definiert wurden. Weitere Informationen dazu finden Sie in Abschnitt 4.2.5, *Zugriffsrechte*.

Live Update

LIVE UPDATE-URL: Hier können Sie die URL des Live Update-Servers ändern.

Extension Repository

EXTENSION REPOSITORY-URL: die URL der WSDL-Datei des Extension Repository.

FALLBACK-SPRACHEN: Hier legen Sie fest, in welchen Sprachen außer der aktiven Backend-Sprache Erweiterungen angezeigt werden sollen. Dadurch werden z. B. auch englische Module sichtbar, für die es keine deutsche Übersetzung gibt.

ERWEITERUNGEN PRO SEITE: Hier legen Sie die Anzahl der Erweiterungen pro Seite fest.

INKOMPATIBLE ERWEITERUNGEN ANZEIGEN: Standardmäßig zeigt der Erweiterungskatalog nur solche Erweiterungen an, die zu der verwendeten Contao-Version kompatibel sind. Die Installation inkompatibler Erweiterungen kann das System beschädigen.

14.8 Fehlermeldungen bei der Installation

Zum Schluss dieses Kapitels möchte ich Ihnen noch ein paar typische Fehlermeldungen und deren Ursachen im Zusammenhang mit der Installation vorstellen.

FEHLERMELDUNG	ERKLÄRUNG
Parse error: syntax error, unexpected ›{‹ in contao/install.php	Auf dem Server läuft PHP 4. Contao benötigt mindestens PHP 5.2.
Parse error: syntax error, unexpected T_STRING, expecting T_FUNCTION or ›}‹	Auf dem Server läuft PHP 4. Contao benötigt mindestens PHP 5.2.
Undefined index: main	Auf dem Server läuft eine PHP-Version kleiner als die benötigte Version 5.2.
Fatal error: You have an error in your SQL syntax near ›DEFAULT CHARSET=utf8‹	Auf dem Server läuft eine MySQL-Version kleiner als die benötigte Version 4.1.
Leere Seite nach Eingabe des Encryption-Key	Sie verwenden wahrscheinlich eine ältere oder fehlerhafte Version des *eAccelerators*. In diesem Fall hilft nur das Deaktivieren oder Aktualisieren des Plugins.
Fatal error: Cannot access protected property	Sie verwenden wahrscheinlich eine ältere oder fehlerhafte Version des *eAccelerators*. In diesem Fall hilft nur das Deaktivieren oder Aktualisieren des Plugins.
Fatal error: The host address does not match the referer host address	Contao prüft beim Verarbeiten von Formulardaten automatisch, von welcher URL eine Anfrage abgesendet wurde. Handelt es sich bei dieser Absenderadresse (Referer) nicht um dieselbe URL, unter der auch Contao läuft, bricht Contao die Verarbeitung aus Sicherheitsgründen ab. Das Senden der Referer-Adresse wird höchstwahrscheinlich von Ihrem Internetbrowser, der Google-Toolbar oder einem Security-Programm unterbunden.

Tabelle 14.1: **Übersicht der Fehlermeldungen**

14.9 Zusammenfassung

Für den Betrieb von Contao benötigen Sie einen Webserver, auf dem mindestens PHP 5.2 und MySQL 4.1 installiert sind. Mithilfe der Open Source-Entwicklungsumgebung XAMPP können Sie sich einen solchen Webserver auf Ihrem lokalen Rechner einrichten und Contao testen. Die XAMPP-Dateien finden Sie auf der Buch-CD.

Falls Sie sich nicht sicher sind, ob Ihr Server bzw. Webpaket die Contao-Systemvoraussetzungen erfüllt, können Sie vorab das Contao-Systemdiagnosetool laufen lassen. Neben der Serverkonfiguration lassen sich bestehende Contao-Installationen damit auch auf Vollständigkeit und Integrität prüfen, was z. B. nach einem Update hilfreich sein kann.

Die eigentliche Installation des Systems erfolgt mithilfe des Contao-Installtools. Falls Sie den *Safe Mode Hack* für den Dateizugriff verwenden müssen, erhalten Sie einen entsprechenden Hinweis zu Beginn des Installationsprozesses. Contao erkennt selbständig, ob die MySQL-Tabellen auf dem neuesten Stand sind, und schlägt Ihnen gegebenenfalls eine Liste von Änderungen vor.

Die Aktualisierung einer Contao-Installation kann entweder manuell mit einem FTP-Programm oder automatisch mithilfe des *Live Update*-Service erfolgen. Für ein manuelles Update sollten Sie unbedingt einen professionellen FTP-Client mit einer Synchronisationsfunktion verwenden.

15. System-verwaltung

In diesem Kapitel geht es hauptsächlich um die Verwaltung von Benutzern und Gruppen sowie die Wartung des Systems. Aus dem Einführungskapitel wissen Sie ja bereits, dass in Contao zwischen Benutzern und Mitgliedern unterschieden wird, die Zugriff auf das Backend bzw. Frontend haben (vgl. Abschnitt 2.3.2, *Benutzer und Mitglieder*). Auf den folgenden Seiten werde ich Ihnen nun das Rechtesystem im Detail vorstellen.

15.1 Benutzer

Die Benutzerverwaltung ist eine eigene Kategorie in der Backend-Navigation und beinhaltet vier Module, mit denen jeweils die Benutzer und Gruppen des Backends und des Frontends verwaltet werden können.

Bisher haben wir ausschließlich mit dem Benutzer *k.jones* gearbeitet, der als Administrator auf alle Bereiche und Elemente des Systems zugreifen darf. Ein normaler Benutzer wird in der Regel aber nur Zugriff auf die Ressourcen erhalten, die er für eine bestimmte Aufgabe tatsächlich benötigt (Abbildung 15.1).

Normale Benutzer haben im Gegensatz zu Administratoren standardmäßig überhaupt keine Rechte und dürfen grundsätzlich nur das tun, was Sie ihnen explizit erlauben. Die sehr umfassende Rechteverwaltung in Contao ermöglicht es Ihnen als Administrator nicht nur, den Zugriff auf bestimmte Backend-Module einzuschränken, sondern bei Bedarf jedes einzelne Eingabefeld abzuschalten (Abbildung 15.2).

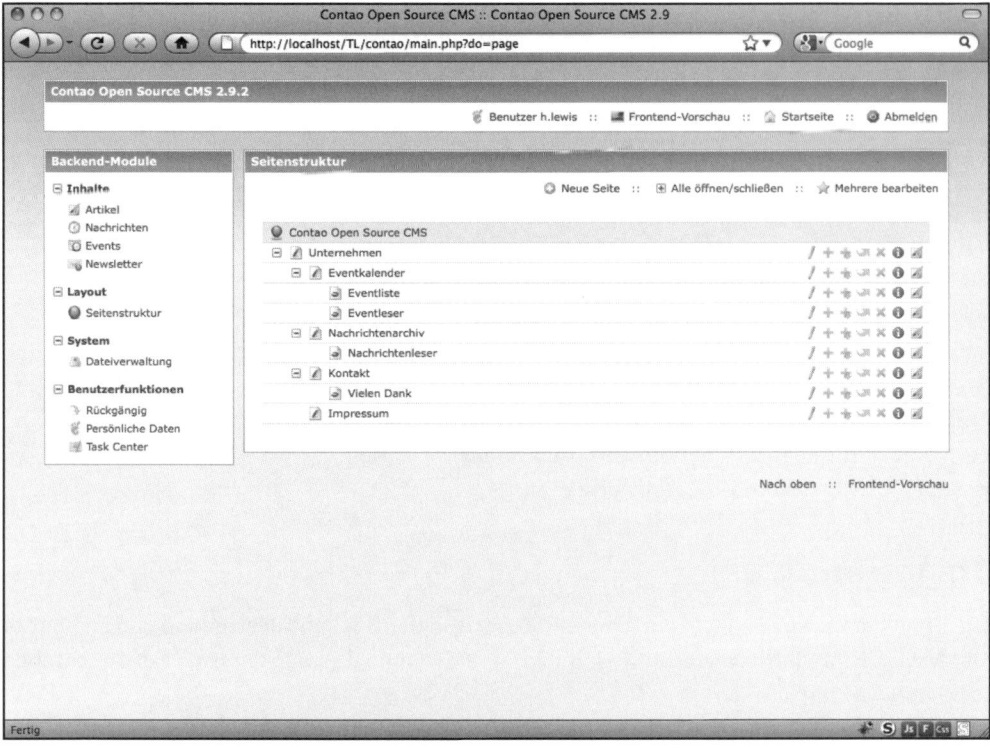

Abbildung 15.1: **Das Backend aus Sicht des Benutzers »h.lewis«**

Durch diese detaillierten Berechtigungen haben Sie jederzeit volle Kontrolle über alle Aktivitäten Ihrer Editoren und können außerdem das Backend so vereinfachen, dass sich auch unerfahrene Benutzer schnell und intuitiv zurechtfinden.

15.1.1 Benutzergruppen

Jeder Benutzer kann Mitglied in mehreren Benutzergruppen sein und erbt automatisch alle diesen Gruppen zugewiesenen Rechte. Die verschiedenen Berechtigungen werden addiert, sodass ein Mitglied der Gruppen A und B die Summe der Rechte beider Gruppen erhält – natürlich nur, wenn beide Gruppen aktiv sind.

Klicken Sie in der Backend-Navigation auf den Link BENUTZERGRUPPEN, und sehen Sie sich an, wie die Gruppe *Nachrichten* konfiguriert wurde.

─▽ Ausgenommene Felder ──

Erlaubte Felder
⊟ **tl_article**
  ☐ *Alle auswählen*
  ☑ Titel
  ☑ Artikelalias
  ☑ Autor
  ☑ Anzeigen in
  ☑ Suchbegriffe
  ☑ Teaser-CSS-Id/Klasse
  ☑ Teasertext anzeigen
  ☑ Teasertext
  ☑ Syndikation
  ☑ CSS-Id/Klasse
  ☑ Abstand davor und dahinter
  ☐ Artikel veröffentlichen
  ☐ Anzeigen ab
  ☐ Anzeigen bis
⊞ **tl_calendar**
⊞ **tl_calendar_events**
⊞ **tl_comments**
⊞ **tl_content**
⊞ **tl_faq**
⊞ **tl_faq_category**
⊞ **tl_form**
⊞ **tl_form_field**
⊞ **tl_layout**
⊞ **tl_member**
⊞ **tl_member_group**
⊞ **tl_module**
⊞ **tl_news**
⊞ **tl_news_archive**
⊞ **tl_newsletter**
⊞ **tl_newsletter_channel**
⊞ **tl_newsletter_recipients**
⊞ **tl_page**
⊞ **tl_style_sheet**
⊞ **tl_theme**
⊞ **tl_user**
⊞ **tl_user_group**
Hier können Sie festlegen, welche Felder bearbeitet werden dürfen.

Abbildung 15.2: **Einzelne Eingabefelder freischalten**

Erlaubte Module

Die Backend-Navigation wird dynamisch anhand der Benutzerrechte erstellt, wobei nicht freigegebene Backend-Module aus Gründen der Übersichtlichkeit auch nicht in der Backend-Navigation erscheinen. Der Zugriff auf die Theme-Module kann gesondert gesteuert werden.

Backend-Module: Hier legen Sie den Zugriff auf die Backend-Module fest.

Theme-Module: Hier legen Sie den Zugriff auf die Untermodule des Theme-Managers fest.

Pagemounts

Das Einbinden eines Dateisystems, sodass ein Benutzer darauf zugreifen kann, bezeichnet man beim Computer als »mounten«. Analog dazu ist ein »Pagemount« die Seite, ab der ein Benutzer Zugriff auf die Seitenstruktur erhält.

In Abbildung 15.1 ist Ihnen bestimmt aufgefallen, dass die Seitenstruktur des Benutzers *h.lewis* lediglich aus neun Seiten besteht, obwohl sie insgesamt viel mehr Seiten umfasst. Das liegt daran, dass die Seite »Unternehmen« als Pagemount, also als Einstiegspunkt, ausgewählt wurde und somit alle übergeordneten Seiten ohne Zugriffsberechtigung automatisch für diesen Benutzer ausgeblendet werden.

PAGEMOUNTS: Hier wählen Sie die Pagemounts der Gruppe aus.

ERLAUBTE SEITENTYPEN: Hier können Sie festlegen, welche Seitentypen die Mitglieder der Benutzergruppe erstellen dürfen (vgl. Abschnitt 4.1.3, *Seitentypen*).

Filemounts

Analog zum Pagemount, der den Einstiegspunkt in die Seitenstruktur bestimmt, legt der Filemount den Einstiegspunkt in das Dateisystem fest (Abbildung 15.3). Auf Ordner außerhalb des Filemount kann der Benutzer nicht zugreifen.

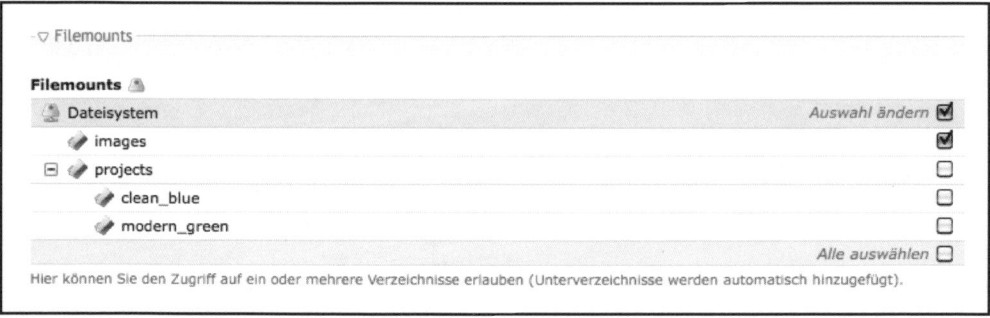

Abbildung 15.3: **Filemounts des Benutzers »h.lewis«**

Der Benutzer *h.lewis* sieht also nur den Ordner images und alle eventuell darin enthaltenen Unterordner. Alle übrigen Verzeichnisse, die sich auf derselben oder einer übergeordneten Ebene befinden, werden nicht angezeigt (Abbildung 15.4).

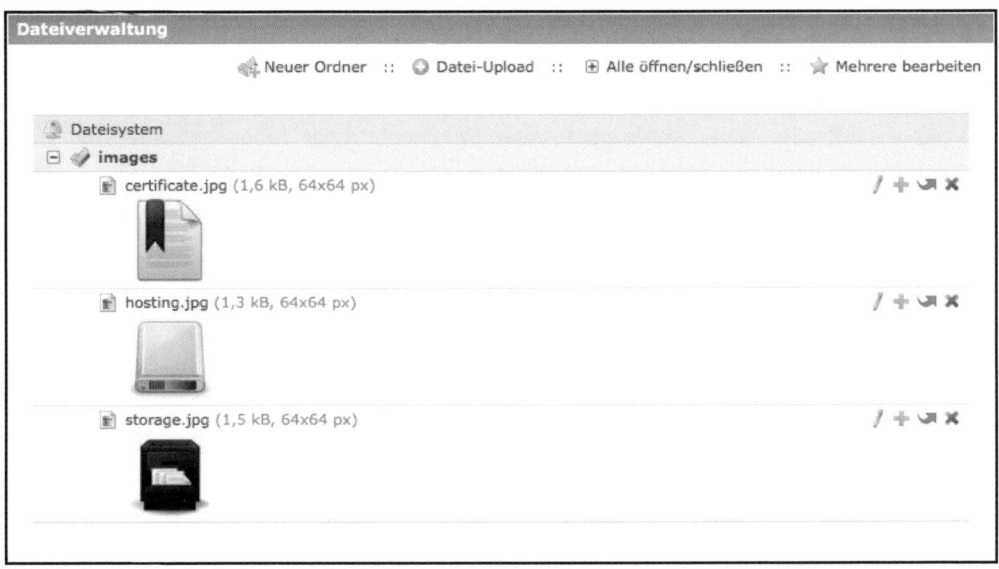

Abbildung 15.4: **Die Dateiverwaltung aus Sicht des Benutzers »h.lewis«**

FILEMOUNTS: Hier wählen Sie die Filemounts der Gruppe aus.

ERLAUBTE DATEI-OPERATIONEN: Ein Verzeichnis und die darin enthaltenen Dateien sehen zu können, bedeutet noch nicht, dass ein Benutzer diese auch bearbeiten darf. Sie können hier festlegen, was mit den gemounteten Ressourcen möglich ist.

OPERATION	ERKLÄRUNG
Dateien auf den Server hochladen	Der Benutzer darf bestimmte Dateien über den Dateimanager auf den Server übertragen (Upload). Die erlaubten Dateien können Sie in den Backend-Einstellungen festlegen.
Dateien und Verzeichnisse bearbeiten, kopieren und verschieben	Der Benutzer darf Dateien und Verzeichnisse umbenennen, duplizieren und verschieben.
Einzelne Dateien und leere Verzeichnisse löschen	Der Benutzer darf einzelne Dateien und leere Verzeichnisse löschen (nicht rekursiv).
Verzeichnisse inklusive aller Dateien und Unterordner löschen (!)	Der Benutzer darf Dateien und Verzeichnisse rekursiv, also inklusive aller enthaltenen Unterorder und Dateien, löschen.
Dateien im Quelltexteditor bearbeiten	Der Benutzer darf den Inhalt bestimmter Dateien mit dem Quelltexteditor direkt auf dem Server bearbeiten. Die erlaubten Dateien können Sie in den Backend-Einstellungen festlegen.

Tabelle 15.1: **Übersicht der Datei-Operationen**

Dynamische Inhalte

Auch für dynamische Inhalte wie Kalender oder Newsletter-Verteiler gibt es Zugriffsrechte im Backend. Dabei kann zum einen der Zugriff pro Ressource festgelegt und zum anderen das generelle Recht, neue Einträge anzulegen bzw. bestehende zu löschen, vergeben werden. Letzteres bezieht sich auf das Modul an sich und nicht auf einen bestimmten Eintrag.

ERLAUBTE ARCHIVE: Hier legen Sie fest, auf welche News/Blog-Archive die Mitglieder der Benutzergruppe zugreifen dürfen (News/Blog-Erweiterung).

ARCHIVRECHTE: Hier legen Sie fest, ob die Mitglieder der Benutzergruppe neue News/Blog-Archive angelegen bzw. bestehende löschen dürfen.

ERLAUBTE KALENDER: Hier legen Sie fest, auf welche Kalender die Mitglieder der Benutzergruppe zugreifen dürfen (Kalender-Erweiterung).

KALENDERRECHTE: Hier legen Sie fest, ob die Mitglieder der Benutzergruppe neue Kalender anlegen bzw. bestehende löschen dürfen.

ERLAUBTE FORMULARE: Hier legen Sie fest, auf welche Formulare die Mitglieder der Benutzergruppe zugreifen dürfen (Formulargenerator).

FORMULARRECHTE: Hier legen Sie fest, ob die Mitglieder der Benutzergruppe neue Formulare angelegen bzw. bestehende löschen dürfen.

ERLAUBTE VERTEILER: Hier legen Sie fest, auf welche Verteiler die Mitglieder der Benutzergruppe zugreifen dürfen (Newsletter-Erweiterung).

VERTEILERRECHTE: Hier legen Sie fest, ob die Mitglieder der Benutzergruppe neue Verteiler angelegen bzw. bestehende löschen dürfen.

Ausgenommene Felder

Zu Beginn des Abschnitts habe ich erwähnt, dass normale Benutzer standardmäßig keinerlei Rechte haben (»deny all«) und Sie als Administrator jeden Zugriff explizit freischalten müssen. Das gilt auch für die einzelnen Eingabefelder jedes Moduls bzw. jeder Tabelle, die Ihnen hier aufgelistet werden.

ERLAUBTE FELDER: Hier wählen Sie die erlaubten Felder aus.

Mittels der erlaubten Felder können Sie sehr einfach Arbeitsabläufe (engl. *Workflows*) erstellen, indem Sie z. B. die Felder zur Veröffentlichung eines Artikels oder eines Nachrichtenbeitrags für Redakteure nicht freigeben. So kann kein Redakteur etwas veröffentlichen, ohne dass Sie oder ein Chefredakteur es vorher gesehen haben.

Der Benutzer *h.lewis* darf beispielsweise bei Artikeln (Tabelle `tl_article`) die Eingabefelder VERÖFFENTLICHT, ANZEIGEN AB und ANZEIGEN BIS nicht bearbeiten, damit er Artikel zwar erstellen, aber nicht freigeben kann. In der Artikel-Eingabemaske von *h.lewis* sind diese Felder dementsprechend auch nicht vorhanden.

Deaktivierung

Benutzergruppen können manuell oder automatisch zu einem bestimmten Zeitpunkt deaktiviert werden. Von einer deaktivierten Gruppe können keine Rechte mehr geerbt werden.

DEAKTIVIEREN: Hier können Sie die Gruppe deaktivieren.

AKTIVIEREN AM: Hier aktivieren Sie die Gruppe zu einem bestimmten Tag um 0:00 Uhr.

DEAKTIVIEREN AM: Hier deaktivieren Sie die Gruppe zu einem bestimmten Tag um 0:00 Uhr.

15.1.2 Benutzer

Mit dem Modul »Benutzer« können Sie Benutzerkonten verwalten. Benutzer können sich mit ihrem Benutzernamen und Passwort im Backend anmelden und erben die Berechtigungen der ihnen zugewiesenen Benutzergruppen.

Name und E-Mail-Adresse

Benutzernamen müssen eindeutig sein, das heißt, sie dürfen nur einmal vergeben werden.

BENUTZERNAME: Hier legen Sie den Benutzernamen fest.

NAME: Hier geben Sie den Vor- und Nachnamen des Benutzers ein.

E-MAIL-ADRESSE: Hier geben Sie die E-Mail-Adresse des Benutzers ein.

Backend-Einstellungen

Jeder Benutzer kann das Backend an seine persönlichen Vorstellungen anpassen und z. B. ein individuelles Backendmotiv verwenden.

BACKEND-SPRACHE: Hier legen Sie die Backend-Sprache fest.

BACKENDMOTIV: Hier können Sie das Backend-Theme ändern.

ERKLÄRUNGEN ANZEIGEN: Standardmäßig zeigt Contao unter jedem Eingabefeld eine kurze Erklärung an, die Sie bei Bedarf hier abschalten können.

VORSCHAUBILDER ANZEIGEN: Hier können Sie die Vorschaubilder in der Dateiübersicht des Dateimanagers deaktivieren, damit die Verzeichnisstruktur schneller lädt.

RICH TEXT EDITOR VERWENDEN: Hier können Sie den Rich Text Editor deaktivieren.

CODE-EDITOR VERWENDEN: Hier können Sie den Code-Editor deaktivieren.

FANCYUPLOAD AKTIVIEREN: Hier können Sie FancyUpload für den Datei-Upload aktivieren.

DAS ALTE FORMULARLAYOUT VERWENDEN: In Version 2.7 wurde das zweispaltige, einklappbare Formularlayout im Backend eingeführt, um die Scrollwege zu verkürzen und die Übersichtlichkeit zu erhöhen. Bei Bedarf können Sie hier das alte Layout reaktivieren.

PASSWORT: Hier können Sie dem Benutzer ein Passwort zuweisen.

Benutzerrechte

Hier legen Sie unter anderem die Gruppenzugehörigkeit des Benutzers fest. Die erste Gruppe, also die ganz oben im Auswahlmenü, ist die Hauptgruppe, die z. B. beim Erstellen neuer Seiten automatisch in den Zugriffsrechten gesetzt wird.

ZUM ADMINISTRATOR MACHEN: Hier können Sie den Benutzer zu einem Administrator machen. Die Zuordnung zu einer Gruppe ist dann nicht mehr notwendig.

BENUTZERGRUPPEN: Hier legen Sie die Gruppenzugehörigkeit des Benutzers fest.

RECHTEVERERBUNG: Es gibt folgende drei Möglichkeiten der Rechtevergabe:

MODUS	ERKLÄRUNG
Nur Gruppenrechte verwenden	Es werden nur die Rechte der aktiven Gruppen geerbt.
Gruppenrechte erweitern	Es werden die Rechte der aktiven Gruppen geerbt und zusätzlich um individuelle Rechte erweitert.
Nur Benutzerrechte verwenden	Es werden nur individuelle Rechte verwendet.

Tabelle 15.2: **Übersicht der Möglichkeiten der Rechtevergabe**

Die Konfiguration der individuellen Rechte erfolgt analog zur Konfiguration der Benutzergruppen.

Deaktivierung

Genau wie Benutzergruppen können auch Benutzer manuell oder automatisch zu einem bestimmten Zeitpunkt deaktiviert werden. Ein deaktivierter Benutzer kann sich nicht mehr im Backend anmelden.

DEAKTIVIEREN: Hier können Sie den Benutzer deaktivieren.

AKTIVIEREN AM: Hier aktivieren Sie den Benutzer zu einem bestimmten Tag um 0:00 Uhr.

DEAKTIVIEREN AM: Hier deaktivieren Sie den Benutzer zu einem bestimmten Tag um 0:00 Uhr.

15.1.3 Seiten und Artikel freischalten

Das Freischalten von Seiten und Artikeln, sodass diese im Backend bearbeitet werden können, führt in der Praxis öfter mal zu Unklarheiten, weil die notwendigen Berechtigungen an verschiedenen Stellen im System gesetzt werden müssen.

Um bestimmte Seiten freizuschalten und das Bearbeiten von Artikeln auf diesen Seiten zu erlauben, müssen Sie sowohl in der Benutzerverwaltung als auch in der Seitenstruktur die entsprechenden Voraussetzungen schaffen.

Voraussetzungen in der Benutzerverwaltung

Zunächst benötigen Sie eine Benutzergruppe, in der Sie die Module »Seitenstruktur« und »Artikel« aktivieren und die zu bearbeitenden Seiten als Pagemount einbinden müssen. Damit schaffen Sie die Voraussetzungen dafür, dass ein Benutzer auf den Seitenbaum zugreifen kann und dort bestimmte Seiten bzw. Artikel sieht.

Anschließend müssen Sie in der Benutzergruppe unter Erlaubte Felder die Eingabefelder der Tabellen `tl_page`, `tl_article` und `tl_content` freischalten, die der Benutzer später bearbeiten können soll. Damit schaffen Sie die Voraussetzungen dafür, dass er nicht nur eine leere Seite sieht, wenn er z. B. einen Artikel editieren will.

Als Letztes müssen Sie noch einen Benutzer anlegen und ihn der Gruppe zuweisen.

Voraussetzungen in der Seitenstruktur

In Abschnitt 4.2.5, *Zugriffsrechte*, haben Sie bereits gelernt, dass jede Seite einem bestimmten Benutzer und einer bestimmten Gruppe gehört und dass es darauf basierend verschiedene Zugriffsebenen gibt (Abbildung 15.5).

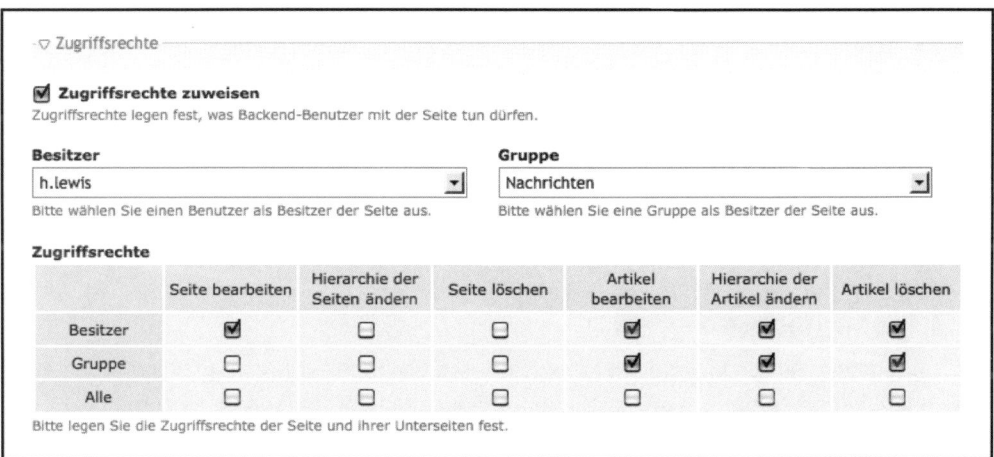

Abbildung 15.5: **Zugriffsrechte einer Seite**

Diese Seite gehört z. B. dem Benutzer *h.lewis*, der sie und die darin enthaltenen Artikel bearbeiten, verschieben oder löschen darf. Andere Benutzer der Gruppe *Nachrichten* dürfen lediglich die Artikel bearbeiten, nicht aber die Seite an sich.

Sie müssen also die Seiten, die ein Benutzer bearbeiten soll oder auf denen er Artikel anlegen können soll, mit Zugriffsrechten versehen und sie entweder dem Benutzer oder seiner Gruppe zuweisen. Damit schaffen Sie die Voraussetzungen dafür, dass ein Benutzer die entsprechenden Navigationssymbole anklicken kann (Abbildung 15.6).

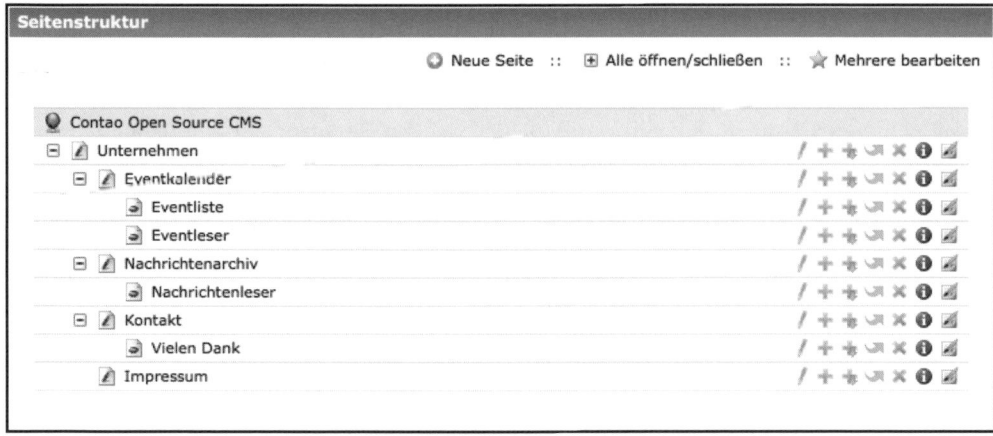

Abbildung 15.6: **Die Seitenstruktur ohne zugewiesene Zugriffsrechte**

15.2 Mitglieder

Die Verwaltung von Frontend-Benutzern ist deutlich einfacher als die Verwaltung von Backend-Benutzern, da hier nicht mit Mounts und einzelnen Eingabefeldern gearbeitet werden muss. Bei der Mitgliederverwaltung geht es hauptsächlich um den Zugriff auf geschützte Unterseiten und das Ändern der persönlichen Daten.

Die Bezeichnung »Mitglieder« stammt noch aus den Anfängen von Contao, in denen die Software vorwiegend für Community-Seiten verwendet wurde. Mittlerweile werden auch viele kommerzielle Webseiten damit umgesetzt, sodass man auch »Kunden« sagen könnte.

15.2.1 Mitgliedergruppen

Auch Mitglieder werden in Gruppen organisiert und erben von diesen die Zugriffsrechte auf geschützte Seiten. Sehen Sie sich z. B. die Konfiguration der Gruppe *Kunden* an.

Weiterleitung

Im Frontend-Modul »Login« haben Sie festgelegt, zu welcher Seite Mitglieder nach der Anmeldung weitergeleitet werden. In den Gruppeneinstellungen können Sie diese Standardseite mit einer individuellen Zielseite pro Gruppe überschreiben.

WEITERLEITEN BEI ANMELDUNG: Hier aktivieren Sie die individuelle Weiterleitung.

WEITERLEITUNGSSEITE: Hier wählen Sie die Zielseite aus.

Deaktivierung

Auch Mitgliedergruppen können manuell oder automatisch deaktiviert werden.

DEAKTIVIEREN: Hier können Sie die Gruppe deaktivieren.

 Aktivieren am: Hier aktivieren Sie die Gruppe zu einem bestimmten Tag um 0:00 Uhr.

Deaktivieren am: Hier deaktivieren Sie die Gruppe zu einem bestimmten Tag um 0:00 Uhr.

15.2.2 Mitglieder

Im Gegensatz zu Benutzern geht es bei Mitgliedern nicht so sehr um Zugriffsrechte, als vielmehr um persönliche Daten wie z. B. Name, Adresse oder Telefonnummer. Sehen Sie sich beispielsweise an, wie das Mitglied *Donna Evans* konfiguriert wurde.

Personendaten

Vorname: Hier geben Sie den Vornamen des Mitglieds ein.

Nachname: Hier geben Sie den Nachnamen des Mitglieds ein.

Geburtsdatum: Hier können Sie das Geburtsdatum eingeben. Ein Klick auf das grüne Symbol neben dem Eingabefeld öffnet einen JavaScript-Kalender.

Geschlecht: Hier wählen Sie das Geschlecht des Mitglieds aus.

Adressdaten

Firma: Hier können Sie den Firmennamen des Mitglieds eingeben.

Strasse: Hier können Sie die Adresse des Mitglieds eingeben.

Postleitzahl: Hier können Sie die Postleitzahl des Mitglieds eingeben.

Stadt: Hier können Sie den Wohnort des Mitglieds eingeben.

Staat: Hier können Sie den Staat bzw. das Bundesland eingeben, in dem das Mitglied ansässig ist.

Land: Hier können Sie das Land auswählen, in dem das Mitglied lebt.

Kontaktdaten

Telefonnummer: Hier können Sie die Telefonnummer des Mitglieds eingeben.

Handynummer: Hier können Sie die Handynummer des Mitglieds eingeben.

Faxnummer: Hier können Sie die Faxnummer des Mitglieds eingeben.

E-Mail-Adresse: Geben Sie hier die E-Mail-Adresse des Mitglieds ein.

Webseite: Hier können Sie die Webseite des Mitglieds eingeben.

Sprache: Hier wählen Sie die Sprache des Mitglieds aus.

Mitgliedergruppen

Hier legen Sie die Gruppenzugehörigkeit des Mitglieds fest. Die erste Gruppe, also die ganz oben im Auswahlmenü, ist die Hauptgruppe, die z. B. bei der automatischen Weiterleitung nach dem Login berücksichtigt wird.

MITGLIEDERGRUPPEN: Hier legen Sie die Gruppenzugehörigkeit des Mitglieds fest.

Zugangsdaten

In dieser Sektion können Sie dem Mitglied einen Benutzernamen und ein Passwort zuweisen, mit dem es sich im Frontend anmelden kann. Dazu sollte es mindestens einer Mitgliedergruppe angehören.

LOGIN ERLAUBEN: Hier aktivieren Sie die Frontend-Anmeldung.

BENUTZERNAME: Hier legen Sie den eindeutigen Benutzernamen fest.

PASSWORT: Hier weisen Sie dem Mitglied ein Passwort zu.

Benutzerverzeichnis

Hier können Sie dem Mitglied ein eigenes Heimatverzeichnis zuweisen und dort z. B. mit dem Dateimanager bestimmte Dateien bereitstellen. Sowohl das Modul »Bildergalerie« als auch das Modul »Downloads« bieten die Möglichkeit, das Benutzerverzeichnis eines Mitglieds als Datenquelle zu verwenden.

EIN BENUTZERVERZEICHNIS FESTLEGEN: Hier aktivieren Sie das Benutzerverzeichnis.

BENUTZERVERZEICHNIS: Hier legen Sie das Heimatverzeichnis des Mitglieds fest.

Abonnements

ABONNEMENTS: Hier können Sie die Newsletter-Abonnements des Mitglieds bearbeiten.

Deaktivierung

Genau wie Benutzer können auch Mitglieder manuell oder automatisch deaktiviert werden. Ein deaktiviertes Mitglied kann sich nicht mehr im Frontend anmelden.

DEAKTIVIEREN: Hier können Sie das Mitglied deaktivieren.

AKTIVIEREN AM: Hier aktivieren Sie das Mitglied zu einem bestimmten Tag um 0:00 Uhr.

DEAKTIVIEREN AM: Hier deaktivieren Sie das Mitglied zu einem bestimmten Tag um 0:00 Uhr.

15.3 Systemwartung

Bei der Entwicklung von Contao habe ich versucht, möglichst viele Wartungsarbeiten wie z. B. das Erstellen von RSS-Feeds automatisiert im Hintergrund laufen zu lassen, damit Sie sich als Anwender mehr auf Ihre eigentlichen Aufgaben konzentrieren können. Daher ist das Modul »Systemwartung« relativ übersichtlich.

15.3.1 Daten bereinigen

Contao ist prinzipiell ein recht schnelles CMS und benötigt nur ca. 60 % der Zeit und Rechenleistung, die andere prominente Systeme beanspruchen. Trotzdem sind bedingt durch die Architektur bei jedem Seitenaufruf einige Datenbankabfragen notwendig, um alle Seiten, Module, Artikel, Inhaltselemente und Berechtigungen auszulesen. Eine große Anzahl an Erweiterungen kann das System zusätzlich verlangsamen.

Um diesem »Problem« wirksam zu begegnen, gibt es sowohl die Möglichkeit, nicht benötigte Erweiterungen in den Backend-Einstellungen zu deaktivieren als auch Ressourcen für eine bestimmte Zeitdauer im Cache zwischenzuspeichern. Eine Seite aus dem Cache kann z. B. sofort komplett geladen werden, ohne dass für ihre Zusammensetzung eine Datenbankverbindung notwendig wäre. Das führt vor allem bei externen Datenbankservern oder gut besuchten Webseiten zu deutlich geringeren Ladezeiten.

Hier geht es aber nicht nur um das Cachen von Seiten, sondern vielmehr um die verschiedenen Cache-Mechanismen und ihre Funktionsweise. Im Modul »Systemwartung« können Sie sämtliche zwischengespeicherte Daten manuell bereinigen, und dazu sollten Sie wissen, was dort genau gespeichert wird (Abbildung 15.7).

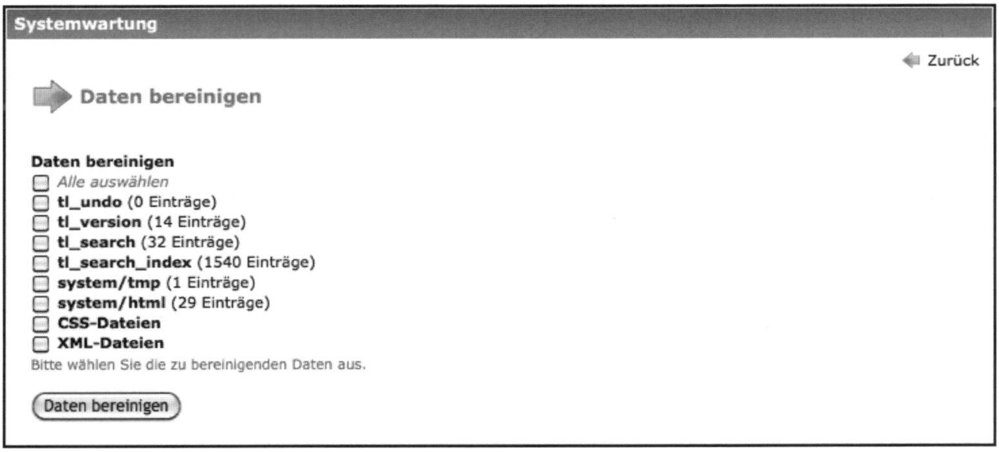

Abbildung 15.7: **Daten manuell bereinigen**

TL_UNDO: In dieser Tabelle werden gelöschte Datensätze gespeichert. Wenn Sie die Tabelle leeren, können Sie gelöschte Datensätze nicht wiederherstellen.

tl_version: In dieser Tabelle werden nicht mehr aktuelle Versionen aller möglichen Datensätze gespeichert. Wenn Sie die Tabelle leeren, können Sie gespeicherte Änderungen an Ihren Datensätzen nicht mehr rückgängig machen.

tl_search: In dieser Tabelle werden die von der Suchmaschine indizierten Seiten gespeichert. Wenn Sie diese Tabelle leeren, bleibt jede Suche ohne Ergebnis, bis sich der Suchindex entweder automatisch durch Aufrufen der Seiten im Frontend oder manuell durch den Wartungsjob »Suchindex neu aufbauen« wieder aufgebaut hat.

tl_search_index: In dieser Tabelle werden die einzelnen Suchbegriffe gespeichert.

system/tmp: Im temporären Ordner `system/tmp` werden z. B. gecachte Seiten zwischengespeichert. Wenn Sie den Ordner leeren, werden die betreffenden Ressourcen erneut erstellt und in ihrer aktuellen Version wieder im temporären Ordner gespeichert.

system/html: In diesem Ordner werden alle Dateien gespeichert, die auf der Webseite verwendet werden und daher über HTTP erreichbar sein müssen (die Dateien des temporären Ordners sind zugriffsgeschützt). Immer wenn Contao z. B. ein Vorschaubild für die Ausgabe im Frontend erstellt, wird es hier abgelegt.

Wenn Sie also auf Ihrer Webseite veraltete Bilder sehen, obwohl Sie bereits eine neue Version hochgeladen haben, dann liegt es höchstwahrscheinlich daran, dass sich noch immer eine Kopie des alten Bilds in diesem Cache-Speicher befindet. In diesem Fall sollten Sie das Verzeichnis `system/html` manuell bereinigen.

CSS-Dateien: Hier können Sie die CSS-Dateien neu schreiben lassen.

XML-Sitemaps: Hier können Sie die XML-Sitemaps neu schreiben lassen.

15.3.2 Suchindex neu aufbauen

Aus Abschnitt 6.3, *Website-Suche*, wissen Sie, dass Contao die Seiten beim Aufruf im Browser indiziert und so nach und nach den Suchindex aufbaut. Nach einer Änderung muss die betroffene Seite also mindestens einmal aufgerufen werden, damit die neueste Version in den Index übernommen wird. Vergessen Sie dabei nicht, dass Seiten nur indiziert werden, wenn Sie nicht gleichzeitig im Backend angemeldet sind.

Eine einzelne Seite auf diese Weise zu indizieren, ist sicherlich kein Problem. Bei mehreren Änderungen an verschiedenen Seiten wird die Prozedur aber schnell langwierig und unübersichtlich. Für diesen Fall gibt es den Wartungsjob »Suchindex neu aufbauen«, der den Suchindex automatisch erstellt (Abbildung 15.8).

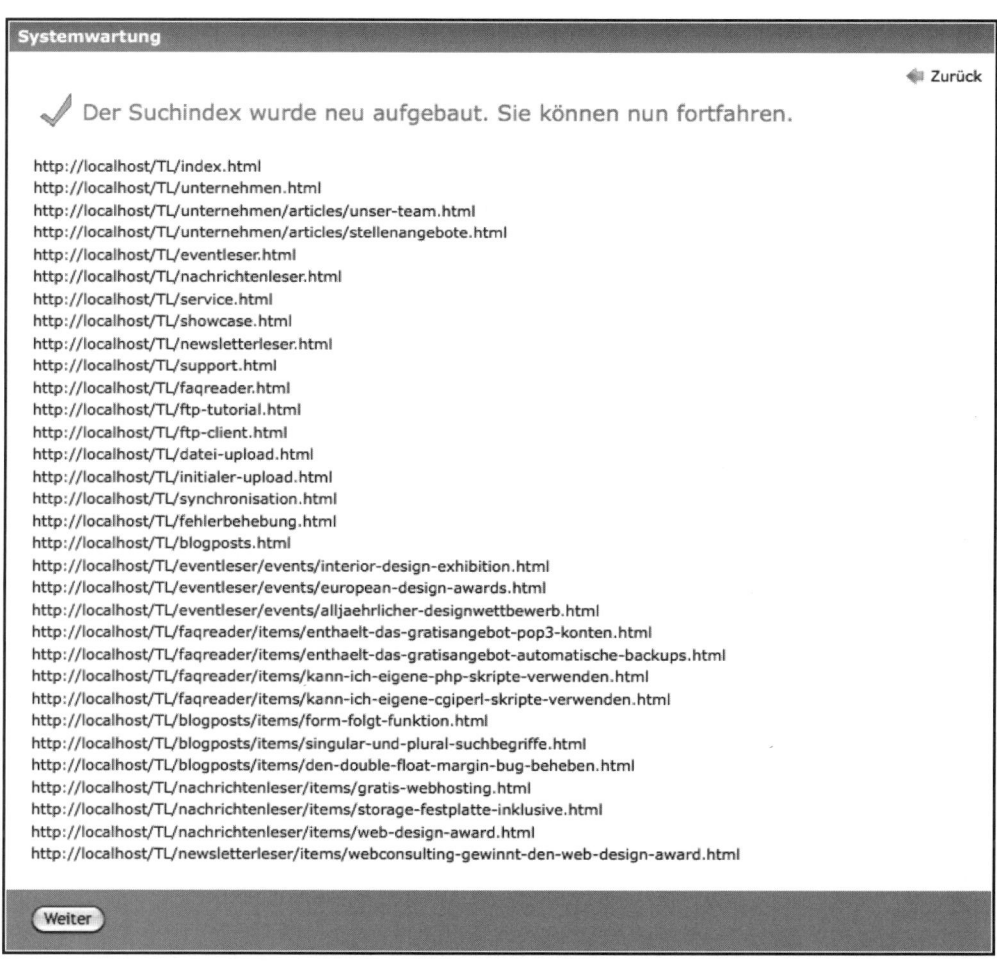

Abbildung 15.8: **Den Suchindex automatisch aufbauen**

Geschützte Seiten indizieren

Um das Durchsuchen von geschützten Seiten zu erlauben, müssen Sie die Funktion zunächst in den Backend-Einstellungen aktivieren. Benutzen Sie dieses Feature sehr sorgfältig, und schließen Sie personalisierte Seiten immer von der Suche aus!

Legen Sie danach einen neuen Frontend-Benutzer an, und erlauben Sie ihm den Zugriff auf die zu indizierenden geschützten Seiten. Beim Aufbauen des Suchindexes wird dieser Benutzer dann automatisch angemeldet.

Später bei der Suche erscheinen die geschützten Seiten natürlich nur in den Ergebnissen, wenn der angemeldete Frontend-Benutzer auch auf sie zugreifen darf.

15.4 Zusammenfassung

In der Benutzerverwaltung können Sie Benutzer und Benutzergruppen sowohl für das Backend als auch für das Frontend erstellen. Anders als Administratoren haben Benutzer standardmäßig keinerlei Rechte und dürfen nur das, was ihnen explizit erlaubt wurde.

Die Rechtezuweisung im Backend erfolgt über Benutzergruppen, deren Zugriffsrechte Benutzer erben und je nach Bedarf individuell erweitern können. Das Rechtesystem im Backend ist sehr umfangreich und ermöglicht die Zugriffssteuerung bis hin zu den einzelnen Eingabefeldern jedes Backend-Moduls.

Die Rechtezuweisung im Frontend erfolgt ebenfalls über Gruppen, allerdings ist die Verwaltung dort deutlich weniger umfangreich, weil es hauptsächlich um die Erstellung geschützter Mitgliederbereiche bzw. Inhaltselemente geht.

Die Wartung des Systems umfasst vor allem die Bereinigung von Daten sowie den automatischen Aufbau des Suchindex. Contao speichert gelöschte Datensätze, Vorschaubilder und fertig gerenderte Frontend-Seiten in verschiedenen Tabellen und Verzeichnissen, die in bestimmten Zeitabständen bereinigt werden müssen. Die Bereinigung erfolgt normalerweise automatisiert, kann aber bei Bedarf auch manuell angestoßen werden.

16. Third-Party-Erweiterungen

Neben den im ersten Teil des Buches vorgestellten Erweiterungen, die fester Bestandteil des Contao-Core sind, gab es im September 2010 über 450 optionale Third-Party-Erweiterungen, die von verschiedenen Entwicklern geschrieben und über das Extension Repository der Allgemeinheit zur Verfügung gestellt wurden.

Sie können diese Erweiterungen direkt aus dem Contao-Backend herunterladen und installieren und das System so nach Belieben um zusätzliche Funktionalität erweitern. Es gibt für fast jeden Einsatzzweck ein entsprechendes Modul, egal ob Sie ein Forum einrichten, Banner verwalten, Umfragen durchführen, Produktkataloge anlegen, Videos einfügen oder Google-Maps einbinden möchten.

16.1 Das Extension Repository

Das »Contao Extension Repository« wurde im Jahre 2008 von Peter Koch geplant und umgesetzt. Peter ist ein Softwareentwickler aus der Schweiz, der sich mit der Joomla!-Komponente »Facile Forms«[1] bereits einen Namen in der Open-Source-Szene gemacht hat. Von April 2008 bis September 2010 war er Mitglied des Contao-Teams.[2]

Die Idee hinter dem Extension Repository umfasst weit mehr als nur eine zentrale Modulverwaltung. Idealerweise sollten Erweiterungen hinsichtlich ihrer Funktion, Benutzerfreundlichkeit und Code-Qualität vergleichbar sein, weshalb das Extension Repository ein Rating- und ein Rezensionssystem enthält.

Darüber hinaus werden wichtige Informationen über Lizenzen, eventuelle Versionskonflikte und gegenseitige Abhängigkeiten von Erweiterungen bereitgestellt.

---

1   http://www.facileforms.biz
2   http://www.contao.org/das-team.html

16.1.1 Erweiterungen installieren

Das Extension Repository kann direkt aus dem Backend aufgerufen und durchsucht werden. Das dazugehörige Modul heißt »Erweiterungskatalog« und befindet sich an fünfter Stelle in der Gruppe »System« in der Navigation. Nutzen Sie die Filter und die Suchfunktion am oberen Rand des Arbeitsbereichs, um die Auswahl einzuschränken.

Über den Link in den eckigen Klammern bzw. das Info-Navigationssymbol gelangen Sie zur Detailseite einer Erweiterung, auf der sich eine Kurzbeschreibung des Moduls sowie wichtige Informationen zu Systemvoraussetzungen, Versionen und Abhängigkeiten befinden. Mit einem Klick auf die Schaltfläche INSTALLIEREN können Sie den automatischen Installationsprozess starten (Abbildung 16.1).

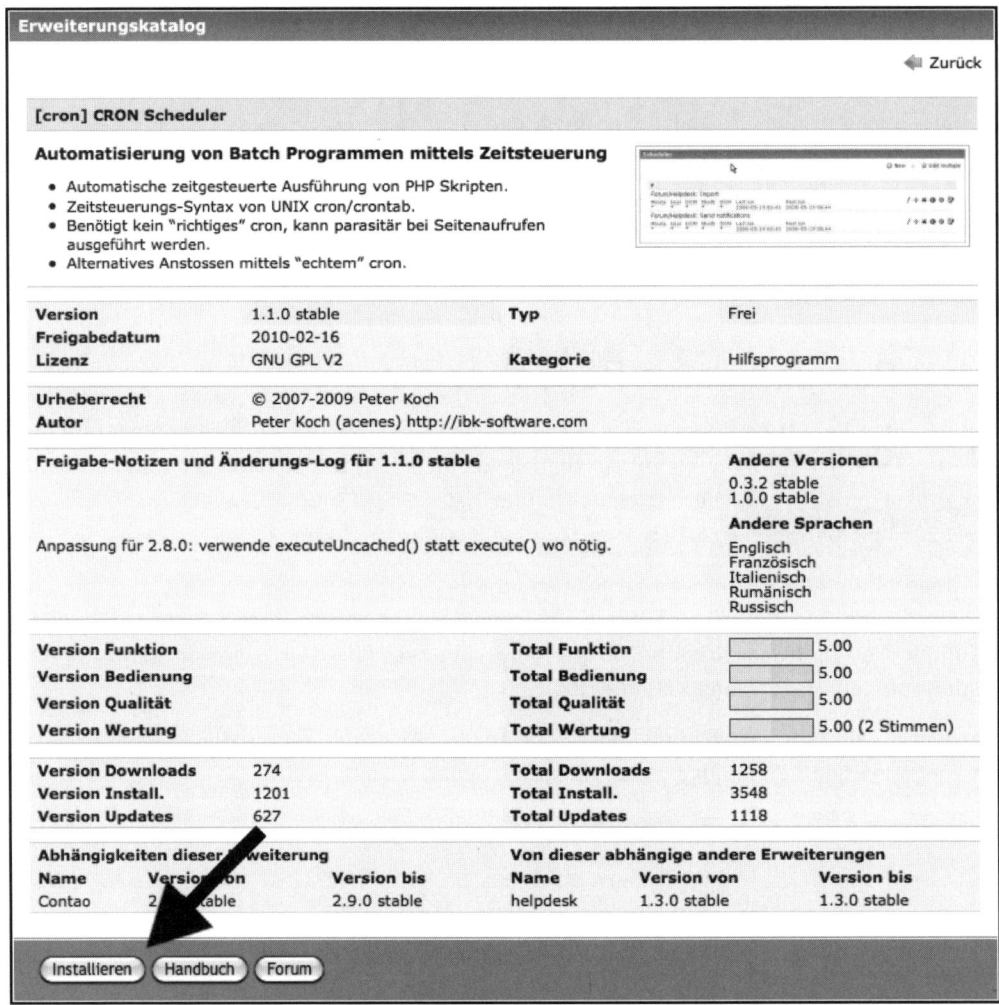

Abbildung 16.1: **Erweiterungen auf Knopfdruck installieren**

Nachdem Contao eine Erweiterung heruntergeladen und die Dateien entpackt hat, wird geprüft, ob für die Installation Anpassungen der Datenbank notwendig sind. Bestätigen Sie eventuelle Änderungen mit AKTUALISIERUNG (Abbildung 16.2).

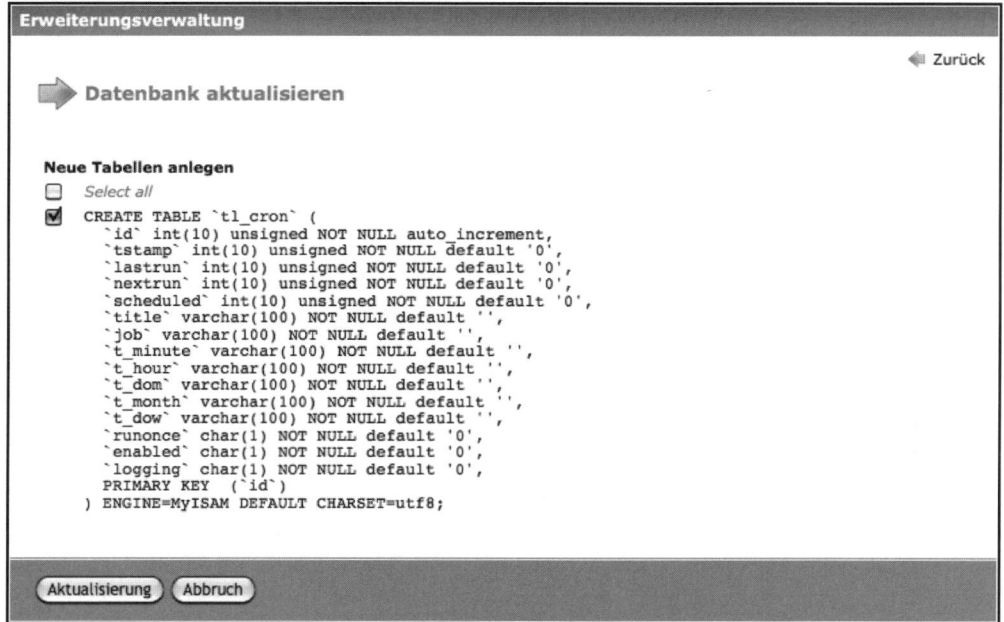

Abbildung 16.2: **Datenbank-Änderungen bestätigen**

16.1.2 Erweiterungen aktualisieren

Installierte Erweiterungen können mit dem Modul »Erweiterungsverwaltung« administriert werden, das sich in der Backend-Navigation direkt unter dem Erweiterungskatalog befindet. Die Übersichtsseite enthält eine Liste aller Erweiterungen und deren Status.

STATUS	ERKLÄRUNG
Aktuell	Die Erweiterung ist aktuell.
Nicht erprobt für	Die Erweiterung wurde noch nicht für die verwendete Contao-Minor-Version freigegeben und funktioniert daher eventuell nicht korrekt.
Voraussichtlich kompatibel zu	Die Erweiterung wurde noch nicht für die verwendete Contao-Maintenance-Version freigegeben, sollte aber trotzdem funktionieren.

Tabelle 16.1: **Übersicht über die Erweiterungsstatus**

STATUS	ERKLÄRUNG
Version x.x.x verfügbar	Es ist eine neuere Version der Erweiterung verfügbar. Eine Änderung der Versionsnummer z. B. von 1.0.1 auf 1.0.2 bedeutet in der Regel, dass der Entwickler den Programmcode verändert hat, wohingegen eine Änderung des Build nur auf ein Update der Übersetzungen oder der Meta-Informationen hindeutet (diese Release-Logik ist jedoch nicht verpflichtend).
Benötigte Erweiterung fehlt	Eine andere Erweiterung, zu der eine Abhängigkeit besteht, ist nicht (mehr) vorhanden und muss erneut installiert werden.
Erweiterung im Verzeichnis nicht gefunden	Die Erweiterung ist zwar laut Datenbank installiert, der Modulordner ist aber nicht vorhanden.
Beschädigt, Aktualisierung/ Reparatur notwendig	Die Erweiterung ist unvollständig oder beschädigt und muss repariert bzw. neu installiert werden.

Tabelle 16.1: **Übersicht über die Erweiterungsstatus (Forts.)**

Die einzelnen Erweiterungen können wie gewohnt über die Navigationssymbole verwaltet werden (Abbildung 16.3). Neben den Symbolen zum Bearbeiten der Einstellungen sowie zur Aktualisierung bzw. Deinstallation eines Moduls enthalten etliche Erweiterungen optionale Links zu Handbüchern und/oder Support-Foren.

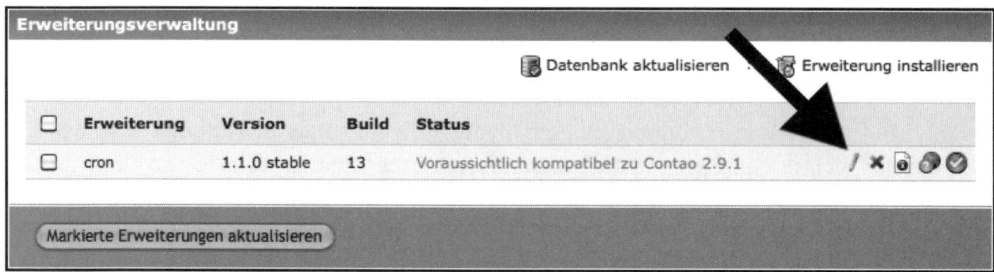

Abbildung 16.3: **Erweiterungen verwalten**

Einstellungen bearbeiten

Das Bearbeitungssymbol führt Sie auf die Seite »Einstellungen bearbeiten«, auf der Sie z. B. einen Lizenzschlüssel eingeben können (Abbildung 16.4).

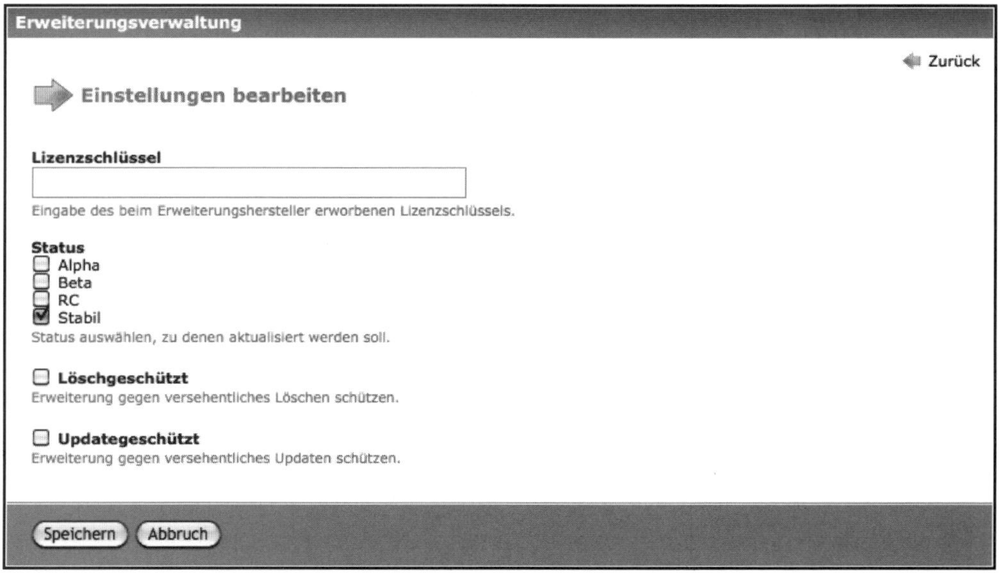

Abbildung 16.4: **Die Erweiterungseinstellungen bearbeiten**

LIZENZSCHLÜSSEL: Falls es sich um eine kommerzielle Erweiterung handelt, deren Lizenzschlüssel über das Extension Repository verwaltet werden, können Sie diesen hier eingeben, um das Modul zu aktivieren bzw. freizuschalten.

STATUS: Hier legen Sie fest, zu welchen Status die Erweiterung aktualisiert wird bzw. Sie einen entsprechenden Update-Hinweis erhalten. Bei einer produktiven Webseite empfiehlt es sich, nur stabile Versionen zu installieren.

LÖSCHGESCHÜTZT: Wenn Sie diese Option auswählen, kann die Erweiterung nicht mehr (versehentlich) über die Erweiterungsverwaltung gelöscht werden.

UPDATEGESCHÜTZT: Wenn Sie diese Option auswählen, kann die Erweiterung nicht mehr (versehentlich) über die Erweiterungsverwaltung aktualisiert werden.

16.1.3 Erweiterungen deinstallieren

Über das Navigationssymbol ERWEITERUNG DEINSTALLIEREN können Sie eine Erweiterung deinstallieren (Abbildung 16.5). Beachten Sie, dass die Dateien des Moduls dabei komplett gelöscht werden und nicht wiederhergestellt werden können!

Dasselbe gilt auch für Tabellen und Felder, die Sie im Zuge der Deinstallation aus der Datenbank entfernen. Falls Sie diese Daten weiterhin verwenden möchten, brechen Sie den Aktualisierungsvorgang mit einem Klick auf die Schaltfläche ABBRECHEN ab.

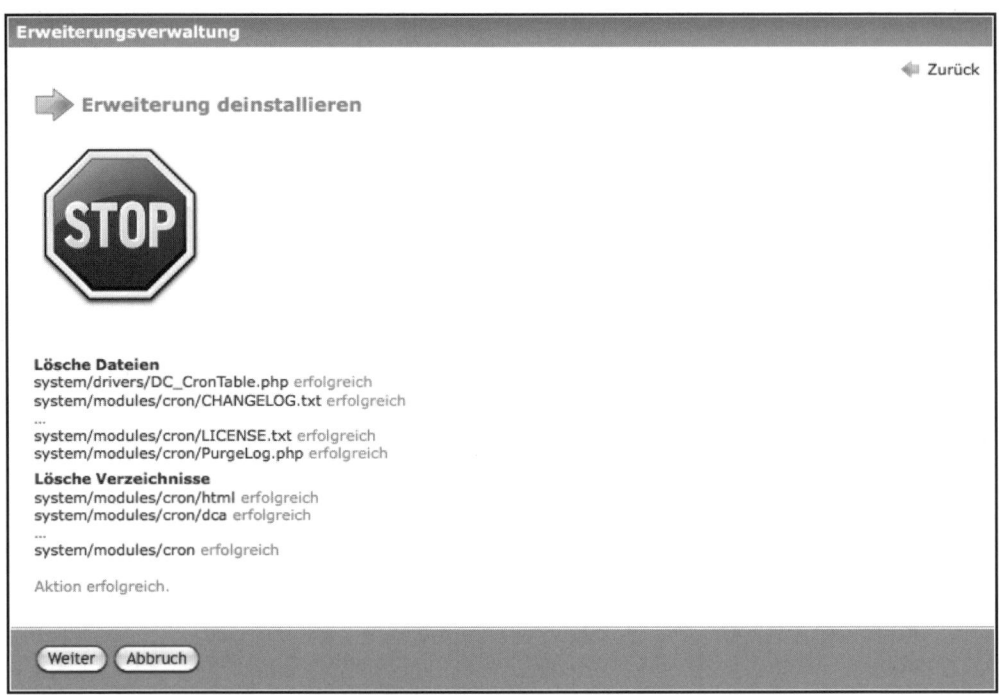

Abbildung 16.5: **Eine Erweiterung deinstallieren**

16.2 Manuelle Installation

Falls auf Ihrem Server die SOAP-Erweiterung nicht verfügbar ist oder die Sicherheitseinstellungen des Netzwerks den Zugriff auf das Extension Repository verbieten, können Sie
Erweiterungen auch manuell herunterladen und installieren.

Archiv herunterladen

Bevor Sie eine Erweiterung herunterladen, sollten Sie unbedingt die Installationshinweise
lesen und prüfen, ob die Erweiterung mit Ihrer Contao-Version kompatibel ist. So ersparen
Sie sich unter Umständen eine Menge Zeit und Ärger.

Erweiterungen müssen gemäß der LGPL nicht zwangsläufig unter einer freien Open
Source-Lizenz veröffentlicht werden. Prüfen Sie daher auch, unter welcher Lizenz ein Modul
steht und ob diese mit Ihrem Vorhaben kompatibel ist. Manche Lizenzmodelle verbieten
z. B. die Verwendung für kommerzielle Zwecke.

Auf der Übersichtsseite[3] des Extension Repository finden Sie eine Liste aller verfügbaren
Erweiterungen (Abbildung 16.6). Nutzen Sie die Filter und die Suchfunktion auf der rechten
Seite, um die Auswahl einzuschränken und bestimmte Module zu finden.

---

3 http://www.contao.org/erweiterungsliste.html

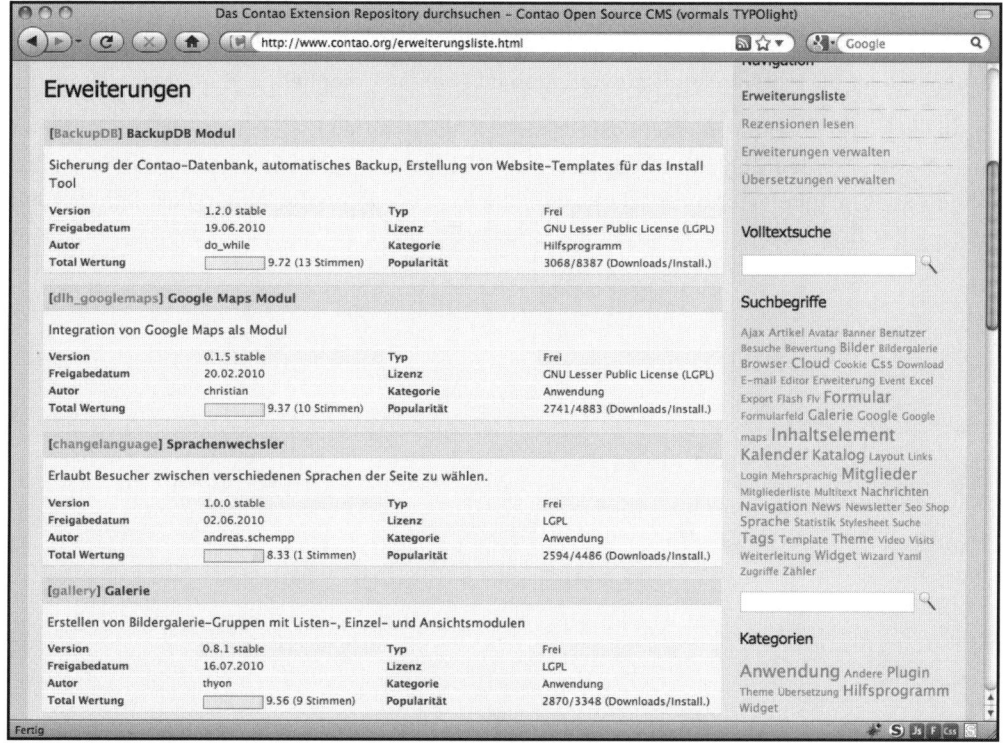

Abbildung 16.6: **Das Extension Repository auf »contao.org«**

Genau wie im Erweiterungskatalog im Backend gelangen Sie über den Link in den eckigen Klammern jeder Erweiterung zur Detailseite, die eine ausführliche Beschreibung sowie einen Download-Link enthält. Speichern Sie das ZIP-Archiv auf Ihrem lokalen Rechner, und entpacken Sie die Dateien. Kopieren Sie alle Dateien und Ordner aus dem Verzeichnis TL_ROOT in das Contao-Wurzelverzeichnis auf Ihrem Server.

Datenbanken aktualisieren

Nach dem Upload der Dateien sollten Sie noch die Datenbank prüfen und gegebenenfalls aktualisieren, damit die für die Erweiterung benötigten Tabellen und Felder hinzugefügt werden. Das können Sie entweder mit dem Contao-Installtool im Abschnitt »Tabellen aktualisieren« oder mit der Erweiterungsverwaltung im Backend erledigen.

16.3 Zusammenfassung

Das Contao Extension Repository ist ein zentrales Verzeichnis für Contao-Erweiterungen, das direkt aus dem Backend heraus durchsucht werden kann. Bei der Installation einer Erweiterung prüft die Erweiterungsverwaltung automatisch, ob Versionskonflikte oder Abhängigkeiten vorliegen, und löst diese entsprechend auf.

Mithilfe der Erweiterungsverwaltung können auch Tabellen aktualisiert sowie Updates der installierten Module eingespielt werden. Die automatische Reparatur beschädigter Erweiterungen oder die vollständige Deinstallation ist ebenfalls möglich.

Sollte die SOAP-Erweiterung nicht verfügbar sein oder sollten die Sicherheitseinstellungen Ihres Netzwerks den Zugriff auf das Extension Repository verbieten, können Sie Erweiterungen auch manuell herunterladen und installieren. Eventuelle Abhängigkeiten werden Ihnen in der Erweiterungsliste angezeigt, sodass Sie diese auflösen können.

17. Eigene Seiten-layouts

In den folgenden Abschnitten werde ich Ihnen erklären, wie Sie eigene Seitenlayouts in Contao erstellen. Sie lernen zunächst, wie Templates angepasst werden können und wie das CSS-Framework funktioniert bzw. erweitert werden kann. Falls die Contao-Bordmittel für Ihre Vorstellungen nicht ausreichen sollten, zeige ich Ihnen im letzten Abschnitt dann, wie Sie ein externes Layout einbinden.

17.1 Templates

Templates sind Dateien mit kleinen Code-Fragmenten, die für die Darstellung eines bestimmten Elements im Frontend zuständig sind. Sie enthalten in der Regel HTML-Code, in den mittels PHP verschiedene Inhalte eingefügt werden:

```
<div class="ce_text">
   <h1><?php echo $this->headline; ?>
   <p><?php echo $this->text; ?></p>
</div>
```

Ich habe bei der Entwicklung von Contao bewusst auf den Einsatz einer Template-Engine wie z. B. *Smarty* verzichtet, da PHP alle Voraussetzungen einer Template-Sprache von Haus aus erfüllt und eine zusätzliche Abstraktionsschicht nur unnötig Ressourcen verbraucht und den Seitenaufbau verlangsamt hätte.

17.1.1 Terminologie

Der Begriff »Template« hat sich im allgemeinen Contao-Sprachgebrauch für alles etabliert, was irgendwie mit Vorlagen zu tun hat. Darunter fallen sowohl kleinste Code-Schnipsel als auch komplette Frontend-Templates. Da diese ungenaue Verwendung des Begriffs immer wieder zu Missverständnissen führt, möchte ich Ihnen hier die exakte Terminologie vorstellen.

Layouts

Im ersten Teil des Buches haben Sie gelernt, wie man Seitenlayouts mit dem Theme-Manager erstellt. Jedes Seitenlayout basiert auf einem Seitentemplate (z. B. `fe_page`), das korrekt als »Layout« bezeichnet werden müsste. Layouts enthalten die grundlegende Struktur der HTML-Seite und bilden somit die Basis jeder erstellten Contao-Seite.

Views

Jedes Frontend-Modul bzw. Inhaltselement basiert auf einem eigenen Template, das für dessen Darstellung auf der Webseite zuständig ist. Diese Templates, die im Gegensatz zu Layouts nicht eine komplette HTML-Seite, sondern lediglich ein bestimmtes Element definieren, müssten korrekt als »Views« bezeichnet werden.

Partials

Partials sind eine Unterform von Views, die für die Darstellung wiederholt verwendeter Teile eines Views zuständig sind. Das Modul »Nachrichten-Liste« wird beispielsweise im View `mod_newslist` definiert, die einzelnen Beiträge hingegen im Partial `layout_latest` oder `layout_short`. Die Templates für diese mehrfach verwendeten Fragmente eines Views müssten daher korrekt als »Partials« bezeichnet werden.

Frontend-Templates

»Frontend-Templates« sind im Gegensatz zu den bisher genannten Templates keine Dateien mit Code-Fragmenten, sondern komplett vorkonfigurierte Beispielwebseiten, die Sie über das Contao-Installtool importieren können. Die WebConsulting-Seite ist beispielsweise ein solches Frontend-Template.

Ich werde mich bemühen, im weiteren Verlauf des Buchs möglichst exakte Bezeichnungen zu verwenden. An einigen Stellen ist jedoch die Verwendung des allgemeinen Oberbegriffs »Template« nicht zu vermeiden, wie z. B. beim Template-Editor, mit dem sowohl Layouts als auch Views und Partials bearbeitet werden können.

17.1.2 Änderungen updatesicher speichern

Eigene und angepasste Templates können Sie im `templates`-Verzeichnis Ihrer Contao-Installation updatesicher speichern. Dateien in diesem Verzeichnis werden von Contao niemals gelöscht oder bei einem Update überschrieben.

Beim Aufruf eines Templates überprüft Contao, ob es im `templates`-Verzeichnis existiert, und lädt es gegebenenfalls von dort. Gibt es keine angepasste Version, lädt Contao die Originalvorlage. Bei der Aktualisierung des Systems werden – wenn überhaupt – nur die Originalvorlagen überschrieben, aber niemals die angepassten.

Das Frontend basiert übrigens vollständig auf Templates, sodass Sie jedes Modul und jedes Inhaltselement exakt an Ihre Bedürfnisse anpassen können. Das Backend nutzt hingegen lediglich Layouts für den Seitenaufbau, da die Auflistung der Datensätze inklusive Navigationsicons und Berücksichtigung verschiedener Zugriffsrechte ziemlich komplex ist und sich nicht ohne Weiteres in Views kapseln lässt.

Unterordner für Themes

Innerhalb des `templates`-Verzeichnis können Sie beliebige Unterordner anlegen und jeweils einen davon einem Theme zuweisen. Auf diese Weise lässt sich ein Template pro Theme unterschiedlich anpassen. Ist ein Theme mit einem Template-Ordner verknüpft, ändert sich die Template-Logik wie folgt:

1. Suche im Template-Ordner des Themes.

2. Suche im allgemeinen `templates`-Verzeichnis.

3. Lade das originale Template.

Ist ein Theme mit einem Template-Ordner verknüpft, werden die darin gespeicherten Templates beim Theme-Export berücksichtigt (vgl. Abschnitt 5.1.3, *Themes exportieren*).

17.1.3 Der Template-Editor

Der Template-Editor vereinfacht den Zugriff auf die verschiedenen Templates und bietet Ihnen die Möglichkeit, Änderungen direkt im Backend vorzunehmen. Er sorgt außerdem automatisch dafür, dass Ihre angepassten Vorlagen im `templates`-Verzeichnis bzw. einem Unterordner gespeichert werden und so dauerhaft erhalten bleiben.

Nehmen wir beispielsweise an, Sie möchten die Bildunterschriften aller Bildergalerien im WebConsulting-Theme oberhalb anstatt unterhalb der Bilder ausgeben, jedoch ohne dass andere Themes von dieser Änderung ebenfalls betroffen sind.

Dazu legen Sie als Erstes im Template-Editor einen Unterordner namens `webconsulting_` `de` an und verknüpfen diesen im Theme-Manager mit dem WebConsulting-Theme (vgl. Abschnitt 5.1.2, *Themes konfigurieren*). Anschließend klicken Sie auf die Schaltfläche Neues Template und kopieren das Template `gallery_default.tpl` in den neuen Unterordner (Abbildung 17.1).

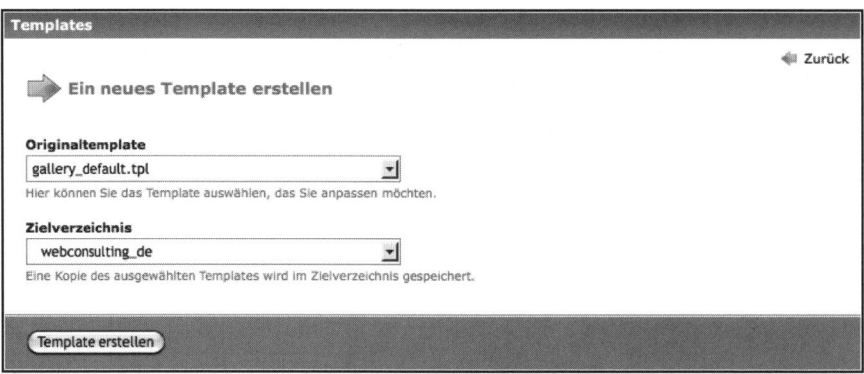

Abbildung 17.1: **Ein neues Template erstellen**

Mithilfe des Navigationssymbols I<small>NHALT</small> <small>EDITIEREN</small> wechseln Sie in den Bearbeitungsmodus und können den Inhalt der Datei direkt auf dem Server editieren. Suchen Sie die Anweisung für die Bildunterschrift

```php
<?php if ($col->caption): ?>
  <div class="caption"><?php echo $col->caption; ?></div>
<?php endif; ?>
```

und fügen Sie diese oberhalb des `<img>`-Tags in Zeile 12 ein (Abbildung 17.2).

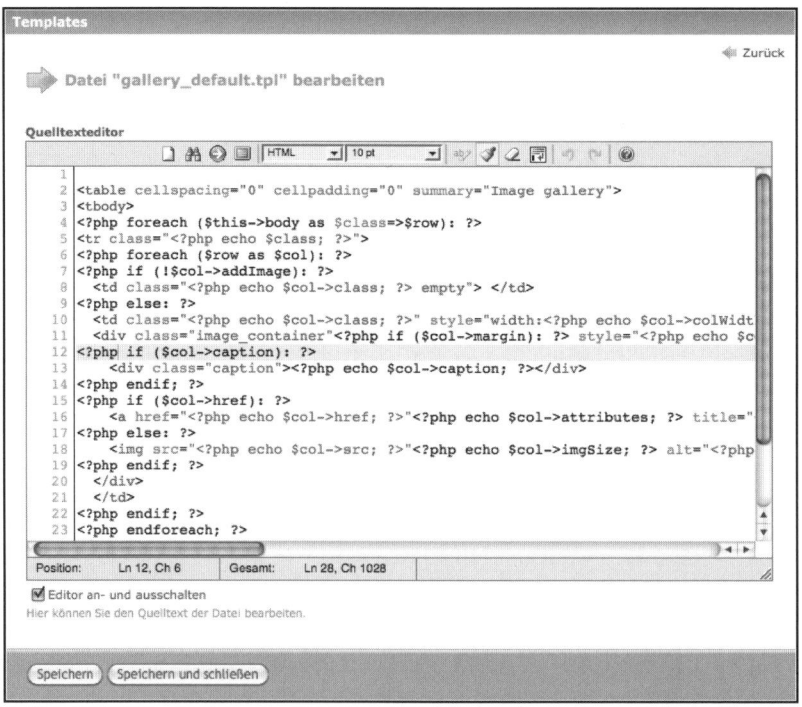

Abbildung 17.2: **Das Template »gallery_default« bearbeiten**

Sobald Sie auf SPEICHERN klicken, werden Ihre Anpassungen übernommen und die Template-Datei wird neu geschrieben. Beim nächsten Aufruf der Bildergalerie im Frontend lädt Contao automatisch das angepasste Template (vergessen Sie nicht, den Cache zu leeren).

> **Sicherheitshinweis zu Templates**
>
> PHP-Code in Layoutvorlagen verwenden zu können, bietet Ihnen nahezu unbegrenzte Möglichkeiten. Sie sollten den Template-Editor aber niemals für normale Benutzer freischalten, da diese mit einer einfachen Datenbankanweisung Administratorrechte erlangen könnten! Trotz der Dateiendung .tpl handelt es sich bei Template-Dateien um vollwertige PHP-Dateien, die nur von Administratoren bearbeitet werden sollten.

17.2 Das CSS-Framework

CSS-Frameworks sind eine enorme Arbeitserleichterung im Alltag eines jeden Webdesigners, weil sie nicht nur fertige Lösungen für die gängigen Problemstellungen beinhalten, sondern auch die Eigenheiten der verschiedenen Browser weitgehend abstrahieren – und davon gibt es leider vor allem beim Internet Explorer jede Menge.

Viele CSS-Frameworks können jedoch aufgrund ihres Funktionsreichtums und des hehren, aber nicht immer sinnvollen Ziels, sämtliche veralteten Browser inklusive des schon lange toten Internet Explorers 5 für Mac unterstützen zu wollen, durchaus als überdimensioniert bezeichnet werden. Denken Sie daran, dass nicht alle Menschen über einen DSL-Anschluss verfügen. Gerade außerhalb der Großstädte ist für viele noch das Modem bzw. die ISDN-Leitung die Eintrittskarte in die virtuelle Welt. Daher sollten Sie es vermeiden, kilobyte-weise nicht benötigte Ressourcen zu laden.

Für Contao habe ich mit aus diesem Grund ein eigenes CSS-Framework erstellt, das einem minimalistischen Ansatz folgt und nur die Komponenten lädt, die für den jeweiligen Einsatzzweck sinnvoll sind und tatsächlich gebraucht werden.

17.2.1 Aufgaben eines CSS-Frameworks

Sehen wir uns zunächst an, welche Komponenten überhaupt zu einem CSS-Framework gehören und welche Aufgaben sie haben.

CSS-Reset

Ein Reset-Stylesheet[1] dient dazu, die unterschiedliche Darstellung der HTML-Elemente in den verschiedenen Browsern zu vereinheitlichen. Dabei werden zuerst proprietäre Abstände und Formatierungen zurückgesetzt und danach bestimmte Grundformate browserübergreifend definiert.

---

1   http://bit.ly/CSS-Reset

CSS-Layout

Ein Layout-Stylesheet dient dazu, das Browserfenster in verschiedene Layoutbereiche wie z. B. eine Kopfzeile und drei Spalten aufzuteilen. Dabei kommt fast immer eine Kombination aus CSS und HTML-Code zum Einsatz, da das Layout-Stylesheet und das verwendete Markup aufeinander abgestimmt sein müssen.

CSS-Grid

Ein Grid-System ist ein Raster, das zur Ausrichtung von Elementen verwendet wird. Es dient dazu, die durch das CSS-Layout definierten Layoutbereiche in Spalten aufzuteilen, ähnlich wie es bei einem Printmedium der Fall ist. Einer der bekanntesten Vertreter pixelbasierter Grid-Systeme ist das *960 Grid System*[2].

In den folgenden Abschnitten werde ich Ihnen erklären, wie diese Komponenten in Contao integriert sind bzw. nachgerüstet werden können.

17.2.2 CSS-Layouts in Contao

CSS-Layouts sind seit jeher Bestandteil des Contao CSS-Frameworks. In Abschnitt 5.3, *Seitenlayouts verwalten*, haben Sie bereits das Modul »Seitenlayouts« kennengelernt, mit dem Sie die Komponente dynamisch konfigurieren und fast beliebige Layouts damit umsetzen können. In diesem Abschnitt zeige ich Ihnen, wie das CSS-Layout in Contao implementiert ist.

Standardmäßig werden bis zu fünf Layoutbereiche unterstützt, nämlich die Kopf- bzw. Fußzeile (`#header` und `#footer`) sowie bis zu drei Spalten (`#left`, `#main`, `#right`). Daneben lassen sich beliebig viele eigene Layoutbereiche anlegen und an bestimmten Positionen innerhalb der Seitenvorlage einfügen.

Die für das CSS-Layout zuständigen Stylesheets heißen `system/contao.css` sowie `system/iefixes.css`, das für den Internet Explorer bis einschließlich Version 7 benötigt wird. Darüber hinaus wird auf jeder Seite Inline-CSS-Code eingefügt.

HTML-Grundgerüst

Nachfolgend finden Sie eine schematische Darstellung des HTML-Grundgerüsts, das in der Seitenvorlage `fe_page.tpl` definiert wird (Listing 17.1).

Listing 17.1: **HTML-Grundgerüst der Seitenvorlage fe_page.tpl**

```
<body>
<div id="wrapper">
    <div id="header"></div>
    <div id="container">
        <div id="left"></div>
```

---

2   http://960.gs

```
        <div id="right"></div>
        <div id="main">
            <div id="clear"></div>
        </div>
    </div>
    <div id="footer"></div>
</div>
</body>
```

Layout-Stylesheet

In der Datei `system/contao.css` befindet sich der dazugehörige CSS-Code, der die verschiedenen Layoutbereiche positioniert (Listing 17.2).

Listing 17.2: **Inhalt des Layout-Stylesheets**

```
body {
    margin:0;
    padding:0;
    font-size:100.01%;
    text-align:left;
    position:relative;
}
select,input,textarea {
    font-size:99%;
}
form {
    margin:0;
    padding:0;
}
img {
    border:0;
}
#left {
    float:left;
}
#right {
    float:right;
}
#main {
    width:auto;
    position:relative;
}
.inside {
    position:relative;
    text-align:left;
}
.block {
    overflow:hidden;
}
.clear,#clear {
    height:0.1px;
    font-size:0.1px;
    line-height:0.1px;
    clear:both;
}
```

```
.invisible {
    width:0px;
    height:0px;
    left:-1000px;
    top:-1000px;
    position:absolute;
    overflow:hidden;
    display:inline;
}
```

Inline-CSS

Das Stylesheet positioniert die Layoutbereiche jedoch nur, ohne dabei ihre Breite oder Höhe zu definieren. Das liegt daran, dass der CSS-Code des Stylesheets allgemeingültig ist, die Abmessungen der Elemente aber je nach Seitenlayout unterschiedlich sind. Deswegen enthält jede Seite zusätzlichen Inline-CSS-Code, der diese Informationen gemäß den Vorgaben im Seitenlayout einfügt (Listing 17.3).

Listing 17.3: **Inline-CSS-Code zur Definition der Abmessungen**

```
#wrapper {
    width:960px;
    margin:0 auto;
}
#header {
    height:330px;
}
#left {
    width:240px;
}
#main {
    margin-left:240px;
}
#footer {
    height:110px;
}
```

Fehlerbehebung im Internet Explorer

Um eine wirklich browserübergreifende Funktion des CSS-Layouts zu gewährleisten, ist noch ein extra Stylesheet namens system/iefixes.css erforderlich, das die diversen Darstellungsfehler des Internet Explorer behebt (Listing 17.4).

Listing 17.4: **Spezielle Anweisungen für den Internet Explorer**

```
* html .block {
    overflow:auto;
    zoom:1;
}
* html #container,* html .mod_article {
    zoom:1;
}
* html #left,* html #right {
```

```
    display:inline;
}
* html a,* html a:hover {
    background-color:transparent;
}
* html i,* html em {
    overflow:visible;
    display:inline-block;
}
*:first-child+html #main {
    position:static;
}
```

Durch die Anweisung zoom:1 wird im Internet Explorer die proprietäre Eigenschaft hasLayout aktiviert und damit unter anderem der »Escaping Floats Bug«[3] behoben. Um ein möglichst robustes Layout zu erhalten, wird dieser Befehl auf alle Artikel und Inhaltselemente angewendet.

Die Anweisung display:inline wirkt dem »Doubled Float-Margin Bug«[4] entgegen und verhindert doppelte Abstände der linken und rechten Spalte. Falls Sie noch explizit für den IE6 entwickeln, müssen Sie die Anweisung unter Umständen auch für Listen und Navigationsmenüs ergänzen, in denen Blockelemente definiert wurden.

Die folgenden beiden Anweisung für Hyperlinks und kursive Texte dienen der Behebung des »Guillotine Bug«[5] und des »Italics Bug«[6], und die letzte Anweisung sorgt dafür, dass der IE7 die Hauptspalte korrekt ausrichtet und gegebenenfalls zoomt. Darüber hinaus gibt es natürlich – oder vielmehr leider – noch etliche andere Bugs wie den »Disappearing List Background Bug« oder den »List Numbering Bug«, die sich jedoch nur im Kontext des Markups und der dazugehörigen CSS-Formatierungen beheben lassen. Eventuell müssen Sie also weitere IE-Bugfixes einbauen.

17.2.3 Einheitliche Darstellung mittels CSS-Reset

Das Contao CSS-Framework enthält nur ein sehr rudimentäres Reset-Stylesheet, da ein solches zum einen nicht zwingend notwendig ist und zum anderen jeder Entwickler seine eigenen Vorstellungen davon hat. Sie können bei Bedarf jedoch ein Reset-Stylesheet auf der Projektwebseite[7] herunterladen, das ich unter anderem für meine Themes verwende und das sehr gut mit Contao funktioniert (Listing 17.5).

---

3   http://bit.ly/escaping-floats
4   http://bit.ly/float-margin
5   http://bit.ly/guillotine-bug
6   http://bit.ly/italic-bug
7   http://www.contao.org/herunterladen.html#css

Importieren Sie das Stylesheet, und binden Sie es an erster Stelle (!) in Ihrem Contao-Seitenlayout ein. Für ein optimales Zusammenspiel mit dem Reset-Stylesheet sollten Sie in den Backend-Einstellungen die Option Neue Zeilen mittels Absätzen erstellen auswählen, die seit Version 2.7 standardmäßig aktiv ist.

Listing 17.5: **Contao Reset-Stylesheet**

```css
/* Proprietäre Abstände zurücksetzen */
body,div,h1,h2,h3,h4,h5,h6,p,blockquote,pre,code,ol,ul,li,dl,dt,dd,table,th,
td,form,fieldset,legend,input,textarea {
    margin:0;
    padding:0;
}

/* Grundformate definieren */
table {
    border-collapse:collapse;
    border-spacing:0;
}
caption,th,td {
    text-align:left;
    vertical-align:top;
}
abbr,acronym {
    font-variant:normal;
    border-bottom:1px dotted #666;
    cursor:help;
}
blockquote,q {
    quotes:none;
}
fieldset,img {
    border:0;
}
li {
    list-style-type:none;
}
sup {
    vertical-align:text-top;
}
sub {
    vertical-align:text-bottom;
}
del {
    text-decoration:line-through;
}
ins {
    text-decoration:none;
}
a {
    color:#00f;
}
:focus {
    outline:0;
}
```

```
/* Schriften definieren */
body {
    font-family:"Lucida Grande","Lucida Sans Unicode",Verdana,sans-serif;
    font-size:12px;
    color:#000;
}
input,button,textarea,select {
    font-family:inherit;
    font-size:99%;
    font-weight:inherit;
}
pre,code {
    font-family:"Lucida Console",Monaco,monospace;
    font-size:12px;
}
h1,h2,h3,h4,h5,h6 {
    font-size:100%;
    font-weight:normal;
}
h1 {
    font-size:22px;
}
h2 {
    font-size:20px;
}
h3 {
    font-size:18px;
}
table {
    font-size:inherit;
}
caption,th {
    font-weight:bold;
}

/* Abstände definieren */
h1,h2,h3,h4,h5,h6 {
 margin-top:1em;
}
h1,h2,h3,h4,h5,h6,p,pre,blockquote,table,ol,ul,form {
 margin-bottom:12px;
}
```

Vielleicht ist Ihnen aufgefallen, dass ich den Begriff »CSS-Reset« in meiner Implementierung relativ weit ausgelegt habe. Das Definieren der Schriften und Abstände ist für das reine Zurücksetzen der proprietären Formatierungen eigentlich nicht notwendig.

Andererseits lässt sich gerade an dieser Stelle mit wenigen Zeilen CSS-Code eine große Wirkung erzielen. Allein durch das Schriftbild und die Abstände wird eine klare Struktur der Inhalte erkennbar, und Sie sparen sich später etliche Anweisungen bei der Formatierung der einzelnen Contao-Elemente.

17.2.4 Grid-Systeme in Contao nutzen

Grid-Systeme gibt es in vielen Variationen, manche basieren auf Pixeln, andere auf Prozentwerten, einige unterteilen das Browserfenster in 12 und andere in 16 Spalten. Das Contao-Backend nutzt beispielsweise ein ganz einfaches Prozent-Grid-System, das den Arbeitsbereich in zwei Spalten aufteilt.

Autgrund dieser Vielfalt enthält das Contao CSS-Framework standardmäßig kein Grid-Stylesheet. Es ist fast unmöglich, hier eine allgemeine Lösung zu implementieren, die die überwiegende Anzahl der Nutzer tatsächlich ohne Anpassungen verwenden kann. Ich werde Ihnen aber an dieser Stelle zwei Grid-Stylesheets vorstellen, die Sie ebenfalls von der Projektwebseite[8] herunterladen und verwenden können.

Prozent-Grid

Prozent-Grid-Systeme basieren auf prozentualen Angaben, sind also prinzipiell für alle Abmessungen und sogar für »Liquid Layouts« ohne feste Breite geeignet. Der Nachteil relativer Angaben ist jedoch, dass man z. B. keinen 2 Pixel breiten Rahmen setzen kann, ohne direkt dem Box-Modell-Problem[9] in die Arme zu laufen.

Das Prozent-Grid-System von der Projektwebseite definiert ein zehnspaltiges Raster mit einem seitlichen Randabstand von jeweils 1 % pro Spalte (Listing 17.6).

Listing 17.6: **Prozent-Grid-System für Contao**

```
/* Aufteilung in 10 Spalten */
.g1,.g2,.g3,.g4,.g5,.g6,.g7,.g8,.g9,.g10 {
    float:left;
    display:inline;
    margin-right:1%;
    margin-left:1%;
}

/* Breiten */
.g1 { width:8%; }
.g2 { width:18%; }
.g3 { width:28%; }
.g4 { width:38%; }
.g5 { width:48%; }
.g6 { width:58%; }
.g7 { width:68%; }
.g8 { width:78%; }
.g9 { width:88%; }
.g10 { width:98%; }

/* Abstand für Inhaltselemente */
.mod_article>.block {
    margin-right:1%;
    margin-left:1%;
```

---

8   http://www.contao.org/herunterladen.html#css
9   http://bit.ly/Box-Modell

```
}

/* Außer der Artikel hat selbst einen Abstand */
.g1 .block,.g2 .block,.g3 .block,.g4 .block,.g5 .block,.g6 .block,.g7
.block,.g8 .block,.g9 .block,.g10 .block,.g11 .block,.g12 .block {
   margin-right:0;
   margin-left:0;
}
/* Verschachtelte Grid-Elemente */
.gr {
   margin-right:2% !important;
}
```

Pixel-Grid

Pixel-Grid-Systeme basieren auf fixen Angaben und sind daher immer nur für eine be-
stimmte Breite geeignet. Wenn sich die Gesamtbreite eines Layouts ändert, müssen alle
Spaltenbreiten neu berechnet werden. Glücklicherweise gibt es im Internet entsprechende
Tools, die diese Aufgabe erledigen.[10]

Je nach Gesamtbreite lassen sich mit Pixel-Grid-Systemen wesentlich mehr Unterteilun-
gen darstellen als mit Prozent-Grid-Systemen. Eine Breite von 960 Pixeln kann beispielsweise durch nicht weniger als 26 (!) natürliche Zahlen dividiert werden, was so gut wie jedes
gewünschte Raster zulässt.

Das Pixel-Grid-System von der Projektwebseite definiert ein zwölfspaltiges Raster mit einem seitlichen Randabstand von jeweils 10 Pixeln pro Spalte (Listing 17.7).

Listing 17.7: **Pixel-Grid-System für Contao**

```
/* Aufteilung in 12 Spalten */
.g1,.g2,.g3,.g4,.g5,.g6,.g7,.g8,.g9,.g10,.g11,.g12 {
   float:left;
   display:inline;
   margin-right:10px;
   margin-left:10px;
}

/* Breiten */
.g1 { width:60px; }
.g2 { width:140px; }
.g3 { width:220px; }
.g4 { width:300px; }
.g5 { width:380px; }
.g6 { width:460px; }
.g7 { width:540px; }
.g8 { width:620px; }
.g9 { width:700px; }
.g10 { width:780px; }
.g11 { width:860px; }
.g12 { width:940px; }
```

---

10 http://bit.ly/grid-calculator

```
/* Abstand für Inhaltselemente */
.mod_article>.block {
    margin-right:10px;
    margin-left:10px;
}

/* Außer der Artikel hat selbst einen Abstand */
.g1 .block,.g2 .block,.g3 .block,.g4 .block,.g5 .block,.g6 .block,.g7
.block,.g8 .block,.g9 .block,.g10 .block,.g11 .block,.g12 .block {
    margin-right:0;
    margin-left:0;
}

/* Verschachtelte Grid-Elemente */
.gr {
    margin-right:20px !important;
}
```

Nachdem Sie nun die verschiedenen Grid-Systeme kennengelernt haben, zeige ich Ihnen jetzt, wie sie in Contao verwendet werden. Den Import und die Einbindung des Stylesheets in ein Seitenlayout sollten Sie inzwischen beherrschen. Falls nicht, finden Sie die Erklärung in Abschnitt 5.2, *Stylesheets verwalten*.

Artikel floaten

Mehrere Artikel in einer Spalte werden in Contao standardmäßig untereinander dargestellt. Um sie in zwei Spalten nebeneinander auszugeben, müssen Sie dank des Grid-Systems nichts weiter tun, als den Artikeln die CSS-Klasse g6 zuzuweisen (Abbildung 17.3).

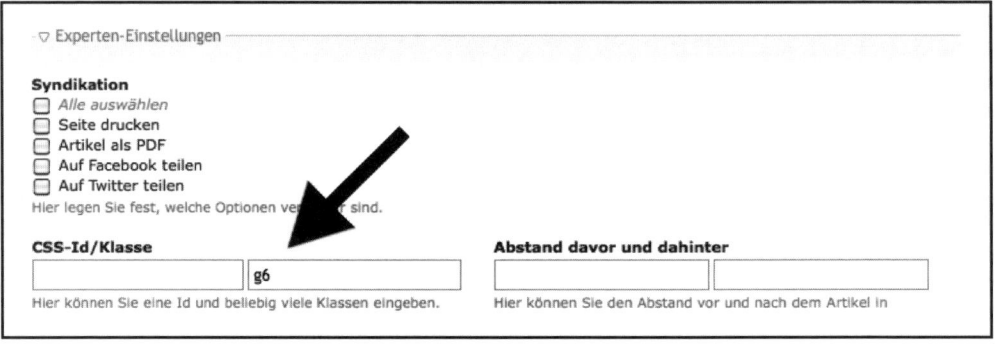

Abbildung 17.3: **Die Klasse »g6« entspricht der halben Breite.**

Die Klasse g6 weist jedem Artikel die halbe Breite zu, also 6 von 12 Spalten, und floatet die Elemente, sodass sie nebeneinander angezeigt werden (Abbildung 17.4). Ein Randabstand von 10 Pixeln wird automatisch hinzugefügt.

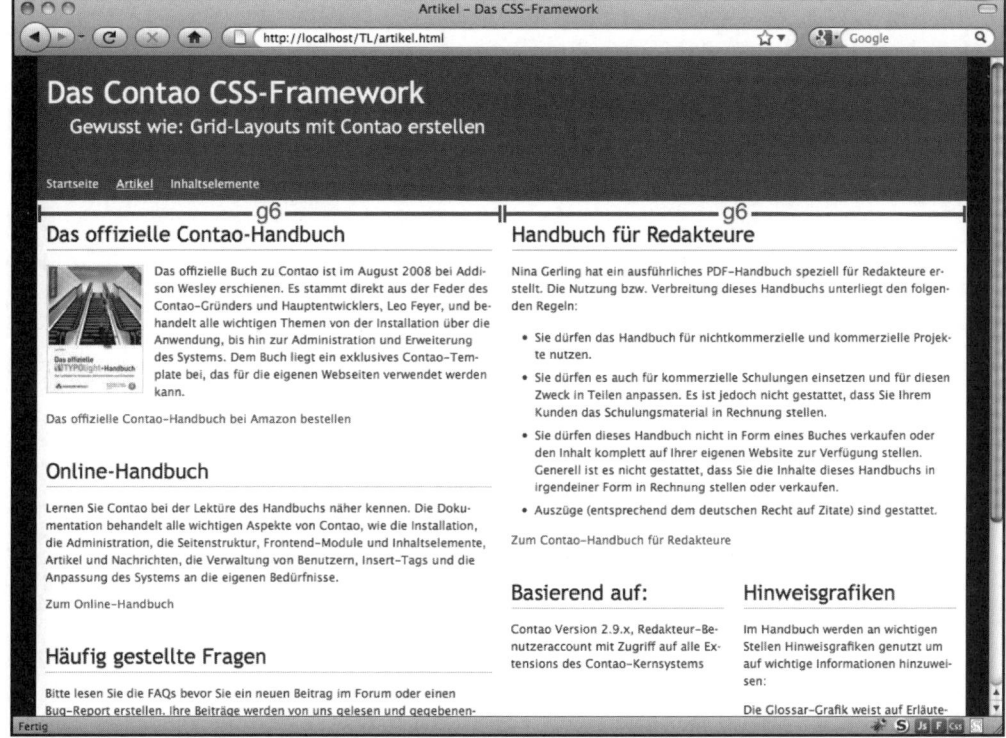

Abbildung 17.4: **Am Raster ausgerichtete Artikel**

Inhaltselemente floaten

Auch Inhaltselemente werden standardmäßig untereinander dargestellt. Um diese Elemente in mehreren Spalten nebeneinander auszugeben, müssen Sie dank des Grid-Systems nichts weiter tun, als die entsprechenden CSS-Klassen zuzuweisen. Das Ergebnis sind wie erwartet verschieden breite Inhaltselemente, die jetzt nebeneinander anstatt untereinander dargestellt werden (Abbildung 17.5).

Der Vollständigkeit halber sei erwähnt, dass dies nicht ohne zusätzliches Markup für den Internet Explorer funktioniert. Nach jeder Reihe gefloateter Elemente muss daher ein unsichtbares Clearing-Element eingefügt werden:

```
<div class="clear"></div>
```

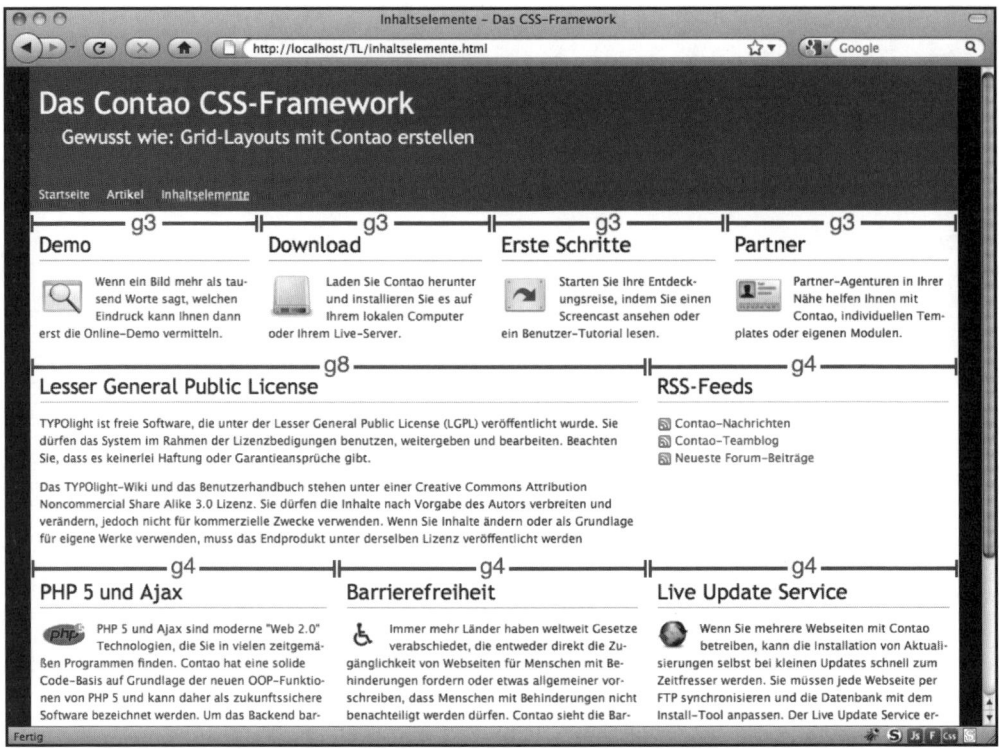

Abbildung 17.5: **Am Raster ausgerichtete Inhaltselemente**

Artikel und Inhaltselemente floaten

Ein Sonderfall bei der Verwendung des Rasters sind gefloatete Inhaltselemente innerhalb eines gefloateten Artikels, da hier der Randabstand von 10 Pixeln doppelt zugewiesen wird; einmal dem Artikel und einmal dem Inhaltselement.

Viele Grid-Systeme enthalten daher spezielle Klassen wie z. B. `alpha` und `omega`, die dem ersten und letzten Element einer Reihe zugewiesen werden können und dort den Randabstand zurücksetzen. Dank der in Contao verwendeten Klasse `block`, die jedes Element standardmäßig erhält, können wir hier einen noch einfacheren Weg gehen.

Verschachtelte Grid-Elemente werden grundsätzlich ohne Randabstand ausgegeben und können bei Bedarf mit der Klasse `gr` versehen werden, die auf der rechten Seite einen Abstand von 20 Pixeln einfügt (Abbildung 17.6).

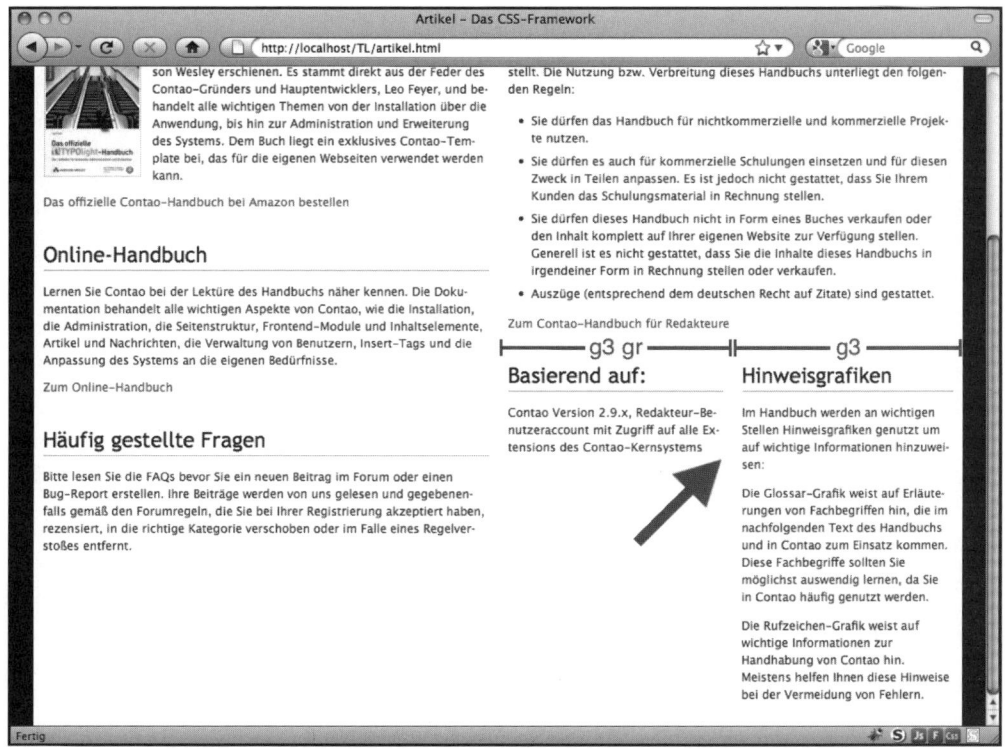

Abbildung 17.6: **Verschachtelte Grid-Elemente**

Natürlich bleibt es Ihnen überlassen, für welche Lösung Sie sich entscheiden. Die Klassen `alpha` und `omega` lassen sich bei Bedarf im Stylesheet nachrüsten:

```
.alpha {
    margin-left:0 !important;
}
.omega {
    margin-right:0 !important;
}
```

17.3 Ein externes Layout einbinden

Mit dem (erweiterten) Contao CSS-Framework und der Möglichkeit, eigene Layoutbereiche und Seitenvorlagen zu verwenden, lassen sich alle denkbaren Designs umsetzen. Eine Notwendigkeit, externe Layouts zu verwenden, besteht daher nicht. Nur wenn es z. B. der Zeitplan nicht zulässt, ein Design in Contao zu refaktorieren, kann man diesen Schritt erwägen. Allerdings sollten Sie bedenken, dass die Installation dadurch zwar schneller geht, die Aktualisierung jedoch komplizierter wird. Erscheint beispielsweise eine neue Browser-Version, wird das Contao CSS-Framework automatisch im Rahmen des Live Updates angepasst, das externe Layout muss jedoch manuell aktualisiert werden.

Und nicht nur die Aktualisierung ist mühseliger, sondern auch die Anpassung des externen Layouts in Contao. Da das interne CSS-Framework komplett umgangen wird, können z. B. die Stylesheets nicht wie gewohnt mit dem Stylesheets-Modul bearbeitet werden, sondern müssen per FTP geändert werden. Da meistens nur der Administrator den FTP-Zugang hat, ist ein kollaboratives Arbeiten dann nicht mehr möglich.

Aus diesen Gründen empfehle ich Ihnen, Layouts nach Möglichkeit immer mit dem internen Contao CSS-Framework umzusetzen. Trotzdem möchte ich Ihnen das Prozedere, ein externes Layout einzubinden, nicht vorenthalten.

17.3.1 Dateien herunterladen

Bezugsquellen für fertige Website-Designs gibt es mehr als genug im Internet. Ich werde Ihnen die Einbindung am Beispiel des Templates »Business Design 2007«[11] zeigen (Abbildung 17.7), das von Tjobbe Andrews erstellt und auf der Webseite »Open Source Web Design« veröffentlicht wurde. Laden Sie dort als Erstes die Template-Dateien[12] herunter, und kopieren Sie sie in das Upload-Verzeichnis Ihrer Contao-Installation.

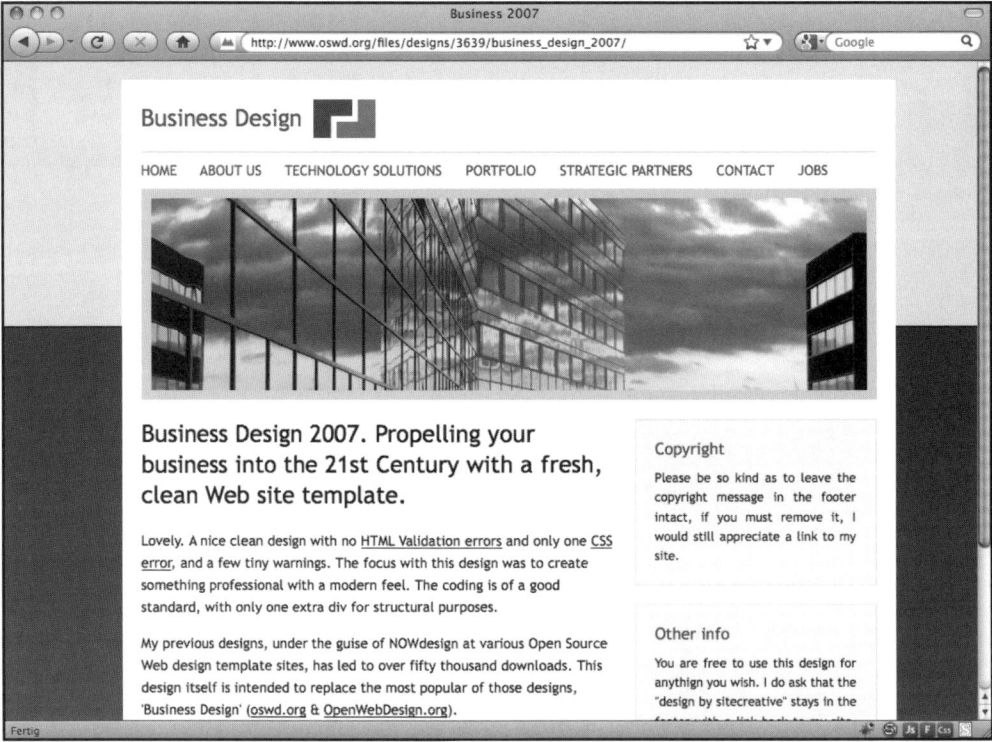

Abbildung 17.7: **Business Design 2007 von Tjobbe Andrews**

---

11 http://bit.ly/business-design
12 http://www.oswd.org/design/information/id/3639/

17.3.2 Eine Seitenvorlage erstellen

Wie Sie wissen, basieren Contao-Layouts immer auf einem Seitentemplate. Duplizieren Sie daher die Datei `index.html` im Ordner `business_design_2007`, und speichern Sie sie als Seitentemplate `fe_business_design.tpl`.

Öffnen Sie die neue Datei anschließend in einem Texteditor, und fügen Sie die Contao-spezifischen Platzhalter ein. Kopieren Sie die entsprechenden Code-Schnipsel am besten aus der Standard-Seitenvorlage `fe_page.tpl` (Listing 17.8).

Listing 17.8: **Head-Sektion der Standard-Seitenvorlage fe_page.tpl**

```
<?php echo $this->doctype; ?>
<html xmlns="http://www.w3.org/1999/xhtml" xml:lang="<?php echo $this->
    language; ?>" lang="<?php echo $this->language; ?>">
<head>
<base href="<?php echo $this->base; ?>"></base>
<title><?php echo $this->pageTitle; ?> - <?php echo $this->mainTitle; ?> </
    title>
<meta http-equiv="Content-Type" content="text/html; charset=<?php echo
    $this->charset; ?>" />
<meta http-equiv="Content-Style-Type" content="text/css" />
<meta http-equiv="Content-Script-Type" content="text/javascript" />
<meta name="description" content="<?php echo $this->description; ?>" />
<meta name="keywords" content="<?php echo $this->keywords; ?>" />
<?php echo $this->robots; ?>
<?php echo $this->framework; ?>
<?php echo $this->stylesheets; ?>
<?php echo $this->mooScripts; ?>
<?php echo $this->head; ?>
</head>
```

Achten Sie beim Überschreiben der Head-Sektion darauf, das Stylesheet- und das Meta-Author-Tag zu erhalten. Passen Sie außerdem den Pfad zu dem externen Stylesheet an, und entfernen Sie den Platzhalter `<?php echo $this->framework; ?>`, da wir das Contao CSS-Framework nicht nutzen werden (Listing 17.9).

Listing 17.9: **An Contao angepasste Head-Sektion**

```
<?php echo $this->doctype; ?>
<html xmlns="http://www.w3.org/1999/xhtml" xml:lang="<?php echo $this->
    language; ?>" lang="<?php echo $this->language; ?>">
<head>
<base href="<?php echo $this->base; ?>"></base>
<title><?php echo $this->pageTitle; ?> - <?php echo $this->mainTitle; ?> </
    title>
<meta http-equiv="Content-Type" content="text/html; charset=<?php echo
    $this->charset; ?>" />
<meta http-equiv="Content-Style-Type" content="text/css" />
<meta http-equiv="Content-Script-Type" content="text/javascript" />
<meta name="description" content="<?php echo $this->description; ?>" />
<meta name="keywords" content="<?php echo $this->keywords; ?>" />
<meta name="Author" content="Tjobbe Andrews, SiteCreative.net" />
<?php echo $this->robots; ?>
```

```
<link rel="stylesheet" href="system/contao.css" type="text/css"
    media="screen" />
<!--[if lte IE 7]><link rel="stylesheet" href="system/iefixes.css"
    type="text/css" media="screen" /><![endif]-->
<?php echo $this->stylesheets; ?>
<link rel="stylesheet" type="text/css" href="tl_files/business_design_2007/
    css/style.css" />
<?php echo $this->mooScripts; ?>
<?php echo $this->head; ?>
</head>
```

Als Nächstes ersetzen Sie die Inhalte der verschiedenen Layoutbereiche durch Platzhalter, damit Contao weiß, an welcher Stelle welche Inhalte eingefügt werden müssen (Listing 17.10). Achten Sie dabei unbedingt darauf, den Copyright-Hinweis des Designers nicht zu entfernen, da Sie sonst das Design nicht mehr nutzen dürfen!

Listing 17.10: **An Contao angepasste Body-Sektion**

```
<body>
<div id="container">
    <div id="holder" class="clearfix">
        <?php echo $this->header; ?>
        <div id="header"></div>
        <div id="content">
            <?php echo $this->main; ?>
        </div>
        <div id="news">
            <?php echo $this->left; ?>
        </div>
    </div>
    <div id="footer">
        <span id="copyright">Design by <a href="http://www.sitecreative.net"
            target="_blank" title="Opens link to SiteCreative.net in a New
            Window">SiteCreative</a></span>
        <?php echo $this->footer; ?>
    </div>
</div>
</body>
```

Fügen Sie je nach Bedarf noch den Code für den »Periodic Command Scheduler« und eventuell eingebundene MooTools-Scripts ein, und verschieben Sie das Seitentemplate dann in das `templates`-Verzeichnis Ihrer Contao-Installation.

17.3.3 Ein Seitenlayout erstellen

Nachdem Sie nun eine Seitenvorlage erstellt haben, müssen Sie nur noch ein Seitenlayout anlegen, das diese verwendet. In meinem Beispiel habe ich einfach das Standard-Layout der WebConsulting-Seite kopiert und angepasst (Abbildung 17.8).

Nachdem Sie das Seitenlayout gespeichert und in der Seitenstruktur zugewiesen haben, lässt sich im Frontend bereits das Design erkennen (Abbildung 17.9).

Frontend-Module

Eingebundene Module

Modul	Spalte	
Layout - Logo	Kopfzeile	✛ ⬆ ⬇ ✖
Navigation - Hauptmenü	Kopfzeile	✛ ⬆ ⬇ ✖
Navigation - Untermenü	Linke Spalte	✛ ⬆ ⬇ ✖
Anwendung - Zufallsbild	Linke Spalte	✛ ⬆ ⬇ ✖
Nachrichten - Neueste Nachrichten	Linke Spalte	✛ ⬆ ⬇ ✖
Kalender - Eventbrowser	Linke Spalte	✛ ⬆ ⬇ ✖
Blog - Neueste Blogposts	Linke Spalte	✛ ⬆ ⬇ ✖
Navigation - Navigationspfad	Hauptspalte	✛ ⬆ ⬇ ✖
Artikel	Hauptspalte	✛ ⬆ ⬇ ✖
Layout - Fußzeile	Fußzeile	✛ ⬆ ⬇ ✖

Wenn JavaScript deaktiviert ist, speichern Sie unbedingt Ihre Änderungen, bevor Sie die Reihenfolge ändern.

Experten-Einstellungen

Seitentemplate

fe_business_design

Hier können Sie das Seitentemplate auswählen.

Dokumenttyp-Definition

XHTML Strict

Bitte wählen Sie eine Dokumenttyp-Definition.

Abbildung 17.8: **Seitenlayout für das Business Design**

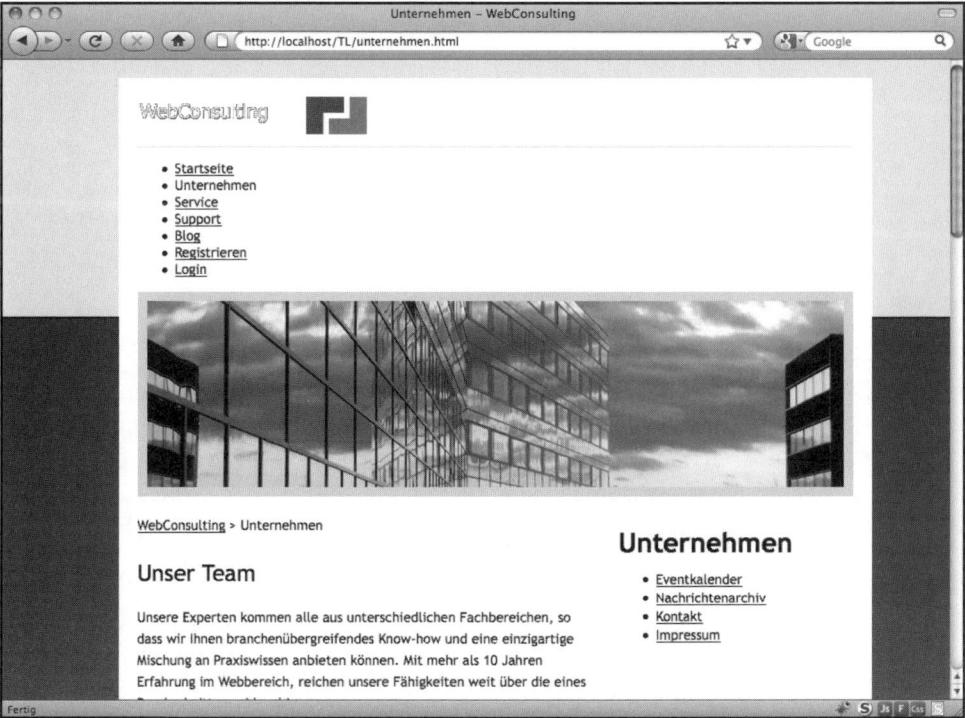

Abbildung 17.9: **Erste Frontend-Ansicht des Designs**

Allerdings fällt auch auf, dass etliche Formatierungen nicht übernommen wurden, was daran liegt, dass die Elemente in Contao andere CSS-Klassen und -IDs haben als im Template »Business Design 2007«. Im letzten Schritt müssen Sie daher noch das Stylesheet des externen Layouts entsprechend anpassen.

17.3.4 Stylesheets anpassen

Öffnen Sie das Stylesheet `tl_files/business_design_2007/css/style.css` in einem Texteditor, und ersetzen Sie als Erstes den Selektor `#navigation` durch `#mainmenu`, damit die Hauptnavigation korrekt referenziert wird. Ergänzen Sie dann eine Anweisung für `#mainmenu span`, und fügen Sie dort dasselbe Padding wie für die Link-Elemente ein. Der gesamte Code für das Menü ist in Listing 17.11 abgebildet.

Listing 17.11: **Angepasster CSS-Code für das Hauptmenü**

```
/*navigation*/
#mainmenu ul {
    margin:0;
    padding:0;
}
#mainmenu li {
    margin:0;
    padding:0;
    list-style:none;
    display:inline;
}
#mainmenu a {
    color:#225799;
    padding:0 20px 0 0;
    text-decoration:none;
    text-transform:uppercase;
}
#mainmenu span {
    padding:0 20px 0 0;
    text-transform:uppercase;
}
#mainmenu a:hover {
    color:#000000;
}
```

Als Letztes kümmern wir uns noch um die gelben Kästen im Layoutbereich `news`, die die CSS-Klasse `newsItems` verwenden. In Contao gibt es diese Klasse nicht, sehr wohl aber die Klasse `block`. Ändern Sie daher den Selektor `.newsItems` entweder in `#news .block` oder in `#news>div`. Die letztere Anweisung ist exakter, wird jedoch vom Internet Explorer 6 nicht korrekt interpretiert.

17.3.5 Das Layout im Frontend

Damit ist die Einbindung des externen Layouts abgeschlossen, und die WebConsulting-Seite erstrahlt in neuem Design (Abbildung 17.10).

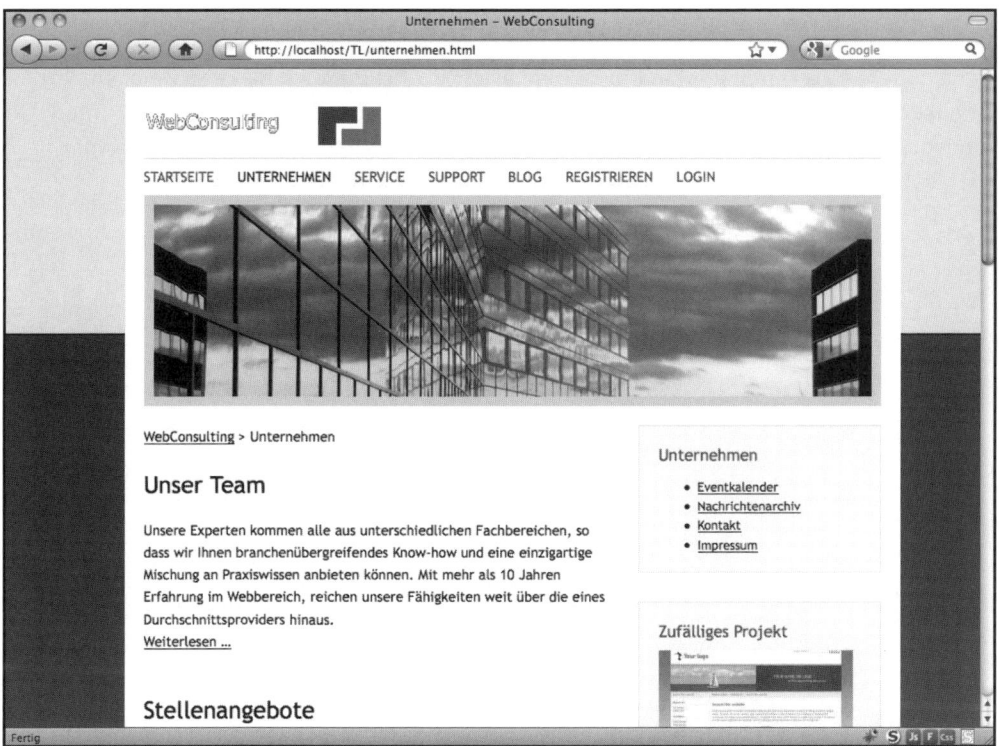

Abbildung 17.10: **Die WebConsulting-Seite in neuem Gewand**

Natürlich bedarf es im Stylesheet noch etlicher Ergänzungen, um auch die ganzen Contao-Module und Inhaltselemente entsprechend zu formatieren. Das externe Design beinhaltet schließlich nur das Layout und die grundlegendsten Elemente.

Auf der Buch-CD finden Sie die Seitenvorlage `fe_business_design.tpl` sowie das angepasste Stylesheet. Die Originaldateien können wir aus rechtlichen Gründen leider nicht beilegen.

17.4 Zusammenfassung

Dateien mit Code-Fragmenten, die die HTML-Ausgabe im Frontend bestimmen, heißen in Contao »Templates«. Jedes Template ist entweder ein Layout, ein View oder ein Partial und kann mit dem Template-Editor direkt auf dem Server bearbeitet werden. Angepasste Templates lassen sich im `templates`-Verzeichnis updatesicher speichern.

Contao verfügt über ein internes CSS-Framework, das die dynamische Erstellung von Seitenlayouts ermöglicht. Bei Bedarf können weitere Stylesheets von der Projektwebseite heruntergeladen werden, die die beiden anderen Grundfunktionen eines CSS-Frameworks ergänzen: nämlich das Zurücksetzen proprietärer Abstände und Formatierungen (CSS-Reset) sowie das Hinzufügen eines Rasters zur Ausrichtung der Elemente (CSS-Grid).

Falls angepasste Templates und das erweiterte CSS-Framework nicht ausreichen, um Ihr gewünschtes Design umzusetzen, können Sie alternativ ein externes Layout in Contao einbinden. Dazu ersetzen Sie das Seitentemplate durch eine eigene Version und fügen darin die Platzhalter für die Contao-Inhalte ein.

Teil III

Contao für Entwickler

18. Contao anpassen

Ein weiterer großer Vorteil von Contao ist, dass die Erweiterbarkeit des Systems von Anfang an bedacht und entsprechend umgesetzt wurde. Fast alles lässt sich aus einem Modulordner heraus ändern, ohne dass dafür irgendwelche Core-Dateien angepasst werden müssten. Darüber hinaus bieten sogenannte »Hooks«[1] Schnittstellen zu allen wichtigen Core-Funktionen.

18.1 Data Container Arrays

»Data Container Arrays« (DCAs) dienen zur Speicherung von Tabellen-Metadaten. Jedes DCA beschreibt die Konfiguration einer bestimmten Tabelle, ihre Beziehungen zu anderen Tabellen sowie die einzelnen Felder. Contao erkennt anhand dieser Metadaten, wie Datensätze aufgelistet, bearbeitet und gespeichert werden.

18.1.1 Referenz

Ein Data Container Array ist in sechs Sektionen unterteilt. Die erste Sektion speichert globale Informationen wie z. B. Relationen zu anderen Tabellen. Die zweite und dritte Sektion legen fest, wie Datensätze aufgelistet werden und welche Aktionen ein Benutzer ausführen kann. Die vierte Sektion definiert verschiedene Gruppen von Eingabefeldern (Paletten), und die letzten beiden Sektionen beschreiben die Eingabefelder im Detail. Sie finden die jeweils aktuelle Referenz auf der Projektwebseite.[2]

---

1   http://bit.ly/software-hook
2   http://www.contao.org/referenz.html

Tabellenkonfiguration

Die Tabellenkonfiguration legt unter anderem fest, welcher Data Container-Typ verwendet wird oder ob Relationen zu anderen Tabellen bestehen (Listing 18.1).

Listing 18.1: **Tabellenkonfiguration der Tabelle tl_news**

```
// Config
'config' => array
(
    'dataContainer'    => 'Table',
    'ptable'           => 'tl_news_archive',
    'ctable'           => array('tl_news_comments'),
    'enableVersioning' => true,
    'onload_callback'  => array
    (
        array('tl_news', 'checkPermission'),
        array('tl_news', 'generateFeed')
    ),
    'onsubmit_callback' => array
    (
        array('tl_news', 'adjustTime')
    )
),
```

Folgende Parameter stehen zur Verfügung:

PARAMETER	ERKLÄRUNG
label	Die Bezeichnung wird in der Seitenstruktur und in der Dateiverwaltung verwendet. Enthält normalerweise eine Referenz auf das Spracharray.
ptable	Der Name der bezogenen Elterntabelle (table.pid = ptable.id)
ctable	Der Name der bezogenen Kindtabellen (table.id = ctable.pid)
dataContainer	Table (Tabelle), File (Konfiguration) oder Folder (Dateiverwaltung)
validFileTypes	Kommagetrennte Liste gültiger Dateiendungen für Dateibäume
closed	Verbietet das Anlegen neuer Datensätze im Backend.
notEditable	Verbietet das Bearbeiten der Tabelle im Backend.
switchToEdit	Aktiviert die SPEICHERN UND BEARBEITEN-Schaltfläche beim Anlegen eines neuen Datensatzes im Parent View.

Tabelle 18.1: **Tabellenkonfiguration**

PARAMETER	ERKLÄRUNG
enableVersioning	Aktiviert das automatische Anlegen einer neuen Version beim Speichern eines Datensatzes.
doNotCopyRecords	Verhindert das Duplizieren von Kinddatensätzen, wenn ein Datensatz der Elterntabelle dupliziert wird.
doNotDeleteRecords	Verhindert das Löschen von Kinddatensätzen, wenn ein Datensatz der Elterntabelle gelöscht wird.
onload_callback	Ruft eine Callback-Funktion beim Initialisieren des Data Containers auf und übergibt das DataContainer-Objekt als Argument.
onsubmit_callback	Ruft eine Callback-Funktion nach der Aktualisierung eines Datensatzes auf und übergibt das DataContainer-Objekt als Argument.
ondelete_callback	Ruft eine Callback-Funktion beim Löschen eines Datensatzes auf und übergibt das DataContainer-Objekt als Argument.
oncut_callback	Ruft eine Callback-Funktion nach dem Verschieben eines Datensatzes auf und übergibt das DataContainer-Objekt als Argument.
oncopy_callback	Ruft eine Callback-Funktion nach dem Duplizieren eines Datensatzes auf und übergibt die Insert-Id des neuen Datensatzes sowie das DataContainer-Objekt als Argument.

Tabelle 18.1: **Tabellenkonfiguration (Forts.)**

Datensätze auflisten

Im Abschnitt »Auflistung« legen Sie fest, wie Datensätze aufgelistet werden (Listing 18.2). Wie Sie wissen, unterstützt die Contao Core-Engine drei Ansichten: den »List View«, den »Parent View« und den »Tree View«. Sie können außerdem verschiedene Filter- und Sortieroptionen setzen und eigene Bezeichnungen einfügen.

Listing 18.2: **Listing-Konfiguration der Tabelle tl_news**

```
// List
'list' => array
(
   'sorting' => array
   (
      'mode'                  => 4,
      'fields'                => array('date DESC'),
      'headerFields'          => array('title', 'jumpTo', …, 'makeFeed'),
      'panelLayout'           => 'filter;search,limit',
      'child_record_callback' => array('tl_news', 'listNewsArticles')
   ),
```

Folgende Sortieroptionen stehen zur Verfügung:

PARAMETER	ERKLÄRUNG
mode	Hier geben Sie den Sortierungsmodus vor. » 0: Keine Sortierung » 1: Sortierung nach einem festen Feld » 2: Sortierung nach einem variablen Feld » 3: Sortierung anhand der Elterntabelle » 4: Darstellung der Kinddatensätze eines Elterndatensatzes (Parent View) » 5: Baumdarstellung (Tree View) » 6: Darstellung der Kinddatensätze eines Elterndatensatzes in einer Baumstruktur (Extended Tree View)
flag	Hier legen Sie die Sortierung der Datensätze fest. » 1: Aufsteigende Sortierung nach Anfangsbuchstabe » 2: Absteigende Sortierung nach Anfangsbuchstabe » 3: Aufsteigende Sortierung nach den ersten beiden Buchstaben » 4: Absteigende Sortierung nach den ersten beiden Buchstaben » 5: Aufsteigende Sortierung nach Tag » 6: Absteigende Sortierung nach Tag » 7: Aufsteigende Sortierung nach Monat » 8: Absteigende Sortierung nach Monat » 9: Aufsteigende Sortierung nach Jahr » 10: Absteigende Sortierung nach Jahr » 11: Aufsteigende Sortierung » 12: Absteigende Sortierung

Tabelle 18.2: **Sortieroptionen**

PARAMETER	ERKLÄRUNG
panelLayout	Hier legen Sie das Layout des Such- und Filtermenüs oberhalb der Datensätze fest. Trennen Sie die einzelnen Menüs mit Komma (= Abstand) oder Strichpunkt (= neue Zeile), also z. B. sort,filter;search,limit. » search: zeigt das Suchfeld an. » sort: zeigt das Sortiermenü an. » filter: zeigt die Filtermenüs an. » limit: zeigt das Limitmenü an.
fields	Eines oder mehrere Felder, anhand derer die Tabelle sortiert wird
headerFields	Eines oder mehrere Felder, die im Kopfbereich des Parent View angezeigt werden
icon	Pfad zu einem Symbol, das oberhalb eines Baumes im Tree View angezeigt wird
root	IDs der Wurzeldatensätze (Pagemounts). Wird normalerweise automatisch gesetzt.
filter	Ermöglicht das Hinzufügen eigener Filter als Arrays, z. B. array('status=?', 'active').
disableGrouping	Ermöglicht das Deaktivieren der Gruppenüberschriften im List View und Parent View.
paste_button_callback	Wird anstatt der Standardroutine zur Erstellung der EINFÜGEN-Schaltfläche ausgeführt.
child_record_callback	Wird zur Darstellung der Kinddatensätze im Parent View ausgeführt.
child_record_class	Ermöglicht das Hinzufügen einer CSS-Klasse zu den Parent View-Elementen.

Tabelle 18.2: **Sortieroptionen (Forts.)**

Folgende Parameter stehen zur Anpassung der Bezeichnungen zur Verfügung:

PARAMETER	ERKLÄRUNG
fields	Eines oder mehrere Felder, die in der Liste angezeigt werden
format	HTML-Zeichenkette zur Formatierung der unter »fields« festgelegten Felder, z. B. %s
maxCharacters	Maximale Länge der gesamten Bezeichnung

Tabelle 18.3: **Bezeichnungen**

PARAMETER	ERKLÄRUNG
group_callback	Wird statt der Standardroutine zur Erstellung der Gruppen-namen ausgeführt.
label_callback	Wird statt der Standardroutine zur Erstellung der Bezeich-nung ausgeführt und ermöglicht z. B. das Hinzufügen von Status-Icons.

Tabelle 18.3: **Bezeichnungen (Forts.)**

Aktionen

Das Aktionsarray ist in zwei Bereiche unterteilt: globale Aktionen, die sich auf die Tabelle beziehen (z. B. mehrere Datensätze auf einmal bearbeiten), sowie reguläre Aktionen, die sich auf einen bestimmten Datensatz beziehen (z. B. Bearbeiten oder Löschen). Listing 18.3 zeigt das Aktionsarray der Tabelle tl_news.

Listing 18.3: **Aktionskonfiguration der Tabelle tl_news**

```
'global_operations' => array
(
    'all' => array
    (
        'label'      => &$GLOBALS['TL_LANG']['MSC']['all'],
        'href'       => 'act=select',
        'class'      => 'header_edit_all',
        'attributes' => 'onclick="Backend.getScrollOffset();"'
    )
),
'operations' => array
(
    'edit' => array
    (
        'label'      => &$GLOBALS['TL_LANG']['tl_news']['edit'],
        'href'       => 'act=edit',
        'icon'       => 'edit.gif'
    ),
    'copy' => array
    (
        'label'      => &$GLOBALS['TL_LANG']['tl_news']['copy'],
        'href'       => 'act=paste&amp;mode=copy',
        'icon'       => 'copy.gif'
    ),
    'cut' => array
    (
        'label'      => &$GLOBALS['TL_LANG']['tl_news']['cut'],
        'href'       => 'act=paste&amp;mode=cut',
        'icon'       => 'cut.gif'
    ),
    'delete' => array
    (
        'label'      => &$GLOBALS['TL_LANG']['tl_news']['delete'],
        'href'       => 'act=delete',
        'icon'       => 'delete.gif',
```

```
        'attributes' => 'onclick="if (!confirm( … );"'
    ),
    'show' => array
    (
        'label'      => &$GLOBALS['TL_LANG']['tl_news']['show'],
        'href'       => 'act=show',
        'icon'       => 'show.gif'
    )
)
```

Folgende Parameter stehen für globale Aktionen zur Verfügung:

PARAMETER	ERKLÄRUNG
label	Bezeichnung der Schaltfläche, meistens eine Referenz auf das Spracharray
href	URL-Fragment, das beim Anklicken der Schaltfläche an die URL angehängt wird und die jeweilige Aktion auslöst (z. B. act=editAll)
class	CSS-Klasse der Schaltfläche
attributes	Zusätzliche Attribute wie z. B. Eventhandler oder Style-Definitionen
button_callback	Wird anstatt der Standardroutine zur Erstellung des Navigationssymbols ausgeführt und ermöglicht z. B. die Verwendung individueller Symbole.

Tabelle 18.4: **Globale Aktionen**

Folgende Parameter stehen für reguläre Aktionen zur Verfügung:

PARAMETER	ERKLÄRUNG
label	Bezeichnung der Schaltfläche, meistens eine Referenz auf das Spracharray
href	URL-Fragment, das beim Anklicken der Schaltfläche an die URL angehängt wird und die jeweilige Aktion auslöst (z. B. act=edit)
icon	Pfad und Dateiname des Navigationsicons
attributes	Zusätzliche Attribute wie z. B. Eventhandler oder Style-Definitionen
button_callback	Wird anstatt der Standardroutine zur Erstellung des Navigationssymbols ausgeführt und ermöglicht z. B. die Verwendung individueller Symbole.

Tabelle 18.5: **Reguläre Aktionen**

Felder

Das Felderarray beschreibt die Spalten einer Tabelle (Listing 18.4). Anhand dieser Metadaten entscheidet Contao, welches Eingabefeld geladen wird, ob ein Benutzer darauf zugreifen darf und ob es als Sortierkriterium verwendet werden kann.

Listing 18.4: **Feldkonfiguration der Tabelle tl_news**

```
// Fields
'fields' => array
(
    'headline' => array
    (
        'label'         => &$GLOBALS['TL_LANG']['tl_news']['headline'],
        'exclude'       => true,
        'search'        => true,
        'inputType'     => 'text',
        'eval'          => array('mandatory'=>true, 'maxlength'=>255)
    ),
    'alias' => array
    (
        'label'         => &$GLOBALS['TL_LANG']['tl_news']['alias'],
        'exclude'       => true,
        'search'        => true,
        'inputType'     => 'text',
        'eval'          => array('rgxp'=>'alnum', 'unique'=>true, … ),
        'save_callback' => array
        (
            array('tl_news', 'generateAlias')
        )
    ),
    'author' => array
    (
        'label'         => &$GLOBALS['TL_LANG']['tl_news']['author'],
        'exclude'       => true,
        'default'       => $this->User->id,
        'inputType'     => 'select',
        'foreignKey'    => 'tl_user.name',
        'eval'          => array('tl_class'=>'w50')
    ),
```

Folgende Parameter stehen zur Verfügung:

PARAMETER	ERKLÄRUNG
label	Bezeichnung des Felds, meistens eine Referenz auf das Spracharray
default	Standardwert bei der Erstellung eines neuen Datensatzes
exclude	Hier legen Sie fest, dass das Feld in den Gruppeneinstellungen für reguläre Benutzer ausgeblendet werden kann (erlaubte Felder).
search	Fügt das Feld dem Suchmenü hinzu (vgl. Sortieroptionen).
sorting	Fügt das Feld dem Sortiermenü hinzu (vgl. Sortieroptionen).

Tabelle 18.6: **Felder**

PARAMETER	ERKLÄRUNG
`filter`	Fügt das Feld dem Filtermenü hinzu (vgl. Sortieroptionen).
`flag`	Hier legen Sie die Sortierung der Datensätze fest. » 1: Aufsteigende Sortierung nach Anfangsbuchstabe » 2: Absteigende Sortierung nach Anfangsbuchstabe » 3: Aufsteigende Sortierung nach den ersten n Buchstaben (vgl. `length`) » 4: Absteigende Sortierung nach den ersten n Buchstaben (vgl. `length`) » 5: Aufsteigende Sortierung nach Tag » 6: Absteigende Sortierung nach Tag » 7: Aufsteigende Sortierung nach Monat » 8: Absteigende Sortierung nach Monat » 9: Aufsteigende Sortierung nach Jahr » 10: Absteigende Sortierung nach Jahr » 11: Aufsteigende Sortierung » 12: Absteigende Sortierung
`length`	Gibt die Anzahl der Zeichen an, die zur Gruppierung der Datensätze verwendet werden (Sortierflag 3 und 4).
`inputType`	Hier legen Sie den Feldtyp fest. » `text`: Textfeld » `password`: Passwortfeld » `textarea`: Textarea » `select`: Drop-Down-Menü » `checkbox`: Checkbox » `radio`: Radio-Button » `radioTable`: Tabelle mit Bildern und Radio-Buttons » `inputUnit`: Textfeld mit Drop-Down-Menü zur Auswahl der Einheit » `trbl`: Vier Textfelder mit Drop-Down-Menü zur Auswahl der Einheit » `chmod`: CHMOD-Tabelle » `pageTree`: Seitenbaum

Tabelle 18.6: **Felder (Forts.)**

PARAMETER	ERKLÄRUNG
	» `fileTree`: Dateibaum
	» `tableWizard`: Tabellenassistent
	» `listWizard`: Listenassistent
	» `optionWizard`: Optionsassistent
	» `moduleWizard`: Modulassistent
	» `checkboxWizard`: Checkbox-Assistent
`options`	Optionen eines Drop-Down- oder Radio-Button-Menüs
`options_callback`	Kann verwendet werden, um die Optionen eines Drop-Down- oder Radio-Button-Menüs mithilfe einer individuellen Funktion zu laden.
`foreignKey`	Lädt die Optionen eines Drop-Down- oder Radio-Button-Menüs aus einer Tabelle. Verwendet die ID als Schlüssel und das angegebene Feld als Wert, also z. B. `tl_news.title`.
`reference`	Bezeichnungen der Optionen, meistens eine Referenz auf das Spracharray
`explanation`	Erklärung des Felds, meistens eine Referenz auf das Spracharray
`input_field_callback`	Wird anstatt der Standardroutine zur Erstellung eines Formularfeldes ausgeführt. Übergibt das DataContainer-Objekt sowie die Bezeichnung als Argument.
`eval`	(Siehe nächster Abschnitt)
`wizard`	Fügt dem Feld den Rückgabewert einer individuellen Funktion hinzu.
`load_callback`	Wird beim Laden des Eingabefelds ausgeführt und ermöglicht das Ändern des Feldwerts. Übergibt den Feldwert sowie das DataContainer-Objekt als Argument und erwartet einen Feldwert als Rückgabewert.
`save_callback`	Wird beim Speichern des Felds ausgeführt und ermöglicht das Ändern des Feldwerts. Übergibt den Feldwert sowie das DataContainer-Objekt als Argument und erwartet einen Feldwert als Rückgabewert. Durch Auslösen einer Exception kann eine Fehlermeldung ausgegeben werden.

Tabelle 18.6: **Felder (Forts.)**

Evaluation

Das Evaluationsarray konfiguriert ein Eingabefeld im Detail. Sie können es z. B. zu einem Pflichtfeld machen, die verschlüsselte Datenspeicherung aktivieren, die Benutzereingaben prüfen lassen oder sein Aussehen verändern.

Folgende Parameter stehen zur Verfügung:

PARAMETER	ERKLÄRUNG
helpwizard	Zeigt das Icon zum Aufruf des Hilfeassistenten neben der Feldbezeichnung an. Der Hilfeassistent kann z. B. die Benutzung des Felds erklären.
mandatory	Macht ein Feld zu einem Pflichtfeld.
maxlength	Legt die maximale Anzahl an Zeichen fest, die in das Feld eingegeben werden dürfen, bzw. die maximale Dateigröße bei Upload-Feldern.
minlength	Legt die Anzahl der mindestens einzugebenden Zeichen fest.
fallback	Legt fest, dass das Feld nur ein einziges Mal pro Tabelle ausgewählt werden darf, z. B. bei der Festlegung des Standard-Layouts.
rgxp	Hier können Sie einen regulären Ausdruck zur Prüfung der Benutzereingaben vorgeben. » digit: erlaubt nur numerische Zeichen. » alpha: erlaubt nur alphabetische Zeichen. » alnum: erlaubt nur alphanumerische Zeichen. » extnd: erlaubt alles außer #&()/<=>. » prcnt: erlaubt Zahlen zwischen 0 und 100. » date: prüft auf ein gültiges Datum. » time: prüft auf eine gültige Uhrzeit. » datim: prüft auf ein gültiges Datum mit Uhrzeit. » email: prüft auf eine gültige E-Mail-Adresse. » friendly: prüft auf eine gültige E-Mail-Adresse im »Friendly Name Format«. » url: prüft auf eine gültige URL. » phone: prüft auf eine gültige Telefonnummer.
cols	Die Anzahl an Spalten einer Textarea
rows	Die Anzahl an Reihen einer Textarea

Tabelle 18.7: **Evaluation**

PARAMETER	ERKLÄRUNG
wrap	Hier können Sie den Zeilenumbruch von Textareas festlegen. » off: Zeilenumbruch ausschalten » soft: Weicher Zeilenumbruch » hard: Harter Zeilenumbruch
multiple	Erlaubt die mehrfache Auswahl bzw. Eingabe und kann für Textfelder, Drop-Down-Menüs, Radio-Buttons und Checkboxen verwendet werden.
size	Größe eines Mehrfachfelds bzw. Anzahl an Eingabefeldern
style	CSS-Formatierung (z. B. border:2px)
rte	Hier geben Sie die Rich Text Editor-Konfigurationsdatei an. » tinyMCE: config/tinyMCE.php verwenden » tinyFlash: config/tinyFlash.php verwenden Das Hinzufügen eigener Konfigurationsdateien ist ebenfalls möglich.
submitOnChange	Legt fest, ob das Eingabeformular bei der Änderung des Feldwerts automatisch abgeschickt und neu geladen wird.
nospace	Legt fest, ob Leerzeichen eingegeben werden dürfen.
allowHtml	Legt fest, ob HTML-Eingaben erlaubt sind.
preserveTags	Erlaubt alle HTML-Tags (!) in Benutzereingaben.
decodeEntities	Legt fest, ob HTML-Entitys dekodiert werden.
doNotSaveEmpty	Verhindert das Speichern des Feldes ohne Eingabe.
alwaysSave	Legt fest, dass Eingaben immer gespeichert werden, selbst wenn der Feldwert nicht verändert wurde.
spaceToUnderscore	Wandelt alle Leerzeichen in Unterstriche um.
unique	Legt fest, dass ein Feldwert nur einmal vorkommen darf.
encrypt	Speichert den Feldwert verschlüsselt.
trailingSlash	Legt fest, ob dem Feldwert ein Schrägstrich hinzugefügt (true) oder ein bestehender Schrägstrich am Ende entfernt (false) wird.
files	Legt fest, ob Dateien und Ordner oder nur Ordner angezeigt werden. Die Einstellung bezieht sich nur auf Dateibäume.
filesOnly	Entfernt die Radio-Buttons bzw. Checkboxen zur Auswahl von Ordnern. Die Einstellung bezieht sich nur auf Dateibäume.

Tabelle 18.7: **Evaluation (Forts.)**

PARAMETER	ERKLÄRUNG
`extensions`	Beschränkt den Dateibaum auf bestimmte Dateitypen (kommage-trennte Liste). Die Einstellung bezieht sich nur auf Dateibäume.
`path`	Ein individuelles Wurzelverzeichnis für Dateibäume.
`fieldType`	Hier legen Sie den Typ der Auswahlfelder eines Dateibaums fest. » `checkbox`: erlaubt die Auswahl mehrerer Dateien. » `radio`: erlaubt die Auswahl genau einer Datei.
`includeBlank-Option`	Legt fest, ob ein Drop-Down-Menü eine leere Option am Anfang enthält. Eine individuelle Bezeichnung kann optional hinzuge-fügt werden.
`blankOptionLabel`	Bezeichnung der leeren Option (Standard: -)
`findInSet`	Sortiert ein Optionsarray anhand der Schlüssel anstatt anhand der Werte.
`datepicker`	Konfigurationsanweisung für den Assistenten zur Datumsauswahl
`feEditable`	Legt fest, ob ein Feld mit dem Modul »Persönliche Daten« im Frontend bearbeitet werden darf. Gilt nur für die Tabelle `tl_member`.
`feGroup`	Legt die Zugehörigkeit des Feldes zu einer Gruppe fest. » `personal`: Persönliche Daten » `address`: Adressdaten » `contact`: Kontaktdaten » `login`: Login-Daten Das Hinzufügen eigener Gruppen ist möglich. Gegebenenfalls müssen diese jedoch im View `member_grouped` ergänzt werden.
`feViewable`	Legt fest, ob das Feld in der Mitgliederliste sichtbar ist.
`doNotCopy`	Legt fest, dass das Feld beim Duplizieren nicht mit kopiert wird.
`hideInput`	Versteckt den Inhalt des Feldes. Der Inhalt ist jedoch trotzdem weiterhin im Quelltext sichtbar!
`doNotShow`	Legt fest, dass das Feld in den Ansichten »Mehrere bearbeiten« und »Details anzeigen« nicht mit ausgegeben wird.
`isBoolean`	Zeigt an, dass das Feld vom Typ Boolean ist.
`disabled`	Deaktiviert das Eingabefeld. Diese Option wird nicht von allen Feldtypen unterstützt.
`readonly`	Legt fest, dass das Feld nur gelesen werden kann. Die Option wird nicht von allen Feldtypen unterstützt.

Tabelle 18.7: **Evaluation (Forts.)**

18.1.2 Paletten

Eine Palette besteht aus mehreren Formularfeldern, die zur Bearbeitung eines Datensatzes benötigt werden. Dabei sind meistens nicht alle Spalten einer Tabelle enthalten, sondern nur die, die zu einem bestimmten Modul oder Element gehören. Paletten können sich je nach Benutzerrechten oder Elementtyp dynamisch ändern, und Teile des Formulars (Subpaletten) können interaktiv per Ajax nachgeladen werden.

Gruppen definieren

Eine Palette ist eine Reihung mehrerer Feldnamen, die durch einen Strichpunkt (;) oder ein Komma (,) verbunden sind. Während das Komma nur zur Abgrenzung der Feldnamen verwendet wird, markiert der Strichpunkt den Beginn einer neuen Gruppe, die aus- und eingeklappt werden kann (Abbildung 18.1).

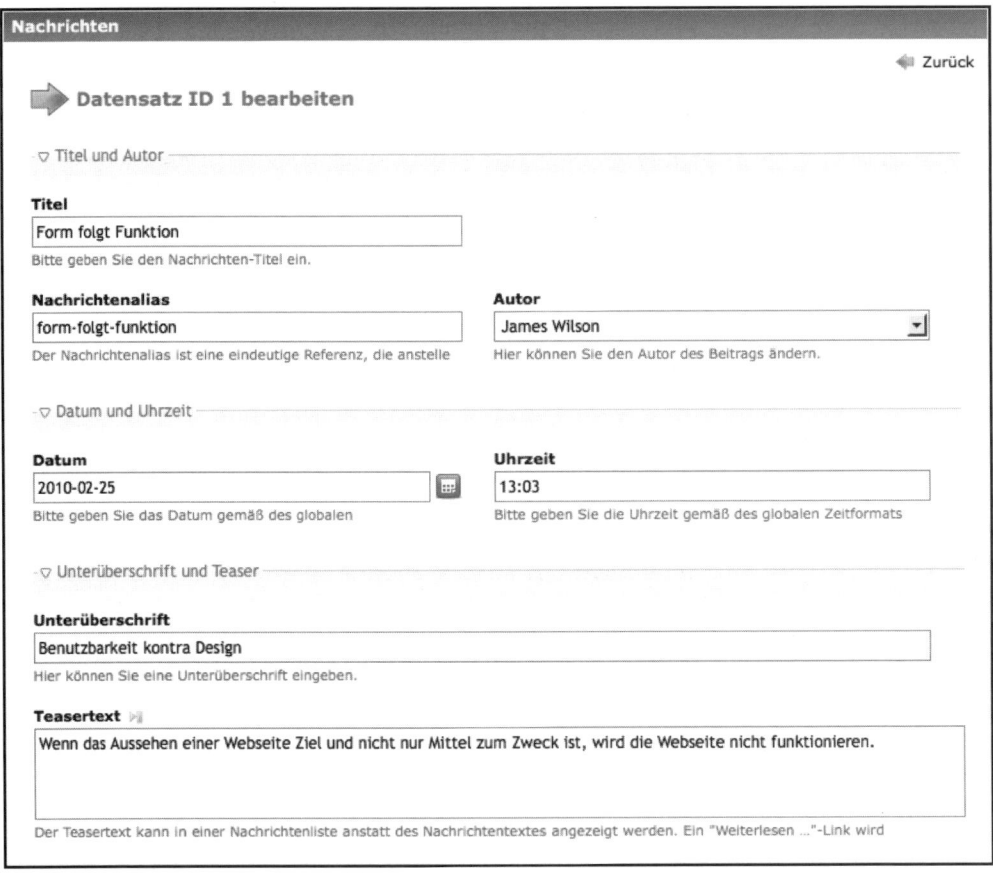

Abbildung 18.1: **Standard-Palette der Tabelle tl_news**

Der zu Abbildung 18.1 gehörige Code sieht wie folgt aus:

```
{title_legend},headline,alias,author;{date_legend},date,time;{teaser_legend:
hide},subheadline,teaser,
```

`{title_legend}` und `{date_legend}` sind Platzhalter für die entsprechenden Übersetzungen.

Felder ausrichten

Das Contao-Backend verwendet ein zweispaltiges Grid-System, um Formularfelder auszurichten. Folgende CSS-Klassen können in der *eval*-Sektion des Data Container Arrays vergeben werden (z. B. `'tl_class'=>'w50 wizard'`):

CSS-KLASSE	ERKLÄRUNG
w50	Setzt die Feldbreite auf 50 % und floatet das Element (`float:left`).
clr	Hebt alle vorhergehenden Floats auf.
wizard	Verkürzt das Eingabefeld, damit z. B. genug Platz für den Date Picker ist.
long	Lässt das Eingabefeld zwei Spalten umspannen.
m12	Fügt dem Element einen oberen Abstand von 12 Pixeln hinzu. Wird z. B. für einzelne Checkboxen genutzt, damit sie sich optisch besser integrieren.

Tabelle 18.8: **Übersicht der CSS-Klassen**

18.1.3 Callback-Funktionen

Callbacks basieren auf dem *Event Dispatcher*-Pattern. Sie können mehrere Callback-Funktionen pro Ereignis registrieren, die dann bei dessen Eintreten ausgeführt werden. Auf diese Weise kann der Contao-Programmablauf angepasst werden.

Globale Callbacks

CALLBACK	ERKLÄRUNG
onload_callback	Wird bei der Initialisierung des DataContainer-Objekts ausgeführt. Ermöglicht z. B. das Prüfen von Zugriffsrechten oder die dynamische Änderung des Data Container Arrays zur Laufzeit.
onsubmit_callback	Wird beim Abschicken eines Backend-Formulars ausgeführt. Ermöglicht z. B. die Modifizierung der Formulardaten, bevor diese in die Datenbank geschrieben werden (wird in der »Kalender«-Erweiterung zur Intervallberechnung eingesetzt).

Tabelle 18.9: **Globale Callbacks**

CALLBACK	ERKLÄRUNG
ondelete_callback	Wird ausgeführt, bevor ein Datensatz aus der Datenbank entfernt wird.
oncut_callback	Wird ausgeführt, nachdem ein Datensatz verschoben wurde.
oncopy_callback	Wird ausgeführt, nachdem ein Datensatz dupliziert wurde.

Tabelle 18.9: **Globale Callbacks (Forts.)**

Auflistungscallbacks

CALLBACK	ERKLÄRUNG
paste_button_callback	Ermöglicht individuelle Einfüge-Schaltflächen und wird z. B. in der Seitenstruktur verwendet, um die Icons abhängig von den Benutzerrechten zu deaktivieren (erfordert eine zusätzliche Prüfung mittels load_callback).
child_record_callback	Legt fest, wie die Kindelemente im Parent View dargestellt werden.
group_callback	Ermöglicht individuelle Gruppennamen in der Listenansicht.
label_callback	Ermöglicht individuelle Bezeichnungen in der Listenansicht und wird z. B. im Benutzer-Modul verwendet, um die Status-Icons hinzuzufügen.

Tabelle 18.10: **Auflistungscallbacks**

Aktionscallbacks

CALLBACK	ERKLÄRUNG
button_callback	Ermöglicht individuelle Navigationssymbole und wird z. B. in der Seitenstruktur verwendet, um Icons abhängig von den Benutzerrechten zu deaktivieren (erfordert eine zusätzliche Prüfung mittels load_callback).

Tabelle 18.11: **Aktionscallbacks**

Feldcallbacks

CALLBACK	ERKLÄRUNG
options_callback	Ermöglicht das Befüllen eines Drop-Down-Menüs oder einer Checkbox-Liste mittels einer individuellen Funktion. Kann z. B. für bedingte Fremdschlüssel-Relationen verwendet werden.
input_field_ callback	Ermöglicht individuelle Formularfelder und wird z. B. im Backend-Modul »Persönliche Daten« verwendet, um das Feld »Daten bereinigen« zu erstellen. **Achtung**: Eingaben werden nicht automatisch gespeichert!
load_callback	Wird bei der Initialisierung eines Formularfelds ausgeführt und ermöglicht z. B. das Laden eines Standardwerts.
save_callback	Wird beim Abschicken eines Felds ausgeführt und ermöglicht z. B. das Hinzufügen einer individuellen Prüfungsroutine.

Tabelle 18.12: **Feldcallbacks**

18.2 Änderungen updatesicher speichern

Anpassbarkeit ist ein zentrales Qualitätskriterium jeder Applikation, allerdings nützt sie nur dann etwas, wenn die Änderungen nicht bei jedem Update wieder überschrieben werden. Grundsätzlich ist jedes Open Source-Programm anpassbar, weil ja der Quelltext offen liegt. Werden aber viele Dateien und Abläufe modifiziert, kann die Anwendung nur noch mit sehr viel Aufwand aktualisiert werden.

Contao bietet etliche Möglichkeiten, die Konfiguration zu modifizieren, Felder und Bezeichnungen anzupassen, eigene Routinen hinzuzufügen oder eigene Module zu erstellen. Sie können fast jeden Ablauf der Contao Core-Engine beeinflussen, ohne dabei deren Dateien ändern zu müssen. In den folgenden Abschnitten erkläre ich Ihnen, wie Sie diese Anpassungen updatesicher speichern.

18.2.1 Die Konfiguration anpassen

Die Contao-Konfiguration ist in drei Bestandteile aufgeteilt: die *Systemkonfiguration*, die *DCA-Konfiguration* (**D**ata **C**ontainer **A**rray) und die *Sprachkonfiguration*. Das globale Konfigurationsarray wird zur Laufzeit aus denjenigen Bestandteilen zusammengesetzt, die für die Ausgabe einer Seite gebraucht werden. Um Zeit und Arbeitsspeicher zu sparen, werden nicht benötigte Konfigurationsdateien dabei übersprungen.

Die Systemkonfiguration anpassen

Die Systemkonfiguration ist in den `config.php`-Dateien der verschiedenen Contao-Module gespeichert. Änderungen können updatesicher in der Datei `system/config/localconfig.php` hinterlegt werden, die ganz am Ende eingelesen wird und so das Überschreiben der Standardkonfiguration ermöglicht.

Die meisten Parameter werden in den Backend-Einstellungen gesetzt und automatisch in die lokale Konfigurationsdatei geschrieben, sodass Sie diese in der Regel nicht manuell bearbeiten müssen. Wenn es doch einmal erforderlich sein sollte, achten Sie darauf, Änderungen oberhalb von `###` `INSTALL` `TOOL` `START` `###` oder unterhalb von `###` `INSTALL` `TOOL` `STOP` `###` einzufügen (Listing 18.5), da sie sonst von der Contao Core-Engine entfernt werden.

Listing 18.5: **Das Task-Center deaktivieren**

```
// Das Task Center abschalten
unset($GLOBALS['BE_MOD']['profile']['tasks']);

### INSTALL TOOL START ###
$GLOBALS['TL_CONFIG']['debugMode'] = false;
$GLOBALS['TL_CONFIG']['displayErrors'] = false;
```

Die DCA-Konfiguration anpassen

Contao verwendet Data Container Arrays zur Speicherung von Tabellen-Metadaten. Die Data Container-Konfiguration ist in den `dca`-Ordnern der verschiedenen Contao-Module hinterlegt und kann in der Datei `system/config/dcaconfig.php`, die ganz am Ende eingelesen wird, updatesicher angepasst werden (Listing 18.6).

Listing 18.6: **Individuelle Anpassungen der DCA-Konfiguration**

```
// Das Feld "Firma" zu einem Pflichtfeld machen
$GLOBALS['TL_DCA']['tl_member']['fields']['company']['eval']['mandatory'] =
true;

// Nur alphanumerische Zeichen erlauben
$GLOBALS['TL_DCA']['tl_member']['fields']['company']['eval']['rgxp'] =
'alnum';

// Include-Elemente nur für Administratoren
if (!$this->User->isAdmin)
{
    unset($GLOBALS['TL_CTE']['includes']);
}
```

Bezeichnungen und Übersetzungen anpassen

Bezeichnungen und Übersetzungen sind in den `languages`-Ordnern der verschiedenen Module hinterlegt. Sprachen werden über ihr primäres Subtag[3] nach ISO 639-1 erfasst. Änderungen können in der Datei `system/config/langconfig.php`, die ganz am Ende eingelesen wird, updatesicher gespeichert werden (Listing 18.7).

Listing 18.7: **Individuelle Bezeichnungen festlegen**

```
// Eine Bezeichnung in allen Sprachen ändern
$GLOBALS['TL_LANG']['MSC']['goBack'] = '«';

// Eine Bezeichnung in einer bestimmten Sprache ändern
if ($GLOBALS['TL_LANGUAGE'] == 'de')
{
    $GLOBALS['TL_LANG']['tl_layout']['column'] = 'Bereich';
}
elseif ($GLOBALS['TL_LANGUAGE'] == 'fr')
{
    $GLOBALS['TL_LANG']['tl_layout']['column'] = 'Section';
}
```

Pflichtfelder erstellen

Beim Anlegen eines neuen Mitglieds in der Benutzerverwaltung müssen Sie immer die Felder VORNAME, NACHNAME und E-MAIL-ADRESSE ausfüllen. Andernfalls bricht Contao die Verarbeitung der Eingaben mit einer Fehlermeldung ab, da diese drei Felder im Data Container Array als Pflichtfelder definiert wurden.

Nehmen wir an, Sie betreiben eine kommerzielle Webseite mit Contao und wollen Ihre Kunden als Mitglieder anlegen. Da Ihre Kunden jedoch ausschließlich Firmen sind, benötigen Sie die Pflichtfelder VORNAME und NACHNAME nicht und möchten stattdessen das Eingabefeld FIRMA zum Pflichtfeld machen. Um das zu erreichen, muss die DCA-Konfiguration der Tabelle `tl_member` entsprechend angepasst werden. Öffnen Sie also die Datei `dcaconfig.php`, und fügen Sie folgende Zeilen ein:

```
$GLOBALS['TL_DCA']['tl_member']['fields']['firstname']['eval']['mandatory'] =
    false;
$GLOBALS['TL_DCA']['tl_member']['fields']['lastname']['eval']['mandatory'] =
    false;
$GLOBALS['TL_DCA']['tl_member']['fields']['company']['eval']['mandatory'] =
    true;
```

---

3   http://bit.ly/ISO-639-1

Eingabeprüfung aktivieren

Bestimmt ist Ihnen schon aufgefallen, dass Contao bei manchen Feldern genau weiß, welche Eingaben erlaubt sind, und Sie z. B. mit der Fehlermeldung »Geben Sie nur Zahlen ein« oder »Das Feld darf keine Leerzeichen enthalten« auf falsche Eingaben hinweist. Diese Eingabeprüfung wird ebenfalls im Data Container Array erfasst und kann von Ihnen beliebig an Ihre eigenen Bedürfnisse angepasst werden.

Erweitern wir also das vorherige Beispiel, und nehmen wir an, Sie möchten das Eingabefeld FIRMA nicht nur zum Pflichtfeld machen, sondern zusätzlich dafür sorgen, dass dort nur Zahlen und Buchstaben, aber keine Sonderzeichen eingegeben werden können. Auch diese Änderung erfassen Sie in der Datei dcaconfig.php:

```
$GLOBALS['TL_DCA']['tl_member']['fields']['company']['eval']['rgxp'] =
    'alnum';
```

Inhaltselemente abschalten

In der dcaconfig.php können Sie aber nicht nur die DCA-Konfiguration überschreiben, sondern auch viele Parameter der Systemkonfiguration. So können Sie z. B. festlegen, welche Inhaltselemente zur Verfügung stehen (Listing 18.8).

Listing 18.8: **Konfiguration der Inhaltselemente**

```
/**
 * Content elements
 */
$GLOBALS['TL_CTE'] = array
(
    'texts' => array
    (
        'headline'  => 'ContentHeadline',
        'text'      => 'ContentText',
        'html'      => 'ContentHtml',
        'list'      => 'ContentList',
        'table'     => 'ContentTable',
        'accordion' => 'ContentAccordion',
        'code'      => 'ContentCode'
    ),
    'links' => array
    (
        'hyperlink' => 'ContentHyperlink',
        'toplink'   => 'ContentToplink'
    ),
    'images' => array
    (
        'image'     => 'ContentImage',
        'gallery'   => 'ContentGallery'
    ),
    'files' => array
    (
        'download'  => 'ContentDownload',
        'downloads' => 'ContentDownloads'
```

```
    ),
    'includes' => array
    (
        'alias'     => 'ContentAlias',
        'teaser'    => 'ContentTeaser',
        'form'      => 'Form',
        'module'    => 'ContentModule'
    )
);
```

Um bestimmte Inhaltselemente zu deaktivieren, müssen Sie lediglich die entsprechenden Einträge aus dem Konfigurationsarray entfernen. Nehmen wir beispielsweise an, Sie möchten die Verwendung von Include-Elementen generell verbieten, dann können Sie diese mit folgender Anweisung in der dcaconfig.php abschalten:

```
unset($GLOBALS['TL_CTE']['includes']);
```

Unter Umständen möchten Sie die Includes-Elemente aber auch nur für Ihre Editoren abschalten und selbst schon damit arbeiten. In diesem Fall soll nur Administratoren der Zugriff auf die Elemente erlaubt sein (Listing 18.9).

Listing 18.9: **Includes-Elemente für Editoren deaktivieren**

```
if (!$this->User->isAdmin())
{
    unset($GLOBALS['TL_CTE']['includes']);
}
```

Lokale Konfigurationsdateien sind ein ideales Instrument für kleinere Anpassungen der Contao-Konfiguration. Umfangreichere Änderungen, die gleich mehrere Dateien beinhalten, sollten jedoch nicht zuletzt aus Gründen der Übersichtlichkeit in einem eigenen Modulordner gekapselt werden, was Sie im nächsten Abschnitt lernen werden.

18.2.2 Eigene Felder hinzufügen

Natürlich können Sie in Contao nicht nur die Konfiguration vorhandener Felder anpassen, sondern auch eigene Eingabefelder hinzufügen. In so einem Fall ist es sinnvoll, die Änderungen in einem eigenen Modulordner zu kapseln, da Sie dort noch mehr Anpassungsmöglichkeiten haben als in der dcaconfig.php.

Im vorhergehenden Abschnitt haben Sie gelernt, wie Sie das Eingabefeld FIRMA zu einem Pflichtfeld machen, sodass Sie Ihre Kunden als Mitglieder erfassen können. Nehmen wir nun an, dass jeder Kunde in der Buchhaltung bereits eine Kundennummer hat, die ebenfalls gespeichert werden soll. Das Feld »Kundennummer« gibt es standardmäßig nicht in der Tabelle tl_member, daher müssen Sie es neu erstellen.

Modulordner erstellen

Legen Sie als Erstes einen neuen Unterordner im Verzeichnis `system/modules` an, und beachten Sie, dass Contao die Modulordner nacheinander in alphabetischer Reihenfolge einliest. Nennen Sie Ihren Ordner also nicht `anpassungen`, wenn Sie darin die News/Blog-Erweiterung im Ordner `news` anpassen möchten.

Die Datenbank erweitern

Als Nächstes muss das neue Eingabefeld in die Tabelle `tl_member` eingefügt werden, sodass es das Contao-Installtool erkennt und bei der Aktualisierung berücksichtigt. Dazu müssen Sie nichts weiter tun, als den Unterordner `config` anzulegen und dort eine Datei namens `database.sql` mit folgendem Inhalt zu erstellen:

```
CREATE TABLE `tl_member` (
  `kundennummer` varchar(8) NOT NULL default ''
) ENGINE=MyISAM DEFAULT CHARSET=utf8;
```

Die SQL-Dateien werden nicht geparst, sondern dienen lediglich zur Berechnung der Unterschiede zwischen der Contao-Standardkonfiguration und den tatsächlich vorhandenen Tabellen. Daher können Sie in Ihrem Modul auch Felder beeinflussen, die von einem anderen Modul definiert wurden. Das Installtool sollte Ihnen daher jetzt anbieten, das Feld `kundennummer` anzulegen (Abbildung 18.2).

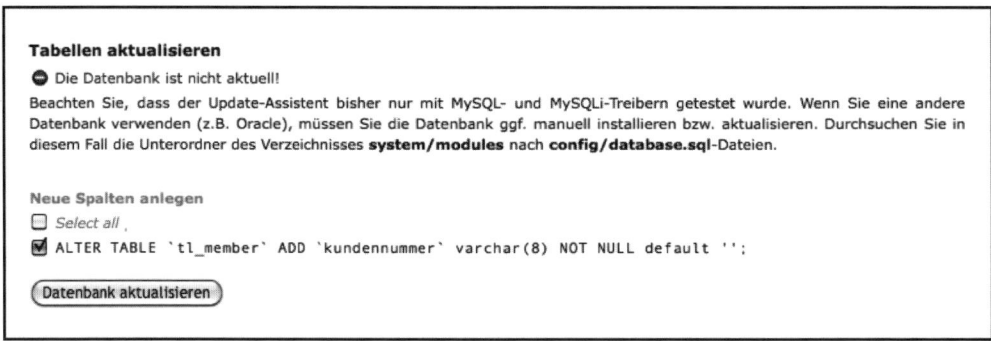

Abbildung 18.2: **Aktualisierung der Datenbank**

Die DCA-Konfiguration erweitern

Das neue Eingabefeld existiert zwar nun in der Datenbank, allerdings weiß Contao noch nichts von seiner Existenz. Sie müssen zuerst die DCA-Konfiguration der Tabelle `tl_member` erweitern, damit die Core-Engine das Feld im Backend darstellen kann.

Legen Sie dazu einen weiteren Unterordner namens `dca` an, und erstellen Sie darin die PHP-Datei `tl_member.php` (Listing 18.10).

Listing 18.10: **Die DCA-Konfiguration erweitern**

```php
/**
 * Extend the default palette
 */
$GLOBALS['TL_DCA']['tl_member']['palettes']['default'] = str_replace
(
    'gender',
    'gender,kundennummer',
    $GLOBALS['TL_DCA']['tl_member']['palettes']['default']
);

/**
 * Add the field to tl_member
 */
$GLOBALS['TL_DCA']['tl_member']['fields']['kundennummer'] = array
(
    'label'     => &$GLOBALS['TL_LANG']['tl_member']['kundennummer'],
    'exclude'   => true,
    'inputType' => 'text',
    'eval'      => array('mandatory'=>true, 'rgxp'=>'digit', 'maxlength'=>8,
'tl_class'=>'w50')
);
```

Die erste Anweisung weist dem Eingabefeld eine Position innerhalb der Palette zu, sodass es im Formular erscheint. Die zweite Anweisung beschreibt das Feld:

» `label`: eine Referenz auf das Spracharray

» `inputType`: legt fest, dass es sich bei dem Feld um ein Textfeld handelt.

» `mandatory`: macht das Feld zu einem Pflichtfeld.

» `rgxp`: sorgt dafür, dass nur Zahlen eingegeben werden können.

» `maxlength`: sorgt dafür, dass maximal acht Zeichen eingegeben werden können.

» `tl_class`: richtet das Eingabefeld am Raster aus.

Eine Übersetzung hinzufügen

Als Letztes müssen Sie noch die Feldbezeichnung und eine kurze Beschreibung eingeben. Legen Sie dazu einen weiteren Unterordner namens `languages` an, und erstellen Sie darin weitere Unterordner für jede Sprache. Für unser Beispiel reicht ein Verzeichnis namens `de`, in dem die deutsche Übersetzung gespeichert wird.

Legen Sie dort eine PHP-Datei namens `tl_member.php` an:

```php
$GLOBALS['TL_LANG']['tl_member']['kundennummer'] = array('Kundennummer',
    'Bitte geben Sie die 8-stellige Kundennummer ein.');
```

Damit haben Sie alle Bestandteile des neuen Eingabefelds zusammen und können das Ergebnis Ihrer Arbeit im Backend-Modul »Mitglieder« bewundern (Abbildung 18.3). Die Dateien aus diesem Beispiel finden Sie auch auf der Buch-CD.

Abbildung 18.3: **Das neue Eingabefeld im Backend**

18.2.3 Den Rich Text Editor anpassen

In diesem Abschnitt geht es darum, wie Sie die Rich Text Editor-Konfiguration so anpassen, dass Ihre Änderungen bei einem Update erhalten bleiben. Die Konfigurationsmöglichkeiten des Rich Text Editors sind auf der TinyMCE-Projektwebseite[4] ausführlich beschrieben und daher nicht Gegenstand dieses Buchs.

Wir verwenden in Contao übrigens eine abgespeckte Version des Rich Text Editors, die an das System und die Anforderungen der Barrierefreiheit angepasst wurde. »Abgespeckt« bedeutet, dass nicht alle vorhandenen TinyMCE-Plugins installiert sind. Bei Bedarf können Sie die fehlenden Plugins nachrüsten, indem Sie sie herunterladen und in den Contao-Ordner `plugins/tinyMCE/plugins` verschieben.

Um den Rich Text Editor an die Erfordernisse eines Inhaltselements anzupassen, können Sie verschiedene TinyMCE-Konfigurationsdateien anlegen. So stehen z. B. im Editor eines Flash-Inhalts wesentlich weniger Funktionen zur Verfügung als im Editor eines Inhaltselements, weil Flash nur einen kleinen Teil der HTML-Tags unterstützt.

Die Konfigurationsdateien des Rich Text Editors befinden sich wie alle anderen Konfigurationsdateien im Ordner `system/config`. Die Standardkonfiguration für das Textelement ist in der Datei `tinyMCE.php` gespeichert. Um eine eigene Konfigurationsdatei zu erstellen, kopieren Sie am besten eine vorhandene Datei und benennen diese einfach um.

Danach müssen Sie Contao nur noch mitteilen, für welche Eingabefelder die neue Konfigurationsdatei geladen werden soll. Diese Information wird ebenfalls im Data Container Array gespeichert und kann daher in der `dcaconfig.php` überschrieben werden.

---

4   http://bit.ly/TinyMCE

Um beispielsweise die Datei `tinyCustom.php` dauerhaft allen Textelementen zuzuweisen, müssen Sie lediglich eine einzige Zeile einfügen:

```
$GLOBALS['TL_DCA']['tl_content']['fields']['text']['eval']['rte'] =
   'tinyCustom';
```

18.2.4 Klassen und Methoden überschreiben

Nehmen wir an, Sie möchten das Navigationsmodul so anpassen, dass es immer angezeigt wird, selbst wenn keine Unterseiten vorhanden sind und es normalerweise ausgeblendet würde. In letzterem Fall soll der Besucher stattdessen einen entsprechenden Hinweis erhalten, dass keine Unterseiten verfügbar sind.

Damit zukünftige Contao-Updates ohne Probleme eingespielt werden können, soll möglichst viel von der originalen Navigationsklasse erhalten bleiben. Inhaltselement- und Modulklassen können dynamisch in der Contao-Konfiguration zugewiesen und so einfach durch eigene Versionen ersetzt werden.

Eine eigene Klasse erstellen

Die originale Navigationsklasse verhält sich schon fast so wie gewünscht, außer dass die Methode `generate()` das Modul ganz ausblendet, wenn keine Unterseiten vorhanden sind. Da also nur diese eine Methode angepasst werden muss, empfiehlt es sich, die Originalklasse zu erweitern und einfach zu überschreiben.

Legen Sie dazu die Datei `ModuleMyNavigation.php` in einem eigenen Modulordner an, und definieren Sie darin die Klasse `ModuleMyNavigation` (Listing 18.11).

Listing 18.11: **Eine Methode der Navigationsklasse überschreiben**

```
class ModuleMyNavigation extends ModuleNavigation
{
   public function generate()
   {
      // Die Originalmethode ausführen
      $buffer = parent::generate();

      if (empty($buffer))
      {
         $buffer = 'Keine Unterseiten vorhanden';
      }

      return $buffer;
   }
}
```

Die Anweisung `extends ModuleNavigation` bewirkt, dass die neue Klasse alle Eigenschaften und Methoden der Klasse `ModuleNavigation` erbt.[5] Durch das erneute Definieren der Methode `generate()` wird die Originalmethode überschrieben, kann aber weiterhin über `parent::generate()` aufgerufen werden.

In unserem Beispiel wird also zuerst die Originalmethode ausgeführt und das Ergebnis, also der HTML-Code des Navigationsmenüs, in der Variablen `$buffer` gespeichert. Sind keine Unterseiten vorhanden, ist diese Variable leer, da das Modul standardmäßig keine Ausgabe generiert. In diesem Fall wird stattdessen ein entsprechender Hinweis eingefügt und danach der Inhalt von `$buffer` zurückgegeben.

Die eigene Klasse registrieren

Wie Sie ja inzwischen wissen, werden Inhaltselement- und Modulklassen dynamisch in der Contao-Konfiguration zugewiesen und können deswegen in der Datei `config/config.php` einfach durch eigene Versionen ersetzt werden:

```
$GLOBALS['TL_CONFIG']['FE_MOD']['navigationMenu']['navigation'] =
    'ModuleMyNavigation';
```

Dank der dynamischen Konfiguration lädt Contao bei der nächsten Anfrage automatisch Ihre angepasste Klasse, und das Navigationsmodul gibt den Hinweis »Keine Unterseiten vorhanden« aus, anstatt gar nicht zu erscheinen.

Durch das Überschreiben der Methode `generate()` war es nicht notwendig, die Originalklasse zu ändern, sodass die Modifikation updatesicher und wartungsfrei ist.

18.2.5 Aufgaben zeitgesteuert ausführen

Contao bietet die Möglichkeit, Aufgaben automatisch in bestimmten Zeitintervallen auszuführen. Im Gegensatz zu einem Cronjob, der exakt zu einem festgelegten Zeitpunkt gestartet wird, führt der sogenannte »Periodic Command Scheduler«[6] die Aufgaben nach Ablauf eines bestimmten Intervalls aus, ohne den genauen Zeitpunkt zu kennen.

Hintergrund ist, dass der Periodic Command Scheduler nicht von einem Dienst auf dem Server, sondern durch Aufrufen einer Frontend-Seite ausgelöst wird. Und da die meisten Webseiten nicht genug Besucher haben, als dass sie im Sekundentakt angefordert würden, kann der Zeitpunkt der nächsten Ausführung eben nicht exakt vorhergesagt werden.

---

5   http://bit.ly/Vererbung
6   http://bit.ly/anacron

Folgende Intervalle werden unterstützt:

» `hourly`: stündliche Ausführung

» `daily`: tägliche Ausführung

» `weekly`: wöchentliche Ausführung

Contao nutzt den Periodic Command Scheduler hauptsächlich für Wartungsarbeiten, die regelmäßig durchgeführt werden müssen:

» tägliches Bereinigen des temporären Verzeichnisses

» tägliche Prüfung auf neue Contao-Versionen

» tägliche Prüfung der Nachrichten- und Kalender-Feeds

» wöchentliche Prüfung der Stylesheets

» wöchentliche Prüfung der XML-Sitemaps

Eigene Aufgaben hinzufügen

Um eigene Aufgaben hinzuzufügen, müssen Sie lediglich die Systemkonfiguration in der Datei `localconfig.php` entsprechend anpassen:

```
// Währungskurse stündlich aktualisieren
$GLOBALS['TL_CRON']['hourly'][] = array('Currency', 'updateRates');
```

Aufruf mit echtem Cronjob

Wenn Sie auf Ihrem Server Cronjobs nutzen dürfen, können Sie den Periodic Command Scheduler auch über einen echten Cronjob ansteuern. Dazu müssen Sie nur die Datei `cron.php` im Contao-Verzeichnis aufrufen:

```
0 * * * * php /home/www/contao/cron.php >/dev/null
```

In diesem Fall sollten Sie auch die Trigger aus den Views `be_login` und `fe_page` entfernen, über die die Aufgaben sonst weiterhin ausgelöst würden:

```
<!-- indexer::stop -->
<img src="<?php echo $this->base; ?>cron.php" … />
<!-- indexer::continue -->
```

18.3 Hooks

Hooks funktionieren ähnlich wie die Callback-Funktionen des Data Container Arrays. Sie können Funktionen in der `config.php`-Datei Ihres Moduls für ein bestimmtes Ereignis registrieren, die dann bei dessen Eintreten ausgeführt werden. Dadurch lässt sich der Contao-Core erweitern, ohne dass dessen Dateien dafür angepasst werden müssten.

18.3.1 Ein praktisches Beispiel

Nehmen wir an, Sie möchten das Formular »Angebot anfordern« der WebConsulting-Seite dahingehend erweitern, dass je nach gewählter Kategorie ein anderer Mitarbeiter informiert wird. Außerdem soll die Information »Wie haben Sie uns gefunden« in einer Tabelle gespeichert werden, um die Marketing-Kampagne entsprechend zu justieren. Das Ganze lässt sich mithilfe des Hook `processFormData` als kleines Modul umsetzen.

Modulordner erstellen

Legen Sie wie gewohnt einen neuen Unterordner im Verzeichnis `system/modules` an. Da wir dieses Mal keine bestimmte Erweiterung anpassen, können Sie den Ordnernamen frei wählen. Auf der Buch-CD finden Sie das Modul als `service`.

Die Datenbank erweitern

Als Nächstes muss die Statistik-Tabelle in einer SQL-Datei angelegt werden, sodass das Contao-Installtool sie erkennt und bei der Aktualisierung berücksichtigt. Dazu müssen Sie nichts weiter tun, als den Unterordner `config` anzulegen und dort eine Datei namens `database.sql` mit folgendem Inhalt zu erstellen:

```
CREATE TABLE `tl_service` (
    `id` int(10) unsigned NOT NULL auto_increment,
    `tstamp` int(10) unsigned NOT NULL default '0',
    `find` varchar(24) NOT NULL default '',
    PRIMARY KEY  (`id`)
) ENGINE=MyISAM DEFAULT CHARSET=utf8;
```

Eine Callback-Funktion registrieren

Nachdem Sie das Installtool ausgeführt und die neue Tabelle angelegt haben, müssen Sie die Callback-Funktion registrieren, die beim Aufruf des Hook ausgeführt werden soll. Diese Information wird in der Datei `config.php` hinterlegt:

```
$GLOBALS['TL_HOOKS']['processFormData'][] = array('Service',
    'processFormData');
```

Die Callback-Funktion erstellen

Nun fehlt nur noch die Klasse `Service` mit der Methode `processFormData()`, die beim Auslösen des Hook `processFormData` ausgeführt wird (Listing 18.12).

Listing 18.12: **Einfaches Beispiel für eine Callback-Funktion**

```php
public function processFormData($arrPost, $arrForm, $arrFiles)
{
    // Das Service-Formular hat die ID 2
    if ($arrForm['id'] != 2)
    {
        return;
    }

    // E-Mail vorbereiten
    $objEmail = new Email();
    $objEmail->subject = "Neue Service-Anfrage";
    $objEmail->text = "Eine neue Service-Anfrage ist eingegangen.\n\n";

    // Formulardaten übernehmen
    foreach ($arrPost as $key=>$value)
    {
        $objEmail->text .= "$key: $value\n";
    }

    // E-Mail abhängig von der Kategorie versenden
    if ($arrForm['category'] == 'Webdesgin')
    {
        $objEmail->sendTo('webdesign@webconsulting.com');
    }
    elseif ($arrForm['category'] == 'Webhosting')
    {
        $objEmail->sendTo('webhosting@webconsulting.com');
    }
    else
    {
        $objEmail->sendTo('beratung@webconsulting.com');
    }

    // Statistik aktualisieren
    $this->Database->prepare("INSERT INTO tl_service SET find=?")
                   ->execute($arrPost['find']);
}
```

Zunächst wird geprüft, ob es sich bei dem übermittelten Formular überhaupt um das Service-Formular mit der ID 2 handelt. Ist dies der Fall, wird eine entsprechende E-Mail vorbereitet und in Abhängigkeit von der Kategorie an verschiedene Empfänger versendet. Abschließend wird noch die Statistik-Tabelle aktualisiert.

Damit ist das Modul komplett und einsatzbereit. Beachten Sie, dass die Callback-Funktion nur ausgelöst wird, wenn Contao die Formulareingaben erfolgreich geprüft hat. Sie müssen sich also keine Gedanken mehr über die Validierung der Benutzereingaben machen.

18.3.2 Benutzer

Über die nachfolgenden Hooks können Sie die Benutzerverwaltung anpassen.

createNewUser

Der createNewUser-Hook wird bei der Registrierung eines neuen Mitglieds ausgeführt und dient dazu, die Daten zu modifizieren oder eine Log-Datei zu befüllen. Er übergibt die ID des neuen Benutzers und das Datenarray als Argument und erwartet keinen Rückgabewert (Listing 18.13). Verfügbar ab Version 2.2.0.

Listing 18.13: **Der createNewUser-Hook**

```
// config.php
$GLOBALS['TL_HOOKS']['createNewUser'][] = array('MyClass',
    'myCreateNewUser');

// MyClass.php
public function myCreateNewUser($intId, $arrData)
{
    // Den Datensatz modifizieren
}
```

activateAccount

Der activateAccount-Hook wird bei der Aktivierung eines neuen Mitgliederkontos im Frontend ausgeführt. Er übergibt das Benutzer-Objekt als Argument und erwartet keinen Rückgabewert (Listing 18.14). Verfügbar ab Version 2.4.3.

Listing 18.14: **Der activateAccount-Hook**

```
// config.php
$GLOBALS['TL_HOOKS']['activateAccount'][] = array('MyClass',
    'myActivateAccount');

// MyClass.php
public function myActivateAccount(Database_Result $objUser)
{
    // Beliebiger Code
}
```

checkCredentials

Der checkCredentials-Hook wird bei der Eingabe eines falschen Passworts bei der Anmeldung ausgeführt und dient dazu, weitere Passwortprüfungen hinzuzufügen. Er übergibt den Benutzernamen, das Passwort und das Benutzerobjekt als Argument und erwartet einen booleschen Rückgabewert (Listing 18.15). Verfügbar ab Version 2.6.0.

Listing 18.15: **Der checkCredentials-Hook**

```php
// config.php
$GLOBALS['TL_HOOKS']['checkCredentials'][] = array('MyClass',
    'myCheckCredentials');

// MyClass.php
public function myCheckCredentials($strUsername, $strPassword,
User $objUser)
{
    // Eine globale Datenbank abfragen
    if ($this->checkGlobalDbFor($strUsername, $strPassword))
    {
        return true;
    }

    return false;
}
```

importUser

Der importUser-Hook wird bei der Eingabe eines unbekannten Benutzernamens bei der Anmeldung ausgeführt und dient dazu, alternative Anmeldeverfahren wie z. B. den Abgleich mit einer externen Datenbank hinzuzufügen. Er übergibt den Benutzernamen, das Passwort und den Tabellennamen als Argument und erwartet einen booleschen Rückgabewert (Listing 18.16). Verfügbar ab Version 2.7.RC1.

Listing 18.16: **Der importUser-Hook**

```php
// config.php
$GLOBALS['TL_HOOKS']['importUser'][] = array('MyClass', 'myImportUser');

// MyClass.php
public function myImportUser($strUsername, $strPassword, $strTable)
{
    if ($strTable == 'tl_member')
    {
        // Benutzer von einem LDAP-Server importieren
        if ($this->importUserFromLdap($strUsername, $strPassword))
        {
            return true;
        }
    }

    return false;
}
```

postLogin

Der postLogin-Hook wird nach der Anmeldung eines Benutzers im Frontend ausgeführt. Er übergibt das Benutzerobjekt als Argument und erwartet keinen Rückgabewert (Listing 18.17). Verfügbar ab Version 2.4.3.

Listing 18.17: **Der postLogin-Hook**

```
// config.php
$GLOBALS['TL_HOOKS']['postLogin'][] = array('MyClass', 'myPostLogin');

// MyClass.php
public function myPostLogin($objUser)
{
    // Beliebiger Code
}
```

postLogout

Der postLogout-Hook wird nach der Abmeldung eines Benutzers im Frontend ausgeführt. Er übergibt das Benutzerobjekt als Argument und erwartet keinen Rückgabewert (Listing 18.18). Verfügbar ab Version 2.4.3.

Listing 18.18: **Der postLogout-Hook**

```
// config.php
$GLOBALS['TL_HOOKS']['postLogout'][] = array('MyClass', myPostLogout');

// MyClass.php
public function myPostLogout($objUser)
{
    // Beliebiger Code
}
```

setNewPassword

Der setNewPassword-Hook wird nach dem Speichern eines neuen Passworts ausgeführt. Er übergibt das Benutzerobjekt und das verschlüsselte Passwort als Argument und erwartet keinen Rückgabewert (Listing 18.19). Verfügbar ab Version 2.2.3.

Listing 18.19: **Der setNewPassword-Hook**

```
// config.php
$GLOBALS['TL_HOOKS']['setNewPassword'][] = array('MyClass',
    'mySetNewPassword');

// MyClass.php
public function mySetNewPassword(User $objUser, $strPassword)
{
    // Beliebiger Code
}
```

closeAccount

Der closeAccount-Hook wird bei der Schließung eines Benutzerkontos ausgeführt. Er übergibt die ID des Benutzers, den Betriebsmodus und das Modul-Objekt als Argument und erwartet keinen Rückgabewert (Listing 18.20). Hinzugefügt in Version 2.8.0.

Listing 18.20: **Der closeAccount-Hook**

```php
// config.php
$GLOBALS['TL_HOOKS']['closeAccount'][] = array('MyClass', 'myCloseAccount');

// MyClass.php
public function myCloseAccount($intId, $strMode, $objModule)
{
    if ($strMode == 'close_delete')
    {
        // Beliebiger Code
    }
}
```

18.3.3 Formulare

Über die nachfolgenden Hooks können Sie die Formularhandhabung anpassen.

loadFormField

Der loadFormField-Hook wird beim Laden eines Formularfelds ausgeführt und dient dazu, das Widget-Objekt dynamisch zu modifizieren. Er übergibt das Widget-Objekt sowie die ID und das Konfigurationsarray des Formulars als Argument und erwartet ein Widget-Objekt als Rückgabewert (Listing 18.21). Verfügbar ab Version 2.5.0.

Listing 18.21: **Der loadFormField-Hook**

```php
// config.php
$GLOBALS['TL_HOOKS']['loadFormField'][] = array('MyClass',
    'myLoadFormField');

// MyClass.php
public function myLoadFormField(Widget $objWidget, $intForm, $arrForm)
{
    $objWidget->class = 'myclass';
    return $objWidget;
}
```

validateFormField

Der validateFormField-Hook wird beim Abschicken eines Formularfelds ausgeführt und dient dazu, individuelle Prüfungsregeln hinzuzufügen. Er übergibt das Widget-Objekt und die ID des Formulars als Argument und erwartet ein Widget-Objekt als Rückgabewert (Listing 18.22). Verfügbar ab Version 2.5.0.

Listing 18.22: **Der validateFormField-Hook**

```php
// config.php
$GLOBALS['TL_HOOKS']['validateFormField'][] = array('MyClass',
    'myValidateFormField');

// MyClass.php
```

```
public function myValidateFormField(Widget $objWidget, $intId)
{
   if ($objWidget instanceof FormPassword)
   {
      // Beliebiger Code
   }

   return $objWidget;
}
```

addCustomRegexp

Der addCustomRegexp-Hook wird beim Antreffen eines unbekannten regulären Ausdrucks[7] ausgeführt und dient dazu, eigene Regeln für die Formular-Validierung hinzuzufügen. Er übergibt den Namen des Ausdrucks, den aktuellen Wert und das Widget-Objekt als Argument und erwartet einen booleschen Rückgabewert (Listing 18.23). Verfügbar ab Version 2.6.2.

Listing 18.23: **Der addCustomRegexp-Hook**

```
// config.php
$GLOBALS['TL_HOOKS']['addCustomRegexp'][] = array('MyClass',
   'myAddCustomRegexp');

// MyClass.php
public function myAddCustomRegexp($strRegexp, $varValue, Widget $objWidget)
{
   if ($strRegexp == 'postal')
   {
      if (!preg_match('/^0-9{4,6}$/', $varValue))
      {
         $objWidget->addError('Field ' . $objWidget->label . ' should be a
            postal code.');
      }

      return true;
   }

   return false;
}
```

postUpload

Der postUpload-Hook wird nach dem Hochladen einer oder mehrerer Dateien in der Dateiverwaltung ausgeführt. Er übergibt ein Array mit Dateinamen als Argument und erwartet keinen Rückgabewert (Listing 18.24). Verfügbar ab Version 2.6.4.

---

7   http://bit.ly/regexps

Listing 18.24: **Der postUpload-Hook**

```php
// config.php
$GLOBALS['TL_HOOKS']['postUpload'][] = array('MyClass', 'myPostUpload');

// MyClass.php
public function myPostUpload($arrFiles)
{
    // Beliebiger Code
}
```

processFormData

Der `processFormData`-Hook wird nach dem Abschicken eines Formulars ausgeführt und dient dazu, individuelle Programmlogik hinzuzufügen. Er übergibt das Datenarray, das Data Container Array und das Dateiarray als Argument und erwartet keinen Rückgabewert (Listing 18.25). Verfügbar ab Version 2.4.4.

Listing 18.25: **Der processFormData-Hook**

```php
// config.php
$GLOBALS['TL_HOOKS']['processFormData'][] = array('MyClass',
    'myProcessFormData');

// MyClass.php
public function myProcessFormData($arrPost, $arrForm, $arrFiles)
{
    // Beliebiger Code
}
```

18.3.4 URL-Generierung

Über die nachfolgenden Hooks können Sie die URL-Generierung anpassen.

getPageIdFromUrl

Der `getPageIdFromUrl`-Hook wird beim Auswerten der URL-Fragmente ausgeführt und dient dazu, eigene Programmlogik beim Übersetzen der URL-Bestandteile hinzuzufügen. Er übergibt das Fragment-Array als Argument und erwartet ein Datenarray als Rückgabewert (Listing 18.26). Verfügbar ab Version 2.5.4.

Listing 18.26: **Der getPageIdFromUrl-Hook**

```php
// config.php
$GLOBALS['TL_HOOKS']['getPageIdFromUrl'][] = array('MyClass',
    'myGetPageIdFromUrl');

// MyClass.php
public function myGetPageIdFromUrl($arrFragments)
{
    return array_unique($arrFragments);
}
```

generateFrontendUrl

Der `generateFrontendUrl`-Hook wird bei der Erstellung einer Frontend-URL ausgeführt und dient dazu, eigene Programmlogik beim Generieren von URLs hinzuzufügen. Er übergibt die originale URL als Argument und erwartet eine Zeichenkette als Rückgabewert (Listing 18.27). Verfügbar ab Version 2.5.8.

Listing 18.27: **Der generateFrontend-Hook**

```
// config.php
$GLOBALS['TL_HOOKS']['generateFrontendUrl'][] = array('MyClass',
    'myGenerateFrontendUrl');

// MyClass.php
public function myGenerateFrontendUrl(Database_Result $objPage, $strParams,
    $strUrl)
{
    return str_replace('.html', '.xml', $strUrl);
}
```

18.3.5 Templates

Über die folgenden Hooks können Sie die Templates-Handhabung anpassen.

parseBackendTemplate

Der `parseBackendTemplate`-Hook wird bei der Aufbereitung eines Backend-Templates ausgeführt und dient dazu, dessen Inhalt zu ändern. Er übergibt Inhalt und Name des Templates als Argument und erwartet den geänderten Template-Inhalt als Rückgabewert (Listing 18.28). Verfügbar ab Version 2.6.0.

Listing 18.28: **Der parseBackendTemplate-Hook**

```
// config.php
$GLOBALS['TL_HOOKS']['parseBackendTemplate'][] = array('MyClass',
    'myParseBackendTemplate');

// MyClass.php
public function myParseBackendTemplate($strContent, $strTemplate)
{
    if ($strTemplate == 'be_main')
    {
        // Ausgabe modifizieren
    }

    return $strContent;
}
```

outputBackendTemplate

Der `outputBackendTemplate`-Hook wird bei der Ausgabe eines Backend-Templates auf dem Bildschirm ausgeführt und dient dazu, dessen Inhalt zu ändern. Er übergibt Inhalt und Name des Templates als Argument und erwartet den geänderten Template-Inhalt als Rückgabewert (Listing 18.29). Verfügbar ab Version 2.6.0.

Listing 18.29: **Der outputBackendTemplate-Hook**

```
// config.php
$GLOBALS['TL_HOOKS']['outputBackendTemplate'][] = array('MyClass',
    'myOutputBackendTemplate');

// MyClass.php
public function myOutputBackendTemplate($strContent, $strTemplate)
{
    if ($strTemplate == 'be_main')
    {
        // Ausgabe modifizieren
    }

    return $strContent;
}
```

parseFrontendTemplate

Der `parseFrontendTemplate`-Hook wird bei der Aufbereitung eines Frontend-Templates ausgeführt und dient dazu, dessen Inhalt zu ändern. Er übergibt Inhalt und Name des Templates als Argument und erwartet den geänderten Template-Inhalt als Rückgabewert (Listing 18.30). Verfügbar ab Version 2.6.0.

Listing 18.30: **Der parseFrontendTemplate-Hook**

```
// config.php
$GLOBALS['TL_HOOKS']['parseFrontendTemplate'][] = array('MyClass',
    'myParseFrontendTemplate');

// MyClass.php
public function myParseFrontendTemplate($strContent, $strTemplate)
{
    if ($strTemplate == 'ce_text')
    {
        // Ausgabe modifizieren
    }

    return $strContent;
}
```

outputFrontendTemplate

Der outputFrontendTemplate-Hook wird bei der Ausgabe eines Frontend-Templates auf dem Bildschirm ausgeführt und dient dazu, dessen Inhalt zu ändern. Er übergibt Inhalt und Name des Templates als Argument und erwartet den geänderten Template-Inhalt als Rückgabewert (Listing 18.31). Verfügbar ab Version 2.6.0.

Listing 18.31: **Der outputFrontendTemplate-Hook**

```
// config.php
$GLOBALS['TL_HOOKS']['outputFrontendTemplate'][] = array('MyClass',
    'myOutputFrontendTemplate');

// MyClass.php
public function myOutputFrontendTemplate($strContent, $strTemplate)
{
    if ($strTemplate == 'fe_page')
    {
        // Ausgabe modifizieren
    }

    return $strContent;
}
```

18.3.6 Kommentare

Über die folgenden Hooks können Sie die Kommentarverwaltung anpassen.

addComment

Der addComment-Hook wird beim Hinzufügen eines Kommentars ausgeführt. Er übergibt die ID des Datensatzes und das Datenarray als Argument und erwartet keinen Rückgabewert (Listing 18.32). Hinzugefügt in Version 2.8.2.

Listing 18.32: **Der addComment-Hook**

```
// config.php
$GLOBALS['TL_HOOKS']['addComment'][] = array('MyClass', 'myAddComment');

// MyClass.php
public function myAddComment($intId, $arrSet)
{
    // Beliebiger Code
}
```

listComments

Der listComments-Hook wird bei der Darstellung von Kommentaren im Backend ausgeführt. Er übergibt den aktuellen Datensatz als Argument und erwartet einen String als Rückgabewert (Listing 18.33). Hinzugefügt in Version 2.8.RC2.

Listing 18.33: **Der listComments-Hook**

```php
// config.php
$GLOBALS['TL_HOOKS']['listComments'][] = array('MyClass', 'myListComments');

// MyClass.php
public function myListComments($arrRow)
{
    return '<a href="contao/main.php?do= … ">' . $arrRow['title'] . '</a>';
}
```

18.3.7 Newsletter

Über die nachfolgenden Hooks können Sie die Abonnentenverwaltung anpassen.

activateRecipient

Der activateRecipient-Hook wird bei der Aktivierung eines neuen Newsletter-Abonnenten ausgeführt. Er übergibt die E-Mail-Adresse, die IDs der Empfänger und die IDs der Verteiler als Argument und erwartet keinen Rückgabewert (Listing 18.34). Hinzugefügt in Version 2.8.RC1.

Listing 18.34: **Der activateRecipient-Hook**

```php
// config.php
$GLOBALS['TL_HOOKS']['activateRecipient'][] = array('MyClass',
    'myActivateRecipient');

// MyClass.php
public function myActivateRecipient($strEmail, $arrRecipients, $arrChannels)
{
    // Beliebiger Code
}
```

removeRecipients

Der removeRecipients-Hook wird bei der Kündigung eines Newsletter-Abonnements (»Unsubscribe«) ausgeführt. Er übergibt die E-Mail-Adresse und die IDs der Verteiler als Argument und erwartet keinen Rückgabewert (Listing 18.35). Hinzugefügt in Version 2.8.RC1.

Listing 18.35: **Der removeRecipients-Hook**

```php
// config.php
$GLOBALS['TL_HOOKS']['removeRecipient'][] = array('MyClass',
    'myRemoveRecipient');

// MyClass.php
public function myRemoveRecipient($strEmail, $arrChannels)
{
    // Beliebiger Code
}
```

18.3.8 System

Über die folgenden Hooks können Sie verschiedene Systemfunktionen anpassen.

addLogEntry

Der addLogEntry-Hook wird beim Anlegen eines Log-Eintrags ausgeführt. Er übergibt den Log-Text, die Funktion und die Aktion als Argument und erwartet keinen Rückgabewert (Listing 18.36). Hinzugefügt in Version 2.8.RC1.

Listing 18.36: **Der addLogEntry-Hook**

```
// config.php
$GLOBALS['TL_HOOKS']['addLogEntry'][] = array('MyClass', 'myAddLogEntry');

// MyClass.php
public function myAddLogEntry($strText, $strFunction, $strAction)
{
    // Beliebiger Code
}
```

loadDataContainer

Der loadDataContainer-Hook wird beim Laden eines Data Containers ausgeführt. Er übergibt den Namen der DCA-Datei als Argument und erwartet keinen Rückgabewert (Listing 18.37). Hinzugefügt in Version 2.8.2.

Listing 18.37: **Der loadDataContainer-Hook**

```
// config.php
$GLOBALS['TL_HOOKS']['loadDataContainer'][] = array('MyClass',
    'myLoadDataContainer');

// MyClass.php
public function myLoadDataContainer($strName)
{
    // Beliebiger Code
}
```

loadLanguageFile

Der loadLanguageFile-Hook wird beim Laden einer Sprachdatei ausgeführt. Er übergibt den Namen der Sprachdatei und die Sprache als Argument und erwartet keinen Rückgabewert (Listing 18.38). Hinzugefügt in Version 2.8.RC1.

Listing 18.38: **Der loadLanguageFile-Hook**

```
// config.php
$GLOBALS['TL_HOOKS']['loadLanguageFile'][] = array('MyClass',
    'myLoadLanguageFile');
```

```
// MyClass.php
public function myLoadLanguageFile($strName, $strLanguage)
{
    // Beliebiger Code
}
```

removeOldFeeds

Der removeOldFeeds-Hook wird beim Entfernen alter XML-Dateien aus dem Contao-Verzeichnis ausgeführt und dient dazu, bestimmte Dateien zu erhalten. Er übergibt nichts als
Argument und erwartet ein Array mit zu erhaltenden Dateien als Rückgabewert (Listing
18.39). Verfügbar ab Version 2.5.8.

Listing 18.39: **Der removeOldFeeds-Hook**

```
// config.php
$GLOBALS['TL_HOOKS']['removeOldFeeds'][] = array('MyClass',
    'myRemoveOldFeeds');

// MyClass.php
public function myRemoveOldFeeds()
{
    return array('custom.xml');
}
```

reviseTable

Der reviseTable-Hook wird beim Bereinigen verwaister Datensätze einer Tabelle ausgeführt. Er übergibt den Namen der Tabelle, die IDs aller neu angelegten Datensätze, den
Namen der Elterntabelle und die Namen aller Kindtabellen als Argument und erwartet einen booleschen Rückgabewert (Listing 18.40). Wenn Sie true zurückgeben, wird die Seite
automatisch neu geladen. Verfügbar ab Version 2.6.4.

Listing 18.40: **Der reviseTable-Hook**

```
// config.php
$GLOBALS['TL_HOOKS']['reviseTable'][] = array('MyClass', 'myReviseTable');

// MyClass.php
public function myReviseTable($table, $new_records, $parent_table,
    $child_tables)
{
    // Beliebiger Code
    return true;
}
```

18.3.9 Ajax

Über die folgenden Hooks können Sie eigene Ajax-Funktionen hinzufügen.

executePreActions

Der executePreActions-Hook wird bei unbekannten Ajax-Anfragen ausgeführt, die keine Ausgabe generieren, und dient dazu, eigene Ajax-Funktionen hinzuzufügen. Er übergibt den Namen der Aktion als Argument und erwartet keinen Rückgabewert (Listing 18.41). Verfügbar ab Version 2.6.1.

Listing 18.41: **Der executePreActions-Hook**

```
// config.php
$GLOBALS['TL_HOOKS']['executePreActions'][] = array('MyClass',
    'myExecutePreActions');

// MyClass.php
public function myExecutePreActions($strAction)
{
    if ($strAction == 'update')
    {
        // Beliebiger Code
    }
}
```

executePostActions

Der executePostActions-Hook wird bei unbekannten Ajax-Anfragen ausgegeben, die eine Ausgabe generieren, und dient dazu, eigene Ajax-Funktionen hinzuzufügen. Er übergibt den Namen der Aktion und das DataContainer-Objekt als Argument und erwartet keinen Rückgabewert (Listing 18.42). Verfügbar ab Version 2.6.1.

Listing 18.42: **Der executePostActions-Hook**

```
// config.php
$GLOBALS['TL_HOOKS']['executePostActions'][] = array('MyClass',
    'myExecutePostActions');

// MyClass.php
public function executePostActions($strAction, DataContainer $dc)
{
    if ($strAction == 'update')
    {
        // Beliebiger Code
    }
}
```

18.3.10 Verschiedenes

Über die folgenden Hooks können Sie verschiedene Abläufe anpassen.

generatePage

Der generatePage-Hook wird vor der Erstellung des Seitenlayouts ausgeführt. Er übergibt das Seitenobjekt, das Layoutobjekt und eine Eigenreferenz als Argument und erwartet keinen Rückgabewert (Listing 18.43). Hinzugefügt in Version 2.8.RC1.

Listing 18.43: **Der generatePage-Hook**

```
// config.php
$GLOBALS['TL_HOOKS']['generatePage'][] = array('MyClass', 'myGeneratePage');

// MyClass.php
public function myGeneratePage(Database_Result $objPage, Database_Result
    $objLayout, PageRegular $objPageRegular)
{
    // Beliebiger Code
}
```

getAllEvents

Der getAllEvents-Hook ermöglicht das Modifizieren von Terminen in Kalendern und Eventmodulen. Er übergibt das originale Datenarray, die IDs der Elternelemente sowie die Start- und die Endzeit als Argument und erwartet ein Datenarray als Rückgabewert (Listing 18.44). Verfügbar ab Version 2.6.4.

Listing 18.44: **Der getAllEvents-Hook**

```
// config.php
$GLOBALS['TL_HOOKS']['getAllEvents'][] = array('MyClass', 'myGetAllEvents');

// MyClass.php
public function myGetAllEvents($arrEvents, $arrCalendars, $intStart,
    $intEnd)
{
    ksort($arrEvents);
    return $arrEvents;
}
```

getContentElement

Der getContentElement-Hook wird beim Rendern von Inhaltselementen ausgeführt. Er übergibt das Datenbankobjekt und den Ausgabe-String als Argument und erwartet einen Ausgabe-String als Rückgabewert (Listing 18.45). Hinzugefügt in Version 2.9.0.

Listing 18.45: **Der getContentElement-Hook**

```
// config.php
$GLOBALS['TL_HOOKS']['getContentElement'][] = array('MyClass',
    'myGetContentElement');

// MyClass.php
public function myGetContentElement(Database_Result $objElement, $strBuffer)
{
    return $strBuffer;
}
```

getImage

Der getImage-Hook wird bei der Erstellung eines Vorschaubildes ausgeführt und ermöglicht das Hinzufügen einer eigenen Routine. Er übergibt den Pfad, die Breite und Höhe, den Modus, den Cache-Namen und das Dateiobjekt als Argument und erwartet einen Pfad als Rückgabewert (Listing 18.46). Hinzugefügt in Version 2.8.RC1.

Listing 18.46: **Der getImage-Hook**

```
// config.php
$GLOBALS['TL_HOOKS']['getImage'][] = array('MyClass', 'myGetImage');

// MyClass.php
public function myGetImage($image, $width, $height, $mode, $strCacheName,
    $objFile)
{
    return MyImage::generateThumbnail($image, $widht, $height, $mode);
}
```

getSearchablePages

Der getSearchablePages-Hook wird beim Aufbau des Suchindex ausgeführt und dient dazu, weitere Contao-Seiten zum Suchindex hinzuzufügen. Er übergibt das URL-Array und die ID der Wurzelseite als Argument und erwartet ein Array mit absoluten URLs als Rückgabewert (Listing 18.47). Verfügbar ab Version 2.2.0.

Listing 18.47: **Der getSearchablePages-Hook**

```
// config.php
$GLOBALS['TL_HOOKS']['getSearchablePages'][] = array('MyClass',
    'myGetSearchablePages');

// MyClass.php
public function myGetSearchablePages($arrPages, $intRoot)
{
    return array_merge($arrPages, array('Additional pages'));
}
```

postDownload

Der postDownload-Hook wird nach dem Herunterladen einer Datei mithilfe des Download(s)-Elements ausgeführt und dient beispielsweise zur Erstellung einer Download-Statistik. Er übergibt den Dateinamen als Argument und erwartet keinen Rückgabewert (Listing 18.48). Verfügbar ab Version 2.4.6.

Listing 18.48: **Der postDownload-Hook**

```
// config.php
$GLOBALS['TL_HOOKS']['postDownload'][] = array('MyClass', 'myPostDownload');

// MyClass.php
public function myPostDownload($strFile)
{
    // Beliebiger Code
}
```

replaceInsertTags

Der replaceInsertTags-Hook wird beim Antreffen eines unbekannten Inserttags ausgeführt und dient dazu, individuelle Inserttags hinzuzufügen. Er übergibt den Namen des Inserttags als Argument und erwartet die Ersetzung oder false als Rückgabewert (Listing 18.49). Verfügbar ab Version 2.6.0.

Listing 18.49: **Der replaceInsertTags-Hook**

```
// config.php
$GLOBALS['TL_HOOKS']['replaceInsertTags'][] = array('MyClass',
    'myReplaceInsertTags');

// MyClass.php
public function myReplaceInsertTags($strTag)
{
    if ($strTag == 'mytag')
    {
        return 'mytag replacement';
    }

    return false;
}
```

printArticleAsPdf

Der printArticleAsPdf-Hook wird bei der Ausgabe eines Artikels im PDF-Format ausgeführt. Er übergibt den Artikeltext und das Artikelobjekt als Argument und erwartet keinen Rückgabewert (Listing 18.50). Hinzugefügt in Version 2.8.RC1.

Listing 18.50: **Der printArticleAsPdf-Hook**

```php
// config.php
$GLOBALS['TL_HOOKS']['printArticleAsPdf'][] = array('MyClass',
    'myPrintArticleAsPdf');

// MyClass.php
public function myPrintArticleAsPdf($strArticle, Database_Result
    $objArticle)
{
    // Beliebiger Code
    exit;
}
```

18.4 Zusammenfassung

Data Container Arrays dienen zur Speicherung von Tabellen-Metadaten. Jedes Data Container Array beschreibt die Konfiguration einer bestimmten Tabelle, ihre Beziehungen zu anderen Tabellen sowie die einzelnen Felder. Contao erkennt anhand dieser Metadaten, wie Datensätze aufgelistet, bearbeitet und gespeichert werden.

Die Contao-Konfiguration kann auf verschiedene Weisen an die eigenen Bedürfnisse angepasst werden. Kleinere Änderungen lassen sich updatesicher in einer lokalen Konfigurationsdatei speichern, größere Anpassungen in einer eigenen Erweiterung. Selbstverständlich können Sie auch eigene Felder oder sogar Tabellen hinzufügen.

Mithilfe von DCA-Callbacks im Backend und Hooks im Frontend können Sie darüber hinaus den Programmablauf beeinflussen, ohne die Core-Dateien ändern zu müssen. Sowohl Callbacks als auch Hooks basieren auf dem Event Dispatcher-Pattern. Sie können mehrere Callback-Funktionen pro Ereignis registrieren, die dann bei dessen Eintreten ausgeführt werden.

19. Eigene Erweiterungen schreiben

In den bisherigen Kapiteln ging es hauptsächlich darum, vorhandene Module und Funktionen anzupassen bzw. zu ergänzen. In den folgenden Abschnitten erkläre ich Ihnen nun, wie Sie eigene Erweiterungen mit neuer Funktionalität programmieren und im Extension Repository veröffentlichen.

19.1 Der Extension-Creator

Alle Contao-Erweiterungen sind nach einem ähnlichen Schema aufgebaut, das auf einer einheitlichen Verzeichnisstruktur und bestimmten Dateien beruht (Abbildung 19.1). So gibt es z. B. in jeder Erweiterung den Unterordner config mit der Datei config.php, in der die Contao-Konfiguration angepasst werden kann.

	Name ▲	Größe	Art	Version
▶ 📁	config	--	Ordner	--
▶ 📁	dca	--	Ordner	--
▶ 📁	html	--	Ordner	--
▶ 📁	languages	--	Ordner	--
📄	ModuleNe...erList.php	4 KB	Smult...ument	--
📄	ModuleNe...ader.php	8 KB	Smult...ument	--
📄	ModuleSubscribe.php	12 KB	Smult...ument	--
📄	ModuleUn...cribe.php	8 KB	Smult...ument	--
📄	Newsletter.php	29 KB	Smult...ument	--
▶ 📁	templates	--	Ordner	--

newsletter

10 Objekte, 87,84 GB verfügbar

Abbildung 19.1: **Verzeichnisstruktur einer Contao-Erweiterung**

19.1.1 Ein neues Modul anlegen

Damit Sie die Verzeichnisse und Dateien einer neuen Erweiterung nicht jedes Mal manuell anlegen müssen, gibt es den Extension-Creator[1], der das für Sie übernimmt. Der Extension-Creator ist eine Erweiterung für Entwickler, die neben diesem Modul auch ein Tool zum Auffinden fehlender Bezeichnungen in Contao-Übersetzungen enthält.

Seit Contao 2.7.0 ist die Erweiterung nicht mehr Teil der Core-Distribution und muss über das Extension Repository installiert werden. Suchen Sie im Erweiterungskatalog nach »Entwickler-Tools«, und installieren Sie die gleichnamige Erweiterung.

Danach finden Sie den Extension-Creator in der Backend-Navigation in der Gruppe »System«. Klicken Sie auf den Link EXTENSION-CREATOR und anschließend auf den Link NEUE ERWEITERUNG, um eine neue Erweiterung zu erstellen.

Titel und Ordnername

TITEL: Der Titel einer Erweiterung wird nur in der Backend-Übersicht verwendet.

ORDNERNAME: Hier legen Sie den Namen des Verzeichnisses fest, in dem die Dateien der Erweiterung gespeichert werden. Die Erweiterung wird als Unterordner im Verzeichnis `system/modules` gespeichert, daher sollten Sie darauf achten, dass der gewählte Name möglichst eindeutig und noch nicht vergeben ist.

Bedenken Sie auch, dass die Modulordner in alphabetischer Reihenfolge eingelesen werden und nur die Module überschrieben werden können, die bereits geladen wurden. Nennen Sie das Verzeichnis also nicht `anpassungen`, wenn Sie darin Einstellungen der News/Blog-Erweiterung im Ordner `news` modifizieren möchten.

Lizenzinformationen

AUTOR: Geben Sie hier Ihren Vor- und Nachnamen sowie Ihre E-Mail-Adresse ein.

COPYRIGHT: Geben Sie hier einen Copyright-Vermerk ein (z. B. »Ihr Name 2010«).

PAKET: Hier können Sie Ihre Erweiterung mit einem Paketnamen versehen, der später von Dokumentationsprogrammen wie dem phpDocumentor[2] ausgewertet werden kann. Der Paketname sollte aussagekräftig sein und keine Leerzeichen enthalten.

LIZENZ: Geben Sie hier den Namen der Lizenz ein, unter der Sie Ihr Modul veröffentlichen möchten (z. B. GLP, LGPL oder MIT-License).

---

1   http://dev.contao.org/projects/development
2   http://www.phpdoc.org

Ressourcen und Sprachdateien

Damit haben Sie den allgemeinen Teil der Erweiterung erfolgreich konfiguriert. Die folgenden Schritte hängen davon ab, was für eine Art von Erweiterung Sie schreiben möchten. Sie können sowohl Backend- als auch Frontend-Module hinzufügen.

EIN BACKEND-MODUL HINZUFÜGEN: Wählen Sie diese Option, wenn Sie Dateien für das Backend hinzufügen möchten (z. B. für ein neues Eingabefeld).

BACKEND-KLASSEN: Geben Sie hier eine kommagetrennte Liste der im Backend benötigten PHP-Klassen ein, die der Extension-Creator für Sie erstellen soll.

BACKEND-TABELLEN: Geben Sie hier eine kommagetrennte Liste von Tabellennamen an, die Sie für Ihre Erweiterung benötigen.

BACKEND-TEMPLATES: Geben Sie hier eine kommagetrennte Liste von Templates an, die Sie in Ihrer Erweiterung verwenden möchten.

EIN FRONTEND-MODUL HINZUFÜGEN: Wählen Sie diese Option, wenn Sie Dateien für das Frontend hinzufügen möchten (z. B. für ein neues Modul oder Inhaltselement).

FRONTEND-KLASSEN: Geben Sie hier eine kommagetrennte Liste der im Frontend benötigten PHP-Klassen ein, die der Extension-Creator für Sie erstellen soll.

FRONTEND-TABELLEN: Geben Sie hier eine kommagetrennte Liste von Tabellennamen an, die Sie für Ihre Erweiterung benötigen.

FRONTEND-TEMPLATES: Geben Sie hier eine kommagetrennte Liste von Templates an, die Sie in Ihrer Erweiterung verwenden möchten.

SPRACHPAKETE ERSTELLEN: Wählen Sie diese Option, wenn Sie zu Ihrer Erweiterung ein oder mehrere Sprachpakete erstellen möchten.

SPRACHEN: Geben Sie eine kommagetrennte Liste von Sprachen an. Sprachen werden über ihr primäres Subtag[3] nach ISO 639-1 erfasst, also z. B. de für Deutsch.

19.1.2 Die Dateistruktur erstellen

Die nächsten Schritte zeige ich Ihnen anhand eines Beispielmoduls, mit dem Sie eigene Formulare erstellen und deren Eingaben in der Datenbank speichern können. Das Modul finden Sie auch auf der Buch-CD. Die dazu benötigten Verzeichnisse und Dateien legt der Extension-Creator automatisch für Sie an (Abbildung 19.2).

---

3 http://bit.ly/ISO-639-1

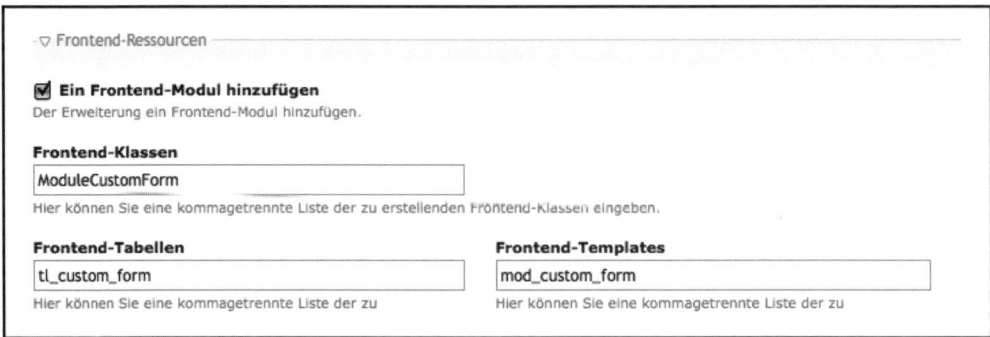

Abbildung 19.2: **Dateien für ein Frontend-Modul hinzufügen**

Nach dem Speichern der Änderungen gelangen Sie zurück zur Übersicht. Dort ist die Erweiterung nun gelistet, jedoch wurden noch keinerlei Dateien oder Ordner angelegt. Damit das geschieht, müssen Sie auf der Übersichtsseite des Extension-Creator auf das entsprechende Navigationsicon klicken (Abbildung 19.3).

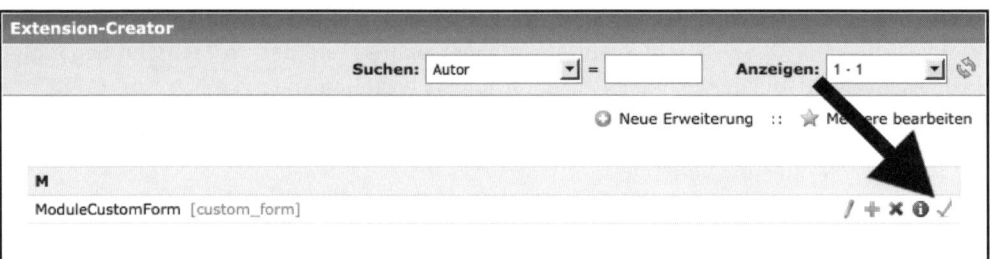

Abbildung 19.3: **Die Dateien der Erweiterung erstellen**

Den nun folgenden Hinweis sollten Sie genau lesen. Er macht Sie darauf aufmerksam, dass eventuell vorhandene Dateien während des Erstellungsprozesses überschrieben werden. Sichern Sie daher die Modul-Dateien immer auf Ihrem lokalen Rechner! Wechseln Sie danach in das Verzeichnis `system/modules`, und sehen Sie sich an, welche Ressourcen der Extension-Creator angelegt hat (Abbildung 19.4).

19.1.3 Das Modul konfigurieren

Öffnen Sie als Erstes die Konfigurationsdatei `config/config.php`, und registrieren Sie das Modul, damit Contao es finden kann:

```
$GLOBALS['FE_MOD']['application']['custom_form'] = 'ModuleCustomForm';
```

Abbildung 19.4: **Vom Extension-Creator angelegte Ressourcen**

Anschließend müssen Sie die Tabelle zur Speicherung der Eingaben in der Datei `config/database.sql` definieren. Das Beispielmodul soll ein Formular enthalten, mit dem Mitglieder ihre Teilnahme an einer Veranstaltung bestätigen oder ablehnen können. Also benötigen wir ein Feld für den Namen, ein Feld für die E-Mail-Adresse, ein Feld für die Zu- oder Absage und ein optionales Kommentarfeld (Listing 19.1).

Listing 19.1: **Eine neue Tabelle in der database.sql definieren**

```
CREATE TABLE `tl_custom_form` (
  `id` int(10) unsigned NOT NULL auto_increment,
  `tstamp` int(10) unsigned NOT NULL default '0',
  `name` varchar(64) NOT NULL default '',
  `email` varchar(128) NOT NULL default '',
  `attending` char(1) NOT NULL default '',
  `comments` text NULL,
  PRIMARY KEY  (`id`)
) ENGINE=MyISAM DEFAULT CHARSET=utf8;
```

Als Nächstes müssen Sie dem Data Container Array eine Palette hinzufügen, damit Contao ein entsprechendes Backend-Formular zur Bearbeitung des Moduls generieren kann. Diese Information wird in der DCA-Datei `dca/tl_module.php` gespeichert:

```
$GLOBALS['TL_DCA']['tl_module']['palettes']['custom_form'] = '{title_legend}
    ,name,headline,type;{protected_legend:hide},protected;{expert_legend:
    hide},guests,cssID,space';
```

Als Letztes sollten Sie in der Sprachdatei `languages/de/modules.php` einen Namen für das Modul festlegen, damit in den Backend-Einstellungen nicht nur »custom_form« angezeigt wird. Dasselbe gilt natürlich auch für die englische Übersetzung.

```
$GLOBALS['TL_LANG']['FMD']['custom_form'] = array('Eigenes Formular',
    'Ein eigenes Formular erstellen.');
```

Jetzt können Sie Ihr Frontend-Modul in der Modulverwaltung anlegen (Abbildung 19.5).

Abbildung 19.5: **Das Frontend-Modul anlegen**

Natürlich enthält das Modul noch keine Ausgabe, weil wir ja noch keine Programmlogik hinzugefügt haben. Contao kapselt den Code in PHP-Klassen, die ebenfalls vom Extension-Creator angelegt werden. Öffnen Sie die Datei `ModuleCustomForm.php`, und fügen Sie Ihren Code in die Methode `compile()` ein (Listing 19.2).

Listing 19.2: **Programmlogik hinzufügen**

```php
class ModuleCustomForm extends Module
{

    /**
     * Template
     * @var string
     */
    protected $strTemplate = 'mod_custom_form';


    /**
     * Generate module
     */
    protected function compile()
    {
        // Eingaben verarbeiten
        if ($this->Input->post('FORM_SUBMIT') == 'custom_form')
        {
            $this->Database->prepare
            (
                "INSERT INTO
                    tl_custom_form
                SET
                    name=?,
                    email=?,
                    attending=?,
                    comments=?,
                    tstamp=?"
            )
            ->execute
            (
                $this->Input->post('name'),
                $this->Input->post('email'),
                $this->Input->post('attending'),
                $this->Input->post('comments'),
                time()
            );

            $this->reload();
        }

        // Template-Variablen
        $this->Template->action = $this->Environment->request;
    }
}
```

Diese relativ einfache Methode nimmt die Benutzereingaben entgegen, speichert sie in der Datenbank und lädt dann die Seite neu, um ein doppeltes Abschicken des Formulars zu verhindern. Ihre eigene Programmlogik wird sehr wahrscheinlich deutlich komplizierter ausfallen, weil Sie z. B. die E-Mail-Adresse prüfen oder bereits erhaltene Zu- oder Absagen bei einem erneuten Abschicken aktualisieren möchten.

Zu guter Letzt fehlt nur noch das Template, das den eigentlichen HTML-Code enthält. Sie finden es unter `templates/mod_custom_form.tpl` (Listing 19.3).

Listing 19.3: **Das Template definieren**

```
<!-- indexer::stop -->
<div class="<?php echo $this->class; ?> block"<?php echo $this->cssID; ?>
    <?php if ($this->style): ?> style="<?php echo $this->style; ?>"<?php
    endif; ?>>
<?php if ($this->headline): ?>

<<?php echo $this->hl; ?>><?php echo $this->headline; ?></<?php echo $this->
    hl; ?>>
<?php endif; ?>

<form action="<?php echo $this->action; ?>" method="post">
<div class="formbody">
<input type="hidden" name="FORM_SUBMIT" value="custom_form" />
<p>
    <label for="cf_name">Name</label><br />
    <input type="text" name="name" id="cf_name" class="text" value="" />
</p>
<p>
    <label for="cf_email">E-Mail-Adresse</label><br />
    <input type="text" name="email" id="cf_email" class="text" value="@" />
</p>
<p>
    <label for="cf_comments">Kommentar</label><br />
    <textarea name="comments" id="cf_comments" class="textarea" rows="6"
        cols="30"></textarea>
</p>
<p>
    <input type="radio" name="attending" id="cf_attending_1" class="radio"
        value="" />
    <label for="cf_attending_1">Ich nehme teil</label><br />
    <input type="radio" name="attending" id="cf_attending_0" class="radio"
        value="1" />
    <label for="cf_attending_0">Ich nehme nicht teil</label><br />
</p>
<p style="margin-top:1em">
    <input type="submit" class="submit" value="Abschicken" />
</p>
</div>
</form>

</div>
<!-- indexer::continue -->
```

Ihre Erweiterung ist nun vollständig und einsatzbereit (Abbildung 19.6).

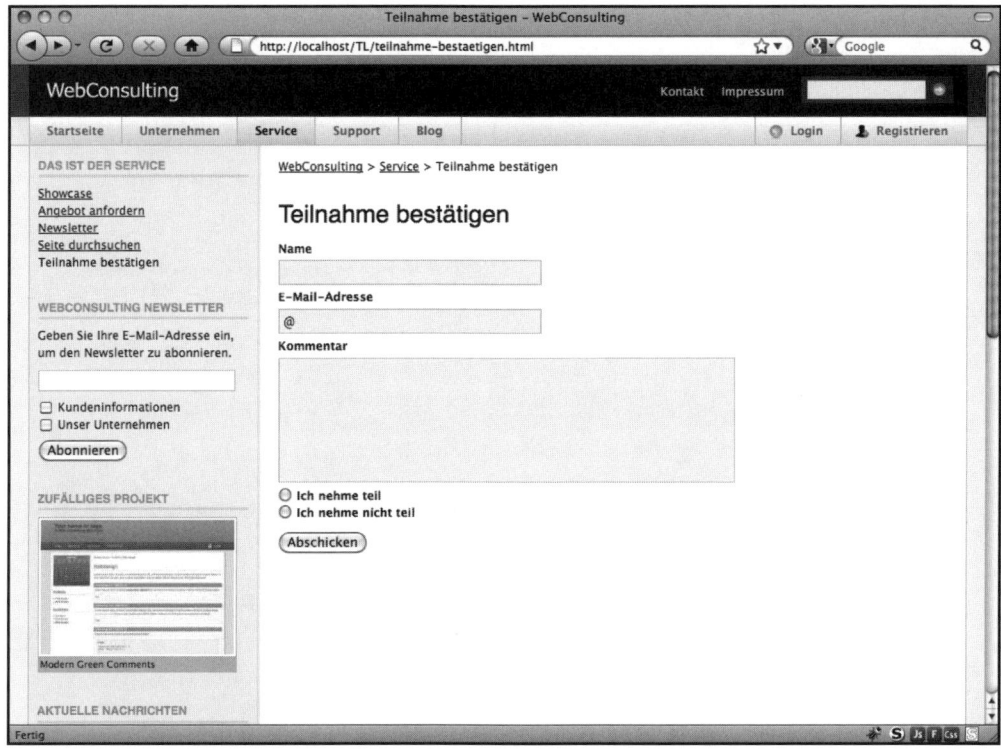

Abbildung 19.6: **Das neue Modul im Frontend**

19.2 Veröffentlichung im Extension Repository

Sofern Sie eine Erweiterung nicht nur für sich selbst oder im Kundenauftrag erstellt haben und diese der Allgemeinheit zur Verfügung stellen möchten, können Sie sie im Extension Repository veröffentlichen. Dazu benötigen Sie ein Benutzerkonto, für das Sie sich auf der Contao-Projektwebseite[4] registrieren können.

Sobald Sie sich angemeldet haben, können Sie über die beiden Links ERWEITERUNGEN VER-WALTEN und ÜBERSETZUNGEN VERWALTEN in der Subnavigation des Extension Repository auf das Entwickler- bzw. Übersetzer-Interface zugreifen.

19.2.1 Eine Erweiterung anlegen

Um eine neue Erweiterung anzulegen, folgen Sie dem Link ERWEITERUNGEN VERWALTEN und klicken auf die Schaltfläche NEUE ERWEITERUNG. Sie gelangen nun zu einem Formular, in das Sie die Daten der Erweiterung eingeben können (Abbildung 19.7). Der Kasten oberhalb des Formulars enthält wichtige Hinweise zur Namensgebung.

---

4   http://www.contao.org/registrieren.html

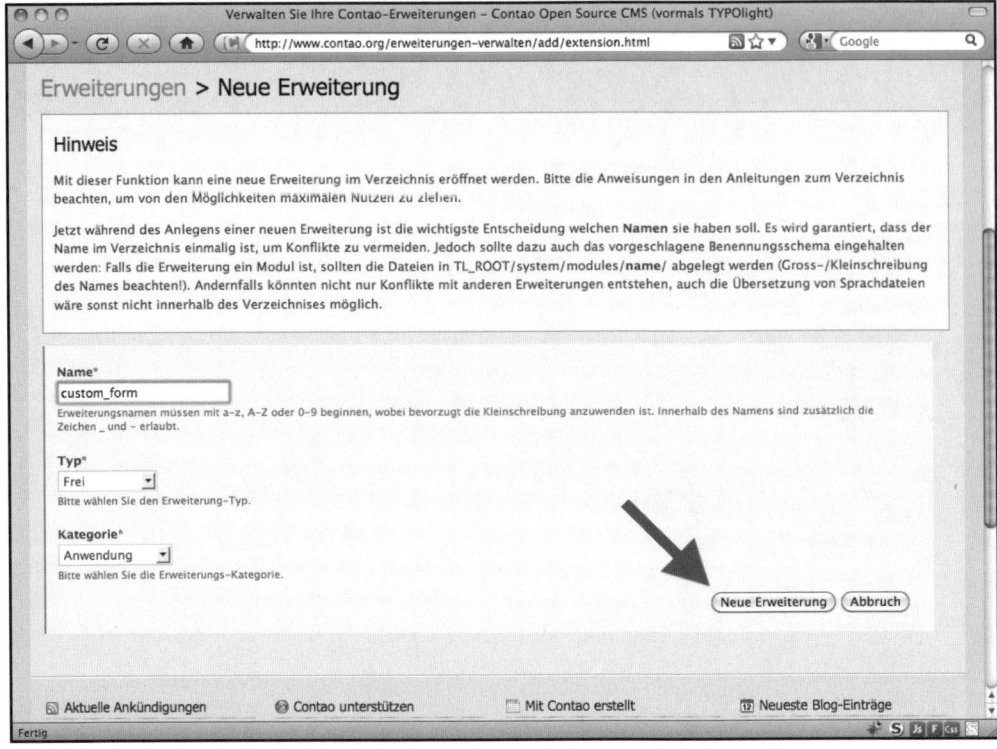

Abbildung 19.7: **Eine neue Erweiterung erstellen**

NAME: Geben Sie hier den Namen des Modulordners ein, und denken Sie daran, dass Contao die Module nacheinander in alphabetischer Reihenfolge einliest.

TYP: Hier können Sie den Typ der Erweiterung festlegen. Freie Erweiterungen können von jedermann heruntergeladen werden, private Erweiterungen nur mit einem Download-Key und kommerzielle Erweiterungen nur mit einem Lizenzschlüssel.

KATEGORIE: Hier legen Sie fest, in welcher Kategorie die Erweiterung veröffentlicht wird. Folgende Kategorien sind momentan verfügbar:

KATEGORIE	ERKLÄRUNG
Anwendung	Die Erweiterung ist eine eigenständige Anwendung.
Hilfsprogramm	Die Erweiterung ist ein Hilfsprogramm für das Backend.
Theme	Die Erweiterung ist ein Theme für das Backend oder das Frontend.
Widget	Die Erweiterung ist ein Eingabefeld für Formulare.
Plugin	Die Erweiterung ist eine externe PHP- oder JavaScript-Library.

Tabelle 19.1: **Übersicht der Kategorien**

KATEGORIE	ERKLÄRUNG
Übersetzung	Die Erweiterung ist eine Core-Übersetzung.
Andere	Die Erweiterung passt in keine der vorstehenden Kategorien.

Tabelle 19.1: **Übersicht der Kategorien (Forts.)**

19.2.2 Eine Freigabe hinzufügen

Nachdem Sie die Erweiterung angelegt haben, können Sie ein erstes Release hinzufügen, das im Extension Repository als »Freigabe« bezeichnet wird (Abbildung 19.8). Jede neue Version der Erweiterung wird als eigene Freigabe gespeichert.

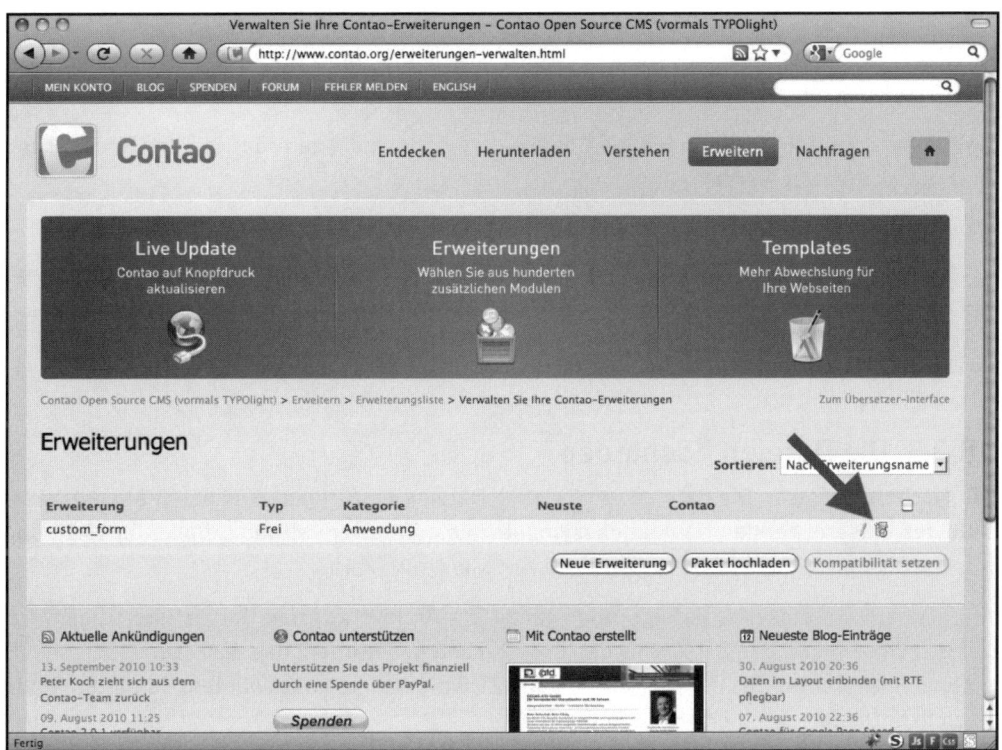

Abbildung 19.8: **Freigaben verwalten**

Wechseln Sie mithilfe des entsprechenden Navigationssymbols in die Freigabenverwaltung, und klicken Sie auf die Schaltfläche FREIGABE HINZUFÜGEN. Füllen Sie danach das Formular zum Anlegen eines neuen Release aus.

VERSION: Geben Sie hier die Version der Freigabe (des Release) ein. Eine Versionsnummer besteht immer aus drei Zahlen für die Major-, Minor- und Maintenance-Version, also z. B. 1.0.0, sowie einer Angabe zum Entwicklungsstatus, wie z. B. beta1.

ENTWICKLUNGS-STATUS	ERKLÄRUNG
alpha1 - alpha3	Es handelt sich um eine Alpha-Version.
beta1 - beta3	Es handelt sich um eine Beta-Version.
rc1 - rc3	Es handelt sich um einen Release-Kandidaten.
stable	Es handelt sich um ein stabiles Release für den produktiven Einsatz.

Tabelle 19.2: **Übersicht der Entwicklungsstatus**

FREIGABEDATUM: Geben Sie hier das Datum ein, zu dem die Freigabe veröffentlicht wird. In der Regel ist das der aktuelle Tag, daher ist dieses Datum vorgegeben.

CONTAO-VERSION VON: Hier legen Sie die Contao-Version fest, die zum Betrieb der Erweiterung mindestens benötigt wird.

CONTAO-VERSION BIS: Hier legen Sie die Contao-Version fest, die zum Betrieb der Erweiterung maximal eingesetzt werden kann.

URHEBERRECHT: Hier können Sie Hinweise zum Urheberrecht eingeben.

LIZENZ: Hier legen Sie die Lizenz fest, unter der die Erweiterung veröffentlicht wird. Ausführliche Lizenzinformationen können Sie in einer Datei namens LICENSE.txt hinterlegen.

NEUES BILD HOCHLADEN: Hier können Sie einen Screenshot der Erweiterung hochladen.

19.2.3 Die Dateien hochladen

Als Nächstes müssen Sie dem neuen Release Dateien hinzufügen. Wechseln Sie dazu mithilfe des entsprechenden Navigationssymbols in die Dateiverwaltung (Abbildung 19.9), und klicken Sie auf die Schaltfläche DATEIEN HINZUFÜGEN/AKTUALISIEREN.

Sie können nun einzelne Dateien oder ganze Zip-Archive auf den Server übertragen. Ich habe in diesem Fall das Zip-Archiv der Erweiterung genommen, das auch auf der Buch-CD zu finden ist. Achten Sie darauf, das richtige Zielverzeichnis auszuwählen, damit die Pfade nach dem Upload stimmen (Abbildung 19.10).

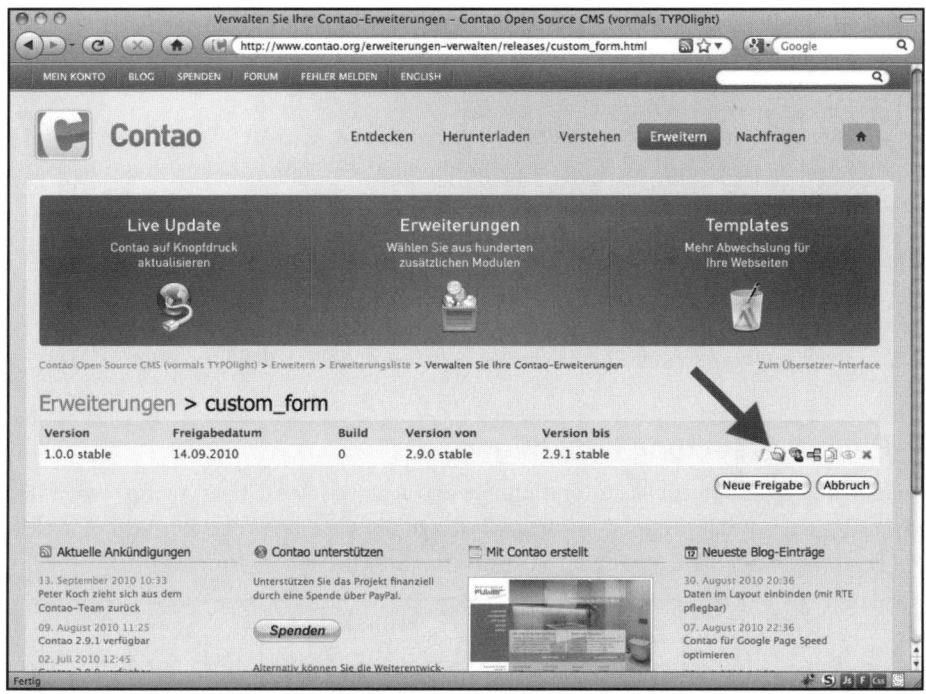

Abbildung 19.9: **Die Dateien der Freigabe verwalten**

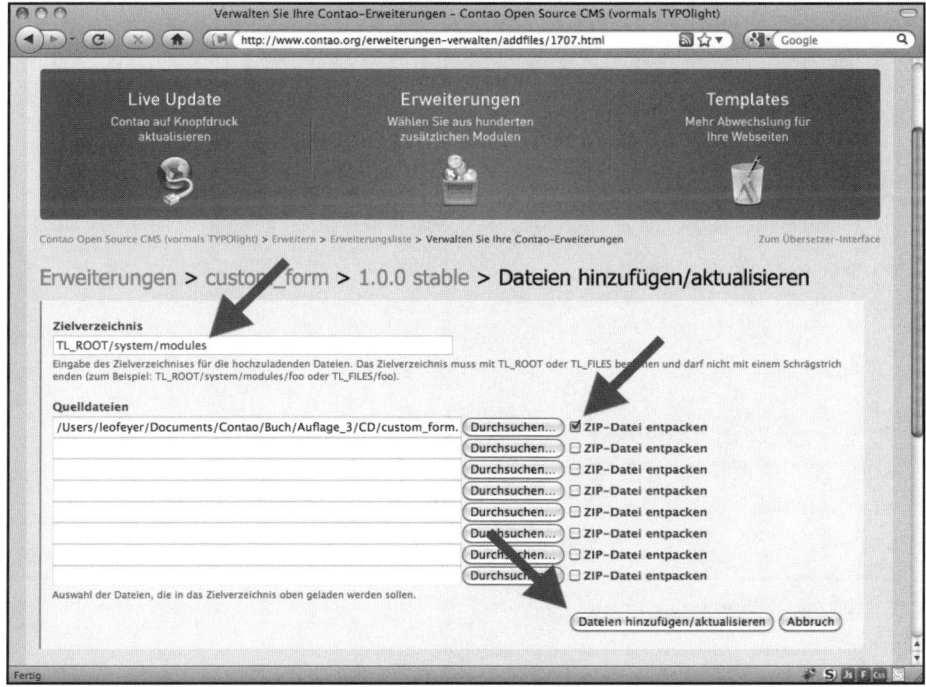

Abbildung 19.10: **Dateien als Zip-Archiv auf den Server übertragen**

ZIELVERZEICHNIS: Hier legen Sie das Zielverzeichnis der Dateien fest. Im Normalfall ist das der Ordner TL_ROOT. In unserem Beispiel enthält das Zip-Archiv lediglich den Ordner custom_ form, daher habe ich den Pfad TL_ROOT/system/modules eingetragen.

QUELLDATEIEN: Hier können Sie mehrere einzelne Dateien bzw. Zip-Archive hochladen. Aktivieren Sie bei der Verwendung von Zip-Dateien unbedingt die Option ZIP-DATEI ENTPACKEN, da das Archiv sonst unverändert als eine Datei gespeichert wird.

Nachdem alle Ressourcen auf den Server übertragen wurden, gelangen Sie zurück zur Übersicht und können dort die Dateien überprüfen. Über die Navigationssymbole können Sie einzelne Dateien aktualisieren oder sogar direkt auf dem Server bearbeiten. Verlassen Sie die Dateiverwaltung anschließend mit einem Klick auf die Schaltfläche ABBRUCH.

19.2.4 Eine Übersetzung hinzufügen

Jede Erweiterung benötigt zur Veröffentlichung mindestens eine Übersetzung. Wechseln Sie daher mithilfe des entsprechenden Navigationssymbols in die Sprachverwaltung (Abbildung 19.11), und klicken Sie dort auf die Schaltfläche SPRACHE HINZUFÜGEN.

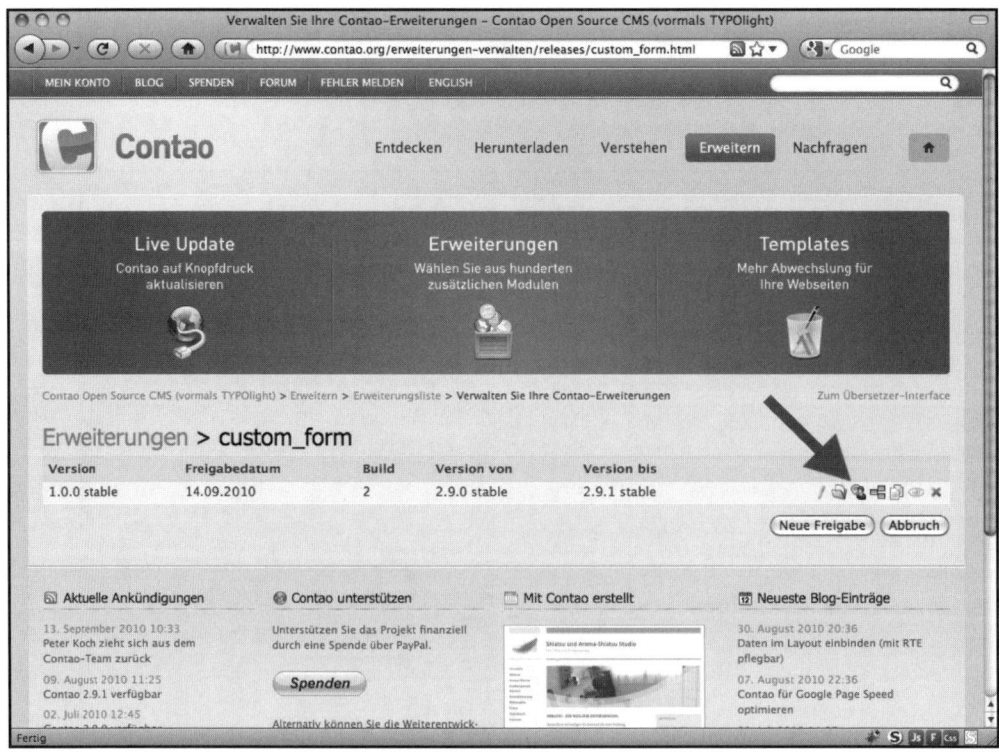

Abbildung 19.11: **Die Sprachverwaltung aufrufen**

Es empfiehlt sich, immer auch eine englische Übersetzung anzulegen, da die Benutzer im Backend grundsätzlich nur die Erweiterungen sehen, die in ihrer eigenen Sprache oder eben in Englisch verfügbar sind. Füllen Sie das Formular zum Anlegen einer neuen Übersetzung aus, und klicken Sie dann auf die Schaltfläche SPRACHE HINZUFÜGEN.

SPRACHE: Hier wählen Sie die Sprache der Übersetzung aus.

ÜBERSETZER: Hier können Sie festlegen, wer die Übersetzung bearbeiten darf.

SUCHBEGRIFFE: Hier lassen sich bis zu fünf kommagetrennte Suchbegriffe eingeben.

TITEL: Geben Sie hier den Titel der Erweiterung in der gewählten Sprache ein.

TEASER: Geben Sie hier eine Kurzbeschreibung der Erweiterung ein.

BESCHREIBUNG: Hier können Sie eine ausführliche Beschreibung der Erweiterung in der gewählten Sprache eingeben. HTML-Tags sind teilweise erlaubt.

FREIGABE-NOTIZEN UND ÄNDERUNGS-LOG: Hier können Sie Anmerkungen zum Release und gegebenenfalls ein Changelog bzw. einen Link zu einem Changelog erfassen.

HANDBUCH-LINK: Hier können Sie die URL der Dokumentationsseite eingeben.

FORUM-LINK: Hier können Sie die URL des Support-Forums eingeben.

SHOP- BZW. SPENDE-LINK: Hier können Sie einen Link zu einem Online-Shop (kommerzielle Erweiterung) oder zu einer Spendenseite eingeben.

Bezeichnungen übersetzen

Nachdem Sie die beiden Sprachen der Freigabe angelegt haben, können diese im Übersetzer-Interface bearbeitet werden. Genau genommen gilt das nur für die deutsche Übersetzung, da die englische als Standard vorausgesetzt wird, der direkt vom Entwickler mit den übrigen Dateien der Erweiterung hochgeladen wird.

Das Extension Repository erkennt jedoch nicht nur die englischen, sondern auch die deutschen Sprachdateien, die bereits in der Dateiverwaltung hochgeladen wurden. In der Bearbeitungsansicht der deutschen Übersetzung sind daher schon alle Felder mit den jeweils korrekten Bezeichnungen ausgefüllt (Abbildung 19.12).

Bleibt also nur noch, die beiden Sprachen mit einem Klick auf das entsprechende Navigationssymbol – das aus dem Backend bekannte Auge – zu veröffentlichen.

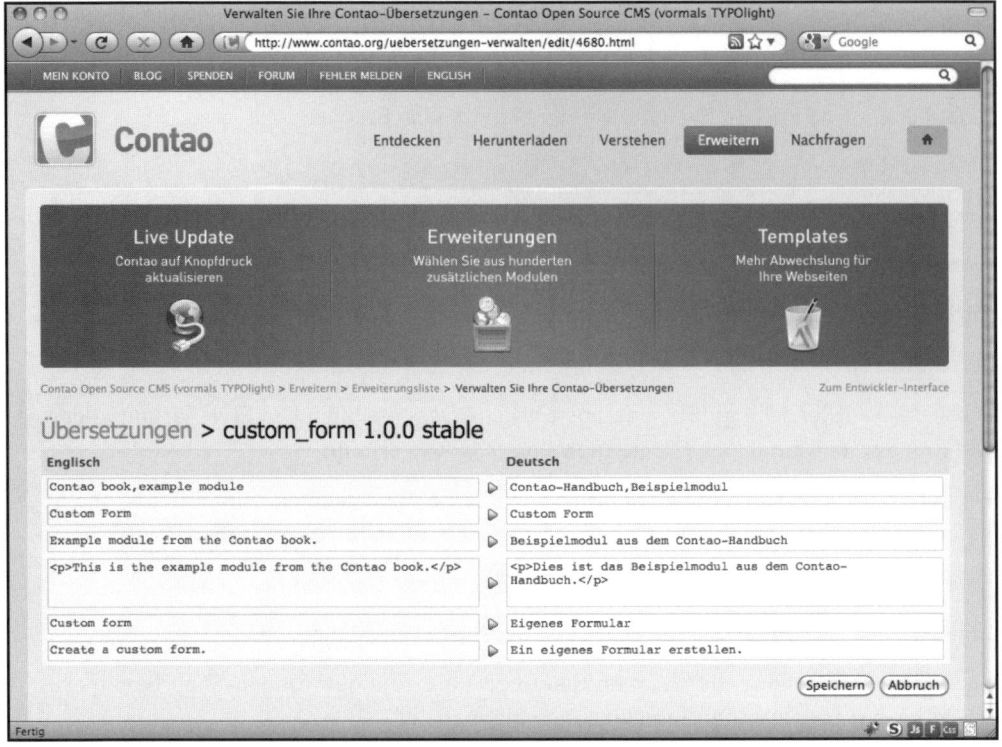

Abbildung 19.12: **Die deutsche Übersetzung bearbeiten**

19.2.5 Abhängigkeiten speichern

Unter Umständen nutzen Sie in einer Ihrer Erweiterungen die Funktionalität einer anderen Erweiterung wie z. B. Cronjobs. Für den Betrieb Ihrer Erweiterung ist es also zwingend notwendig, dass auch die Cron-Erweiterung installiert ist, was im allgemeinen Software-Sprachgebrauch als »Abhängigkeit« bezeichnet wird.

Diese Abhängigkeiten können im Extension Repository gespeichert werden, sodass bei der Installation einer Erweiterung automatisch alle für deren Betrieb benötigten Module ebenfalls installiert werden. Öffnen Sie dazu die Abhängigkeitsverwaltung (Abbildung 19.13), und klicken Sie auf die Schaltfläche ABHÄNGIGKEIT HINZUFÜGEN.

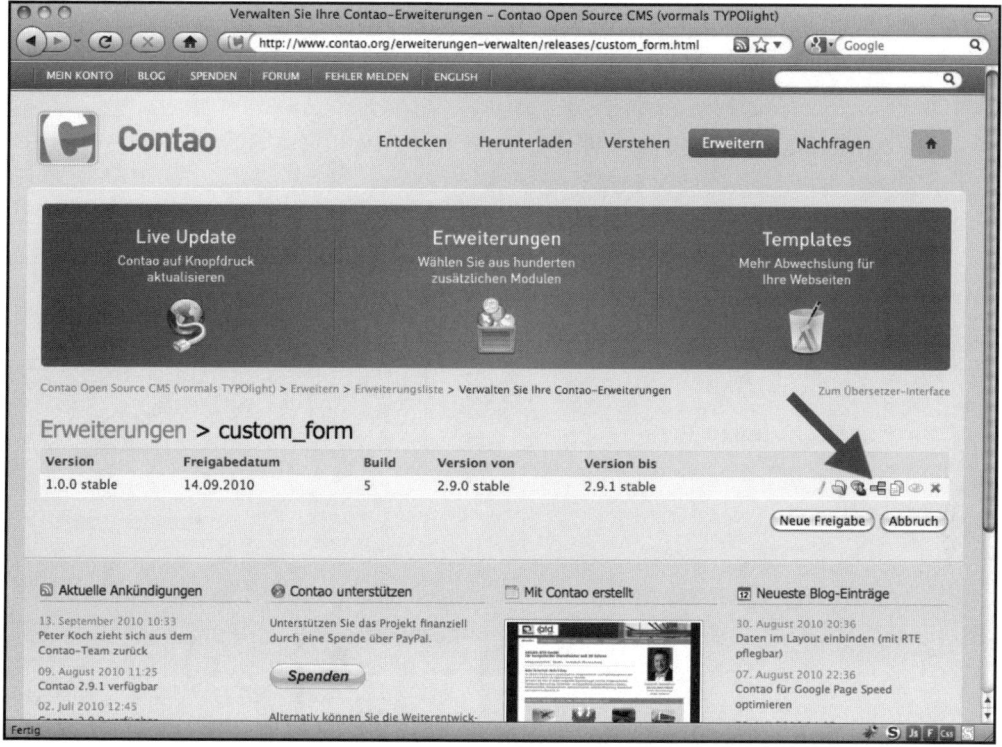

Abbildung 19.13: **Die Abhängigkeitsverwaltung öffnen**

Wählen Sie als Erstes die Erweiterung aus, die Sie als Abhängigkeit hinzufügen möchten, und bestätigen Sie Ihre Auswahl mit der Schaltfläche WEITER. Im nächsten Schritt können Sie die Versionen festlegen, die für den reibungslosen Betrieb mit Ihrer eigenen Erweiterung mindestens und höchstens erforderlich sind.

Beenden Sie den Vorgang mit der Schaltfläche ABHÄNGIGKEIT HINZUFÜGEN, und wiederholen Sie das Prozedere so oft, bis alle Abhängigkeiten gespeichert sind.

19.2.6 Die Erweiterung veröffentlichen

Nachdem Sie mindestens eine Freigabe angelegt und mit Dateien befüllt, mindestens eine englische Übersetzung veröffentlicht und eventuelle Abhängigkeiten hinterlegt haben, können Sie die Erweiterung mithilfe des entsprechenden Navigationssymbols veröffentlichen (Abbildung 19.14). Beachten Sie dabei, dass Sie eine veröffentlichte Erweiterung nicht wieder entfernen können.

Abbildung 19.14: **Die Erweiterung veröffentlichen**

Um zu überprüfen, ob alles korrekt funktioniert, melden Sie sich im Backend an und rufen das Modul »Erweiterungskatalog« auf. Suchen Sie dort nach Ihrer neuen Erweiterung, und führen Sie eine Testinstallation durch.

19.2.7 SQL-Code bei der Installation ausführen

Das Anlegen neuer Tabellen und Felder in der Datenbank erfolgt durch die Erweiterungs-verwaltung im Zuge der Installation. In bestimmten Fällen ist es darüber hinaus jedoch erforderlich, dass auch bestimmte Daten in die neuen Tabellen geschrieben werden, was Sie auf zwei verschiedene Arten erreichen können.

Anlegen einer runonce.php

Contao prüft bei jedem Aufruf, ob die Datei `system/runonce.php` existiert. Ist dies der Fall, wird die Datei einmalig ausgeführt und danach gelöscht. Innerhalb dieser Datei können Sie beliebige Anweisungen ausführen, also z. B. Dateien manipulieren oder auch bestimmte Tabellen mit Daten füllen.

Achten Sie dabei jedoch unbedingt darauf, jede einzelne Datenbank-Anweisung in einen `try-catch`-Block zu kapseln (Listing 19.4), damit eine eventuell fehlerhafte Zeile nicht zum Abbruch der Ausführung des ganzen Scripts führt!

Listing 19.4: **Anweisungen in einen try-catch-Block kapseln**

```
try
{
    $objDatabase->execute(" … ");
}
catch (Exception $e) {}
```

Anlegen von SQL-Dateien

Das Extension Repository unterstützt nicht nur die Ausführung von SQL-Anweisungen bei der Installation, sondern auch in Abhängigkeit von der jeweiligen Version. Die entsprechenden SQL-Dateien müssen dafür bei der Zusammenstellung des Zip-Archivs im Ordner INSTALL anstatt im Ordner TL_ROOT gespeichert werden (Listing 19.5).

Listing 19.5: **SQL-Installationsdateien hinzufügen**

```
INSTALL/install.sql
INSTALL/uninstall.sql
INSTALL/010010009.sql
INSTALL/010010019.sql
TL_ROOT/system/modules/custom_form/ModuleCustomForm.php
TL_ROOT/system/modules/custom_form/config/.htaccess
TL_ROOT/system/modules/custom_form/config/config.php
…
```

Die Datei `install.sql` wird bei der Installation der Erweiterung ausgeführt, die Datei `uninstall.sql` bei der Deinstallation. Die anderen Dateien enthalten jeweils eine bestimmte Versionsnummer im Namen und werden nur ausgeführt, wenn die entsprechende Version neu oder im Rahmen eines Updates installiert wird.

Versionsnummern bestehen immer aus vier Teilen. Die ersten beiden Ziffern entsprechen der Major-Version, die jeweils nächsten drei Ziffern der Minor- und Maintenance-Version und die letzte Ziffer dem Status:

STATUS	ERKLÄRUNG
0	Status alpha1 (erste Alpha-Version)
1	Status alpha2 (zweite Alpha-Version)
2	Status alpha3 (dritte Alpha-Version)
3	Status beta1 (erste Beta-Version)
4	Status beta2 (zweite Beta-Version)

Tabelle 19.3: **Übersicht über die Status**

STATUS	ERKLÄRUNG
5	Status beta3 (dritte Beta-Version)
6	Status rc1 (erster Release-Kandidat)
7	Status rc2 (zweiter Release-Kandidat)
8	Status rc3 (dritter Release-Kandidat)
9	Status stable (stabile Version für produktive Webseiten)

Tabelle 19.3: **Übersicht über die Status (Forts.)**

Die Zahl 010010009 ist also nur eine andere Schreibweise für die Version 1.1.0 stable. Die beiden Dateien 010010009.sql und 010010019.sql werden demzufolge also beim Update auf die Version 1.1.0 stable bzw. 1.1.1 stable ausgeführt.

19.3 Zusammenfassung

Der Extension-Creator unterstützt Sie bei der Erstellung eigener Contao-Erweiterungen, indem er die grundsätzlichen Dateien, Klassen und Strukturen erzeugt, die in fast allen Contao-Modulen benötigt werden. Er ist Teil der Erweiterung »Entwickler-Tools«, die Sie über das Extension Repository installieren können.

Wenn Ihre Erweiterung fertig ist, können Sie diese mit der Community teilen und im Extension Repository veröffentlichen. Sie benötigen dazu lediglich ein Benutzerkonto auf der Contao-Projektwebseite.

20. Das Contao-Framework

Contao basiert auf einem PHP-Framework, das ich speziell für die Anforderungen des Systems programmiert habe. Kern des Frameworks sind verschiedene Bibliotheken (*Libraries*), die sich im Ordner system/libraries befinden und verschiedene Aufgaben wie z. B. das Erstellen von Dateien, das Verarbeiten von Benutzereingaben oder die Interaktion mit der Datenbank kapseln.

Die Verwendung des Frameworks erleichtert aber nicht nur den Zugriff auf bestimmte Ressourcen, sondern minimiert auch das Risiko möglicher Sicherheitslücken, die durch Cross-Site Scripting oder SQL-Injections ausgenutzt werden könnten. Daher sollten Sie auch Ihre eigenen Erweiterungen stets darauf aufbauen!

Die vollständige Dokumentation der API finden Sie auf der Projektwebseite.[1]

20.1 Contao und MVC

Das Contao-Framework ist zwar an die klassische MVC-Architektur[2] angelehnt, weicht jedoch an etlichen Stellen zugunsten individueller Lösungen ab. Models werden beispielsweise nur für Benutzer verwendet, Driver sind eine Mischung aus Controller, Model und View mit erweiterter CRUD-Funktionalität (Create, Read, Update, Delete), Backend-Views werden dynamisch zur Laufzeit erstellt, und das typische URI-Routing musste im Frontend einer suchmaschinenfreundlichen Lösung weichen.

20.1.1 Models

Models spielen in Contao nur eine untergeordnete Rolle, da die erweiterten Controller einen Großteil ihrer Arbeit übernehmen. In Contao sind lediglich die Benutzerklassen als Models implementiert (Listing 20.1).

---

1   http://api.contao.org
2   http://bit.ly/model-view-controller

Listing 20.1: **Typische Verwendung von Models**

```
$this->import('BackendUser', 'User');

echo $this->User->isAdmin; // False
$this->User->admin = 1;
$this->User->save();
echo $this->User->isAdmin; // True;
```

Das Benutzer-Objekt entspricht dabei prinzipiell einem bestimmten Datensatz (Active Record), der durch einfaches Ändern der Eigenschaften angepasst und mit save() gespeichert werden kann. Im obigen Beispiel wird der Benutzer zum Administrator gemacht, indem das Feld admin auf 1 gesetzt wird.

20.1.2 Views

In Abschnitt 17.1, *Templates*, haben Sie bereits gelernt, welche Arten von Views bzw. Templates es gibt, wie diese in Contao geladen werden und wie Sie sie updatesicher anpassen können. In diesem Abschnitt geht es nun darum, wie Views im Contao-Framework implementiert sind und wie genau sie funktionieren.

Parsen vs. Ausgeben

Die beiden Funktionen, mit denen Sie einen Contao-View verarbeiten können, heißen parse() und output(). Der Hauptunterschied ist, dass die Funktion parse() den Inhalt in einer Variablen zurückgibt, während output() ihn auf dem Bildschirm ausgibt und Sie ihn nicht mehr weiterbearbeiten können.

Die meisten Views werden in einer Variablen zurückgegeben, da sie jeweils nur einen kleinen Teil der HTML-Seite rendern. Lediglich die Seitenvorlage (z. B. fe_page), die das HTML-Grundgerüst enthält und in der alle Bestandteile letztlich zusammengeführt werden, wird direkt auf dem Bildschirm ausgegeben. Je nachdem, ob es sich um eine Backend- oder eine Frontend-Seite handelt, führt die Funktion output() noch weitere Aufgaben aus, wie z. B. das Senden der HTTP-Header.

BackendTemplate::output()

Als Entwickler müssen Sie lediglich die Anweisung $view->output(); verwenden, um einen View auszugeben. Die Template-Klasse führt dabei jedoch wesentlich mehr Aufgaben aus als die reine Ausgabe des Codes:

» Laden der Rich Text Editor-Konfiguration

» Einfügen der dynamischen JavaScript- und CSS-Dateien

» Ausführen des outputBackendTemplate-Hook

- » Einfügen des Copyright-Hinweises

- » Prüfen und Aktivieren der Gzip-Kompression

- » Senden der HTTP-Header

- » Ausgabe des XHTML-Codes

- » Ausgabe der Debug-Informationen (falls aktiviert)

FrontendTemplate::output()

Im Frontend werden zusätzlich zu den genannten Aufgaben noch der Cache und der Suchindex geprüft sowie eventuell vorhandene Inserttags ersetzt.

- » Generieren der Suchindex-URL

- » Einlesen der Suchbegriffe aus den Artikeln

- » Ausführen des `outputFrontendTemplate`-Hook

- » Erstellen der Cache-Dateien und Senden der Cache-Header

- » Ersetzen der Inserttags (falls aktiviert)

- » Hinzufügen der Datei zum Suchindex (falls aktiviert)

- » Einfügen des Copyright-Hinweises

- » Prüfen und Aktivieren der Gzip-Kompression

- » Senden der HTTP-Header

- » Ausgabe des XHTML-Codes

- » Ausgabe der Debug-Informationen (falls aktiviert)

Dynamische Scripts

JavaScript- und CSS-Dateien werden normalerweise im Seitenlayout eingebunden. Diese statische Lösung hat jedoch den Nachteil, dass unter Umständen Scripts auf allen Seiten eingefügt werden, die nur auf einer einzigen Seite tatsächlich benötigt werden (z. B. das Script für die Syntax-Hervorhebung). Aus diesem Grund gibt es in Contao die Möglichkeit, Scripts dynamisch hinzuzufügen.

- » `TL_CSS`: ermöglicht das Hinzufügen von CSS-Dateien.

- » `TL_JAVASCRIPT`: ermöglicht das Hinzufügen von JavaScript-Dateien.

- » `TL_HEAD`: ermöglicht das Hinzufügen von beliebigem Code.

- » `TL_MOOTOOLS`: ermöglicht das Hinzufügen von JavaScript-Code am Seitenende.

Jedes dieser globalen Arrays kann dynamisch z. B. in einer `compile()`-Funktion befüllt werden, sodass die Ressourcen nur dann geladen werden, wenn das dazugehörige Modul oder Inhaltselement auch wirklich auf der Seite vorkommt:

```
protected function compile()
{
    // Ein JavaScript hinzufügen
    $GLOBALS['TL_JAVASCRIPT'][] = 'tl_files/script.js';

    // Ein Stylesheet hinzufügen
    $GLOBALS['TL_CSS'][] = 'tl_files/style.css';

    // Beliebigen Code hinzufügen
    $GLOBALS['TL_HEAD'][] = '<!--[if lte IE 7]><script type="text/javascript"
        src="tl_files/ie.js"></script><![endif]-->';
}
```

Beachten Sie jedoch, dass das dynamische Hinzufügen von Scripts nicht funktioniert, wenn ein Modul oder Inhaltselement mittels Inserttag eingebunden wird. Wie Sie inzwischen wissen, ersetzt die Template-Klasse Inserttags erst kurz vor der Ausgabe auf dem Bildschirm, und zu diesem Zeitpunkt ist das Layout bereits geparst.

20.1.3 Controller

Controller nehmen Benutzereingaben entgegen, werten diese aus, interagieren gegebenenfalls mit einem oder mehreren Models und bereiten die entsprechenden Views auf, die für die Rückmeldung an den Benutzer bzw. den nächsten Bearbeitungsschritt benötigt werden. Sie bieten klassischerweise sieben Funktionen zum Erstellen, Lesen, Aktualisieren und Löschen von Daten (CRUD-Funktionalität).

» `list()`: Auflistung aller Datensätze

» `show()`: Darstellung eines einzelnen Datensatzes

» `create()`: Formular zum Anlegen eines neuen Datensatzes

» `save()`: Speichern eines neues Datensatzes

» `edit()`: Formular zur Bearbeitung eines Datensatzes

» `update()`: Aktualisierung eines bestehenden Datensatzes

» `delete()`: Löschen eines Datensatzes

Die Contao-Driver bieten darüber hinaus noch folgende Funktionen:

» `cut()`: Verschieben eines Datensatzes

» `copy()`: Duplizieren eines Datensatzes

» `deleteAll()`: Löschen mehrerer Datensätze auf einmal

- » `editAll()`: Bearbeiten mehrerer Datensätze auf einmal

- » `overrideAll()`: Überschreiben mehrerer Datensätze auf einmal

- » `undo()`: Wiederherstellung eines gelöschten Datensatzes

- » Wiederherstellung früherer Versionen eines Datensatzes

Aufgrund dieser zusätzlichen Funktionen und der Tatsache, dass die Backend-Driver eine Mischung aus Model, View und Controller sind, könnte man sie auch als »erweiterte Controller« bezeichnen, die zur Laufzeit anhand der DCA-Konfiguration einen virtuellen Controller erzeugen, der sich um das Bereitstellen der Formulare, das Prüfen der Eingaben und das Speichern der Daten kümmert.

Als ich das Contao-Framework geschrieben habe, bin ich bewusst vom MVC-Weg abgewichen, weil die klassische MVC-Architektur und eine optimale Anpassbarkeit meiner Meinung nach konkurrierende Ziele sind. Sowohl Models als auch Views sind statische Implementierungen, die für jede Erweiterung einer Dateiänderung bedürfen. Genau das sollte aber nach Möglichkeit vermieden werden, damit andere Entwickler ihre Vorstellungen umsetzen können, ohne dafür den Core ändern zu müssen.

Hinzu kommt, dass auch die Views im Backend nicht statisch sind, sondern je nach Benutzerrechten, DCA-Konfiguration und Palette vollkommen unterschiedlich aussehen können. Allein für die Tabelle `tl_content` gibt es im Core weit über 20 verschiedene Paletten, die in einer klassischen MVC-Applikation als Views in separaten Dateien angelegt werden müssten. Die Contao-Lösung ist diesbezüglich wesentlich übersichtlicher und deutlich einfacher anzupassen bzw. zu erweitern.

20.2 Libraries

Libraries sind Klassen, die bestimmte Aufgaben wie z. B. das Erstellen von Dateien, das Verarbeiten von Benutzereingaben oder die Interaktion mit der Datenbank kapseln. Anstatt direkt mit den entsprechenden PHP-Funktionen zu arbeiten, können Sie den jeweiligen Adapter aus dem Contao-Framework verwenden, der automatisch alle Schritte ausführt, die für eine bestimmte Aktion notwendig sind.

Die einzelnen Klassen stehen in einer hierarchischen Beziehung zueinander (Abbildung 20.1). Ganz am Anfang steht die Klasse `System`, die nur die absolut grundlegendsten Funktionen bereitstellt. Untergeordnete Klassen erhalten zusätzlich je nach Einsatzbereich weitere, spezifischere Funktionen.

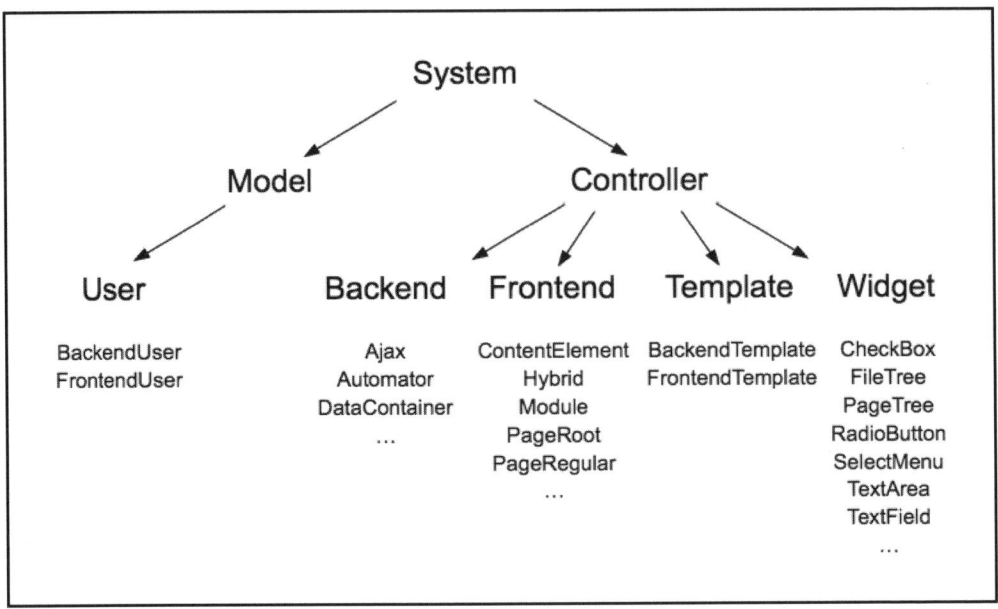

Abbildung 20.1: **Architektur des Contao-Frameworks**

Im vorherigen Abschnitt haben Sie gelernt, dass die Template-Klasse bei der Ausgabe einer Seite bis zu elf verschiedene Aufgaben ausführt, obwohl Sie als Entwickler nur eine einzige Anweisung schreiben müssen. Insofern vereinfachen Libraries also nicht nur den Zugriff, sondern beschleunigen auch den Entwicklungsprozess.

20.2.1 Die Basisklasse System

Die Basisklasse System stellt unter anderem die zentrale Methode import() bereit, mit der weitere Bibliotheken zur Laufzeit geladen werden können.

Die Methode import()

Die Methode import() instanziiert ein Objekt einer Klasse, sodass es als $this->Objekt zur Verfügung steht. Dabei erkennt die Methode automatisch, ob es sich um eine normale Klasse oder eine Singleton-Klasse[3] handelt, von der nur eine Instanz erlaubt ist. Außerdem prüft sie, ob das angeforderte Objekt bereits existiert.

Listing 20.2: **Ein Objekt mittels import() laden**

```
// Session-Bibliothek laden
$this->import('Session');

// Einen Wert in der Session speichern
$this->Session->set('test', 'Das ist ein Test');
```

---

3   http://bit.ly/Singleton-Klasse

```
echo $this->Session->get('test');

// Ausgabe
Das ist ein Test
```

Jede importierte Klasse wird als Eigenschaft des aktuellen Objekts gespeichert und ist dort als `$this->Session` oder `$this->Database` in allen Methoden verfügbar. Der Name der Eigenschaft entspricht dabei immer dem Namen der Bibliothek, sofern Sie keine abweichende Bezeichnung als zweites Argument übergeben.

Listing 20.3: **Bezeichnung der Eigenschaft frei bestimmen**

```
// Datenbank-Bibliothek laden
$this->import('Database');
$this->Database->execute(" … ");

// Datenbank-Bibliothek als "DB" laden
$this->import('Database', 'DB');
$this->DB->execute(" … ");
```

Die Methode log()

Mit dieser Methode können Sie einen neuen Eintrag im System-Log erstellen. Neben der Log-Meldung erwartet die Methode die aufrufende Funktion und die Fehlerkategorie als Argument. Die Fehlerkategorie kann frei vergeben werden.

Listing 20.4: **Einen neuen Log-Eintrag mittels log() anlegen**

```
if ($error)
{
    $this->log('Fehler aufgetreten', __METHOD__, 'ERROR');
}
```

Die Methode addToUrl()

Mit dieser Methode können Sie der aktuellen URL Parameter hinzufügen. Sie prüft, ob eine bestimmte Variable bereits definiert ist, und ersetzt sie gegebenenfalls.

Listing 20.5: **URL-Parameter mittels addToUrl() hinzufügen**

```
// URL: index.php?action=article&id=12
echo $this->addToUrl('action=page');

// Ausgabe
index.php?action=page&id=12
```

Die Methode reload()

Diese Methode lädt die Seite erneut, damit z. B. POST-Daten nicht mehrfach verarbeitet werden. Ein Reload funktioniert nur, wenn noch keine Ausgabe erfolgt ist.

Listing 20.6: **Eine Seite mittels reload() neu laden**

```
// Formulardaten verarbeiten
if ($_POST)
{
    // Daten verarbeiten und Seite neu laden
    …
    $this->reload();
}

// Formular ausgeben
echo '<form action=" … ">';
```

Die Methode redirect()

Mit dieser Methode können Sie einen Benutzer zu einer anderen Seite weiterleiten. Dabei wird automatisch der entsprechende HTTP-Header gesendet (temporäre oder permanente Weiterleitung), sodass Suchmaschinen korrekt reagieren können.

Listing 20.7: **Zu einer anderen Seite mittels redirect() weiterleiten**

```
// Permanente Weiterleitung
$this->redirect('new.html', 301);

// Temporäre Umleitung während Wartungsarbeiten
$this->redirect('maintenance.html', 302);
```

Die Methode getReferer()

Mit dieser Methode können Sie die URL der zuletzt besuchten Seite, den sogenannten Referer, abfragen. Contao speichert den Referer in der Benutzersitzung und schließt z. B. Seiten mit Eingabemasken automatisch aus. Bei Bedarf wandelt die Methode alle &-Zeichen in ihre entsprechende HTML-Entity (&) um, sodass der Referer auf einer barrierefreien HTML-Seite verwendet werden kann.

Listing 20.8: **Die zuletzt besuchte Seite mittels getReferer() abfragen**

```
// Zur Referer-Seite weiterleiten
$this->redirect($this->getReferer());

// Den Referer in eine Seite einfügen
<a href="<?php echo $this->getReferer(true); ?>">Zurück</a>
```

Die Methode loadLanguageFile()

Mit dieser Methode können Sie eine bestimmte Sprachdatei laden. Dabei wird immer zuerst die englische Version der Sprachdatei eingelesen, damit eventuell fehlende Bezeichnungen durch ihr englisches Pendant ersetzt werden.

Listing 20.9: **Eine Sprachdatei mittels loadLanguageFile() laden**

```
// Sprachdatei laden
$this->loadLanguageFile('tl_content');

// Bezeichnungen verwenden
echo $GLOBALS['TL_LANG']['tl_content']['headline'][0];
echo $GLOBALS['TL_LANG']['tl_content']['text'][0];
```

Die Methode parseDate()

Mit dieser Methode können Sie einen Zeitstempel in ein beliebiges Datumsformat umwandeln. Im Gegensatz zu der PHP-Funktion date() berücksichtigt die Funktion die Spracheinstellungen und übersetzt Tages- und Monatsnamen automatisch.

Listing 20.10: **Einen Zeitstempel in ein Datumsformat umwandeln**

```
// Zeitstempel formatieren
echo $this->parseDate('l, d. F Y, H:i') . ' Uhr';

// Ausgabe
Mittwoch, 26. August 2009, 13:11 Uhr
```

Die Methode getMessages()

Diese Methode überprüft, ob irgendwelche Systemmeldungen vorliegen, und gibt diese gegebenenfalls als HTML-Code zurück.

Listing 20.11: **Systemmeldungen mittels getMessage() ausgeben**

```
// Template-Code
<div id="main">
<?php echo $this->getMessage(); ?>
<p>Bitte geben Sie Benutzername und Passwort ein.</p>
<!-- ANMELDEFORMULAR -->
</div>
// HTML-Ausgabe vor Anmeldung
<div id="main">
<p>Bitte geben Sie Benutzername und Passwort ein.</p>
<!-- ANMELDEFORMULAR -->
</div>
// HTML-Ausgabe bei missglückter Anmeldung
<div id="main">
<div class="tl_message">
   <p class="tl_error">Anmeldung fehlgeschlagen</p>
```

```
</div>
<p>Bitte geben Sie Benutzername und Passwort ein.</p>
<!-- ANMELDEFORMULAR -->
</div>
```

Die Methode urlEncode()

Diese Methode macht prinzipiell dasselbe wie die PHP-Funktion `urlencode()`, nur dass sie eventuelle Schrägstriche (/) in Pfadangaben erhält. Auf diese Weise ist es möglich, Dateinamen mitsamt des Pfads zu kodieren.

Listing 20.12: **Einen Dateinamen samt Pfad mittels urlEncode() kodieren**

```
$file = 'tl_files/schönes bild.jpg';

// PHP-Funktion
echo urlencode($file);

// Ausgabe
tl_files%2Fsch%C3%B6nes+bild.jpg

// Contao-Funktion
echo $this->urlEncode($file);

// Ausgabe
tl_files/sch%C3%B6nes+bild.jpg
```

Die Methode setCookie()

Diese Methode ist lediglich ein Adapter für die PHP-Funktion `setcookie()`.

Listing 20.13: **Ein Cookie für eine Stunde setzen**

```
$this->setCookie('name', 'Leo Feyer', time() + 3600);
```

Die Methode idnaEncodeEmail()

Diese Methode konvertiert eine E-Mail-Adresse ins Punycode-Format[4].

Listing 20.14: **Eine E-Mail-Adresse mit Sonderzeichen konvertieren**

```
echo $this->idnaEncodeEmail('hans@glück.de');
// Ausgabe
hans@xn--glck-1ra.de
```

---

4   http://bit.ly/Punycode

Die Methode idnaEncodeUrl()

Diese Methode konvertiert eine URL ins Punycode-Format[5].

Listing 20.15: **Eine URL mit Sonderzeichen konvertieren**

```
echo $this->idnaEncodeUrl('http://www.glück.de');
// Ausgabe
http://www.xn--glck-1ra.de
```

Die Methode getReadableSize()

Diese Methode gibt die Größe einer Datei in einem für Menschen lesbaren Format aus.

Listing 20.16: **Die Größe einer Datei umwandeln**

```
echo $this->getReadableSize(1536000);
// Ausgabe
1,5 MB
```

Die Methode getFormattedNumber()

Diese Methode formatiert eine Zahl je nach gewählter Sprache.

Listing 20.17: **Eine Zahl formatieren**

```
echo $this->getFormattedNumber(1200);
// Ausgabe
1.200,00
```

20.2.2 Datenbankabstraktion

Die Klasse Database dient dazu, die Interaktion mit der Datenbank zu kapseln. Aufgaben wie das Herstellen und Schließen der Datenbankverbindung oder das richtige Quotieren der einzufügenden Werte laufen dabei komplett im Hintergrund ab, sodass Sie sich auf die eigentliche Abfrage konzentrieren können.

Die Bibliothek enthält drei verschiedene Klassen, die jeweils unterschiedliche Aufgaben übernehmen. Die Klasse Database stellt die Verbindung zum Datenbankserver her und kann Statements als Database_Statement-Objekte instanziieren. Wird ein solches Statement ausgeführt, wird automatisch ein Resultat mit den einzelnen Ergebniszeilen der Abfrage als Database_Result-Objekt zurückgegeben.

---

5   http://bit.ly/Punycode

Grundprinzip

Alle in Contao unterstützten Datenbanksysteme basieren auf dem SQL92-Standard[6], ergänzt um proprietäre Anweisungen wie z. B. LIMIT in MySQL. Für diese spezifischen Funktionen bietet die Datenbankabstraktion separate Methoden pro Adapter :

```
$this >import('Database');

$user = $this->Database->prepare("SELECT * FROM tl_user WHERE name=?")
                       ->limit(1) // Nicht SQL92-konform
                       ->execute('Leo Feyer');

while ($user->next())
{
    echo $user->name;
}
```

Dadurch bleibt die Schnittstelle einerseits unkompliziert und flexibel und ermöglicht andererseits den einfachen Zugriff auf die einzelnen Felder des Result-Sets.

Vorteile der Implementierung

» beliebig komplexe Queries (Joins, Subqueries) möglich

» die automatische Quotierung verhindert SQL-Injections.

» »Lazy Initialization«[7] der Result-Sets

» einheitliche und vom DB-System unabhängige Schnittstelle

Nachteile der Implementierung

» keine Abstraktion zur Änderung von Tabellen vorhanden

» Die spezielle Handhabung von BLOB/CLOB-Feldern in Oracle wird von der Abstraktionsschicht nicht berücksichtigt.

» vollständige Funktionalität de facto nur für MySQL

» keine Kontrolle, ob ein Programmierer sich tatsächlich an den SQL92-Standard hält (spezifische Queries sind möglich)

---

6   http://bit.ly/SQL92
7   http://bit.ly/lazy-init

Die Methode listTables()

Diese Methode gibt ein Array aller in der Datenbank vorhandenen Tabellen zurück.

Listing 20.18: **Tabellen einer Datenbank mittels listTable() abfragen**

```
$this->import('Database');
$tables = $this->Database->listTables();

// Tabellen auflisten
foreach ($tables as $table)
{
    echo $table . "\n";
}

// Ausgabe
tl_article
tl_cache
tl_calendar
...
```

Die Methode tableExists()

Mit dieser Methode können Sie prüfen, ob eine bestimmte Tabelle existiert.

Listing 20.19: **Die Existenz einer Tabelle mittels tableExists() prüfen**

```
$this->import('Database');

if ($this->Database->tableExists('tl_log'))
{
    // Log-Einträge abfragen
}
```

Die Methode listFields()

Diese Methode gibt ein auf allen Datenbanksystemen einheitliches Array mit Informationen über die einzelnen Felder einer Tabelle zurück.

Listing 20.20: **Feldinformationen mittels listFields() abfragen**

```
$this->import('Database');
print_r($this->Database->listFields('tl_log'));

// Ausgabe
Array
(
    [0] => Array
    (
        [name] => id
        [type] => int
        [length] => 10
        [attributes] => unsigned
        [index] => PRIMARY
        [null] => NOT NULL
```

```
        [default] =>
        [extra] => auto_increment
    )
    [1] => Array
    (
        [name] => action
        [type] => varchar
        [length] => 16
        [null] => NOT NULL
        [default] =>
        [extra] =>
    )
    …
```

Die Methode fieldExists()

Mit dieser Methode können Sie prüfen, ob ein bestimmtes Feld existiert.

Listing 20.21: **Die Existenz eines Feldes mittels fieldExists() prüfen**

```
$this->import('Database');

if ($this->Database->fieldExists('sorting', 'tl_log'))
{
    // Reihenfolge bearbeiten
}
```

Die Methode setDatabase()

Mit dieser Methode können Sie zu einer anderen Datenbank wechseln, jedoch nur, wenn diese über dieselbe Datenbankverbindung erreichbar ist.

Listing 20.22: **Die Datenbank mittels setDatabase() wechseln**

```
// Verbindung zur Standard-Datenbank
$this->import('Database');

// Wechsel in die Datenbank "alternativ"
$this->Database->setDatabase('alternativ');
```

Die Methode beginTransaction()

Mit dieser Methode können Sie eine Transaktion[8] starten. Alle nachfolgenden Datenbankanweisungen werden nicht direkt in die Datenbank geschrieben, sondern so lange im Cache zwischengespeichert, bis die Transaktion entweder bestätigt (Commit) oder abgebrochen (Rollback) wird. Beachten Sie, dass nicht alle Tabellentypen Transaktionen unterstützen. In MySQL ist das z. B. nur beim Tabellentyp »InnoDB« der Fall.

---

8   http://bit.ly/transaktion

Die Methode commitTransaction()

Diese Methode bestätigt eine Transaktion und veranlasst die Datenbank, alle temporär gespeicherten Änderungen zu übernehmen. Die Datenbank wird verändert.

Listing 20.23: **Transaktionen mittels commitTransaction() bestätigen**

```
$this->import('Database');

// Transaktion starten
$this->Database->beginTransaction();

// Beliebige Abfragen ausführen
…

// Änderungen übernehmen
$this->Database->commitTransaction();
```

Die Methode rollbackTransaction()

Diese Methode bricht eine Transaktion ab und veranlasst die Datenbank, alle temporär gespeicherten Änderungen zu verwerfen. Die Datenbank wird nicht verändert.

Listing 20.24: **Transaktionen mittels rollbackTransaction() abbrechen**

```
$this->import('Database');

// Transaktion starten
$this->Database->beginTransaction();

// Beliebige Abfragen ausführen
…

// Änderungen verwerfen
if ($error)
{
    $this->Database->rollbackTransaction();
}
```

Die Methode prepare()

Diese Methode übergibt einen Query-String an ein automatisch erstelltes Objekt der Klasse Database_Statement und gibt das neue Objekt zurück.

Listing 20.25: **Ein Statement mittels prepare() erstellen**

```
$this->import('Database');
$stmt = $this->Database->prepare("SELECT * FROM tl_log");
```

Die Methode execute()

Diese Methode führt ein mittels `prepare()` erstelltes Statement aus und gibt ein Objekt der Klasse `Database_Result` zurück. Sie können in Ihren Statements Platzhalter (?) verwenden, die bei der Ausführung mittels `execute()` durch die übergebenen Werte ersetzt und automatisch korrekt quotiert werden.

Listing 20.26: **Eine Datenbankabfrage mittels execute() ausführen**

```
$this->import('Database');

// Einfache Abfrage
$result = $this->Database->execute("SELECT * FROM tl_log");

// Abfrage mit übergebenen Werten
$result = $this->Database->prepare("SELECT * FROM tl_log WHERE id=?")
                        ->execute(12);
```

Die Methode executeUncached()

Diese Methode macht dasselbe wie die Methode `execute()`, jedoch ohne das Ergebnisobjekt im Cache zu speichern. Wenn Sie also erwarten, dass sich ein Datensatz während eines Aufrufs ändert und mehrfach mittels `SELECT` abgefragt wird, sollten Sie diese Methode verwenden. Andernfalls gibt Contao grundsätzlich das Result-Set aus dem Cache zurück.

Die Methode set()

Mit dieser Methode können Sie ein Array mit Werten in eine INSERT-Abfrage einfügen. Die korrekte Quotierung der Werte erfolgt dabei automatisch.

Listing 20.27: **Ein Array mit Werten mittels set() einfügen**

```
$this->import('Database');

// Werte-Array
$set = array
(
    'firstname' => 'Leo',
    'lastname' => 'Feyer'
);

// Werte in die Datenbank schreiben
$this->Database->prepare("INSERT INTO tl_member %s")
              ->set($set)
              ->execute();

// Automatisch erstelltes Statement
INSERT INTO tl_member SET firstname='Leo', lastname='Feyer'
```

Die Methode limit()

Mit dieser Methode können Sie die Anzahl der Datensätze limitieren.

Listing 20.28: **Die Anzahl der Datensätze mittels limit() limitieren**

```
$this->import('Database');

// Alle Log-Einträge abfragen
$result = $this->Database->prepare("SELECT * FROM tl_log")
                         ->execute();

// Datensätze 1 bis 30 abrufen
$result = $this->Database->prepare("SELECT * FROM tl_log")
                         ->limit(30)
                         ->execute();

// Datensätze 61 bis 90 abrufen
$result = $this->Database->prepare("SELECT * FROM tl_log")
                         ->limit(30, 60)
                         ->execute();
```

Die Methoden fetchRow() und fetchAssoc()

Mit diesen Methoden können Sie die jeweils nächste Ergebniszeile eines Result-Sets als numerisches oder assoziatives Array abfragen.

Listing 20.29: **Eine Ergebniszeile mittels fetchAssoc() abrufen**

```
$this->import('Database');

// Den Benutzer Nr. 2 abfragen
$result = $this->Database->prepare("SELECT * FROM tl_user WHERE id=?")
                         ->limit(1)
                         ->execute(2);

// Ergebnis als assoziatives Array abrufen
if ($result->numRows)
{
   $row = $result->fetchAssoc();
   echo $row->username;
}

// Ausgabe
h.lewis
```

Die Methode fetchAllAssoc()

Mit dieser Methode können Sie alle Ergebniszeilen eines Result-Sets als multidimensionales, assoziatives Array abrufen.

Listing 20.30: **Alle Ergebniszeilen mittels fetchAllAssoc() abrufen**

```
$this >import('Database');

// Alle Benutzer abfragen
$result = $this->Database->execute("SELECT * FROM tl_user");

// Ergebnis als multidimensionales Array abrufen
if ($result->numRows)
{
    $rows = $result->fetchAllAssoc();

    foreach ($rows as $row)
    {
        echo $row['username'] . "\n";
    }
}

// Ausgabe
k.jones
j.wilson
h.lewis
```

Die Methode fetchEach()

Diese Methode gibt Ihnen ein bestimmtes Feld aller Ergebniszeilen als Array zurück.

Listing 20.31: **Ein bestimmtes Feld jeder Ergebniszeile mittels fetchEach() abrufen**

```
$this->import('Database');

// Alle Benutzer abfragen
$result = $this->Database->execute("SELECT * FROM tl_user");

// Alle Benutzernamen als Array abfragen
if ($result->numRows)
{
    print_r($result->fetchEach('username'));
}

// Ausgabe
Array
(
    [0] => k.jones
    [1] => j.wilson
    [2] => h.lewis
)
```

Die Methode fetchField()

Diese Methode liefert ein Array mit Informationen über ein Feld zurück.

Listing 20.32: **Feldinformationen mittels fetchField() abrufen**

```
$this->import('Database');

// Einen Log-Eintrag abrufen
$result = $this->Database->prepare("SELECT * FROM tl_log")
                         ->limit(1)
                         ->execute();

// Feldinformationen abrufen
if ($result->numRows)
{
    $field_info = $result->fetchField();
}

// Maximale Eingabelänge abfragen
echo $field_info['max_length'];
```

Die Methoden first(), prev(), next() und last()

Mit diesen Methoden können Sie ein Result-Set durchlaufen.

Listing 20.33: **Ein Result-Set mittels next() durchlaufen**

```
$this->import('Database');

// Alle Log-Einträge abfragen
$result = $this->Database->execute("SELECT * FROM tl_log");

// Ergebnis durchlaufen
while ($result->next())
{
    echo $result->text . "<br />";
}
```

Die Methode row()

Diese Methode gibt Ihnen die aktuelle Ergebniszeile als Array zurück.

Listing 20.34: **Die aktuelle Ergebniszeile mittels row() als Array zurückgeben**

```
$this->import('Database');

// Alle Log-Einträge abrufen
$result = $this->Database->execute("SELECT * FROM tl_log");

// Ergebnis durchlaufen
while ($result->next())
{
    $row = $result->row();
}
```

Die Methode reset()

Diese Methode setzt ein Result-Set auf den Anfang zurück.

Listing 20.35: **Ein Ergebnis-Set mittels reset() zurücksetzen**

```php
$this->import('Database');

// Log-Einträge abrufen
$result = $this->Database->execute("SELECT * FROM tl_log");

// Ergebnis durchlaufen
while ($result->next())
{
    // Einträge verarbeiten
}

// Ergebnis zurücksetzen
$result->reset();

// Ergebnis erneut durchlaufen
while ($result->next())
{
    // Einträge verarbeiten
}
```

20.2.3 Dateizugriff und Safe Mode Hack

Wie Sie bereits aus Abschnitt 14.4.4, *Der Safe Mode Hack*, wissen, kann es in bestimmten Konstellationen Probleme mit dem Dateizugriff geben. In der Regel ist das der Fall, wenn PHP als Modul installiert ist und nicht unter demselben Benutzer ausgeführt wird, dem auch die hochgeladenen Dateien gehören.

Für dieses Problem gibt es drei mehr oder weniger praktikable Lösungen:

» PHP als CGI mit suPHP[9] betreiben

» den PHP-Prozess unter dem Benutzer starten, dem die Dateien gehören

» Dateizugriff per FTP (Safe Mode Hack)

Beide zuerst genannten Lösungen sind dem Safe Mode Hack in jedem Fall vorzuziehen, da die zusätzliche FTP-Verbindung, die für den schreibenden Dateizugriff geöffnet werden muss, das System verlangsamt – obgleich diese Beeinträchtigung erst bei sehr vielen gleichzeitigen Zugriffen wirklich spürbar wird.

---

9   http://www.suphp.org

Die Klasse Files

Die Klasse Files beinhaltet eine einheitliche Schnittstelle für Dateioperationen, die sehr stark an die Originalfunktionen von PHP angelehnt ist (Listing 20.36). Je nach Systemkonfiguration wird automatisch ein FTP- bzw. PHP-Adapter geladen, der die Anweisungen letztendlich direkt oder über den »Umweg« FTP ausführt.

Listing 20.36: **Eine neue Datei anlegen**

```
$this->import('Files');

$fh = $this->Files->fopen('system/tmp/test.txt', 'wb');
$this->Files->fputs($fh, 'Dies ist ein Test.');
$this->Files->fclose($fh);
```

Folgende Methoden werden von der Files-Klasse unterstützt:

METHODE	ERKLÄRUNG
mkdir()	Erstellt ein neues Verzeichnis.
rmdir()	Entfernt ein Verzeichnis.
rrdir()	Entfernt ein Verzeichnis inklusive aller Unterverzeichnisse und Dateien (rekursiv).
fopen()	Öffnet eine Datei.
fputs()	Schreibt in eine Datei.
fclose()	Schließt eine Datei.
rename()	Benennt eine Datei oder ein Verzeichnis um.
copy()	Kopiert eine Datei oder ein Verzeichnis.
delete()	Löscht eine Datei.
chmod()	Ändert die Zugriffsrechte einer Datei oder eines Verzeichnisses.
is_writeable()	Prüft, ob eine Datei bzw. ein Verzeichnis beschreibbar ist.
move_uploaded_file()	Verschiebt eine hochgeladene Datei.

Tabelle 20.1: **Übersicht der Methoden der Files-Klasse**

Der Unterschied zu den nativen PHP-Funktionen ist, dass die Dateipfade immer relativ sein müssen, da der FTP-Adapter absolute Pfade nicht verarbeiten kann.

Die Klasse File

Die Klasse File ist ein Adapter für das Anlegen, Bearbeiten und Löschen von Dateien. Im Gegensatz zu den bisher vorgestellten Bibliotheken werden Objekte dieser Klasse wie gewohnt über den new-Operator instanziiert.

Ein File-Objekt verfügt über folgende Eigenschaften:

EIGENSCHAFT	ERKLÄRUNG
size	Die Größe der Datei
dirname	Der Pfad bis zu dem Ordner, in dem die Datei liegt
basename	Der Dateiname ohne Pfadangabe
extension	Die Dateiendung in Kleinbuchstaben
filename	Der Dateiname ohne die Dateiendung
mime	Der MIME-Typ der Datei (z. B. »application/pdf«)
ctime	Das Datum der letzten Änderung der Datei
atime	Das Datum des letzten Dateizugriffs
mtime	Das Datum der letzten Änderung des Dateiinhaltes
icon	Ein zum Dateityp passendes Icon
value	Der relative Dateiname, so wie er dem Konstruktor übergeben wurde
width	Bei Bilddateien die Breite des Bildes in Pixeln
height	Bei Bilddateien die Höhe des Bildes in Pixeln
isGdImage	Wahr, wenn die Datei ein Bild ist, das mit der GD Library bearbeitet werden kann
handle	Der Dateizeiger einer geöffneten Datei

Tabelle 20.2: **Übersicht der Objekteigenschaften**

Die Methode __construct()

Beim Instanziieren eines neuen File-Objekts überprüft Contao, ob die jeweilige Datei bzw. deren Pfad existiert, und legt diese gegebenenfalls an.

Listing 20.37: **Ein neues File-Objekt erstellen**

```
// Die vorhandene Datei index.php wird eingelesen
$file = new File('index.php');

// Die Datei index.php wird im Ordner test neu erstellt
$file = new File('test/index.php');
```

Die Methoden write(), append() und close()

Mit den Methoden `write()` und `append()` können Sie einer Datei Inhalte hinzufügen, wobei `append()` diese an vorhandene Inhalte anhängt und `write()` vorhandene Inhalte überschreibt. Damit die Datei neu geschrieben und die Änderungen gespeichert werden, müssen Sie abschließend die Methode `close()` aufrufen.

Listing 20.38: **Dateiinhalte mittels write() und append() hinzufügen**

```php
// Neue Datei erstellen
$file = new File('test.txt');

// Datei befüllen
$file->write('Das ist die erste Zeile.');
$file->append('Und das ist die zweite.');

// Datei schließen
$file->close();
```

Die Methode delete()

Mit dieser Methode können Sie eine Datei löschen.

Listing 20.39: **Eine Datei mittels delete() löschen**

```php
$file = new File('test.txt');
$file->delete();
```

Die Methode getContent()

Diese Methode gibt den Inhalt einer Datei als String zurück.

Listing 20.40: **Den Inhalt einer Datei mittels getContent() ausgeben**

```php
$file = new File('test.txt');
echo $file->getContent();

// Ausgabe
Das ist die erste Zeile.
Und das ist die zweite.
```

Die Methode getContentAsArray()

Diese Methode gibt den Inhalt einer Datei als Array zurück.

Listing 20.41: **Den Inhalt einer Datei mittels getContentAsArray() ausgeben**

```php
$file = new File('test.txt');
print_r($file->getContentAsArray());

// Ausgabe
Array
(
   [0] => Das ist die erste Zeile.
   [1] => Und das ist die zweite.
)
```

Die Klasse Folder

Die Klasse Folder ist ein Adapter für das Anlegen, Bearbeiten und Löschen von Verzeichnissen. Im Gegensatz zu den bisher vorgestellten Bibliotheken werden Objekte dieser Klasse wie gewohnt über den new-Operator instanziiert.

Die Methode __construct()

Beim Instanziieren eines neuen Folder-Objekts überprüft Contao, ob der jeweilige Ordner bzw. dessen Pfad existiert, und legt diesen gegebenenfalls an.

Listing 20.42: **Ein neues Folder-Objekt erstellen**

```
// Der vorhandene Ordner tl_files wird eingelesen
$folder = new Folder('tl_files');

// Der Ordner tl_files/test wird neu erstellt
$folder = new Folder('tl_files/test');
```

Die Methode isEmpty()

Diese Methode prüft, ob ein Verzeichnis leer ist oder nicht.

Listing 20.43: **Einen Ordner mittels isEmpty() auf Inhalt prüfen**

```
$folder = new Folder('tl_files/test');
echo $folder->isEmpty();

// Ausgabe
true
```

Die Methode clear()

Diese Methode leert ein Verzeichnis rekursiv, ohne es selbst zu löschen.

Listing 20.44: **Einen Ordner mittels clear() leeren**

```
$folder = new Folder('tl_files');
echo $folder->clear(); // Alle Inhalte werden entfernt
```

Die Methoden delete()

Diese Methode löscht ein Verzeichnis. Im Gegensatz zu den nativen PHP-Funktionen muss dieses nicht leer sein. Die Löschung erfolgt rekursiv und beinhaltet sämtliche Dateien und Unterordner! Nutzen Sie die Funktionen daher sorgfältig.

Listing 20.45: **Einen Ordner mittels rmdir() löschen**

```
$folder = new Folder('tl_files');
echo $folder->rmdir(); // Der Ordner wird entfernt
```

20.2.4 Sicherheit in Contao

Das Contao-Framework enthält mehrere Sicherheitsmechanismen, die einen guten Schutz vor den gängigen Angriffen bieten. Trotzdem sollten Sie sich bewusst sein, dass es keine vollkommene Sicherheit bei Webapplikationen gibt! Allein das Erlauben von JavaScript ist an sich schon ein Risiko, daher sollte man es am besten komplett deaktivieren. Dummerweise funktioniert das Internet dann nicht mehr wirklich, da heutzutage kaum eine Webseite ohne JavaScript auskommt.

Sicherheit und Benutzbarkeit einer Webanwendung sind konkurrierende Ziele, daher befinden Sie sich als Entwickler auf einer ständigen Gratwanderung. Ich habe die Benutzerauthentifizierung in Contao beispielsweise sehr restriktiv angelegt, sodass weder Backendnoch Frontend-Benutzer dauerhaft angemeldet bleiben können. In der Praxis hat sich jedoch gezeigt, dass viele Anwender diese Funktion zumindest im Frontend gerne hätten, daher wurde sie in der Version 2.9 nachgerüstet. Dieses Mehr an Benutzerfreundlichkeit war jedoch nicht ohne ein Weniger an Sicherheit zu erreichen.

Prüfung von Benutzereingaben

Die Eingabeprüfung erfolgt in fünf Schritten. Zuerst werden alle Entitys dekodiert und unerwünschte JavaScript-Anweisungen entfernt. Anschließend werden die HTML-Tags bereinigt und potenziell gefährliche Sonderzeichen kodiert.

» Schritt 1: HTML-Entitys werden dekodiert.

» Schritt 2: Unicode-Entitys werden dekodiert (XSS-Schutz).

» Schritt 3: JavaScript-Anweisungen werden entfernt (im »Strict Mode« werden zusätzlich alle Event-Attribute entfernt).

» Schritt 4: Nicht erlaubte HTML-Tags werden entfernt.

» Schritt 5: Potenziell gefährliche Sonderzeichen werden kodiert.

Wenn Sie Ihre Installation zusätzlich gegen XSS-Angriffe schützen möchten, sollten Sie darauf achten, dass das `<script>`-Tag nicht in der Liste der erlaubten HTML-Tags steht. Andernfalls ist die Verwendung von gutem wie auch bösem JavaScript-Code in allen Feldern möglich, in denen HTML-Eingaben erlaubt sind.

Absicherung von Formularen

Formulare sind in Contao doppelt geschützt. Zum einen kann jedes Formular mit einer Sicherheitsfrage (CAPTCHA) versehen werden, die den automatisierten Missbrauch verhindern soll. Zum anderen prüft Contao bei POST-Anfragen standardmäßig die Referer-Adresse, um sicherzugehen, dass das Formular auch tatsächlich abgeschickt wurde und es sich nicht um einen direkten Request handelt.

» Bei POST-Anfragen wird die verweisende URL geprüft (Referer-Prüfung).

» Einige Anonymizer und Security-Tools unterdrücken die Referer-Adresse, was zu einer Fehlermeldung in Contao führt.

» Bei deaktivierter Referer-Prüfung (keinesfalls empfohlen) sollten alle Formulare mit einer Sicherheitsfrage ausgestattet werden.

» Die Sicherheitsfrage bietet zusätzlich Schutz gegen Spam.

Anmeldung und Authentifizierung

Wie ich schon eingangs erwähnt habe, ist die Benutzerauthentifizierung in Contao sehr restriktiv angelegt. Jede Sitzung ist an die PHP-Session und die IP-Adresse des Benutzers gebunden und verfällt nach der in den Backend-Einstellungen festgelegten Zeitspanne. Persistente Anmeldungen sind seit der Version 2.9 im Frontend möglich.

» Eine Contao-Benutzersitzung ist sowohl an die PHP-Session als auch an die IP-Adresse des Benutzers gebunden.

» Die IP-Bindung kann ab Version 2.7 deaktiviert werden (nicht empfohlen).

» Jede aktive Sitzung wird in der Datenbank gespeichert.

» Das Cookie enthält nur eine Prüfsumme, aber keine relevanten Daten wie z. B. Verfallszeiten, IDs oder Benutzerinformationen.

» Im Frontend sind ab Version 2.9 persistente Logins möglich.

Daten verschlüsselt speichern

Obgleich die Funktion im Contao-Core momentan nicht genutzt wird, können Sie jedes beliebige Feld in Contao verschlüsselt speichern. Sie müssen dazu lediglich die DCA-Konfiguration anpassen. Notieren Sie sich in diesem Fall unbedingt den Encryption-Key, den Sie bei der Installation festgelegt haben, denn einmal verschlüsselte Daten können nur mit diesem Key wiederhergestellt werden!

» Jedes Tabellenfeld kann verschlüsselt gespeichert werden.

» Die Konfiguration erfolgt im Data Container Array: `$GLOBALS['TL_DCA']…['eval']['encrypt'] = true;`

» Der Encryption Key wird zur Verschlüsselung der Daten verwendet.

» Das PHP-Modul »mcrypt« muss verfügbar sein.

Die Klasse Input

Die Klasse Input dient dazu, Benutzereingaben entgegenzunehmen, zu prüfen und gegebenenfalls zu bereinigen. Durch die Verwendung der Klasse in Ihrer eigenen Erweiterung können Sie das Risiko möglicher XSS-Angriffe reduzieren.

Die Methode get()

Mit dieser Methode können Sie GET-Variablen abfragen. HTML-Tags werden dabei grundsätzlich entfernt und alle HTML-Entitys dekodiert. Das optionale zweite Argument legt fest, ob sicherheitsrelevante Sonderzeichen ebenfalls dekodiert werden.

Listing 20.46: **GET-Variablen mittels get() abfragen**

```
$_GET['test'] = '(Drücken Sie die #-Taste)';

// Abfrage mit kodierten Sonderzeichen
echo $this->Input->get('test');

// Ausgabe
&#40;Drücken Sie die &#35;-Taste&#41;

// Abfrage ohne kodierte Sonderzeichen
echo $this->Input->get('test', true);

// Ausgabe
(Drücken Sie die #-Taste)
```

Die Methode post()

Mit dieser Methode können Sie POST-Variablen abfragen. HTML-Tags werden dabei entfernt, und alle HTML-Entitys werden dekodiert. Das optionale zweite Argument legt fest, ob sicherheitsrelevante Sonderzeichen ebenfalls dekodiert werden.

Listing 20.47: **POST-Variablen mittels post() abfragen**

```
$_POST['test'] = '<strong>Willkommen</strong>';

// Alle HTML-Tags werden entfernt
echo $this->Input->post('test');

// Ausgabe
Willkommen
```

Die Methode postHtml()

Diese Methode macht dasselbe wie die Methode post(), nur dass bestimmte HTML-Tags, die Sie in den Backend-Einstellungen festlegen können, erhalten bleiben.

Listing 20.48: **POST-Variablen mittels postHtml() abfragen**

```
$_POST['test'] = '<strong>Willkommen</strong>';

// Erlaubte HTML-Tags werden erhalten
echo $this->Input->postHtml('test');

// Ausgabe
&#60;strong&#62;Willkommen&#60;/strong&#62;

// Sonderzeichen werden dekodiert
echo $this->Input->postHtml('test', true);

// Ausgabe
<strong>Willkommen</strong>
```

Die Methode postRaw()

Diese Methode macht dasselbe wie die Methode post(), nur dass alle HTML-Tags erhalten bleiben und alle Sonderzeichen automatisch dekodiert werden.

Listing 20.49: **POST-Variablen mittels postRaw() abfragen**

```
$_POST['test'] = '<strong>Willkommen</strong>';

// Alle HTML-Tags und Sonderzeichen bleiben erhalten
echo $this->Input->postRaw('test');

// Ausgabe
<strong>Willkommen</strong>
```

Die Methode cookie()

Mit dieser Methode können Sie Cookies abfragen. HTML-Tags werden dabei entfernt, und alle HTML-Entitys werden dekodiert. Das optionale zweite Argument legt fest, ob sicherheitsrelevante Sonderzeichen ebenfalls dekodiert werden.

Listing 20.50: **Cookie-Variablen mittels cookie() abfragen**

```
$_COOKIE['test'] = 'secret_key';

// Sonderzeichen werden kodiert
echo $this->Input->cookie('test');

// Ausgabe
secret_key
```

Die Methoden setGet(), setPost() und setCookie()

Ist eine bestimmte Variable einmal abgefragt, kann diese aufgrund des internen Cache-Mechanismus nicht mehr geändert werden. Folgender Code funktioniert daher nicht:

Listing 20.51: **Interner Cache der Input-Klasse**

```
$_POST['test'] = 'Erster Satz';

// Wert wird im Cache gespeichert
echo $this->Input->post('test');

// Ausgabe
Erster Satz

// Neuen Wert setzen
$_POST['test'] = 'Zweiter Satz';

// Der Wert aus dem Cache wird zurückgegeben
echo $this->Input->post('test');

// Ausgabe
Erster Satz
```

Mithilfe der Setter-Methoden können Sie den Objektcache überschreiben:

Listing 20.52: **Einen Wert mittels setPost() überschreiben**

```
$_POST['test'] = 'Erster Satz';

// Wert wird im Cache gespeichert
echo $this->Input->post('test');

// Ausgabe
Erster Satz

// Neuen Wert setzen
$this->Input->setPost('test', 'Zweiter Satz');

// Der neue Wert wird im Cache gespeichert
echo $this->Input->post('test');

// Ausgabe
Zweiter Satz
```

20.2.5 Formular-Widgets nutzen

Ein Widget ist eine Klasse, die ein bestimmtes Eingabefeld eines Formulars erzeugt. Widgets gibt es sowohl für die Standard-Formularfelder (wie z. B. TextField, CheckBox oder SelectMenu) als auch für Contao-spezifische Felder (wie z. B. PageTree, FileTree) oder die verschiedenen Assistenten (z. B. TableWizard).

Die Klasse Widget

Die Klasse Widget stellt die Basisfunktionalität bereit, die von allen Unterklassen benötigt wird. Dazu gehören sowohl die Erzeugung des HTML-Markups als auch die Validierung der Benutzereingaben und die damit verbundene Fehlerbehandlung.

Eigenschaften und Attribute

Die Objekteinstellungen und alle Attribute, die in den entsprechenden HTML-Tags erlaubt sind, können Sie als Eigenschaften speichern (Listing 20.53).

Listing 20.53: **Ein Formularfeld konfigurieren**

```
$widget = new FormTextField();

$widget->name      = 'textfeld';      // Name
$widget->id        = 'ctrl_textfeld'; // ID
$widget->label     = 'Ihr Name';      // Bezeichnung
$widget->mandatory = true;            // Pflichtfeld

// Ausgabe
<label for="ctrl_textfeld">Ihr Name</label>
<input type="text" name="textfeld" id="ctrl_textfeld" />
```

Folgende Eigenschaften werden von der Widget-Klasse unterstützt:

EIGENSCHAFT	ERKLÄRUNG
name	Der Name des Feldes (name-Attribut)
id	Die ID des Feldes (id-Attribut)
label	Die Bezeichnung des Feldes
value	Der Standardwert des Feldes
class	Die CSS-Klasse des Feldes
template	Der zum Widget gehörige View
wizard	Ein eventueller Eingabeassistent
alt	Der alternative Text (alt-Attribut)
style	Eine inline CSS-Formatierung (style-Attribut)
onclick	Ein Eventhandler für das Anklicken des Feldes (onclick-Attribut)
onchange	Ein Eventhandler für die Änderung des Feldes (onchange-Attribut)
accesskey	Ein Tastaturkürzel für das gezielte Ansteuern des Feldes
disabled	Deaktiviert das Eingabefeld (disabled-Attribut).
mandatory	Macht das Eingabefeld zu einem Pflichtfeld.
minlength	Legt die Anzahl der mindestens einzugebenden Zeichen fest.
maxlength	Legt die Anzahl der maximal erlaubten Zeichen fest.
nospace	Erlaubt keine Leerzeichen.

Tabelle 20.3: **Übersicht der Eigenschaften**

EIGENSCHAFT	ERKLÄRUNG
allowHtml	Erlaubt HTML-Eingaben.
addSubmit	Fügt dem Feld eine Absende-Schaltfläche hinzu.
storeFile	Speichert hochgeladene Dateien auf dem Server.
useHomeDir	Speichert hochgeladene Dateien im Benutzerverzeichnis.
trailingSlash	Ergänzt bzw. entfernt einen Schrägstrich am Ende.
spaceTo-Underscore	Wandelt alle Leerzeichen in Unterstriche um.
rgxp	Prüft die Benutzereingaben anhand eines regulären Ausdrucks.

Tabelle 20.3: **Übersicht der Eigenschaften (Forts.)**

Nachfolgend finden Sie eine Übersicht über die regulären Ausdrücke, die Sie standardmäßig zur Eingabeprüfung verwenden können. Weitere Ausdrücke lassen sich mithilfe des Hook addCustomRegexp hinzufügen.

» digit: erlaubt nur numerische Zeichen.

» alpha: erlaubt nur alphabetische Zeichen.

» alnum: erlaubt nur alphanumerische Zeichen.

» extnd: erlaubt alles außer #&()/<=>.

» prcnt: erlaubt Zahlen zwischen 0 und 100.

» date: prüft auf ein gültiges Datum.

» time: prüft auf eine gültige Uhrzeit.

» datim: prüft auf ein gültiges Datum mit Uhrzeit.

» email: prüft auf eine gültige E-Mail-Adresse.

» friendly: prüft auf eine gültige E-Mail-Adresse im »Friendly Name Format«.

» url: prüft auf eine gültige URL.

» phone: prüft auf eine gültige Telefonnummer.

Die Methode addError()

Mit dieser Methode können Sie eine beliebige Fehlermeldung einfügen, die dann je nach View oberhalb oder unterhalb des Eingabefelds ausgegeben wird.

Listing 20.54: **Eine Fehlermeldung hinzufügen**

```
$widget = new FormTextField();
$widget->addError('Bitte füllen Sie das Feld aus');
```

Die Methode hasError()

Mit dieser Methode können Sie prüfen, ob ein Fehler aufgetreten ist.

Listing 20.55: **Prüfen, ob ein Fehler aufgetreten ist**

```
$widget = new FormTextField();
$widget >validate();

if ($widget->hasError())
{
    // Beliebiger Code
}
```

Die Methode getErrors()

Diese Methode gibt alle Fehlermeldungen als Array zurück.

Listing 20.56: **Alle Fehlermeldungen als Array abfragen**

```
$widget = new FormTextField();
$widget->validate();
print_r($widget->getErrors());

// Ausgabe
Array
(
    [0] => Bitte füllen Sie das Feld aus.
    [1] => Bitte geben Sie nur Zahlen ein.
)
```

Die Methode getErrorAsString()

Diese Methode gibt eine bestimmte Fehlermeldung als String zurück.

Listing 20.57: **Eine bestimmte Fehlermeldung als String ausgeben**

```
$widget = new FormTextField();
$widget->validate();

// Die erste Fehlermeldung abfragen
echo $widget->getErrorAsString();

// Ausgabe
Bitte füllen Sie das Feld aus.

// Die zweite Fehlermeldung abfragen
echo $widget->getErrorAsString(1);

// Ausgabe
Bitte geben Sie nur Zahlen ein.
```

Die Methode getErrorsAsString()

Diese Methode gibt alle Fehlermeldungen als String zurück. Das Trennzeichen zwischen den Meldungen kann dabei frei gewählt werden (Standard: `<br />\n`).

Listing 20.58: **Alle Fehlermeldungen als String ausgeben**

```
$widget = new FormTextField();
$widget->validate();

// Standard-Trennzeichen
echo $widget->getErrorsAsString();

// Ausgabe
Bitte füllen Sie das Feld aus.<br />
Bitte geben Sie nur Zahlen ein.

// Individuelles Trennzeichen
echo $widget->getErrorsAsString(' ');

// Ausgabe
Bitte füllen Sie das Feld aus. Bitte geben Sie nur Zahlen ein.
```

Die Methode getErrorAsHTML()

Diese Methode gibt eine bestimmte Fehlermeldung als HTML-Code zurück.

Listing 20.59: **Eine bestimmte Fehlermeldung als HTML ausgeben**

```
$widget = new FormTextField();
$widget->validate();

// Erste Fehlermeldung abfragen
echo $widget->getErrorAsHTML();

// Ausgabe
<p class="error">Bitte füllen Sie das Feld aus.</p>

// Zweite Fehlermeldung abfragen
echo $widget->getErrorAsHTML(1);

// Ausgabe
<p class="error">Bitte geben Sie nur Zahlen ein.</p>
```

Die Methode generateLabel()

Diese Methode erzeugt die Bezeichnung des Eingabefelds als Label-Tag.

Listing 20.60: **Die Bezeichnung eines Eingabefelds ausgeben**

```
$widget = new FormTextField();
$widget->id = 'ctrl_name';
$widget->label = 'Ihr Name';
```

```
echo $widget->generateLabel();

// Ausgabe
<label for="ctrl_name">Ihr Name</label>
```

Die Methode generate()

Diese Methode erzeugt das eigentliche Eingabefeld.

Listing 20.61: **Das Eingabefeld ausgeben**

```
$widget = new FormTextField();
$widget->name = 'email';
$widget->value = '@';

echo $widget->generate();

// Ausgabe
<input type="text" name="email" value="@" />
```

Die Methode generateWithError()

Diese Methode erzeugt das Eingabefeld mitsamt eventueller Fehlermeldung.

Listing 20.62: **Das Eingabefeld mitsamt Fehlermeldung ausgeben**

```
$widget = new FormTextField();
$widget->name = 'email';
$widget->mandatory = true;

// Standard: Fehlermeldung oberhalb des Felds
echo $widget->generateWithError();

// Ausgabe
<p class="error">Bitte füllen Sie das Feld aus.</p>
<input type="text" name="email" />

// Reihenfolge umdrehen
echo $widget->generateWithError(true);

// Ausgabe
<input type="text" name="email" />
<p class="error">Bitte füllen Sie das Feld aus.</p>
```

Die Methode validate()

Diese Methode validiert ein Feld und prüft die Benutzereingaben.

Listing 20.63: **Das Eingabefeld validieren**

```
$widget = new FormTextField();
$widget->name = 'email';
$widget->mandatory = true;
```

```
$widget->rgxp = 'email';

if ($_POST && !$widget->validate())
{
    // Fehlerbehandlung
}
```

Widget-Views anpassen

Alle Formular-Widgets basieren auf Views, die Sie wie gewohnt über den Template-Editor anpassen können. Widget-Vorlagen beginnen mit form_. Listing 20.64 zeigt die Ausgabe der Standard-Templates im tabellenlosen Layout.

Listing 20.64: **Ausgabe der Standard-Templates im tabellenlosen Layout**

```
// View bzw. Partial
<?php echo $this->generateLabel(); ?>
<?php echo $this->generateWithError(); ?>

// Ausgabe mit generate()
<label for="ctrl_name">Ihr Name</label>
<input type="text" id="ctrl_name" name="name" />

// Ausgabe mit generateWithError()
<label for="ctrl_name">Ihr Name</label>
<p class="error">Bitte füllen Sie das Feld aus.</p>
<input type="text" id="ctrl_name" name="name" />

// Ausgabe mit generateWithError(true)
<label for="ctrl_name">Ihr Name</label>
<input type="text" id="ctrl_name" name="name" />
<p class="error">Bitte füllen Sie das Feld aus.</p>
```

Die Methode generateWithError() übernimmt sowohl die Erzeugung des Eingabefelds als auch die Fehlerbehandlung. Listing 20.65 zeigt, wie Sie beide Aufgaben getrennt voneinander handhaben und Felder individuell gestalten können.

Listing 20.65: **Eingabefelder durch Anpassung der Views gestalten**

```
// View bzw. Partial
<fieldset>
<?php if ($this->hasErrors()): ?>
<p class="flash"><?php echo $this->getErrorAsString(); ?></p>
<?php endif; ?>
<div>
    <?php echo $this->generateLabel(); ?><br />
    <?php echo $this->generate(); ?>
</div>
</fieldset>

// Ausgabe
<fieldset>
<p class="flash">Bitte füllen Sie das Feld aus.</p>
<div>
```

```
    <label for="ctl_name">Ihr Name</label><br />
    <input type="text" id="ctrl_name" name="name" />
</div>
</fieldset>
```

20.2.6 RSS- und Atom-Feeds erstellen

RSS- bzw. Atom-Feeds sind ein wichtiges Instrument, um Inhalte zu exportieren und in anderen Applikationen wiederzuverwenden. Das Contao-Framework enthält eine einheitliche Schnittstelle zur Erzeugung von Feeds, ohne dass Sie die spezifische Syntax von RSS bzw. Atom kennen müssen (Listing 20.66).

Listing 20.66: **Einheitliche Schnittstelle für Feeds**

```
$feed = new Feed();
$feed->title = 'Mein Feed';

$item = new Item();
$item->title = 'Mein erster Beitrag';

$feed->addItem($item);

// Ausgabe als RSS
echo $feed->generateRss();

// Ausgabe als Atom
echo $feed->generateAtom();
```

Die Klasse Feed

Die Klasse Feed erzeugt je nach Bedarf einen RSS- oder Atom-Feed. Die Parameter des Feeds können als Eigenschaften des Objekts gespeichert werden, und die einzelnen Beiträge (Items) werden als eigene Objekte angelegt.

Folgende Eigenschaften werden von der Feed-Klasse unterstützt:

EIGENSCHAFT	ERKLÄRUNG
title	Der Titel des Feeds
description	Die Beschreibung des Feeds
link	Die URL des Feeds
language	Die Sprache des Feeds
published	Das Datum der Veröffentlichung

Tabelle 20.4: **Übersicht der Eigenschaften**

Die Methode addItem()

Diese Methode fügt dem Feed-Objekt einen Beitrag (Item-Objekt) hinzu.

Listing 20.67: **Einen Beitrag zu einem Feed hinzufügen**

```
$feed = new Feed();
$feed->title = 'Mein Feed';

$item = new Item();
$item->title = 'Mein erster Beitrag';

$feed->addItem($item);
```

Die Methoden generateRss() und generateAtom()

Diese Methoden geben einen Feed in einem bestimmten Format aus.

Listing 20.68: **Einen Feed in einem bestimmten Format ausgeben**

```
$feed = new Feed();

$file = new File('rss.xml');
$file->write($feed->generateRss());
$file->close();
```

Die Klasse FeedItem

Die Klasse FeedItem erzeugt einen einzelnen Beitrag eines Feeds. Folgende Eigenschaften werden von der Klasse FeedItem unterstützt:

EIGENSCHAFT	ERKLÄRUNG
title	Der Titel des Beitrags
description	Der Text des Beitrags
link	Die URL des Beitrags
published	Das Datum der Veröffentlichung
guid	Die eindeutige ID des Beitrags

Tabelle 20.5: **Übersicht der Eigenschaften**

Die Methode addEnclosure()

Diese Methode fügt einem Beitrag einen oder mehrere Dateianhänge an.

Listing 20.69: **Dateien an einen Beitrag anhängen**

```
$item = new FeedItem();
$item->addEnclosure('tl_files/image.jpg');
$item->addEnclosure('tl_files/info.pdf');
```

Ein ausführliches Beispiel

Nachfolgend finden Sie ein ausführliches Beispiel für einen RSS-Feed, der alle Pflichtfelder und mehrere Beiträge enthält (Listing 20.70).

Listing 20.70: **Ausführliches Beispiel für einen Feed**

```
$feed = new Feed();
$feed->title = 'Contao-Bücher';
$feed->description = 'Bücher zu Contao';
$feed->link = 'http:// …';
$feed->language = 'de_DE';
$feed->published = time();

$item = new FeedItem();
$item->title = 'Das offizielle Contao-Handbuch';
$item->description = 'Geschrieben von Leo Feyer';
$item->link = 'http:// …';
$item->published = strtotime('28.08.2008');

$feed->addItem($item);

$item = new FeedItem();
$item->title = 'Contao für Redakteure';
$item->description = 'Geschrieben von Nina Gerling';
$item->link = 'http:// …';
$item->published = strtotime('07.04.2010');

$feed->addItem($item);

$item = new FeedItem();
$item->title = 'Mit Contao Webseiten erfolgreich gestalten';
$item->description = 'Geschrieben von Thomas Weitzel';
$item->link = 'http:// …';
$item->published = strtotime('24.02.2010');

$feed->addItem($item);
$feed->generateRss();
```

Listing 20.71 zeigt die Ausgabe des obigen Beispiels im RSS-Format.

Listing 20.71: **Ausgabe des Beispielfeeds im RSS-Format**

```
<xml version="1.0" encoding="UTF-8"?>
<rss version="2.0">
<channel>
    <title>Contao-Bücher</title>
    <description>Bücher zu Contao</description>
    <link>http:// …</link>
    <language>de_DE</language>
    <pubDate>Sat, 29 Aug 2009 14:18:07 +0200</pubDate>
    <item>
        <title>Das offizielle Contao-Handbuch</title>
        <description><![CDATA[Geschrieben von Leo Feyer]]></description>
        <link>http:// …</link>
        <pubDate>Thu, 28 Aug 2008, 00:00:00 +0200</pubDate>
        <guid>http:// …</guid>
```

```
   </item>
   <item>
      <title>Contao für Redakteure</title>
      <description><![CDATA[Geschrieben von Nina Gerling]]></description>
      <link>http://…</link>
      <pubDate>Wed, 07 Apr 2010, 00:00:00 +0200</pubDate>
      <guid>http:// …</guid>
   </item>
   <item>
      <title>Mit Contao Webseiten erfolgreich gestalten</title>
      <description><![CDATA[Geschrieben von Thomas Weitzel]]></description>
      <link>http:// …</link>
      <pubDate>Wed, 24 Feb 2010, 00:00:00 +0200</pubDate>
      <guid>http:// …</guid>
   </item>
</channel>
</rss>
```

20.2.7 Die Serverumgebung auslesen

Die Klasse `Environment` dient dazu, Variablen der Serverumgebung wie z. B. den absoluten Pfad zu einem Script oder die IP-Adresse eines Besuchers auszulesen. Spezifische Eigenheiten des verwendeten Betriebssystems (z. B. Unix oder Windows) werden dabei berücksichtigt und automatisch ausgeglichen.

Die verschiedenen Server-Variablen heißen genauso wie in PHPs `$_SERVER`-Array, nur ist die Schreibweise in Contao ein wenig anders. Der relative Pfad zu einem Script heißt in PHP beispielsweise `SCRIPT_NAME`, wird in der Environment-Klasse aber als `scriptName` geschrieben (`$this->Environment->scriptName`).

Die Eigenschaft scriptFilename

Diese Eigenschaft gibt den absoluten Pfad zu einem Script zurück.

Listing 20.72: **Den absoluten Pfad mittels scriptFilename ausgeben**

```
echo $this->Environment->scriptFilename;

// Ausgabe
/home/www/web12/html/contao/index.php
```

Die Eigenschaften scriptName und phpSelf

Diese Eigenschaften geben den relativen Pfad zu einem Script zurück.

Listing 20.73: **Den relativen Pfad mittels scriptName ausgeben**

```
echo $this->Environment->scriptName;

// Ausgabe
/contao/index.php
```

Die Eigenschaft documentRoot

Diese Eigenschaft gibt den absoluten Pfad zum Wurzelverzeichnis zurück.

Listing 20.74: **Den Pfad zum Wurzelverzeichnis mittels documentRoot ausgeben**

```
echo $this->Environment->documentRoot;

// Ausgabe
/home/www/web12/
```

Die Eigenschaft requestUri

Diese Eigenschaft gibt den aktuellen Request-String zurück.

Listing 20.75: **Den Request-String mittels scriptName ausgeben**

```
echo $this->Environment->requestUri;

// Ausgabe
/contao/index.php?action=login
```

Die Eigenschaft httpAcceptLanguage

Diese Eigenschaft gibt die im Browser festgelegten Sprachen als Array zurück.

Listing 20.76: **Die Browsersprache mittels httpAcceptLanguage ausgeben**

```
print_($this->Environment->httpAcceptLanguage);

// Ausgabe
Array
(
    [0] => de
    [1] => en
)
```

Die Eigenschaft httpUserAgent

Diese Eigenschaft gibt Informationen über den Browser eines Besuchers zurück.

Listing 20.77: **Den Browsertyp mittels httpUserAgent ausgeben**

```
echo $this->Environment->httpUserAgent;

// Ausgabe
Mozilla/5.0 (Macintosh; U; Intel Mac OS X …
```

Die Eigenschaft ssl

Diese Eigenschaft gibt `true` zurück, wenn ein Besucher die Webseite über eine SSL-Verbindung aufgerufen hat.

Listing 20.78: **Den SSL-Status mittels ssl prüfen**

```
echo $this->Environment->ssl;

// Ausgabe
false
```

Die Eigenschaft url

Diese Eigenschaft gibt die aktuelle URL ohne Pfad und Query-String zurück.

Listing 20.79: **Die aktuelle URL mittels url ausgeben**

```
echo $this->Environment->url;

// Ausgabe
http://www.domain.de
```

Die Eigenschaft ip

Diese Eigenschaft gibt die IP-Adresse eines Besuchers zurück.

Listing 20.80: **Die Besucher-IP-Adresse mittels ip ausgeben**

```
echo $this->Environment->ip;

// Ausgabe
79.207.220.46
```

Die Eigenschaft server

Diese Eigenschaft gibt die IP-Adresse des Servers zurück.

Listing 20.81: **Die Server-IP-Adresse mittels server ausgeben**

```
echo $this->Environment->server;

// Ausgabe
88.198.36.142
```

Die Eigenschaft path

Diese Eigenschaft gibt den Pfad zum Contao-Verzeichnis zurück.

Listing 20.82: **Den Pfad zum Contao-Verzeichnis mittels path ausgeben**

```
echo $this->Environment->path;

// Ausgabe
/contao
```

Die Eigenschaft script

Diese Eigenschaft gibt den relativen Pfad zu einem Script zurück. Der Unterschied zu scriptName ist, dass hier der relative Pfad ausgehend vom Contao-Verzeichnis und nicht vom Wurzelverzeichnis zurückgegeben wird.

Listing 20.83: **Den relativen Pfad zu einem Script mittels script ausgeben**

```
echo $this->Environment->script;

// Ausgabe
index.php
```

Die Eigenschaft request

Diese Eigenschaft gibt den relativen Request-String zurück.

Listing 20.84: **Den Request-String mittels request ausgeben**

```
echo $this->Environment->request;

// Ausgabe
index.php?action=login
```

Die Eigenschaft base

Diese Eigenschaft gibt die Basis-URL zum Contao-Verzeichnis zurück.

Listing 20.85: **Die Basis-URL mittels base ausgeben**

```
echo $this->Environment->base;

// Ausgabe
http://www.domain.de/contao/
```

Die Eigenschaft host

Diese Eigenschaft gibt den aktuellen Hostnamen zurück.

Listing 20.86: **Den Hostnamen mittels host ausgeben**

```
echo $this->Environment->host;

// Ausgabe
domain.de
```

20.2.8 Zeichenketten bearbeiten

Die Klasse `String` dient dazu, Zeichenketten zu bearbeiten und sie beispielsweise zu kürzen oder darin enthaltene E-Mail-Adressen zu verschlüsseln, sodass sie nicht mehr zu Spam-Zwecken missbraucht werden können.

Die Methode substr()

Diese Methode gibt eine bestimmte Anzahl von Zeichen eines Strings zurück und bewahrt dabei das letzte Wort. Der zurückgegebene String kann daher ein paar Zeichen kürzer oder länger sein als vorgegeben. HTML-Tags werden entfernt.

Listing 20.87: **Einen String mittels substr() kürzen und das letzte Wort erhalten**

```
$this->import('String');
$string = '<p>Test der <em>String</em> Klasse.</p>';

// String auf 10 Zeichen kürzen
echo $this->String->substr($string, 10);

// Ausgabe
Test der String
```

Die Methode substrHtml()

Diese Methode macht prinzipiell dasselbe wie die Methode `substr()`, behält jedoch die HTML-Formatierung bei. Eine weitere Besonderheit der Methode ist, dass HTML-Tags bei der Berechnung der Länge nicht berücksichtigt werden.

Listing 20.88: **Einen String mittels substrHtml() kürzen und das letzte Wort erhalten**

```
$this->import('String');
$string = '<p>Test der <em>String</em> Klasse.</p>';

// String auf 10 Zeichen kürzen
echo $this->String->substrHtml($string, 10);

// Ausgabe
<p>Test der <em>String</em></p>
```

Die Methode decodeEntities()

Diese Methode dekodiert sämtliche HTML- und Unicode-Entitys.

Listing 20.89: **HTML- und Unicode-Entitys mittels decodeEntities() dekodieren**

```
$this->import('String');
$string = 'S&auml;mtliche &#39;Entitys&#39; dekodieren';

// Entitys dekodieren
echo $this->String->decodeEntities($string);

// Ausgabe
Sämtliche 'Entitys' decodieren
```

Die Methode censor()

Diese Methode zensiert eines oder mehrere Wörter.

Listing 20.90: **Bestimmte Wörter mittels censor() ersetzen**

```
$this->import('String');
$string = 'Spielen Sie Poker online!';

// Das Wort "Poker" zensieren
echo $this->String->censor($string, 'poker', '***');

// Ausgabe
Spielen Sie *** online!
```

Die Methode encodeEmail()

Diese Methode ersetzt die einzelnen Zeichen einer E-Mail-Adresse durch HTML-Entitys, sodass die Adresse nicht mehr von Spam-Bots ausgelesen werden kann.

Listing 20.91: **E-Mail-Adressen mittels encodeEmail() verschlüsseln**

```
$this->import('String');
$string = 'Schreiben Sie an leo@contao.org.';

// E-Mail-Adresse kodieren
echo $this->String->encodeEmail($string);

// Ausgabe
Schreiben Sie an &#108;&#101;&#111;&#64;&#116;&#121;&#112;&#111;&#108;&#105;
&#103;&#104;&#116;&#46;&#111;&#114;&#103;
```

Die Methode highlight()

Diese Methode hebt bestimmte Wörter durch umschließende HTML-Tags hervor.

Listing 20.92: **Einen Suchbegriff mittels highlight() hervorheben**

```
$this->import('String');
$string = 'Den Suchbegriff hervorheben';

// Das Wort "Suchbegriff" hervorheben
echo $this->String->highlight($string, 'Suchbegriff');

// Ausgabe
Den <span class="highlight">Suchbegriff</span> hervorheben
```

20.2.9 E-Mails versenden

Die Klasse Email dient dazu, E-Mails an einen oder mehrere Empfänger zu versenden. Je nach Konfiguration verwendet die Email-Klasse dazu entweder die PHP-Funktion mail() oder einen SMTP-Server. Eventuell in der E-Mail enthaltene Bilder werden automatisch eingebettet und als Inline-Content mitgesendet.

Listing 20.93: **Eine E-Mail mit der Email-Klasse versenden**

```
$email = new Email();

// Absender und Betreff
$email->from = 'absender@domain.de';
$email->replyTo('absender@domain.de');
$email->subject = 'Testmail';

// Nachricht
$email->text = 'Das ist eine Testmail.';
$email->html = 'Das ist eine Testmail.';

// Kopie der Nachricht
$email->sendCc('nebenempfaenger@domain.de');

// Attachment hinzufügen
$email->attachFile('tl_files/info.pdf');

// E-Mail versenden
$email->sendTo('empfaenger@domain.de');
```

Die Eigenschaft subject

Diese Eigenschaft speichert den Betreff der E-Mail.

Listing 20.94: **Den Betreff der E-Mail eingeben**

```
$email = new Email();
$email->subject = 'Dies ist die Betreffzeile';
```

Die Eigenschaft from

Diese Eigenschaft speichert die Absenderadresse.

Listing 20.95: **Den Absender der E-Mail eingeben**

```
$email = new Email();
$email->from = 'leo@contao.org';
```

Die Eigenschaft fromName

Diese Eigenschaft speichert den Namen des Absenders.

Listing 20.96: **Den Namen des Absenders eingeben**

```
$email = new Email();
$email->from = 'leo@contao.org';
$email->fromName = 'Leo Feyer';
```

Die Eigenschaft priority

Diese Eigenschaft speichert die Dringlichkeit der E-Mail.

Listing 20.97: **Die Dringlichkeit der E-Mail festlegen**

```
$email = new Email();
$email->priority = 'high';
```

Die Eigenschaft charset

Diese Eigenschaft speichert den Zeichensatz der E-Mail.

Listing 20.98: **Den Zeichensatz der E-Mail eingeben**

```
$email = new Email();
$email->charset = 'UTF-8';
```

Die Eigenschaft text

Diese Eigenschaft speichert den Textinhalt der E-Mail. Der Textinhalt wird angezeigt, wenn es keinen HTML-Inhalt gibt oder er nicht dargestellt werden kann.

Listing 20.99: **Den Textinhalt der E-Mail eingeben**

```
$email = new Email();
$email->text = 'Vielen Dank für Ihre Nachricht.';
```

Die Eigenschaft html

Diese Eigenschaft speichert den HTML-Inhalt der E-Mail.

Listing 20.100: **Den HTML-Inhalt der E-Mail eingeben**

```
$email = new Email();
$email->html = '<p>Vielen Dank für Ihre Nachricht.</p>';
```

Die Methode sendCc()

Diese Methode fügt der E-Mail einen Nebenempfänger hinzu, der die E-Mail zur Kenntnis erhält. Der eigentliche Empfänger sieht in seinem Mail-Programm, dass die E-Mail auch an weitere Empfänger verschickt wurde.

Listing 20.101: **Eine E-Mail an einen Nebenempfänger versenden**

```
$email = new Email();
$email->sendCc('nina@contao.org');
$email->sendTo('leo@contao.org');
```

Die Methode sendBcc()

Diese Methode fügt der E-Mail einen Nebenempfänger hinzu, der die E-Mail zur Kenntnis erhält. Der eigentliche Empfänger sieht in seinem Mail-Programm jedoch nicht, dass die E-Mail auch an weitere Empfänger verschickt wurde.

Listing 20.102: **Eine E-Mail an einen Nebenempfänger versenden**

```
$email = new Email();
$email->sendBcc('nina@contao.org');
$email->sendTo('leo@contao.org');
```

Die Methode replyTo()

Diese Methode fügt der E-Mail eine Antwortadresse hinzu. Die Antwortadresse muss dabei nicht mit der Absenderadresse übereinstimmen.

Listing 20.103: **Eine Antwortadresse festlegen**

```
$email = new Email();
$email->from = 'leo@contao.org';
$email->replyTo('nina@contao.org');
```

Die Methode attachFile()

Diese Methode fügt der E-Mail einen Dateianhang hinzu. Die Datei muss auf dem Server vorhanden sein und wird als Argument übergeben.

Listing 20.104: **Eine Datei auf dem Server anhängen**

```
$email = new Email();
$email->attachFile('tl_files/image.jpg');
```

Die Methode attachFileFromString()

Diese Methode fügt der E-Mail einen Dateianhang hinzu. Die Datei wird als String übergeben und muss nicht zwangsläufig auf dem Server liegen.

Listing 20.105: **Einen String als Datei anhängen**

```
$email = new Email();
$email->attachFileFromString('Test', 'test.txt');
```

Die Methode sentTo()

Diese Methode verschickt die E-Mail an beliebig viele Empfänger.

Listing 20.106: **Eine E-Mail versenden**

```
$email = new Email();
$email->sentTo('leo@contao.org', 'nina@contao.org');
```

20.3 Zusammenfassung

Contao basiert auf einem PHP-Framework, das an die klassische MVC-Architektur angelehnt ist, von ihr aber an verschiedenen Stellen zugunsten individueller Lösungen abweicht. Speziell Models spielen in Contao nur eine untergeordnete Rolle, da die erweiterten Controller einen Großteil ihrer Arbeit übernehmen.

Das Kernstück des Frameworks bilden diverse Klassen, sogenannte Libraries, die bestimmte Aufgaben wie z. B. das Erstellen von Dateien, das Verarbeiten von Benutzereingaben oder die Interaktion mit der Datenbank kapseln. Anstatt direkt mit den entsprechenden PHP-Funktionen zu arbeiten, können Sie den jeweiligen Adapter aus dem Contao-Framework verwenden, der automatisch alle Schritte ausführt, die für eine bestimmte Aktion notwendig sind.

Stichwortverzeichnis